JN334743

観光資源 としての 博物館

中村 浩・青木 豊 編著

芙蓉書房出版

はじめに

　観光業を経営していた人に聞いた話であるが、日本における観光客の行動の特徴の一つに「ついで詣り」という習慣があるという。すなわち、温泉や遊興施設への観光が目的であったとしても、行程の中に寺院や神社を必ず一つは加えておくということを揶揄しての言葉である。遊びという行為に対して不慣れな日本人の勤勉さを伺うものでもあり、妙に納得できるものがある。
　各地に様々な博物館が存在するが、近年、入館者の増加、獲得に腐心している館が少なくない。見学者（利用者）の多様なニーズに応えることによって、繁栄、評価を得ているといって過言ではない。
　この現象は、博物館が展示の良し悪しで評価されるのではなく、表面的には入館者数によって評価されているようで、なんともせつない思いがある。
　博物館は生涯教育施設の一つであり、かつ高邁な設置目的のもとに運営される高度教育研究機関であるという考え方によって成り立っている。そのうえで、入館者、利用者の支持を得て存在意義を確かなものにしているのである。
　先に掲げた「ついで詣り」が存在したのは一昔前の話であり、今日ではついでさえ立ち寄らない急ぎ観光も増加している。海外からの爆買ツアーに至っては購買のみが目的で、とても観光とは言えないが……。

　地域振興の重要施策の一つに観光があり、その重要な資源として名所旧跡、景勝地とともに博物館の存在があげられる。
　魅力的な博物館は多くの人を集める重要な観光資源であり、その魅力を発信する演出者は他ならない博物館の収集資料であり、専門職員である学芸員である。しかし最近では、博物館の重要な機能であるコレクション収集、保管などを行わない施設が登場し、そこへ多数の観客が集まっているという皮肉な状況もある。その評価は今後の議論されることと思うが、集客第一という姿勢は今後同じような施設の増加を招きかねない。もちろん見学客が入らなければ博物館経営は成立しないのだが、博物館の機能を備えずに集客第一に走るのは、あまりにも悲しいし、時代に迎合した流れといえるのではないだろうか？
　一方、地域振興の観点でクローズアップされてきたのが「世界遺産」である。その基本理念は遺産の保全（保護・整備）であるが、遺産登録によって地域には大きな観光資源が提供されることになり、地域活性化の強力なツールとしようと

いう思惑もある。こうしたなかで、遺産と関連した博物館施設を充実させようという動きもあることは歓迎すべきであろう。

　本書では、各種の博物館の現状と課題を通して、博物館の理想的な在り方を探り、さらには、観光資源として魅力ある博物館施設とはいかなるものか、博物館学芸員とはいかにあるべきかについて、さまざまな角度から考えたいと思う。
　博物館および博物館学教育の将来を考える礎の一つになればと願う。

　　2016年1月

　　　　　　　　　　　　　　　　　　　　　　　　　　　　中村　浩

観光資源としての博物館●目次

はじめに　　　　　　　　　　　　　　　　　　　　　中村　浩　　1

第1章　博物館の歴史　　　　　　　　　　　　　　　　　　　　9

1．日本の博物館のあゆみ　　　　　　　　　　　　中村　浩　　10
1古代／2中世・近世／3近代／4現代

2．世界の博物館のあゆみ　　　　　　　　　　　　中村　浩　　21
1博物館前史（古代）／2博物館前史（中世）／3ヨーロッパの博物館の歴史／4アメリカの博物館／5東南アジア・東アジアの博物館／むすびにかえて

3．明治・大正・昭和前期の博物館学の歴史　　　　青木　豊　　33
1博物館学前夜（明治時代前期）／2博物館学の確立期（明治時代中期～後期）／3発展期（大正時代）／4変革期（昭和初年～20年）／5社会への浸透期（昭和20～50年）

第2章　博物館の種類　　　　　　　　　　　　　　　　　　　　45

1．博物館の種類　　　　　　　　　　　　　　　　中村　浩　　46
1博物館の分類／2さまざまな博物館

2．総合博物館　　　　　　　　　　　　　　　　　丸山憲子　　49
1歴史的観点からみる「総合博物館」／2「総合博物館」の展望

3．歴史博物館　　　　　　　　　　　　　　　　　冨加見泰彦　53
はじめに／1歴史博物館の領域（範囲）／2歴史博物館の事例／3現状と課題

4．民俗・民族系博物館　　　　　　　　　　　　　藤森寛志　　57
はじめに／1民俗系博物館が対象とする文化財／2民俗・民族系博

物館の事例／3 風土記の丘構想と民俗系（野外）博物館の整備／
4 課題と展望

5．**美術館** 　　　　　　　　　　　　　　　　　　　　渡辺真衣　*62*
1 美術館とは／2 美術館設立史／3 美術館の現状と課題

6．**科学博物館** 　　　　　　　　　　　　　　　　　　小川義和　*66*
1 科学博物館とは／2 科学博物館の発達／3 科学博物館の機能／
4 今日的課題と科学博物館

7．**自然史博物館** 　　　　　　　　　　　　　　　　　髙橋亮雄　*71*
1 日本の自然史博物館の歴史と概要／2 自然史博物館の現状と課題
／3 自然史博物館の利用状況

8．**産業博物館・企業博物館** 　　　　　　　　　　　　中村　浩　*75*
はじめに／1 産業遺産（産業文化財）の保存・活用／2 産業・企業
博物館の諸形態／3 日本酒の企業博物館／むすびにかえて

9．**野外博物館** 　　　　　　　　　　　　　　　　　　大原一興　*81*
1 野外博物館の概要と種類／2 収集・展示型野外博物館における観
光への展開／3 現地保存型野外博物館における観光への展開

10．**動物園** 　　　　　　　　　　　　　　　　　　　　黒澤弥悦　*85*
はじめに／1 動物園－その飼育の意味／2 動物園の歴史／3 動物園
の機能／4 これからの動物展示

11．**植物園** 　　　　　　　　　　　　　　　　　　　　蒲生康重　*89*
1 植物園とは／2 植物園の辿って来た道／3 植物園の現状と今後の
指針

12．**水族館** 　　　　　　　　　　　　　　　　　　　　高田浩二　*94*
1 水族館の誕生とその歴史／2 博物館法と水族館／3 日本動物園水
族館協会と水族館／4 博物館法以降の水族館／5 集客装置としての
水族館／6 設置者と運営者の意識とこれからの水族館のあるべき姿

13. 郷土博物館・歴史民俗博物館　　　　　　　　　　　中島金太郎　99
　　1郷土博物館とは／2歴史民俗博物館（歴史民俗資料館）とは／
　　3郷土博物館・歴史民俗博物館の現状と課題

14. 戦争と平和の博物館　　　　　　　　　　　　　　　池田榮史　104
　　1戦争と平和の定義と博物館／2戦争と平和に関わる博物館の二大
　　別／3日本における戦争と平和の博物館の始まり／4沖縄における
　　戦争と平和の博物館／5戦争と平和の博物館の展開／6戦争と平和
　　の博物館の今後

15. 人物記念館・文学館　　　　　　　　　　　　　　　吉田　豊　107
　　1人物記念館と文学館／2人物記念館・文学館の事例／3さかい利
　　晶の杜の開設／4人物記念館としての利休・晶子館／5文学館とし
　　ての晶子館／6観光資源としてのさかい利晶の杜

16. 大学博物館　　　　　　　　　　　　　　　　　　　竹谷俊夫　112
　　1大学博物館とは／2法的位置／3大学博物館の使命と役割／まと
　　め

第3章　博物館の資料とは　　　　　　　　　　　　　　　　　117

1. 人文系資料　　　　　　　　　　　　　　　　　　　徳澤啓一　118
　　1人文系資料の定義（人文系資料に含まれるもの）／2人文系資料
　　の広がりとつながり／3「人文系資料」のメディア利用と新たな資
　　源化／4キュレーション・サービス

2. 自然系資料　　　　　　　　　　　　　　　　　　　阿部正喜　122
　　はじめに／1資料の収集／2整理の方法／3分類の方法／4博物館
　　資料の取り扱い／5保存形態による生物資料の種類

3. 生態資料　　　　　　　　　　　　　　　　　　　　小林秀司　129
　　はじめに／1生態資料の定義／2生態資料の由来と歴史／3生態資
　　料の種類と収集・保存／4観光資源としての生態資料とその留意点
　　／5中小規模の博物館もしくは博物館相当施設における生態資料

第4章　博物館資料の保存と活用 ……………………… 137

1．地域資源の保存　　　　　　　　　　　　　　　楊　鋭　138
はじめに／1地域住民による保存活動／2関連する法律の制定／3文化遺産の有効利活用／おわりに

2．環境保護　　　　　　　　　　　　　　　　　高橋信裕　144
1点から線、線から面、面から景へ／2地域社会を主体とする文化財保護への取り組み／3保存科学の観点から見た地域に点在する文化財の保護、保全策

第5章　観光資源としての博物館の活用 ……………… 151

1．観光資源とは　　　　　　　　　　　　　　　阿部正喜　152
1観光資源・観光対象の定義／2観光地の定義／3観光資源の種類と分類／4観光資源の評価

2．博物館と観光　　　　　　　　　　　　　　　阿部正喜　160
1世界と日本の観光動向／2博物館の観光における役割－地方博物館に光を観る

3．地域の振興と博物館　　　　　　　　　　　　和泉大樹　169
はじめに／1観光による地域の振興における博物館の有効性／まとめ

4．地域創生に直結する博物館－道の駅博物館－　落合知子　179
1道の駅博物館の提唱／2地域創生拠点としての「道の駅博物館」／3地域連携型「道の駅博物館」／4「道の駅博物館」の改善点／5完成された郷土博物館／6これからの道の駅の役割－防災と道の駅－

5．時代、地域のニーズに合った博物館経営　　　下湯直樹　189
はじめに／1館種を超えた「対話と連携」／2複合施設、総合施設内部での「対話と連携」／3今後求められる博物館経営のありかた／おわりに

6．世界遺産と博物館　　　　　　　　　　　中村　浩　*201*
　　　　はじめに／1世界遺産の種類／2世界遺産の登録／3世界遺産と博物館の関係／むすびにかえて

第6章　教育、生涯学習への博物館の活用　　　　　*211*

　博物館と教育　　　　　　　　　　　　　　駒見和夫　*212*
　　　1生涯学習と博物館教育／2博物館教育の意図／3博物館の学びと観光

第7章　博物館の展示のさまざま　　　　　　　　*223*

　展示手法の諸形態　　　　　　　　　　　中島金太郎　*224*
　　　1博物館における展示の必要性／2展示手法の分類と形態／3望まれる博物館展示とは

第8章　博物館と法律　　　　　　　　　　　　　*237*

　　1．博物館法及び関連法規　　　　　　　　落合広倫　*238*
　　　　はじめに／1文化財関係法規成立への経緯／2博物館法制定の推移／3博物館法関連法規制定の推移／4現代社会における博物館法の課題／5関連法令の動向

　　2．バリアフリー、ユニバーサルデザインの考え方と実際　　奥田　環　*244*
　　　　はじめに／1バリアフリーとユニバーサルデザイン／2展示・解説の理論と実践例／3都市のなかの博物館／4安心感と信頼感

第9章　学芸員養成の歴史と展望　　　　　　　　*255*

　学芸員養成の歴史と展望　　　　　　　　　青木　豊　*256*
　　　はじめに―博物館の現状／1博物館法及び関係法規の不整備な点／2博物館運営者の博物館学意識が脆弱である点／3博物館学の体系に基づく単位数の拡充／まとめ―養成学芸員の資質向上の為の大学養成課程の改革

おわりに　　　　　　　　　　　　　　　　　　　　　青木　豊　263

■附録・博物館関連法令（抄録）
1　観光立国推進基本法　266
2　博物館法（抄録）　269
3　博物館法施行令（抄録）　272
4　博物館法施行規則（抄録）　273
5　博物館の設置及び運営上の望ましい基準　278
6　学芸員補の職に相当する職等の指定　280
7　公立博物館の設置及び運営に関する基準　281
8　文化財保護法（抄録）　284
9　生物の多様性に関する条約　295
10　自然環境保全法（抄録）　296
11　鳥獣の保護及び管理並びに狩猟の適正化に関する法律（抄録）　299
12　自然公園法（抄録）　303
13　絶滅のおそれのある野生動植物の種の保存に関する法律（抄録）　304
14　絶滅のおそれのある野生動植物の種の国際取引に関する条約（抄録）　306
15　動物の愛護及び管理に関する法律（抄録）　306
16　世界の文化遺産及び自然遺産の保護に関する条約（抄録）　307
17　渡り鳥及び絶滅のおそれのある鳥類並びにその環境の保護に関する日本国政府とアメリカ合衆国政府との間の条約（抄録）　308
18　特に水鳥の生息地として国際的に重要な湿地に関する条約（抄録）　308

執筆者紹介　310

第1章
❖❖❖❖❖
博物館の歴史

1. 日本の博物館のあゆみ　　　　　　　　　　　　中村　浩

1　古代

(1) 正倉院

　日本の博物館の起源については正倉院がまず挙げられる。現在正倉院といえば東大寺正倉院のこととして知られているが、奈良時代、多くの寺院や官衙には正倉と呼ばれた倉が存在した。そこは寺宝の収蔵、あるいは領地からの上納物の収納などの用途に使用された。すなわち東大寺の正倉院は東大寺附属の倉である。

　東大寺正倉院の建物は2階建て、高床造り、板倉、校倉構造の中倉、北倉、南倉の三倉で構成されている。この倉は勅封倉、綱封倉とされ、厳重な管理が行われてきた。ちなみに勅封倉とは天皇の許可によって開封できる。勅使によって行われるもので、現代にあっても曝涼期間中の開催となる正倉院展の出展もこの勅使による開封後実施される。一方、綱封倉は僧綱の許可、すなわちここの場合は東大寺の住職の許可によって開扉される。

　建物内部では、長らく長持ちに入れて保管、収納されてきた。やがてガラスケースが導入された。正倉院の収納品は、聖武天皇77日忌（通称49日、満中陰など）に皇后であった光明皇太后が聖武天皇の遺愛の品々を東大寺に寄贈したのが最初で、それらは「献物帳」「国家珍宝帳」に細目がみられる。また大仏開眼法要で使用した仏具・法具などのほか大仏開眼の際に外国から贈られた品々も収められた。また光明皇太后の崩御後に皇后の遺品も収納されている。

　収蔵品には多種多様な宝物がある。仏具・法具、家具調度、武器・武具、文房具、楽器・楽具、遊戯具、食器類、香木・薬品、服飾品、典籍文書などで、材質の豊富さ、技術力の高さ、豊かな世界性などから高く評価されている。正倉院が「世界の宝庫」と呼ばれる所以でもある。

　正倉院の収蔵品の持ち出しは現在不可能である。しかし古代では収蔵品が必要に応じて一時的に借り出された。これを出蔵と呼び、奈良時代〜平安時代前半に集中している。薬類は必要に応じて、また急な宮都の警護のため兵器が、祭儀の際に礼服・礼冠などが持ち出された。しかし、出蔵の品々は薬品のような消耗品を除いては返却されなかった例が多いようである。

　出蔵の品で著名なものに蘭奢待と呼ばれる香木（沈香？）がある。足利義教が

永享元(1429)年に、織田信長が天正2(1574)年に、そして明治天皇によって一部が蔵から出され削り取られている。

　正倉院の宝物を狙った盗難事件もいくつか報告されている。長暦3（1039）年3月3日。寛喜2(1230)年10月27日、嘉暦3(1328)年、慶長15(1610)年7月などで、いずれも犯人は捕まっている。

　ところで、博物館とは「1、収集・保管（育成を含む）、2、展示・公開、3、教育・研究を行う機関」であると博物館法で定義している。この条件に照らすと、正倉院は1については問題なくクリア、2の展示・公開についてはごく一部の人物の宝物拝観が行われている。しかし、3の教育・研究という面では否定的であるとせざるを得ない。

（2）圖書寮・薬草園

　古代には正倉院のほかにも博物館の先駆的施設が存在した。

　圖書寮は朝廷の図書・記録の管理および史書の編纂、宮廷行事への協力を任務とした機関である。ここは図書を扱うほか仏像や儀式に必要な備品類の貸出なども行っていた。「類聚三代格」神亀5年9月6日付け禁令には「図書寮に蔵むる所の仏像及び内外の典籍、自今以後、親王以下及び庶人に借すことを得ず」とあり、少なくともこの時期までは図書典籍、あるいは仏像などが貸借されていた。現在の図書館の前身ともされるが、一部は博物館的機能も見られる機関である。

　植物園の前身として考えられる機関に典薬寮に所属する薬草園がある。大陸伝来（中国）の本草すなわち薬草栽培が行われていた。桑、梨はこの時期、園芸植物として栽培されている。すなわち宮廷貴族のための医療品、診察、医者養成を行う役所が設置され、担当の役職規定も定められていていた。「養老令」巻8「疾令」には「薬園師二人正八位上、薬園生六人」とあり、彼らは薬園経営も兼ねていた。また、元興寺、東大寺、薬師寺などの大寺院でも鑑賞をかねて薬草を栽培していたことが知られている。

（3）平安時代の地方豪族の屋敷内部

　「宇治拾遺物語」に当時の地方豪族の屋敷内部の様子が記載されている。すなわち「……（略）信濃国ひくうといふ処にて宿りぬ。郡の司に宿をとれり、設して饗して後、主の郡司等引具して出ぬ。いも寝られざりければ、やおら起きて佗み歩くに、目れば屏風立て廻して、畳など清げに敷き、灯ともして萬に見易きやうにしつらひたり。（以下略）」と当時の地方官の屋敷内部の様子が描かれている。

文中に「屏風立て廻し」とあることから、ごく普通に調度品として屏風が用いられていることがわかる。

2 中世・近世

(1) 押し板から床の間へ

　武家社会の成立によって、従来の寝殿造りから住居建物の様式が大きく変化した。書院造りが登場し、床の間の前身である押し板が登場した。その成立は南北朝の末頃から室町時代のことであったとされている。やがて押し板が床の間と変わったのは桃山時代から江戸時代初期にかけてのことであった。太田博太郎によれば、この時期はまた建築史の世界で変革期とされる。

　足利義政の時代には能阿弥『君台観左右帳記』が編纂されている。これは将軍家の美術工芸品の目録であり、当時は中国宋、元の絵画コレクションが流行していた。

　住居内の床の（間）の設置は、床への飾り（展示）を認識させた始まりといえるだろう。「御飾記」には書院の床や棚の展示方式が示されている。また『安齋随筆』に「今、武家の書院に真の飾りとて仏像三幅対をかけ、三具足などといふものを置くは、僧家の習俗の遺りたるなり」とあり、床の間は仏壇を略式にしたものという説もある。

　栄西による抹茶の喫茶法が中国から伝えられ、やがて茶道の形成と完成が千利休によって行われた。そこには「わびとさび」「風流」「風雅」というコンセプトがあった。茶道との関連でも美術工芸の発展が見られたが、とくに茶会の開催は、道具（工芸品・絵画・書など）の展示公開、鑑賞の場でもあった。

(2) 開帳・出開帳、絵馬

　江戸時代になると、各地の有名寺社が伽藍修復などの勧進のため開帳、出開帳すなわち本尊、秘仏の公開を実施した。普段は拝めない仏像などの宝物が見られるとあって人々はこぞって参詣した。京都嵯峨の清凉寺や二尊院、近江石山寺、河内道明寺（天満宮）、河内壺井八幡宮、信濃善光寺などは江戸での出開帳を行った。

　元禄13(1700)年5月から3か月間、江戸護国寺境内で京都嵯峨の清凉寺の御開帳が行われた。清凉寺の本尊釈迦如来は生身の釈迦如来ともいわれ、胎内の五臓六腑が布で造られ収められているという、他に例を見ない珍しいものだった。江戸にもその噂は伝えられており、多くの参拝客が集まった。この催しによって清凉

寺には1万3000両もの莫大な収入があり、必要経費を差し引いても7000両余りが残った。この金は大阪の泉屋吉左エ門に預託され、清凉寺釈迦堂の再建資金として使われた。

　ただし開帳の実施は成功例ばかりではない。天明元(1781)年、嵯峨二尊院の出開帳が江戸回向院で2か月間行われたが、天候不順などにより不成功に終わり、経費を捻出するために累代の宝物を売却する事態となった。

　出開帳は、当時の集客事業としては突出したものであり、訪れる人々を目当てに見世物小屋なども開かれた。見世物小屋は博物館展示とは程遠いが、展示パフォーマンスという意味では通じる部分もあるだろう。

　文政2(1819)年、聖徳太子没後千二百年記念の開帳が四天王寺で行われた。西門には「天竺僧仮寝姿」という全長30mに及ぶ釈迦如来像と、聖徳太子の死を悲しんで集まった弟子や動物たち約30種を竹で編んだものが展示され、見物客の度胆をぬき大変な評判となった。作者は道頓堀に住む一田庄七という籠細工の職人であった。

　かつては神社や寺院に生きた馬を奉納していたが、それが形骸化して馬形となり、さらに略されて絵馬となったと考えられている。絵馬の寄進奉納は、長い航海や旅からの無事帰還や船上での武運などを祈願した行為である。昭和42(1967)年12月、静岡県浜松市伊場遺跡西部地区の奈良時代の地層から縦7.3cm、横8.9cmの板に馬の絵が墨書されたものが出土した。この出土絵馬の製作意図（目的）が後の絵馬と同じかどうかは定かではない。

　中世以降の絵馬は航海の安全、商売繁盛などを祈念したとされ、大坂平野の豪商末吉孫左衛門や角倉了以が清水寺へ奉納した大型絵馬は有名である。この他各地の社寺で絵馬の奉納があり、なかには狩野山楽、宗秀、永信、土佐監物など当代一流の画家の手になる作品も見られる。社寺では掲示のために絵馬堂、絵馬殿、絵殿などの施設を建設した。寄進された絵馬を見物に来る参拝者もあり、さながら絵馬ギャラリーの体をなしていた。

　絵馬とともに江戸時代には和算家による算額の奉納もあった。江戸時代後半は和算の解答をめぐる論争が盛んで、自説を主張するために多くの算額が奉納された。絵馬や算額が掲示（展示）され、それを見にきた人々が批評や意見交換を行うというのは、今日の博物館展示とも通じるところがある。

（3）本草学、博物学の発展

　上野益三『博物学史』によると、博物学は「植物、動物ならびに鉱物などの天

産物を対象とする自然科学であるが動植物学がとくにそのおもな内容をなす」学問で、本草学は「古代の中国にできた薬の学問で、薬の素になるものは、草がもっとも多いのでそう名付けられた」とされる。

　近世には、古代の典薬寮、薬草園などの伝統を引き継いだ本草学（薬草などの研究）が隆盛の動きを見せる。慶長12(1707)年には明の李時珍の『本草綱目』が輸入され、それによって従来の医術に伴う本草学から食物本草学が加わり、博物学の基礎が蓄積される。続いて貝原益軒『大和本草』の刊行、シーボルトの西洋博物学の導入などがあり、日本の博物学は大きく発展した。本草学、博物学は、鎖国という閉鎖社会の江戸時代で唯一発展しつづけた学問といえる。この時代に活躍した学者としては、平賀源内、伊藤圭介、小野蘭山、山本亡羊、木村兼葭堂などがあげられる。

　一方、民間ではコレクターによる蒐集品の公開が行われるようになる。よく知られた人物に木内石亭がいる。彼は奇石、珍石の蒐集家で、弄石社を結成し、『雲根志』『曲玉問答』などを著した。また物産会、本草会の開催も盛んになるが、これは教育普及活動の一種といえよう。

（4）西洋学問との接点・緊迫した対外関係

　貞享元(1686)年、幕府天文方が設置された。この役所は天文、暦術、西洋文献の翻訳などが主な仕事である。安政2(1855)年、蕃書御用の機構を拡張した洋学所が設置され、安政3年に蕃書調所となった。ここは幕府の外交文書の翻訳、情報収集、外国語教育などを行った機関である。全国の藩から優秀な蘭学者が集められた。安政4年4月には幕臣の子弟191名を入学させており、その後、洋書調所から開成所、さらに大学南校、医学館とともに大学と名称が変更され、やがて東京大学となる。

（5）遣欧使節、遣米使節の見た博物館

　万延元(1860)年、日米修好条約批准書交換の任を帯びて遣米使節が派遣された。正使は外国奉行、神奈川奉行新見豊前守正興、副使は村垣淡路守、目付小栗上野介忠順で、随行員を含めて総勢77名であった。この時の記録として、新見豊前守正興『遣米使日記』、新見の従者柳川当清『航海日記』、新見の随行員仙台藩士玉虫左太夫『米行日記』などが残されている。

　一行は万延元年3月25日ワシントン到着、28日にはブキャナン大統領に謁見、29日には大統領あての土産物を宿舎で飾り、その目録をジュホンなる人物に手渡

第1章　博物館の歴史

している。宿舎へは士官風の人物が女性同伴で毎日来訪したとされ、新聞にも掲載されたという。ちなみに持参した土産物は太刀一振り、蒔絵馬具一式、掛け軸、屏風、幕などであった。村垣は、「その（大統領）所有にならず、そのことを記録して百物館に納る事のよし」と、土産物は大統領個人のものにはならないと記録している。4月2日には「パテントオヒース百物館なるよしといえるところに行て見よ、と例の人々案内して、午後車に乗りて五六町も行かば高堂あり。柱敷石までも惣マルムネン石にて、造たる三階の堂内には……（略）、両側数々の柵を玻璃の障子にて囲いたるが、……（略）」とある。ここに書かれた高堂、百物館は大理石造りの三階の建物で、内部にはガラス戸で囲まれたケースが配置されていたことや、蒸気機関車や農工具、さらには各国の条約書類も展示されていたという。4月14日に一行はスミソミアン博物館を訪問している。彼らは科学館、自然史博物館、動物園を見学しているようで、日記に「かねの水盤に網蓋したる中に鰐魚の生きたる有、板敷に出して棒もて打てはいかるて口を開く、実に鰐口とて大なり、形はやもりに似て背に鱗あり。長さ四尺はかりなり」と、ワニの印象を記している。新見の従者柳川当清『航海日記』などにも博物館見学の記載が見られる。

　文久元(1861)年12月22日品川沖から幕府遣欧使節団が出発した。竹内下野守保徳（正使）、松平石見守康直（副使）のもと、福沢諭吉、福地源一郎（桜痴）ら維新後に活躍した人物が随員に含まれていた。この使節団はヨーロッパ各国と約束していた開港が攘夷運動などのために延期されることを説明するためのものだった。フランス、イタリア、プロシャ、イギリスなどの各都市を訪問した。

　この使節団の随員の見聞録には博物館に関する記述が見られる。松平石見守の従者の市川渡（清流）は、博物館が民衆の知識や娯楽に供されるために造られたことを評価しているが、一方で入館料の徴収を「此則利ヲ専務トナスノ夷風ニシテ」と批判している（『尾縄欧行漫録』）。このほか、淵辺徳蔵『欧行日記』、益頭駿次郎『欧行記』などにも博物館の記載がある。

　福沢諭吉はこの時の見聞を基に『西洋事情』を著した。福沢は「博物館」という項目を設けて次のように解説している。

　「一、　博物館ハ世界中ノ物産、古物、珍物ヲ集メテ人ニ示シ、見聞ヲ博スル爲メニ設けルモノナリ。『ミネラロジカル・ミュージアム』ト云ヘルハ鉱品ヲ集ムル館ナリ。凡世界中金石ノ種類ハ尽ク之ヲ集メ、各々其ノ名ヲ記ルシテ人ニ示スス。「ゾーロジカル・ミューヂアム」ト云ヘルハ禽獣魚虫ノ種類ヲ集ムル所ナリ。禽獣ハ皮ヲ取イ、皮中ニ物ヲ填テ其形チヲ保チ、魚虫ハ

薬品を用テ其儘干シ固タメ、皆生物ヲ見ガ如シ。小魚虫ハ火酒に浸セルモノアリ」（略）

　福沢は、ここで鉱物などを扱う博物館、動物園、植物園、医学博物館について紹介している。動物園に水族館が含まれる内容となっているが、現在我々が目にする博物館とほとんど同じである。

　福沢は、博物館との比較で博覧会についても記述している。

　　「博覧会ハ元ト相教エ相学ブノ趣意ニテ、互ニ他ノ長所ヲ取テ己ノ利トナス。之ヲ譬エバ知力工夫ノ交易ヲ行フガ如シ」

　慶応元(1865)年閏5月、幕府は軍事事情視察のため柴田日向守剛中らの使節団をフランスへ派遣した。この時の随行員岡田摂蔵の記録『航西日記』に博物館の記載がある。8月5日の記事に「世界中新の物品大概具らざるなし、古きはローマン及びギリーキの盛なるときの島もの初名画の類、一室毎に種類を分けり、又海軍に属する室数十往古より世界に発明したる船のひな型を製し及び海外に出て戦い日勝利を得奪ひ取りたる諸器物即ち旗大砲の類迄も一々具へあり、皇国の器物も具足太刀漆細工の物太平茶碗の類並へあり」と見た状況を記したのち「是諸民をして博物ならしむる為に政府より此館の設あり故に誰人を問わず日を定めて行之を見る事を許せり」と記している。岡田自身、博物館の果たす役割を十分に理解していることがわかる。

（6）パリ万国博覧会への参加

　元治元(1864)年、フランス公使レオン・ロッシュは、幕府にパリ万国博覧会への出品要請を行った。幕府はこれに応じ、慶応2(1866)年2月28日江戸市中に町触れを出し、博覧会の趣旨と出品にあたっての物品輸送など便宜を与える旨を公示した。町触れの効果などにより多数の物品が集められ、パリに送られた。慶応3年パリ万博が開催され、日本から幕府、薩摩藩、佐賀藩などが出品参加した。このとき幕府が出品したものの一つに浮世絵の画帳三帳があった。これがフランス印象派の画家たちに多大な影響を与えた。ちなみに、画帳は当時の女性、江戸の祭礼や行事、江戸の風景をそれぞれ描いた浮世絵を50枚ずつ綴じたもので、浮世絵師側から出された見積書では総額400両の価格となっている。この他、象牙細工、漆器、陶磁器、織物、生糸、たばこ、茶、水晶などが出品されたが、フランス側の要請による昆虫標本を作製したのは田中芳男で、彼はこの標本を携え、博覧会掛御用としてパリに派遣された。

第 1 章　博物館の歴史

3　近　代

（1）博覧会から博物館へ

　明治新政府は「富国強兵」「殖産興業」「文明開化」というスローガンを掲げた。椎名仙卓は、「当時、文明開化のための七つ道具に『新聞』『郵便』『ガス灯』『蒸気船』『写真絵』『軽気球』それに『博覧会』が加わり流行語となっており、博覧会が意識されて」いたと指摘する。

　明治2(1869)年、旧開成学校は大学南校となり、田中芳男は大学南校物産局勤務となり、町田久成とともに博物館建設に当たる。大学南校物産局は博覧会の開催を計画し、明治4年5月14日から7日間九段招魂社で物産会の名称で実施された。この催しは生物、植物から美術骨董品、さらには西洋文化の香り高い機械類に至るまで多様なジャンルのものが出品された。

　明治8年7月、大学を廃し文部省が成立した。9月25日には文部省に博物局が置かれ、物産局の収集品すべてが博物局に移された。併せて湯島聖堂大成殿が博物局の展観場となり小石川薬園も博物局の管轄となる。明治4(1871)年11月1日から10日間の予定で湯島聖堂での博覧会開催が公告された。しかしこの博覧会はなぜか中止となり、翌年3月に開催された。この博覧会には「漢委奴国王」金印、名古屋城の金の鯱、宮内省からは打掛、裳、檜扇などの女官調度、工部省から象牙顎骨化石、電信寮からは電信器械などが出品された。個人では伊藤圭介が古瓦、勾玉、管玉、金環など、蜷川式胤が古大和鞍、雷斧ほか、シーボルトがオーストリアの軍服を出品した。このほかに石川年足墓誌などがあった。この博覧会は成功裡に終わった。さらに博覧会終了後も期日を定めて一般の公開を許している。

　明治6(1873)年4月から8月までオーストリア・ウィーンで万国博覧会が開催されることとなり、オーストリア公使ヘンリーガリッチは日本に参加を求めた。政府は墺国博覧会事務局を開設し参加を一般に公告した。このときの出品物には名古屋城の金鯱、東京谷中天王寺五重塔雛形（高さ2間）、鎌倉大仏の張抜などの大型品や動物剥製、タンス、象牙細工、宝石、化石類など多種多様なものがあった。博覧会は5月1日から11月2日まで予定通り開催され、722万5000人余の入場者を数え、日本ブームを巻き起こす結果となった。

　博覧会の出品物や当地で購入した品々は博覧会終了後、フランス船ニール号で日本に運ばれたが、経由地の香港から横浜への航行途中、暴風雨のため南伊豆沖で沈没した。これらの品々は山下門内博物館で凱旋公開されるはずであった。

（2）内務省、農商務省、文部省、宮内省博物館

　明治6(1873)年11月、太政官布告により内務省が新設され、明治8年には博覧会事務局は博物館と改称され、内務省の管轄となった。やがて山下門内博物館は墺国博覧会の展示品や購入品などにより、展示の改修などが行われた。展示館の区分も古物館（史伝・教育・法務・陸海軍・芸術各部）1棟、天産部列品館（動物）1棟、天産部列品館（植物）1棟、天産部列品館（鉱物）1棟、農業山林部列品館1棟、工業器械部列品館2棟、芸術部列品館（英国博物館贈品）1棟の8棟となった。幸いにも沈没の被害を免れたものなどウィーンからの持ち帰られた品物は農業山林部列品館1棟、工業器械部列品館2棟で展示公開された。

　太政官通達に「自今、内務省所轄ノ博物館ノミ単位博物館ト称シ、其他各庁ニ於テ設置ノ分ハ地名又ハ他ノ文字ヲ加ヘ、何博物館ト称スベク此旨相達候事」とあり、内務省所轄の博物館にのみ博物館という称が使用でき、ほかは〇〇博物館としなければならないことになった。これに従って文部省博物館は東京博物館とした。この頃、大阪、京都に博物館が、明治12(1879)年に北海道函館に開拓使により地方博物館の函館博物館1号が開設され、明治17(1884)年には函館県立博物館（函館博物館2号）が建設されている。明治9(1876)年からは博物館は連日の開館となった。

　またウィーン、フィラデルフィア万博に参加した経験から博覧会が時代の勧業政策に貢献することを学んだ政府は明治10(1877)、第1回内国勧業博覧会の開催を決定。この年の11月には博覧会跡地に博物館新設の建議を提出し、内山下町博物館から上野公園内博物館建設が本格化した。明治8(1875)年に上野公園が博物館所管となる。明治14(1881)年には内務省から農商務省の所管に代わり、上野公園寛永寺本坊跡にコンドルの設計で博物館の新館が竣工、翌年開館し、付属動物園、浅草文庫とともに一般公開される。

　明治19(1886)年宮内省の所管となり、明治22(1889)年に帝国博物館となる。総長に九鬼隆一、美術部長に岡倉天心が就任した。併せて、帝国京都、奈良博物館が設置され、東京が中央博物館とされる。明治33(1900)年には帝室博物館と改称され、明治42(1909)年には皇太子殿下御成婚記念の表慶館が開館した。大正12(1923)年、関東大震災で本館が損壊した。昭和13(1938)年に東京国立博物館本館が開館した。昭

函館博物館1号

18

第1章　博物館の歴史

和20(1945)年には太平洋戦争の空襲激化のため3月で観覧を停止するが、翌年3月には再開した。
　一方、文部省博物館は明治8(1875)年東京博物館と改称した後、明治10年、上野山内に新館が一部完成し、教育博物館、東京教育博物館と改称し、さらに、明治22(1889)年には東京高等師範学校の付属となり、湯島聖堂内に移転する。さらに大正3(1914)年東京高等師範学校から独立した。関東大震災で施設標本ともにすべてを失い、昭和6(1931)年東京科学博物館と改称、この年9月には上野新館（現日本館）が竣工、同年11月2日に開館している。

4　現　代

(1) 帝室博物館から国立博物館へ

　宮内省管轄の帝室博物館時代を経て昭和23(1948)年5月文部省に移管され、東京、奈良、京都の帝室博物館は各国立博物館となる。昭和39(1964)年に東京国立博物館は法隆寺宝物館を収蔵庫兼展示室として開館する。昭和43(1968)年には文化庁が設置され、東京、奈良、京都国立博物館は文化庁に移管された。同年10月には東京国立博物館に東洋館が新設、開館した。さらに昭和59(1984)年には資料館、平成11(1999)年には7月に法隆寺宝物館新館、10月には平成館が開館した。
　昭和24(1949)年6月の文部省設置法によって国立科学博物館が設置された。内部組織の拡充改組が図られ、より充実した科学研究の中心研究機関として発展し、筑波地区に筑波実験植物園、昭和記念筑波研究資料館などの諸施設が続々と設置されている。

(2) 博物館の変貌、法人化の動き

　それぞれの国立博物館は、新しい時代の流れに沿って発展展開しているが、新しい国立博物館の設立も相次いだ。上野公園内には松方コレクションの返還に伴ってル・コルビュジェの設計で国立西洋美術館が建設され、昭和34(1959)年6月に開館した。昭和43(1968)年の文部省設置法の一部改正に伴い、本館は文化庁の所管となる。昭和49(1974)年には大阪万国博覧会跡地に、国立大学法による大学共同利用機関として国立民族学博物館が、また昭和56(1981)年には国立大学共同利用機関、国立歴史民俗博物館が千葉県佐倉市に開設された。平成元(1980)年には大学共同利用機関と改称されている。
　また昭和27(1952)年12月には日本初の国立美術館として東京都中央区京橋に国

立近代美術館が開館した。その後、昭和38(1963)年に京都分館が開館し、後に京都国立近代美術館として独立した。また千代田区北の丸公園に新たに本館を建設しリニューアルオープンし、昭和45(1970)年に京橋はフィルムセンターとして開館した。昭和52(1977)年には工芸館が開館した。そののちも施設改修が行われてきた。また大阪万博記念公園に昭和52年開館した国立国際美術館は平成16(2004)年に大阪市北区中之島公園に移転開館した。

　時代の新たなうねりとして、国立博物館の民営化、法人化への動きがあった。かつての文化庁所管の東京、奈良、京都国立博物館は、平成13(2001)年4月から独立行政法人国立博物館、さらに平成19(2007)年4月からは独立行政法人文化財研究所所管の東京、奈良の国立文化財研究所を含んで独立行政法人国立文化財機構と改組された。また国立美術館は、平成11(1999)年独立行政法人国立美術館として東京国立近代美術館、京都国立近代美術館、国立西洋美術館、国立国際美術館、国立新美術館を管轄している。また平成16(2004)年には大学共同利用機関法人人間文化研究機構が設立され、国立民族学博物館、国立歴史民俗博物館、国立国語学研究所、国際日本文化研究センター、総合地球環境学研究所、国文学研究資料館の6機関が含まれる。以上の独立行政法人3団体に従来の各国立博物館等が配置され運営されている。

　これら特別行政法人の設立のうねりの中で新たに開設された国立博物館もある。それは平成17(2005)年に開館した九州国立博物館、平成19(2007)年開館国立新美術館である。九州国立博物館は九州地区最初の国立博物館として地元の熱い期待によって設立されたもので、東アジアを視野にした歴史系博物館である。

　国立新美術館は展示面積ではわが国最大を誇っており、公募展や新聞社などの主催者に会場を貸与するという方式のいわゆる貸会場としての美術館である。ちなみに開館以来の入館者数は平成22(2010)年9月には来場者数が1000万人を超えている。収蔵コレクションを持たないが故に、それらにとらわれない自由な活動や企画展の開催が可能という逆説的な見方もできる。いずれにしても当初の設置目的が全国的な美術団体のための展示スペースの整備および確保にあったことを考慮するとその役割は一定程度以上に発揮されているといえるのかもしれない。いずれにしても巨額の国費を投じての施設であり、日本の芸術文化および国際的な芸術情報発信拠点として大いに期待されていることに変わりはない。

【参考文献】
岩井宏實（1974）『絵馬』法政大学出版局。

第1章　博物館の歴史

上野益三（1973）『日本博物学史』平凡社。
椎名仙卓（1994）『図解博物館史』雄山閣。
椎名仙卓（1988）『日本博物館発達史』雄山閣。
椎名仙卓（2005）『日本博物館成立史』雄山閣。
全国大学博物館学講座協議会編（2002）『概説博物館学』芙蓉書房出版。
全国大学博物館学講座協議会編（2008）『新しい博物館学』芙蓉書房出版。
全国大学博物館学講座協議会編（2012）『新時代の博物館学』芙蓉書房出版。
竹下喜久男（1977）「開帳参りと民衆」『志学』8、大谷女子大学志学会。
東京国立博物館（1973）『東京国立博物館百年史』本編・資料編、東京国立博物館。
中村浩（1999）『博物館学で何がわかるか』芙蓉書房出版。
比留間尚（1980）『江戸の開帳』吉川弘文館。
和田軍一（1955）『正倉院』創元社。

2．世界の博物館のあゆみ　　　　　　　　　　　　中村　浩

1　博物館前史（古代）

（1）MUSEUMの語源

　博物館は、museum（英語）、musee（フランス語）、museum（ドイツ語）、museo（スペイン語）で表記されるが、その語源はギリシャ語の museion にあるとされている。ムゼイオン（Museion）はミューズの神に捧げる神殿で、古代ギリシャの各地にあった。アレクサンドリアのムゼイオンは、BC294年以来庇護を求めていたデメトリオス・フォアレロンの進言を容れたプトレマイオス1世がアリストテレスの創立したリュケインオンの学園パリパトスをモデルとして設立した学術研究センターである。ここでは調査研究と資料収集、教育研究でのコレクションの利用が行われた。棚橋源太郎はこのムゼイオンを評して、今日の博物館の起源で自然史博物館の祖形の一つとするが、近代博物館と直接につながるものではないとした。ちなみに、ムゼイオンでは、ヘレニズム時代を代表するエラトステミスやアルキメデスをはじめ多くの優秀な学者が学んでいる。

（2）ピナコテーク

　ピナコテークは美術館の起源であるともされている。BC5世紀にはギリシャ各

地の神殿に付属して宝庫が造られていた。アテネ・アクロポリスの丘のピナコテークもその一つであった。この施設は、コレクションそのものを不特定多数の巡礼者の視線にさらすことを本来の機能としていた。この点で、ギャラリー、美術館の重要な機能である展示の原型とみられる。

2　博物館前史（中世）

（1）大航海時代

　大航海時代とは、15世紀から17世紀前半にかけてヨーロッパ人が新航路、新大陸を発見し、ヨーロッパ列強が競って植民地活動を活発化した時代である。発見の時代とも呼ばれ、航海の成果が西欧の政治、経済に重大な影響をもたらした。この時期の代表的な人物としてコロンブスがあげられる。彼はイタリア・ジェノバ生まれ、1488年スペインに渡り、イザベル女王の資金援助を受け1492年、西回り航海でイスパニョラ島に到着した。ここで彼はアメリカ大陸の発見の栄誉を得た。同じ頃、ディアスはアフリカ喜望峰回航、ヴァスコ・ダ・ガマは喜望峰経由のインド航路開拓を行っている。この時代、15世紀にはポルトガル人、スペイン人、16世紀半ばにはオランダ人、イギリス人の進出が見られる。

　新大陸から西欧にもたらされた文物の多くが、キリスト教の宣教師によって、本国の王への献上品、布教の参考資料としてバチカンに送られ、バチカン博物館に収蔵されてきた。そこには世界各地から送られた様々な文物があった。先史の西欧と未開国の文化の共通性をメルカチ（バチカン植物園管理者）は発見し、北西ヨーロッパで見つかるケラウニア（雷斧）は新大陸住民の石斧と同じであることを確認、公表した。これによりケラウニアは謎の遺品ではなく考古学上重要な人工物と認定された。

（2）ルネサンス

　13世紀末から15世紀末へかけてイタリアに起こり、やがて全ヨーロッパへ波及した芸術、思想の革新運動である。そこで掲げられたのは現世の肯定、個性の尊重、感性の開放であった。この頃起こったギリシャ・ローマへの古典復興は神中心の中世文化から人間中心の近代文化への転機の端緒をなすものであった。文芸復興・学芸復興・古典復興などと呼ばれる。

　イタリア、フィレンツェ（＝フローレンス）は、トスカーナ地方の中心地で東西170キロ、南北120キロ、人口10〜15万人の小さな都市国家で、12世紀以降共和国

第1章　博物館の歴史

であり、自由都市の一つでもあった。
　メディチ家はもとハムジュロ（フィレンツェの北にある田舎）の農民で、町に出て成功し、13世紀には裕福な一家に数えられている。やがて15世紀初頭銀行家として財をなす、以来300年間この街に君臨し、トスカーナ公までのぼりつめた。メディチ家は、ルネサンス期の芸術家たちの最大の庇護者であった。コジモ1世の命により建築家ヴァザーリが1560～80年にウフィツィ（イタリア語で事務所）を建設した。1581年フランチェスコ1世は建物3階を歴代当主が収集してきた膨大なコレクションを収蔵する場所に決定し、ウフィツィ美術館が成立する。ここはルネサンス期の美術作品を多く収蔵する世界的な美術館となる。

3　ヨーロッパの博物館の歴史

（1）フランスの博物館
　フランスの国立博物館（美術館）での展示品は、一部例外はあるが基本的には時代区分による展示品の分置が行われている。すなわち、ルーヴル美術館は先史から19世紀前半の作品、オルセー美術館は1848年から1914年までの作品、ポンピドーセンターは近代美術館である。この他、ロダン、ピカソなど作者別の美術館がある。中世博物館、考古学博物館、自然史博物館は伝統的な建物を利用している。
　ルーヴル美術館は、1190年国王フィリップ・オーギュストがパリを囲む城壁の端に高さ22mの天守塔と塔で構成される砦を建設したのがはじまりである。以後、200年間要塞、牢獄、武器庫の役割を果たしてきた。この砦遺構は1983年の調査で確認され、現在、地下展示室で展示されている。14世紀シャルル5世は周囲に住居を建設させたが、死後宮廷は、再び砦に戻る。国王フランソワ1世はパリ市民と協調するため、古いルーヴルの建物（ゴシック建築）を壊し、新しい建物（イタリア・ルネサンス様式）のルーヴル宮殿を建設。以来、歴代の国王によって宮殿に改良が加えられてきた。ルイ13世は1640年、中世の遺構を壊して中庭の装飾を実現、新しく居室を建てた。この時の寝室天井にはジル・ゲランの豪華な彫刻が施されたが、1654年、1661年の火災で一部破壊された。1678年ルイ14世はヴェルサイユ宮殿に移動し、これに伴い宮殿の機能も移された。ルイ16世の時代にルーヴル宮殿に美術館を開設した。フランス革命によって宮殿を国家が没収し、1793年8月10日国民公会はルーヴルを美術館にすることを決定し、1803年ナポレオン美術館開館。1808年にはカルーゼルの凱旋門が建築された。ナポレオン3世はル

23

ーヴル中庭の民家を除去し、1934年には現在見るルーヴル美術館の姿となった。

　1984年グラン・ルーヴル計画により、再開発が実施された。コンペの結果、中国出身アメリカ人建築家ペイ・イオ・ミンの計画が採用され、1988年ガラスのピラミッドと、その下方のナポレオン広場が完成する。西にドゥノン翼、東にシュリー翼、リヴォリ通り側にリシュリュウ翼がある。収蔵品は3万点以上、展示は8部門から構成されている。

ルーヴル美術館のガラスのピラミッド

　オルセー美術館のある地域には18世紀末サムル館と呼ばれる施設があり、当時の貴族のたまり場となっていた。1810年ナポレオン1世はここに外務省を建設しようとしたが、最終的にはコンセイユ・デコタ（最高行政裁判所）が建設された。しかしそれは1871年パリ・コミューンで焼失した。その跡地に 装飾美術館構想が浮上したが、この構想は途中で中止された。1900年にパリ万国博覧会が開催されることとなり、1889年オルレアン鉄道は駅舎の建設を計画。駅舎は1898年着工、1900年7月14日付属ホテルと共に完成した。しかし駅の規模から長編成列車の発着が不可能ということで、わずか30年で廃止された。その後、駅舎の建物は撤去から保存に方針が変更された。1973年に歴史建造物にリストアップされ、1978年に正式に指定され、駅舎は美術館へと変身を遂げる。この館には前・後期印象派のコレクションが多い。

　様々な形の現代文化や創作活動をひとところに集めるという趣旨のもとジョルジュ・ポンピドー国立芸術センターが1977年に開館した。ここは国立近代美術館、産業創造センター、公共情報図書館、音響音楽研究所などの施設が入る。目録記載作品は5万点を数え、このうち1,500〜 2,000点が常設展示されている。センターの建物の5階は現代美術（1960年〜現在）、6階は近代美術（1905年〜1960年）である。分野は絵画・彫刻・写真・ビデオ・映画で、1992年に建築とデザインが加えられた。「現在を生きている美術の美術館は変動する美術館だ」。1947年の美術館建設の際の館長の発言はこの美術館の性格をよく表している。

（2）イギリスの博物館

　大英博物館の起源はハンス・スローンコレクションにさかのぼる。ハンス・スローンは1660年アイルランドで生まれイギリス・フランスで医学を学んだ。初代

第1章　博物館の歴史

ジャマイカ提督アルベールの侍医として1年半滞在し植物標本を収集、帰国後アン王女付典医となり天然痘予防に尽くしたことで知られる。コレクションを分散させずロンドンに一括保管することという彼の遺言により、貝類5843種類、鉱石を含む標本2275種、手稿本3550冊を含む図書4万冊余、貨幣3万2000枚という膨大なコレクションは、王室での購入を働きかけられたが、ジョージ3世はこれを認めなかった。コレクションは10万ポンドの価値とされた。そして議会に持ち込まれ、1753年6月7日コレクション購入を含んだ「大英博物館法」が可決された。

大英博物館は、1840年はじめロバート・スマークによって設計され、1850年までにイオニア式柱に支えられた現在の建物が完成し、現在に至っている。古代エジプト部門、アッシリア・メソポタミア（西アジア）部門、ギリシャ・ローマ部門、古代・中世ヨーロッパ部門、イギリス古代・中世・近代部門、東洋部門の6部門で構成されている。

大英博物館は多くの人々からの資料の寄贈で充実していった。トーマス・クック（ポリネシアの民族資料）、アーチボルト・メンジース（北西アメリカ、南海諸島の民族、美術資料）、ウィリアム・ハミルトン（地中海に関する資料）などである。また戦争でフランスから（アレクサンドリアの協定）ロゼッタ・ストーンなどが加わった。1807年に自然史部門が独立、貨幣、写本部門もこの時に移行し、1869年に自然史博物館が建設された。

主なコレクションは、エルギン・マーブルズ（外交官トマス・ブルースがパルテノン神殿から持ち帰った彫刻）、オーレル・スタインの中国敦煌関係資料、1923年のカーターによるツタン・カーメン墓出土資料、1982年のペンシルヴァニア大学との共同調査によるメソポタミア地方のウルのシュバッド女王の副葬品のほか、幕末に来日したアーネスト・サトウやフィリップ・フォン・シーボルトの資料などの東洋コレクションもある。

1824年発足のロイヤル・アカデミーで有志が集まり「歴史画奨励のための絵画のナショナル・ギャラリーを設立する計画」を掲げ議会の説得を始めたことがナショナルギャラリーの始まりである。当初はアンガー・スタイン邸に置かれたが、1838年ロイヤル・アカデミーと同居、やがて増改築を繰り返し現在に至る。現在セインズベリー館は1260〜1510年までの絵画を、西翼ギャラリーは1510〜1600年の絵画を、北翼ギャラリーは1600〜1700年の絵画を、東翼ギャラリーは1700〜1920年の絵画を展示している。

このほか、ロンドンには演劇博物館、玩具博物館、シャーロックホームズ博物館、ロンドン交通博物館、庭園史博物館、ロンドン大学・コートルド美術館、オ

ックスフォード大学・フィッツウィリアムス博物館、ケンブリッジ大学・アッシュモレアン博物館など多数の施設がある。

（3）オーストリアの博物館

ウィーンではハプスブルグ家のコレクションがベルヴェデーレ宮殿に収蔵・展示されていたほかは宮殿に分置されていた。1860年リンク大通りの建設計画がだされ、1866年にコンテストで美術史、自然史博物館の建設を決定。1871年建設工事を開始し1891年に完成した。ここには皇帝ルドルフ2世のコレクション群をはじめレオポルト・ウィルヘム公（皇帝フェルナンド3世の弟）、フェルナンド3世、マリア・テレジアと息子ヨーゼフ3世の各コレクションのほか、ナポレオンのエジプト遠征で関心が高まったエジプトコレクションを1821年にエジプトで大量購入したものやフェルナンド・マックス公（メキシコ皇帝マクシミリアン）のミラマネコレクションが加わり、充実していった。

自然史博物館は、ドイツの建築家ゼンパーの設計で1871年着工、1881年に外観が完成した。ゼンパーの死後はウィーンの建築家カール・ハーゼナウアーが引き継いだ。ここには、皇帝フランツ・ヨーゼフ1世（テレジアの夫）が基礎を築いた鉱物・宝石・化石コレクション、地学及び古生物標本、考古学・人類学コレクション、動物標本コレクションが集められている。

この他、ウィーンには1692年以来の伝統を持つ造形美術アカデミー、1846年完成の美術学校付属美術館など多数の施設がある。

（4）そのほかのヨーロッパの博物館

スペインのプラド美術館は、1819年に「王立美術館」として開館。フェリペ2世とフェリペ4世が築いたスペイン王室のコレクションに16世紀から17世紀にかけてフランドル絵画が多数加えられた。1868年の革命後「プラド美術館」と改称された。

ドイツ・ミュンヘンにはバイエルン国王マクシミリアン2世のバイエルン国立博物館、ルートヴィッヒ2世の古代彫刻博物館をはじめとする王族のコレクションによって成立した博物館が多くみられる。

ロシア・サンクトペテルブルグのエルミタージュ美術館には、エカテリーナ2世が収集したものを含め、帝政ロシアが世界から集めた300万点とされる壮大な美術品が納められている。

このようにヨーロッパでは王族・王侯・貴族層によって収集されたコレクショ

ンを中心に博物館が成立しており、建物も宮殿を使用した例が多い。

4 アメリカの博物館

アメリカを代表する博物館といえばメトロポリタン美術館がある。ルネサンスから19世紀までの名画コレクションとして知られるロバート・リーマンコレクションのほか300万点以上のコレクションを擁する。通称「MET」でニューヨーカーに親しまれている。

1866年7月4日、パリ郊外ブーローニュの森でアメリカ人たちが祖国の独立記念日を祝っていた時、政界の有力者ジョン・ジェイが「建国90周年の祖国アメリカに、ルーヴル美術館にも匹敵する国民的美術館を建設しよう」と訴えた。やがてニューヨークのユニオン・リーグは美術館設立趣意書を政府に提出し、1870年設立が認可される。ニューヨーク五番街ダンス・アカデミー内に最初の美術館が創設された。1872年元キプロス領事寄贈美術品を中心に開館。1912年現在の位置に移転。第一次大戦後、ロックフェラーなどの大富豪からの寄付、寄贈が絶えなかった。

美術館の展示分野としては、エジプト美術、ギリシャ・ローマ美術、中世美術、アメリカンウイング、ヨーロッパ彫刻・装飾美術、ロバート・リーマンコレクション、武器・甲冑、ヨーロッパ絵画、イスラム美術、古代オリエント美術、アジア美術、デッサン・版画・写真、アフリカ・オセアニア・南北アメリカ美術、楽器、20世紀美術などである。なおエジプト、デンドゥール神殿（BC15年頃）は1960年代アスワン・ハイ・ダム建設に伴い水没することになった際、遺跡救済事業の協力に対しエジプト政府から贈られたものである。

ボストンはハーヴァード大学を擁するアメリカの知の都である。やがてボストンに美術館設立の要望が高まった。1870年、州議会はボストン美術館設立を承認、1876年7月4日独立記念百年祭の日に開館した。コレクションは、西洋美術、アジア・アフリカ美術、古代美術、現代美術写真、染織・衣装、版画・素描、楽器の各部門である。とくにフランスで冷遇されていた若き印象派の画家たちの作品を購入した。ミレーの作品60点以上、モネの作品38点（フランス国外では最大）のほかコレクションはボストン市民からの寄贈、ハーヴァード大学などの教育機関からの寄贈による。1909年ハンティントン通りに移転し、1981年には新館ウエストウイングを増築した。収蔵品は50万点を超える。

5　東南アジア・東アジアの博物館

（1）シンガポール、マレーシア

　アジア地域は現在もっとも活気のある地域である。なかでも文化、観光に最も力を入れているのがシンガポールである。市街地中心部には国立博物館、国立美術館、プラナカン博物館、アジア文明博物館がある。1877年開館のシンガポール国立博物館は、ビクトリア様式の白亜の建物である。「ヒストリーギャラリー」「リビングギャラリー」「ライフスタイルギャラリー」に展示区分される。2015年9月にリニューアルオープンした。

シンガポール国立博物館

　アートギャラリーは、旧市庁舎と旧最高裁判所という歴史的由緒のある建物を改修して2015年10月に開館した。様々な国際美術展や、国際芸術都市を目指しての芸術活動などの展示が行われている。プラナカン博物館は、多民族国家のシンガポールを象徴する博物館で、「ルーツ」「結婚」「誕生」「死」「宗教」などの民俗をテーマに展示している。アジア文明博物館は、南アジア、西アジア、中国、東南アジアの文化を展示紹介している。

　2015年シンガポール植物園がシンガポール最初の世界遺産に登録された。74ヘクタールもの広大な敷地を擁し国立蘭園などの施設もある。このほか、巨大な温室2棟があるガーデンズ・バイ・ザ・ベイ、動物園、バードパーク、バタフライパーク（世界昆虫園）などがある。

　マレーシアにはシンガポールと類似した博物館が多くみられる。クアラルンプールには国立博物館、マレー世界民族博物館、国立美術館、オーキッドガーデン（蘭植物園）、ハイビスカス・ガーデン、バードパーク、バタフライパークなどがある。世界遺産のマラッカ地域には小規模な観光施設を兼ねる博物館が多い。

（2）ベトナム

　インドシナ半島では、ベトナム、カンボジア、ラオスがかつてのフランス領、ミャンマーがイギリス領とされていたが、いずれも第二次世界大戦後に独立した。これら諸国のうちベトナムが博物館施設が最もが充実している。

　ハノイにはフランス極東学院の建物を利用した国立歴史博物館がある。フランスコロニアル様式に中国様式の楼閣を持つ東西折衷様式の特徴ある建物である。

第1章　博物館の歴史

10万点を超える旧石器時代から現代までのベトナムの歴史資料コレクションを収蔵する。1997年開館のベトナム民族博物館は、パリの人類学博物館の援助で設計、建設された。1万5000点を超える資料を収蔵している。ベトナムには54もの民族があり、ここは多民族国家を理解する重要な施設である。世界遺産ハノイ城では、城内に新たに展示施設が設置され出土品が展示されている。国立美術館はフランス植民地時代のインドシナ大学付属寄宿舎を転用し、1966年に開館したもので、考古資料、仏教美術、漆芸作品、近現代絵画が展示されている。ベトナム戦争に関連する博物館では、ベトナム革命博物館、軍事博物館、B52戦勝博物館、ホアロー収容所博物館、空軍軍事博物館などがあり、記録写真、戦闘機、戦車、銃器などの兵器の展示が見られる。

かつての南ベトナムの首都サイゴン（現ホーチミン）には国立歴史博物館、美術博物館、動・植物園のほか戦争証跡博物館、ホーチミン作戦記念博物館、統一会堂（旧大統領府）などがある。

ベトナム戦争関連の施設はベトナム各地にあるが、ハノイ、ホーチミンには特に多い。またホーチミン大統領を顕彰するホーチミン博物館も各地に設置されているが、ハノイ、ホーチミンの館はとくに展示が充実している。

（3）カンボジア

カンボジアにおける博物館の歴史は、首都プノンペンにあるプノンペン国立博物館に始まる。前身のアルベール・サロー博物館から1951年にカンボジア国立博物館となった。アンコール期を中心に石像美術、青銅仏、陶磁器、木製彫刻作品などが展示されている。トゥル・スレーン博物館は、ポルポト政権時代の1975年から1979年までの間、政治犯収容所S21（Security Office 21）として使用された高等学校校舎を利用したもので、ポルポト時代の虐殺を記憶する博物館である。最近ではプノンペンより観光客が多いシェムリアップには、近年博物館の建設が相次いでいる。その先駆けとなったアンコール国立博物館は2007年に開館した。2009年オープンのバイヨンセンターはアンコール遺跡を紹介するガイダンス施設である。この他シェムリアップ周辺にはシアヌーク博物館、アキラー地雷博物館などがあり、バッタンバン州には国立博物館がある。

アンコール国立博物館

（4）インドネシア

　東南アジア全域で博物館施設が充実しているのがインドネシアである。国立ジャカルタ博物館は2007年に新館が完成し、ジャワ原人から近現代の民族資料まで幅広い展示を行っている。東インド会社に関連する建物を利用したジャカルタ歴史博物館や東インド会社の倉庫を転用した海洋博物館をはじめ、絵画・陶磁博物館、ワヤン博物館、碑文博物館、テキスタイル博物館、インドネシア銀行博物館など多種多様な博物館がある。また、タマン・ミニ・インドネシア・インダーというテーマパーク内にはインドネシア文化博物館、交通博物館など12の博物館がある。ジャカルタ近郊のバンドゥンにはアジアアフリカ会議博物館やインドネシア郵便博物館、地質学博物館があり、ボゴールにはボゴール植物園、動物学博物館がある。世界遺産ボロブドゥール寺院などを擁する古都ジョグジャカルタやバリ島などにも多くの博物館があり、観光資源としても多くの見学者で賑わっている。

（5）タ　イ

　博物館の歴史は1874年の王宮内展示施設の設置に始まる。1926年にはバンコク国立博物館となり、1967年、1982年にはそれぞれ新たな展示館が完成している。タイの先史時代から近現代まで1000点以上のコレクションを有し、実物、写真、ジオラマを駆使して展示が行われている。世界遺産のアユタヤ、スコタイ、バーン・チアンなどの世界遺産には付属する国立博物館も設置されている。国立博物館は全部で44館もある。

（6）香港・マカオ

　香港は1997年にイギリスから中国に返還され特別行政区となった、また1992年にポルトガルから返還されたマカオも中国の特別行政区である。香港歴史博物館は7000㎡の大規模な国立博物館である。香港故事（歴史）の常設展示がある。このほか、香港文化博物館、香港科学館、香港芸術博物館などがあり、香港大学博物館のほか大学付属施設も充実している。

　マカオには澳門博物館、マカオ海事博物館、ワイン博物館、グランプリ博物館、澳門科学館、質屋博物館などがあり、観光客を当て込んだ施設も多く見られる。

（7）フィリピン

　フィリピンはスペイン、アメリカ、日本と外国の侵略と支配下に置かれてきたが、1946年独立を果たした。マニラには独立運動に関する記念館や博物館が多く、

第1章　博物館の歴史

独立運動家のホセ・リサールやケソン、アギナルドなどは生誕地に記念博物館がある。なお、政府庁舎を国立フィリピン人博物館に（1998年）、国立図書館を国立美術館に（2003年）、それぞれ改修している。さらに2002年11月フィリピン政治史博物館が市街地中心部に開館している。このほか、UST 美術・科学博物館、フィリピン大学ヴァルガス博物館など大学付属博物館や動物園、植物園、水族館も充実している。

（8）ラオス、ミャンマー

　首都ビエンチャンには、国立博物館（歴史）、ラオス人民軍歴史博物館、ラオス警察博物館、ラオス繊維博物館、カイソーン・ポムビバーン博物館、スファヌボン大統領記念館などがある。なかには仏像を棚に並べてミュージアムと呼称している観光寺院もある。世界遺産ルアンパバーンには旧王宮を博物館とする施設や NPO 法人の小規模な民族博物館がある。また現在改修中のものや新設の動きもあり、将来に期待したい。

　ミャンマーの国立博物館は旧首都ヤンゴンに1952年に創立、1996年に現在の場所に新築移転した。考古資料や民俗資料が豊富に展示されているが、イギリスが持ち去ったマンダレー王宮の玉座が1964年に返却され、現在重要な展示品となっている。このほか、ヤンゴン動物園、自然史博物館、ミニ水族館、宝石博物館、ボージョ・アウンサン将軍博物館がある。バガンの仏教遺跡群内には考古博物館、漆器博物館、タナカ博物館がある。また寺院に付属する博物館もあるが、展示施設というよりは倉庫といった感じのものが多い。

（9）中国・台湾

　1420年に完成した紫禁城（故宮）は1987年世界遺産に登録された。1914年の古物陳列所開設に続き、1925年には故宮博物院が開館し一般公開された。第二次世界大戦後の1948年末から国民党政府は2972箱の文物を台湾に運んだ後、台北市士林外双溪で博物館を建て1965年に開館した。現在の中華民国（台湾）の故宮博物院である。2009年には延べ250万人の参観者を超えた。台湾には、このほか歴史博物館、郵政博物館、軍事博物館など多種多様な施設が見られる。

　北京の故宮博物院には、かつての78％以上の文物が残され、現在、陶磁器館、青銅器館、珍宝館、絵画館、時計館、工芸館（琺瑯）、工芸館（玉器）の7館で展示が行われている。このほか北京には、歴史博物館と革命博物館が合併して中国国家博物館が2003年に開館したほか、北京首都博物館、中国人民革命軍事博物館、

31

中国美術館、北京自然博物館、中国地質博物館など大小様々な博物館がある。
　上海、広州など地方都市でも博物館は数多く見られる。

(10) 韓　国

　1915年に朝鮮総督府博物館が設立され、1945年に国立博物館となった。その後移転を繰り返し、1972年景福宮に移転し国立中央博物館と改称した。1986年には旧朝鮮総督府庁舎に移転開館、さらに移転を余儀なくされたのち、2005年在韓米軍基地跡に新築移転し開館した。31万点以上のコレクションを有し、考古学、歴史、美術1（絵画、書、工芸）、美術2（仏教、陶磁器、金属工芸）、アジア、寄贈文化財の各部門の1万5000点が展示される韓国最大の博物館である。ここを中央館とし慶州、光州、公州、金海など11館を統括する。これらの国立博物館のほか各都市には公立、私立博物館があり、大学には付属博物館がある。

むすびにかえて

　以上、ヨーロッパ、アメリカ、アジア地域の博物館を通覧してみた。これらから明らかになるのは、地域によって博物館に対する考えが大きく異なることである。しかし後進地域についても、牛歩の歩みとはいえ徐々に改善されつつあり、明るい展望が開けつつある。世界遺産登録についても地域的偏重が指摘されてきたが、これも徐々に改善しているように思われる。
　博物館は、地域の歴史、文化、自然を知るための貴重な財産である。さらに、地域の遺産保護や研究・教育に果たす中心施設でもあり、経済的効果をもたらす観光資源の一つとしても期待されている。

【参考文献】
全国大学博物館学講座協議会編（2002）『概説博物館学』芙蓉書房出版。
全国大学博物館学講座協議会編（2008）『新しい博物館学』芙蓉書房出版。
全国大学博物館学講座協議会編（2012）『新時代の博物館学』芙蓉書房出版。
中村浩（1999）『博物館学で何がわかるか』芙蓉書房出版。
中村浩「ぶらりあるき博物館」シリーズ各巻（パリ、ロンドン、ウィーン、ミュンヘン、バンコク、ベトナム、マレーシア、シンガポール、インドネシア、マニラ、香港・マカオ、台北、カンボジア、ミャンマー・ラオス）いずれも芙蓉書房出版。

3．明治・大正・昭和前期の博物館学の歴史　　　　　青木　豊

1　博物館学前夜（明治時代前期）

　日本人の多くが博物館の存在とその具体を知ったのは、文久2(1862)年の遣欧使節団の傭通詞であった福澤諭吉が、帰朝後の慶應2(1866)年に著した『西洋事情』が、我が国の知識層に広く読まれたことに拠る。そこには「博物館」・「博覧会」を節として設け、前者は大英博物館を後者は遣欧使節団が渡英した時期に開催されていたロンドンのハイドパークに建設されたクリスタルパレス（水晶宮）での第2回ロンドン万国博覧会について詳述したものであった。
　明治2(1869)年には、江戸幕府の小石川御薬園を東京府、大学東校へと管轄移行に伴い植村千之助が「博物園の儀に付建白書」*1 を世に問うている。これが博物館に関する記事の嚆矢であろう。明治4年には、開拓使顧問のホーレス・ケプロンが北海道の開発には博物館と書院が必要であると開拓次官黒田清隆に報告書を提出している。また同年、明治政府による初の文化財保護法の先駆となる「古器旧物保存方」が発布されている。辞書に於いては、明治5年に開拓使発行の『英和対訳辞書』に、はじめて英語の「Museum」の対訳として「博物館」が邦訳されるなど、明治初年には社会に博物館は受け入れられたことが窺える。
　同じく明治4年に明治政府は、湯島聖堂の大成殿を明治政府の展示場と決定していた。明治政府は、明治6年開催予定のウィーン万国博覧会に出展すべく全国から収集した古美術品・博物標本等々を明治5年3月に大成殿で展示し、ウィーン万国博覧会へ出展後も残った資料を毎月1・6の付く日に定期的に公開することにより具体的な博物館の萌芽をここに見た。明治8年には、北海道物産会縦観所（明治9年に東京仮博物場と改名）が東京芝公園内の開拓使東京出張所内に開設され、明治10年には、教育博物館（現、国立科学博物館）が開館している。また、同年に第1回内国勧業博覧会が上野の森で開催され、「美術館」が併設されるなど複数の博物館施設が建設された時期であった。
　明治8年には、弁理公使元兼澳国博覧会事務副総裁であった佐野常民が記した「博物舘設置ニ關スル意見書」*2 を提出するなど我が国の博物館を取り巻く情勢は急転していた。

このような中で、博物館学の論考の濫觴となるのは、幕臣で軍艦奉行・外国奉行等を歴任し、親仏派の巨頭であり仏語である"Exposition"を"博覧会"と邦訳した栗本鋤雲による「博物舘論」*3 であり、明治8年のことである。その内容は、博物館の目的・博物館の種類・我国での博物館の必要性・資料論・目録の必要性・経営論・収集論および、表題を「博物舘論」と標記した点が博物館学に於ける博物館論の濫觴であった。

　明治11年には、久米邦武による『特命全権大使 米欧回覧實記』*4 が刊行された。博物館論ではないが欧米の博物館について記した報告であった。

　明治時代初年は維新政府による近代国家への胎動と同様に、博物館にとっても将に「博物館学前夜」と呼称し得る、博物館および博物館学の受容期であった。

2　博物館学の確立期（明治時代中期～後期）

　明治15(1882)年の農商務省博物館の上野移転に伴う動物園設置等を経て、明治時代も中頃になると、西洋文化を咀嚼吸収し、受容から創造確立へと推移した時代であった。明治18年には内閣制度の創設により、森有礼が初代文部大臣となり教育界に於いては、明治19年3月に「帝國大學令」「師範學校令」「小學校令」「中學校令」「諸學校令」が矢継ぎ早に制定された改革の時期であった。博物館にあっては、帝国博物館と改名され、内国勧業博覧会は、明治14年（第2回）、明治23年（第3回）、明治28年（第4回）、明治36年（第5回）が催行された。

　かかる時代にあって、博物館論を展開したのは岡倉天心であり、その嚆矢は明治11年の9月2・4・5・6日の『日出新聞』に連載された「博物舘に就て」*5 である。「予ハ博物舘ニ就テ過去ニ係ル實業ト將來ニ係ル教育ニ就キ茲ニ一言セントス」と博物館の設立目的と意義を集約したと思える名言に始まる当該博物館論は、博物館の基本用件を（甲）保存の点（乙）考究の点（丙）都府の盛観の三点から博物館の必要性を論じた。陳列については、展示意図の明確化、展示の形態、展示と保存との関係等々に至っており、いずれも正鵠を射たもので今日の考え方と何らの遜色のない論となっている。

　更に、当該期を代表する博物館学意識を有し博物館学を確立させた研究者として坪井正五郎がいる。坪井の博物館学意識の発露となるのは、「パリー通信」*6 であり、当該論を嚆矢とする展示論では「土俗的標本の蒐集と陳列とに関する意見」「人類學標本展覽會開催趣旨設計及び効果」*7 などがある。坪井は「博物館学」の名称こそ使用はしていないが、博物館学としての展示論を構築した人物で

第 1 章　博物館の歴史

あった。また、博物館展示技法としての模型論には「歐米諸國旅行雜話」*8 などがある。更にまた、人類学を専門とする博物館構想については、「戰後事業の一としての人類學的博物館設立」や「人類學と博物館」を著し*9、その必要性を訴えている。かかる論文から、明らかに坪井は博物館学を確立させていたことは、その実践であった我が国で最初の学術の展示であった「人類學標本展覽會開催趣旨設計及び効果」*10 からも理解できよう。

さらにまた、坪井の弟子であった前田不二三が上記の人類學標本展覽会に於いて「學の展覽會か物の展覽會か」*11 を著した。前田の称する「学の展示」とは、換言すればある一定の思想・史観に基づく展示の必要性を述べたものであり、博物館展示の命題に関する理論構築の萌芽であったと看取されよう。

明治26年に神谷邦淑は、「博物館」*12 を記し、歴史・目的利益・位置及外観・配室の概要・中庭の利益・採光の諸説・換気給温・建築の現例と、博物館学理論を展開した。

ついで、明治32年に高山林次郎は、「博物館論」*13 を記し、同年に箕作佳吉は、「博物館ニ就キテ」*14 で、ジオラマ展示論を展開した。箕作論文の最大の特徴は、博物館の目的を以下の如く明示したことであった。

　第一　國家ノ寶物ヲ貯藏保管スルコト
　第二　普通教育上參考トナルベキ陳列品ヲ備エ且ツ一般公衆ノ爲メニ實物ニ依リテ有益ナル智識ヲ得、兼テ高尚ナル快樂ヲ感ズル途ヲ設ルコト
　第三　高等學術ノ進歩ヲ計ルコト

当該期は、古社寺保存法（明治30年6月公布）の制定により、社寺所有資料の保存場所を考えねばならない時代であったところから、箕作は博物館設立の第1の目的に資料の保存機能を定義付けたものと看取される。さらに、アメリカ合衆国での博物館観察により得た知識から、第2に博物館の教育性の必要と第3の研究機関としての博物館を定義したものであり、今日と比較して何の遜色もない博物館論を明示したのであった。生態展示については、動物学の学統の中で箕作から後述する谷津直秀、川村多実二に引き継がれてゆくのである。

また植物園に関しては、明治36年の白井光太郎による『植物博物館および植物園の話』*15 がある。続く、明治37年には『京都美術協會雜誌』に「植物園及動物園」*16 が記されるなど、博物館学の専門領域論も盛んになる。

一方、明治37年に内田四郎は、「繪畫陳列館」*17 を記し、建築の視座から展示論及び展示工学論で注目に価する理論を展開したのであった。内田の言う「美術館の栄枯は以て國家の盛衰をトする」は盡し名言であろう。中でも展示室の採光

はもとより、光の反射の忌避法にまで論及するなど、当該期を代表する論文であると評価できるのである。

明治40年に、高等師範学校教授で通俗教育調査委員であった山崎直方は「國立博物館の設立を望む」*18を記し、「各種の知識を与うる方法を講じなければならぬ。博物館は倉庫ではない、無言の學校である。」と明記し、帝室博物館は美術史伝部に偏重した結果、山下町にあった頃よりも退化したと論じ、帝室による博物館ではなく国民自らによる博物館経営の必要を論じた。

明治41年には、谷津直秀が「博物館内の兒童室」「動物園に關しての一考察」を記し*19、明治43年には山松鶴吉が『現今小學校の缺點及改良方法』*20の中で「兒童博物舘」なる章を設けるなど、博物館論も深化の傾向が認められる。植物園では、明治44年に白井光太郎が「維新前の植物園」*21を記している。

次いで、当該期の最終を締め括るに相応しい理論展開を試みたのが黒板勝美であった。学位論文である『日本古文書様式論』により古文書学の体系を確立した翌明治39年に、黒板は古文書研究の場としての公開を可能とする「古文書館」の必要性の提唱し、黒板の博物館学思想は着実に増大強化していくのである。中でもその画期となったのは明治41～43年の二年間に及ぶ欧米留学によるものであったことは、帰朝後著した『西遊弐年　歐米文明記』*22からも明白である。

ここで注目すべき事は、"博物館学"なる用語が黒板により『西遊弐年　歐米文明記』の「三三　伯林の博物館（上）」で明記されると同時に、ミュンヘン大学に於ける博物館学の講座の存在を記したものであった。かかる観点で坪井正五郎と共に博物館学の確立期を決定付けた人物であったと考えられるのである。『西遊弐年　歐米文明記』以降の博物館学に関する著作を列記してみると、「史跡保存と考古學」・「郷土保存について」・「博物館に就て」・「國立博物館について」等があり、これらは『虚心文集』第4巻*23に所収されている。

明治45年には、教育論の中で学校博物館・郷土室の必要性が盛んに論じられるようになったことも明治末年頃の特徴である。そこには、相原熊太郎の『余をして小學校長たらしめば』*24や同年刊行の「高等小學讀本教授参考書」*25に、博物館が紹介されたことは、学校教育に博物館の位置づけが開始された点で印象的である。

以上の史実でも明確であるように、博物館学の確立は明治時代後期と断定して、何ら差し支えないものと考えられるのである。また、当該期の社会に於いても、所謂ツアーによる海外旅行の濫觴となる欧米旅行が実施され、欧米博物館を見学する者が一般人にも多くなったことが『歐米遊覧記』*26からも窺い知ることが

第1章 博物館の歴史

出来るのである。

3 発展期（大正時代）

　大正元(1912)年頃には、教育博物館・通俗教育館、防長教育博物館、大正記念三田博物館などが開館し、中でも神社博物館が全国で多数開館を見た時代である。日本初の私立博物館である大倉集古館の誕生も一つの画期となる事柄であった。大正4年11月には、大正天皇御大典祭と、これにともなう御大典記念博覧会が京都で開催されたことに拠り、博物館建設機運も高揚した。さらに、大正8年には史蹟名勝天然紀念物保存法が制定されたことも、保存施設としての博物館建設に影響を齎すものとなった。当該期の博物館に関する論考は、約200篇を数える。

　また、大正4・5年に文部省を中心として「教育的觀覽施設」なる用語が一般化する傾向が認められる。具体的には、大正5年の文部省普通学務局による『常置教育的觀覽施設状況』*27 と云った具合である。

　当該期を代表する博物館学研究者の一人として、谷津直秀がいる。動物学者であった谷津の最初の論文は上記した「博物館内の兒童室」*28 であったが、大正元年に記した「活気ある博物館を設立すべし」*29 が谷津の博物館学に関する代表論文と看取される。該論の語調は力強く、明確な博物館学意識の基で良き展示の必要性を訴えた論であった。旧来の展示を厳しく批判すると同時に、新しい展示法として前述した箕作が提唱し、嚆矢とする生態展示は谷津に継承され、さらなる動物学を基軸に据えた博物館展示と博物館教育の理論が構築されていった。

　次いで、同じく箕作を師としたもう一人の人物が川村多實二であった。川村は専門とする動物学的見地より動物園・水族館論を専門とし、展示論においては「米國博物館の生態陳列」*30 と題する論文で、生態展示の歴史から生態展示の実態・設計及び材料収集・組み立・背景・剥製法等々の詳細に至るまでを紹介している。かかる観点での論文は、当該論文が最初のものであり、この意味で博物館学上での生態展示論では決定的論文であると評価できよう。

　一方、植物学の視座から博物館学を論じた人物として理学博士の三好學がおり、大正3年に「(七) 博物館の目的及びその種類」『歐米植物観察』*31 を著した。

　さらに、前述した坪井正五郎の学問的思想を受け継いだのは、京都大学総長を務めた濱田耕作であった。濱田の博物館学に対する考え方は、『通論考古學』*32 のなかで、「博物館の本義」については「博物館の真正なる意義は決して単なる倉庫に非ず、學術研究の目的と社會教育に資するを旨とす可く。」と論頭に明記

し、堂々たる博物館論を展開した。坪井と同様に博物館学を構築した人物であったと看取される。同書は一般社会と博物館界に大きな衝撃を齎した。

東京帝室博物館嘱記であった團伊能は、大正10年に『歐米美術館施設調査報告』*33 を著した。本報告は、美術館を極めて綿密に調査した報告であったところからも、専門的な海外視察の時代の到来を確認することができよう。

4　変革期（昭和初年～20年）

変革期を齎した基本思想は、郷土博物館思想であり、またその根底にあるものは郷土思想の社会への浸透であった。抑々、我が国での当該思想の発端は、前述した三好學によるドイツ郷土保護思想を範とした大正4(1915)年に刊行された『天然紀念物』*34 を嚆矢とする。

上記著論を経ること約10年、大正13年には社会教育課が設置され、次いで昭和4(1929)年に文部省内に始めて社会教育局が設置されたことは、博物館行政にとっても大きな変革の兆しであったと言えよう。

具体的には、文部省社会教育局の「郷土研究」の思想が、師範学校を源に地域社会に大きな広がりを見せたのである。かかる社会情勢の中で昭和5年に、郷土教育連盟による機関雑誌『郷土』の創刊や『新郷土教育の理論と實國際』*35 の発刊が、大きな触発となり郷土博物館論が華々しく展開されることとなった。昭和4年の『農村教育研究』*36 は、「郷土館特集号」とされるなど、種々の雑誌に郷土博物館特集が組まれ郷土博物館論の確立に邁進した時期であった。

郷土博物館論展開の推進者を代表したのは棚橋源太郎であった。昭和5年の『眼に訴へる教育機關』*37 に次ぐ2番目の単著である『郷土博物館』*38 を昭和7年に上梓する一方で、当該期の『博物館研究』『郷土教育』『公民教育』等々に郷土博物館をテーマとする多数の論文を寄稿している。

また、東京博物館学芸官であった森金次郎は、昭和6年に「郷土博物館の設立と經營」*39 を記し、論頭に「博物館熱の勃興」と題して下記の如く記している。

　　博物館熱を促進した近因と見るべきものは二、三ある。即ち其の一つは史蹟名勝や天然紀念物の保存事業であって国法によって之等紀念物を貴重に保存せんとするものである。第二は産業開拓・國富増進根本要素としては發明を奨励し、科學知識の普及を圖らねばならぬが、之には自然科學の博物館が重要なる施設であること。又第三は昨年文部省が全國各地の師範學校に補助金を交付して、郷土資料の調査蒐集を奨励したこと等の諸因が互に相關連し

第1章　博物館の歴史

て今日の郷土博物館熱や科學博物館熱の急速なる勃興を見た所以である。
　博物館学の中興ともいえる当該期に於いて、昭和7年に雄山閣より全15巻からなる『郷土史講座』が刊行され、第9號には森も「郷土博物館」*40を記している。
　昭和17年には、社団法人日本博物館協会より定期刊行物である『博物館研究』とは別に、特集号的*41として『郷土博物館に關する調査』*42が刊行された意義は大きいと判断できる。該書による郷土資料館の具体的な明示は、当時の地域社会や博物館界に大きな影響を与えたものと想定される。なお、日本博物館協会の特集号は、昭和18年には『大學専門學校における現存設備の博物館的公開利用の提唱』、19年『本邦博物館發達の歴史』、20年には『再建日本の博物館對策』と続き博物館・博物館学の指導的著作*43であった。中でも、昭和19年の『本邦博物館發達の歴史』は、棚橋源太郎によるもので我が国の博物館の歴史に専従した視点に基づくところから、博物館学史への展開意図が理解出来よう。
　一方、昭和6年に東京帝室博物館監査官であった後藤守一は、大正12年の関東大震災により倒壊した帝室博物館の復旧を目的に欧州の主要都市にある歴史博物館を巡検した視察報告書である『歐米博物館の施設』*44を刊行した。次いで、昭和13年に帝室博物館から『帝室博物館略史』*45が上梓され、略史と銘打っているが、博物館学史にとっては基本文献であると評価できよう。
　また一方で、昭和15年が皇紀2600年記念に相当するところから国内において様々な記念事業や行事が計画されたことは周知の通りで、博物館においても東京科学博物館が「皇紀二千六百年記念科學博物館拡張計畫案」*46や黒板勝美らによる「国史館」構想、渋澤敬三が中心となった「皇紀二千六百年記念日本民族博物館設立建議案」等が策定された時代であった。
　昭和16年6月16日には、教育審議会答申の「社會教育ニ關スル件」で記された、「文化施設ニ關スル要綱」の中で、「東亞に關スル綜合博物館を設置すること」と明記されたことを契機に、昭和17年に日本博物館協会によって設置された大東亞博物館建設調査委員会が設立され、「大東亞博物館建設案」*47が提出された。昭和17年に文部省は、日本博物館協会が策定した「大東亞博物館構想」を国家レベルに引き上げることを朝日新聞紙上で発表*48している。さらに昭和19年12月15日には、勅令667号で「大東亞博物館設立準備委員會管制」が公布されている。
　昭和15年に、満州国立中央博物館副館長を務めた当該期を代表する博物館学研究者の藤山一雄による『新博物館態勢』*49の刊行を見た。藤山は、「単なるモノの展示場」としての博物館ではなく、所謂博学連携や博物館友の会の嚆矢となる「滿州科學同好會」を組織するなど参加型博物館活動を実践した。藤山の博物館

学思想は、新しい時代の幕開けとなる思想であったと評価できよう。

当該期の中で特筆しなければならないのは、大森啓助による「ミウゼオグラフィー」なる用語の使用である。具体的には、昭和18年に刊行された『新美術』*50 の4・5・6の3回に亙り分載したものであった。はしがきには、「故に、ミウゼオグラフィー……ここに謂ふ博物館學は、最も新しい學問の部に属するのではあるけれども、これがそもそもの誕生は、すでに雑誌『ムウゼイオン』刊行の、1926年にあったとするのが至當であろう」と記し、博物館学の体系を明記した。博物館学史上光彩を放ち、戦前期を締め括るに相応しい論文と評価できる。

5 社会への浸透期（昭和20〜50年）

昭和21(1946)年3月に、アメリカ教育使節団の『報告書』により社会教育に再び光が射すこととなった。具体的には、『報告書』の中の5項目からなる勧告の第4には、「科学・歴史・美術の公立博物館を整備すること」と明記されていた点が、今後の博物館建設の契機となったことは確認するまでもない。

昭和24年には、社会教育法が制定され、これを受けて昭和26年12月に歴史上我が国ではじめての博物館法が制定されるに至った。

かかる社会情勢の中で、博物館学の一つの姿を完成させたのが棚橋源太郎であった。代表する単行本は、棚橋学の総集編ともいえる『博物館學綱要』*51 であり、当該著書は我が国の現代博物館学の礎であると評価できよう。さらに、昭和27年に東京芸術大学で「第一回学芸員講習会」講師を務め、昭和28年には我が国で最初となる大学での学芸員養成講座を立教大学で開講したことも、博物館学上の契機であった。この時、年齢85歳であった。

また、昭和20年代を代表する博物館学研究者として、木場一夫があげられる。木場は昭和14年に満州国立中央博物館の学芸官に就任し、前述の同館副館長の藤山一雄の推進する博物館エキステンション事業に加わり、「博物館の夕」や「通俗講演」、「科学ハイキング」等などの博物館普及事業を実践した。木場は、博物館研究の中でも野外博物館の研究が顕著なものとして認められる。当該領域での代表する論文である。木場の代表著作は、博物館学の体系化を目指した『新しい博物館―その機能と教育活動―』*52 をはじめとし、「博物館」（『視覚教育精説』）、「博物館教育」（『見学旅行と博物館』）等 *53 がある。

昭和30年代は、博物館が社会に浸透するにしたがい博物館学も社会への拡がりを見た時代であったと言えよう。昭和35年には我が国初となった博物館学分野で

第 1 章　博物館の歴史

の研究助成が行われた。国立科学博物館長岡田要を研究代表者として、鶴田総一郎・宮本馨太郎・近藤一太郎・矢島恭介・古賀忠道・新井重三らによる「地域社会発展のための文化センターとしての博物館の役割に関する博物館学的研究」が、昭和35年度文部科学省試験研究助成に採択されたことは、例え「試験」で有っても博物館学が文部省科学研究費の学術分野に加えられたという意味で、大きな意義を有したものと判断される。

また、昭和32年には博物館学講座を開講する大学は7大学に増え、全国大学博物館学講座協議会が結成されている。そこには立教大学の宮本馨太郎・中川成夫、同志社大学の酒詰仲男、國學院大學の樋口清之、東京藝術大学の藤田亮策、京都大学の梅原末治、関西大学の末永雅雄、東京教育大学の鶴田総一郎といった錚々たる研究者が名を連ねていた。

昭和35年に、Asia And Pacific Area Museum Seminar が開催された。当該セミナーの参加条件としては、学会結成が条件であったところから急遽鶴田総一郎を中心に、大塚明朗を会長に「日本博物館学会」が結成された。しかし、当学会はまさに有名無実の所謂幽霊学会であり、後に結成された「全日本博物館学会」の結成時（昭和48年）に大きな禍根を残すものであった。

一方、著論としては昭和31年に鶴田総一郎が『博物館学入門』*54 で「博物館学総論」を記し、博物館学の定義を以下のように明記したことである。

　　（博物館学とは）博物館の目的とそれを達成する方法について研究し、あわせて博物館の正しい発達に寄与することを目的とする科学である。

鶴田は、博物館の具体的方法を教育学的方法に位置づけた。つまり、博物館学を教育学の一分野とする当該思想は今日までも大きな影響を齎す思想であった。

鶴田の博物館思想を受け継いだ研究者の一人として浜根洋がおり、浜根は昭和38年の「博物館について」*55 において、CRE 循環論（Conservation 保存、Reserch 研究、Education 教育）を展開し、「博物館学は教育学であり、研究ではないと極限できると考えられる。」と明記した。

昭和48年に國學院大學で「全日本博物館学会」の設立総会が開催され、我が国における最初の博物館学に関する学会結成に至ったことは、博物館学にとっては新しい幕開けであったと看取される。

博物館技術論である Museobraphy の領域では、東京国立文化財研究所（現、東京文化財研究所）、元興寺仏教民俗資料研究所（現、元興寺文化財研究所）や保存科学研究所（現、保存修復科学センター）などを中心に博物館資料に関する研究が躍進した時代でもあった。このような社会情勢の中で、岩崎友吉は『文化財の保

41

存と修復』*56 を、登石健三は『古美術品保存の知識』など*57 を著した。両氏の研究は、保存科学を博物館学の中に位置づけた点でも注視せねばならない。

*1 植村千之助（1869）「博物園の儀に付建白書」『中外新聞』第5号。
*2 佐野常民（1875）「博物館設置ニ關スル意見書」『わが国の近代博物館施設発達資料の集成とその研究』明治編1所収、日本博物館協会。
*3 栗本助雲（1875）「博物館論」『郵便報知新聞』第790号。
*4 久米邦武（1878）『特命全權大使 米歐回覽實記』。
*5 岡倉天心（1889）9月2・4・5・6日「博物舘に就て」『日出新聞』。
*6 坪井正五郎（1889・1890）「パリー通信」『東京人類學雜誌』第43～48號。
*7 坪井正五郎（1899）「土俗的標本の蒐集と陳列とに關する意見」『東洋學藝雜誌』第16巻217號、（1904）「人類學標本展覽會開催趣旨設計及び效果」『東京人類學會雜誌』第29號。
*8 坪井正五郎（1912）「歐米諸國旅行雜話」『農商務省商品陳列館報告』第1號。
*9 坪井正五郎（1904）「戰後事業の一としての人類學的博物館設立」『戰後經營』、（1912）「人類學と博物館」『通俗科學』。
*10 坪井正五郎（1904）「人類學標本展覽會開催趣旨設計及び效果」『東京人類學會雜誌』第29號。
*11 前田不二三（1904）「學の展覽會か物の展覽會か」『東京人類學會雜誌』第219号。
*12 神谷邦淑（1893・1894）「博物舘」『建築雜誌』第7巻第81、84號、第8巻85號。
*13 高山林次郎（1899）「博物館論」『文學界雜誌』（『樗牛全集』）第三巻。
*14 箕作佳吉（1899）「博物舘ニ就キテ」『東洋學藝雜誌』第215號。
*15 白井光太郎（1903）『植物博物館および植物園の話』玩古齋蔵版。
*16 不詳（1904）『京都美術協會雜誌』第61號、京都美術協會事務所。
*17 内田四郎（1904）「繪畫陳列館」『建築雜誌』第217号。
*18 山崎直方（1907）「國立博物館の設立を望む」『太陽』第13巻第5号、東京博文館、56～63頁。
*19 谷津直秀（1908）「博物館内の兒童室」『動物學雜誌』20巻237号、（1908）「動物園に關しての一考察」『動物學雜誌』20巻242号。
*20 山松鶴吉（1910）『現今小學校の缺點及改良方法』同文館。
*21 白井光太郎（1911）「維新前の植物園」『植物學雜誌』第25巻291號。
*22 黒板勝美（1911）『西遊弐年 歐米文明記』文會堂書店。
*23 黒板勝美（1912）『虚心文集』第四巻、吉川弘文館。
*24 相原熊太郎（1912）『余をして小學校長たらしめば』明治教育社。
*25 入江保（1912）「高等小學讀本教授参考書」前篇、浅川活版所。
*26 朝日新聞合資會社（1910）『歐米遊覽記』博文館・東京堂書店。
*27 文部省普通学務局（1916）『常置教育的觀覽施設状況』。

第1章　博物館の歴史

*28　谷津直秀（1908）「博物館内の兒童室」『動物學雜誌』第20巻237號。
*29　谷津直秀（1912）「活気ある博物館を設立すべし」『新日本』2巻2號。
*30　川村多實二（1920）「米國博物館の生態陳列」『動物學雜誌』Vol.132 No.1。
*31　三好學（1914）『歐米植物觀察』富山房。
*32　濱田耕作（1922）『通論考古學』大鐙閣。
*33　團伊能（1921）『歐米美術館施設調査報告』帝室博物館。
*34　三好學（1915）『天然紀念物』富山房。
*35　峯地光重・大西吾一（1939）『新郷土教育の理論と實國際』人文社。
*36　農村教育研究会（1929）『農村教育研究』第2巻第1号　農村教育研究会。
*37　棚橋源太郎（1930）『眼に訴へる教育機關』宝文館。
*38　棚橋源太郎（1932）『郷土博物館』刀江書院。
*39　森金次郎（1931）「郷土博物館の設立と經營」『郷土—研究と教育』第6号、刀江書院。
*40　森金次郎（1932）「郷土博物館」『郷土史講座』第九號。
*41　日本博物館協会の定期刊行である『博物館研究』とは別に、不定期で出版されている単行本であるが、「特集号」とは明記していない。
*42　日本博物館協会（1942）『郷土博物館に關する調査』。
*43　日本博物館協会（1943）『大學專門學校における現存設備の博物館的公開利用の提唱』、棚橋源太郎（1944）『本邦博物館發達の歷史』日本博物館協会、日本博物館協会（1945）『再建日本の博物館對策』。
*44　後藤守一（1931）『歐米博物館の施設』帝国博物館。
*45　帝室博物館（1938）『帝室博物館略史』。
*46　国立科学博物館（1977）「皇紀二千六百年記念科學博物館拡張計畫案」『国立科学博物館百年史』第一法規出版。
*47　金子淳（1996）「大東亜博物館建設案」『博物館史研究』No.2。
*48　1942年9月4日『朝日新聞』夕刊。
*49　藤山一雄（1940）『新博物館態勢』満日文化協会。
*50　大森啓助（1943）「ミウゼオグラフィー——博物館學」『新美術』4・5・6、春鳥會。
*51　棚橋源太郎（1950）『博物館學綱要』理想社。
*52　木場一夫（1949）『新しい博物館—その機能と教育活動』日本教育出版社。
*53　木場一夫（1949）「博物館」『視覚教育精鋭』金子書房、（1952）「博物館教育」『聴視覚教育新書Ⅵ　見学・旅行と博物館』金子書房。
*54　鶴田総一郎（1956）「博物館総論」『博物館学入門』日本博物館協会。
*55　浜根洋（1963）「博物館について」『博物館研究』第36巻第12号。
*56　岩崎友吉（1977）『文化財の保存と修復』日本放送協会。
*57　登石健三（1970）『古美術保存の知識』第一法規出版、（1977）『遺構の発掘と保存』雄山閣、（1979）『古美術品材料の科学』第一法規出版。

第2章

博物館の種類

1．博物館の種類

中村　浩

1　博物館の分類

　現在、博物館と呼ばれる施設は文部省の統計によると、博物館類似施設を加えると総数5,747館を数える。しかしそれら施設が同じ内容の資料を同様のコンセプトで展示公開されているわけではない。

　博物館はその分野によって、大きくは人文系博物館と自然系博物館に大別することができる。また数年ごとに行われている『社会教育統計』によると、登録博物館、相当施設、類似施設という分類、あるいは総合博物館、歴史博物館、美術博物館、科学博物館、動物園、植物園、動・植物園、水族館、野外博物館という9分類の記述も見られる。また、日本博物館協会の分類では、総合、郷土、美術、歴史、自然史、理工、動物園、水族館、植物園、動・水・植の10種類となっている（「平成25年度博物館園数」『博物館研究』50-4、2015年）。

　さらに展示資料の内容から、その分類に加えて、郷土博物館（歴史民俗資料館）、産業博物館・企業博物館、人物記念館・文学館、戦争・平和祈念博物館、大学博物館などの種類と内容が浮かんでくる。もちろんそれらの名称は分類上の区分であって、とくに各博物館がそれらの名称を関しているとは限らない。

　以下、本書で対象とした博物館施設について概要を示しておきたい。

2　さまざまな博物館

　総合博物館は、人文科学系資料と自然科学系資料がともに収集、展示対象とされている博物館施設である。展示、資料などの占める割合については特段決まりはないが、極端に分野が偏重する例もある。滋賀県立琵琶湖博物館は、滋賀県の中央に位置する琵琶湖に関する自然科学、人文科学の研究が集約された総合博物館である。ここでは 琵琶湖の生い立ち、自然環境の変化、湖底遺跡や湖上の交通、産業、歴史、民俗、湖の環境と人びとのくらし、琵琶湖に生息する多くの魚などを紹介展示している。また、子ども向け展示や野外展示も行われている。

　この他、沖縄県立博物館や岩手県立博物館など、この種の博物館は郷土色の濃い性格ともなり、都道府県立や市町村立の場合が多く、その規模も大小様々であ

る。これらのうちの郷土博物館と呼ばれるものもあるが、総じて規模は小さい。

歴史博物館は、人類の誕生から現在まで、人とのかかわりを対象とした時代経過を中心に扱う博物館である。先の『社会教育統計』によっても設置数が上位を占める。主として発達史的展示内容とする例が多いが、特定の時代や歴史的出来事に特化したものも見られる。

民俗・民族博物館は、主として民俗的内容を中心に研究、展示公開する博物館施設で、風俗、習慣、伝統芸能などがその対象となる。多くの国々の民族を比較したものや、特定の民族に特化した内容のものも見られる。

美術館は、歴史博物館と同様設置数の多い博物館である。絵画、彫刻、工芸などの美術工芸資料を扱い、時代的にも古代、中世、近世、近代、現代と幅広い。また、箱根の森美術館のように展示空間を建物内部に限定しない野外型博物館も見られる。

科学博物館は、身近な科学から宇宙科学に至るまで幅広い分野を扱った博物館である。子どもたち若年齢層に照準を当てた施設から国立科学博物館のように本格的な施設まで様々である。

自然史博物館は、動物学、植物学、鉱物学、天文学、化石を含む地球科学などの分野の資料を展示する博物館である。自然科学系の博物館としては比較的全国に多く設置されており、化石、岩石、植物などに特化した専門博物館も見られる。

産業博物館・企業博物館は、企業がイメージ向上のために設置する施設、アンテナショップとしての施設、産業全般の歴史や状況を紹介するための施設などがある。例えば、酒造業に関する施設では、日本酒、ビール、ウィスキー、焼酎など酒の種類の大半について蔵元や製造会社などが設置する施設が各地にある。サッポロビール博物館（北海道札幌市）、ウィスキー博物館（北海道余市町）、そして兵庫県神戸市灘や京都市伏見には日本酒に関する博物館がある。それらはかつての生産工場を改修して利用しているケースが多い。　野外博物館は、建物内展示にこだわらず広い敷地内に展開する博物館である。例えば博物館明治村（愛知県犬山市）は、明治時代の建造物を集めて展示している。飛騨民俗村・飛騨の里（岐阜県高山市）、民家集落博物館（大阪府豊中市）などは民家を展示公開する施設である。また、彫刻の森美術館（神奈川県箱根町）は多くの美術彫刻作品を野外展示している。

動物園は、動物の生態、動態を公開する施設で、飼育、繁殖、生態観察など重要な役割も担っている。旭山動物園（北海道旭川市）のように動物の生態観察が可能な展示手法をとる動物園が現れたほか、サファリ形式や夜間動物園など新た

47

な試みを行う施設も増加している。動物園に付属して動物学博物館を併設しているヤンゴン動物園（ミャンマー）のような例もある。

植物園は、動物園同様広大な敷地面積を必要とする施設であり、植物の生態観察のための生育条件の確保は、温室による温度管理も重要である。シンガポールでは、52ヘクタールもの広さのシンガポール植物園が2015年にシンガポール最初の世界遺産に登録され、さらに2012年開設のガーデンズ・バイ・ザ・ベイは大温室2棟に様々な気候の植物を植栽して公開している。いずれもシンガポールの観光施設として機能している。

水族館は、水中に生息する生物を対象とする博物館である。海水、淡水にかかわらずそこに生息する魚類、両生類、爬虫類、貝類などの生物を収集し、生態展示する施設である。飼育、繁殖なども重要な業務である。アシカやイルカなどのショーを行っている施設も多い。最近、アシカやイルカの捕獲が問題となっており、今後入手方法などが課題となってくるだろう。

郷土博物館は、地域に根差した博物館で、総合博物館的な側面も持っているものが多いようである。歴史民俗資料館は、その設置目的が文化財保護に力点が置かれている点で民俗博物館とは若干ニュアンスが異なる。

戦争と平和の博物館は、戦勝国はこぞって軍事博物館を建設しプロパガンダに利用しているが、日本では、戦争の犠牲の上に立っての反省と反戦平和の祈念施設として設置されている。たとえば広島平和記念資料館（広島市）、沖縄平和祈念資料館（沖縄県糸満市）などである。このほか2005年に戦艦大和に関する大和ミュージアム（呉市立海事歴史科学館、広島県呉市）が開館した。

人物記念館・文学館は、郷土の先人、文学者を記念する博物館である。古くは斎藤実記念館、後藤新平記念館（ともに岩手県奥州市）や、野口英世記念館（福島県猪苗代町）などがあり、平成27年にはさかい利晶の杜（大阪府堺市）が開館している。利晶の杜は堺出身の千利休と与謝野晶子の記念館である。このほかにも各界で活躍した人物記念館や文学館は各地にある。

大学博物館は、海外では多くの大学で設置されていたが、日本では近年国立大学に設置されたのを契機に急速に増えている。これ以前には大学の広報施設、研究教育機関として私立大学の設置例は多くみられた。なかでも天理大学天理参考館（奈良県天理市）は戦前からの長い歴史を持つ大学博物館である。

本書で扱う博物館について概要を記述してきたが、お分かりのように博物館の種類は極めて多岐にわたる。以下、本章ではその詳細を述べていく。

第2章　博物館の種類

2．総合博物館
　　　　　　　　　　　　　　　　　　　　　　　　　　　　　丸山　憲子

1　歴史的観点からみる「総合博物館」

　一口に「博物館」と言っても、種々雑多な博物館が存在するように、「総合博物館」においても、その範疇は非常に広く、定義も曖昧である。それは「博物館」という名称ゆえに「博物館」として社会に認識され、存在している施設同様に、設置者が「総合」を冠した博物館名をつけることで、一方的に社会に「総合博物館」として認識されているに過ぎない。また、そもそも欧米の博物館に「総合」という語が組み込まれた館名を見ることは少なく、日本の「総合博物館」と名がつく博物館はもとより、博物館と名がつく施設でも、館名の英訳に「総合」という単語が見当たらないことも面白い。

　「総合博物館」の呼称については、棚橋源太郎が蒐集品の種類内容によって、総合博物館と専門博物館に分け、「地方の小博物館には歴史・科学・美術の三種の資料を、一緒にした総合博物館が多い」としているが、「総合科学博物館」や「総合歴史博物館」の記述からもわかるように（棚橋、1950）、「総合」は人文科学・自然科学の両分野資料収集をしている館というより、歴史と民俗というような2科学以上の「複数の」資料収集をする館という意味で使用していることがわかる。

　折しも棚橋の記述の数年前の1947年には帝国大学令が国立総合大学令に改題され、旧帝大は複数の学問領域を教育・研究するという意味で「総合」を冠し、「国立総合大学」とした経緯がある。終戦直後のこの時期においては「総合」を「複数の」という意味合いで使用しており、この流れは20数年後も同様な意味合いで使われていた。1964年に開館した逓信総合博物館（現在は閉館）は、もともと逓信（Communications）に関係がある4機関（郵政省・日本電信電話公社・日本放送協会・国際電信電話株式会社）によって共同運営という形で設立され、「4つの機関が集まって」という意味で館名に「総合」が使用された実際的な例であったと捉えられよう。

　しかし、1973年に「公立博物館の設置及び運営に関する基準」が告示され、「『総合博物館』とは、人文科学及び自然科学の両分野にわたる資料を総合的な立場から扱う博物館」（第2条1）と定義されることとなる。ここでの「総合博物

館」は、従来の「複数の」という意味から、人文科学・自然科学両面を網羅するという意味のものとなっている。とは言え、「博物館の名称を統一する趣旨ではない。」と補足していることもあり、「総合博物館」＝「人文科学」＋「自然科学」という認識は統一されたわけではなく、むしろ今日に至るまで曖昧であることは言うまでもない。

　ただし、そうした中、1975年開館の秋田県立博物館（秋田市）における「総合」の捉え方は、博物館の扱う分野の内訳だけにとらわれず、もっと理念的観念的であり、実践への模索・試行され、振り返れば一つの到達点ということができるものであった。秋田県立博物館は倉田公裕や加藤有次らによって『秋田県立綜合博物館設立構想』（倉田・加藤他、1972）が作成されたが、その中で「総合」の意味を再確認するとともに風土という視点から「郷土学（秋田学）」の提唱がなされた。それは、「秋田県」を考古、歴史、民俗などの人文史からと、地学、植物、動物などの自然史から、複合的に関連づけて追究していくというものである。

　つまりは複数の学問領域が並列して、それぞれの立場から資料収集、整理、研究、展示を行うだけではなく、さらにそれらの学問領域をクロスオーバーさせることで「秋田学」を形成しようとしたのである。いいかえれば、従来の関連諸学問の縦軸を、地域という横軸で横断的に繋ぎ、さらにその断面の「秋田」を主軸に関連学問の関係性を逆に追究する視点が「郷土学」の視点であり、同博物館を、秋田という自然や歴史や生活文化などの根底にある風土という共通の土壌を客観的に理解・認識しようとし、もって未来の秋田を創造してゆく中心的存在に同館がなることを目指すという問題意識は画期的なことであった。

　実際、この秋田県立博物館の設立構想は注目を集め、1970年代～80年代に多く建設された公立博物館の設立構想に大きな影響を与えたと考えられ、高度経済成長後の地方の過疎化、急速な自然破壊、伝統的風習や祭礼や芸能の衰退等の現実に突き動かされた地域おこしと博物館の設立理念が合致した大きな動きとして捉えられるものである。

　しかしながら、こうした観点は「地域博物館」としては理想的な理念ではあるものの、それを実際に博物館機能に反映させ、最終的に展示等教育普及に還元させることは非常に難しい。もともと学芸員は各々の一科学を追究してきており、各科学で方法論が違う中、学芸員同士いかに接点を見つけるのかは簡単ではなく、物理的に見ても、取り扱う学問領域の数だけ学芸員を配置することも困難である。

　そうして迎えた80年代後半以降からのいわゆるバブル期、「ふるさと創生事業」や「生涯学習」という概念の流行と相俟って、博物館は全国各地にさらに増

加していった。もちろん、後に箱物批判の標的にされたのだが、それでも当時は地域活性化、地域おこしの中心的な存在であった。続く90年代においては、早々のバブル崩壊。不況時代の始まりであり、博物館も当然のことながら時代の波に飲み込まれた。経営難に直面する各地自治体は、苦肉の策として複数の博物館を統廃合し、「総合」を博物館名称に冠したり、「美術博物館」「博物館美術館」という行政的統廃合を新名称にする館も見られた。まさに、行政の都合の象徴のような「総合博物館」の出現であった。

　またその反面、そういう時代だからこそ、設立理念を固めた博物館も登場するのである。1996年に開館した滋賀県立琵琶湖博物館（滋賀県草津市）がそれであり、平成の総合博物館としての存在は大きい。この滋賀県立琵琶湖博物館の基本構想の中で注目すべきは「環境」をキーワードに、琵琶湖と人間とのよりよい共存関係を模索していこうとする積極的な視点である。不況の中、7年にわたる準備期間をもって、他分野の学芸員同士がコミュニケーションをとり、総合的に基本計画、展示計画、事業計画を練ったからこそ「総合博物館」として完成したと言える。また、この基本計画の中で、館の基本的性格として、第一に「テーマ博物館」を挙げており、「湖と人間」を館のテーマに掲げている点も「総合博物館」の出発点として特筆すべきことである。

　この「テーマ博物館」について、布谷知夫はこれまで総合博物館とよばれてきた博物館に対して、「テーマ博物館」という現代的な別のタイプの博物館として位置付けようと提案している。そのテーマ博物館として考える要件として、①明確な統一テーマがあること、②従来から言われている意味で総合博物館であること、③人と自然との接点に視座をもとめてテーマ設定を行うこととし、「今後の生涯学習の拠点としての役割を強く持つことを考えると、現代社会の中で最も大きな問題の一つである「環境」をあつかうことは大きな課題として取り上げるべきである。」と主張している（布谷、2005）。こうした琵琶湖博物館や布谷の考え方は、たしかに「総合博物館」の今日的な指針となるであろう。

2　「総合博物館」の展望

　今日の「総合博物館」を論ずる時、国の「総合」をめぐる政策を軽視できない。それは「ユニバーシティ・ミュージアム」と「総合的な学習の時間」である。1996年、文部科学省は「ユニバーシティ・ミュージアムの設置について」（1996年報告）を取りまとめ、それを受けて、東京大学を始めとした8つの旧帝大ごとに総

合博物館という館名を掲げ、再整備され、私立を含む他大学もそれに続いている。最近では「総合博物館」と言えば「〇〇大学総合博物館」というほど、大学付属の博物館と「総合」が深く密着している感を受ける。複数の学問領域を扱い、そこで「学際的」研究を行い、その研究成果を情報発信する場としての博物館というスタンスは「大学総合博物館」という館名に表れていると考えられる。

　もう一つ国の方針として、「ゆとり教育」とも密着して、2002年以降、「総合的な学習の時間」が、小・中・高校に導入されたことが挙げられる。これは国際理解、環境、福祉など様々なテーマを設定して、教科の枠を超えた横断的・総合的な学習を行うもので、変化の激しい社会に対応して、自ら課題を見付け、自ら学び、自ら考え、主体的に判断し、よりよく問題を解決する資質や能力を育てることなどをねらいとしたものである。そして、その「総合的な学習の時間」を展開する上で、博物館の存在も当然意識されるわけであり、博物館のみならず地域に点在する企業や公共機関との連携が強調されている。こうした動きはまさに「総合博物館」の理念と重なるものであり、先に挙げた布谷による「テーマ博物館」の戦略に通ずる。

　本来、博物館とは、「総合博物館」でなくとも、一次資料を媒体にあらゆる角度からの様々な調査研究がなされるべきである。これは倉田・加藤が『秋田県立博物館基本構想』で目指した「総合的」アプローチと同じであり、21世紀となった現在、やっと理念が実現できるようになったのではないだろうか。現代博物館において、人文科学系博物館とはいえ、自然科学からのアプローチも当然とされている。例えば仏像の研究を見ても、美術学だけでなく、歴史学、宗教学、民俗学、さらにはX線写真撮影や素材分析など科学も研究の一翼を担い、さらに博物館として保存の観点からいわゆる保存科学の調査研究が求められる。このように考えると、「総合博物館」ひいては布谷による「テーマ博物館」は今後の博物館の目指す博物館像かもしれず、地域博物館も、ある一つのテーマに特化した専門博物館さえも、「総合博物館」と言えるのである。

【参考文献】
棚橋源太郎（1950）『博物館綱要』理想社。
倉田公裕・加藤有次・柴田敏隆（1972）『秋田県立綜合博物館設立構想』。
加藤有次（1996）『博物館学総論』雄山閣。
滋賀県立琵琶湖博物館（1997）『琵琶湖博物館　開館までのあゆみ』。
布谷知夫（2005）『博物館の理念と運営－利用者主体の博物館学』雄山閣。

第2章　博物館の種類

3．歴史博物館　　　　　　　　　　　　　　　　　　　冨加見泰彦

はじめに

『社会教育統計』（平成23年）によると、博物館類似施設を除いた我が国の博物館の総数は1,262館で、歴史博物館の設置数は448館（うち登録博物館326、相当施設122）を数え、設置数第1位の美術館の452館に拮抗している。

歴史博物館は人類誕生以来、歩んできた足跡をたどる歴史資料を対象とする。これは人類の歴史上に現れたすべての事象を対象とし、そこに介在するのは常に「ヒト・モノ」で、その「ヒト・モノ」の研究成果を基に論理を構築し、「ヒト」の歩みを「モノ」を媒体として復元・展示することで研究・教育普及を行う博物館施設である。すなわち人類の歩み、営みに関する歴史資料全般、考古学、民俗（民族）学、文献史学の専門的学問領域を包括する。

従って歴史資料を対象とする歴史博物館は、大半の人文系博物館に少なからず関連するとみられる。一方、細分した領域では歴史・民俗、考古学（先史学）博物館、文書館などがその対象となる。ただし流れとしての歴史をその対象とする施設と規定すると、その範囲はやや狭められることになる。文書館は公文書やアーカイブ資料を収集する施設として近年多くの公共団体で設置されているが、これは本節の対象から外している。

1　歴史博物館の領域（範囲）

歴史資料としての対象は、人類出現の先史時代から始まり現代の21世紀にまで及ぶ広範囲である。特に現代資料については20世紀に使用されていた生活器具、たとえば電気洗濯機、テレビ、ラジオ、ビデオ等、その当時最先端とされていたすべての機材が収集され展示されている21世紀博物館（オランダ・ホールン）等もあり、時代的な新旧は歴史資料には見られないといえる。歴史博物館の何れもが歴史資料を対象として取り扱い、展示公開を行っている施設ではあるが、地域によっては総合博物館や遺跡博物館あるいは郷土博物館に、歴史資料の展示コーナーが設置されている場合が多い。この場合は歴史博物館として分類できるが、資料の取り扱いの状況から、総合博物館あるいは郷土博物館と分類されるものも少

東京都江戸東京博物館

なくはない。総合博物館には三重県総合博物館（津市）、沖縄県立博物館・美術館（那覇市）、岩手県立博物館（盛岡市）、秋田県立博物館（秋田市）、徳島県立博物館（徳島市）などがあり、郷土博物館は板橋区立郷土館（東京都板橋区）ほか多数あるが、それらについては別項を参照されたい。

　代表的な歴史博物館では、国立施設として国立歴史民俗博物館（千葉県佐倉市）、九州国立博物館（福岡県太宰府市）がある。都道府県立の施設では、東京都江戸東京博物館（墨田区）、兵庫県立歴史博物館（姫路市）、東北歴史博物館（宮城県多賀城市）などがあり、考古学などの一分野に限定した専門的な歴史博物館には、兵庫県立考古学博物館（加古郡播磨町）、奈良県立橿原考古学研究所付属博物館（橿原市）、島根県立古代出雲歴史博物館（出雲市）等がある。さらに市区町村立では、大阪市立大阪歴史博物館（大阪市）、横浜市歴史博物館（横浜市）、名古屋市博物館（名古屋市）、新宿区立歴史博物館（東京都新宿区）など枚挙にいとまがない。

2　歴史博物館の事例

（1）国立歴史民俗博物館

　昭和58（1983）年、国立大学共同利用機関として設置された。21世紀に向けて日本の歴史と文化に関する総合的研究を推進するための「博物館」と、その博物館を適切に運営するために、大学を中心とする全国の研究者と共同して調査研究・情報提供等を進める体制が制度的に確保された「大学共同利用機関」としての二つの性格から構成されている。目指すものとして、「日本の歴史と文化の研究」「博物館型研究統合の推進」「共同利用の充実」「新しい研究者の養成」「日本の歴史と文化への理解の促進」が掲げられており、研究・教育に重点が置かれた形態の施設となっている。

　展示内容の詳細は省略するが、原始古代から現在に至るまでの歴史と日本人の民俗世界をテーマに、実物資料に加えて精密な複製品や学問的に裏付けられた復元模型等を取り入れ、容易に理解を得られるような展示が行われている。

第2章　博物館の種類

（2）九州国立博物館

　平成17(2005)年10月に開館。「日本文化の形成をアジア史的視点から捉える博物館」として旧石器時代から近世末期（開国）までの日本文化の形成、アジア諸地域との交流という視点から展示する。常設展示は文化交流を5つの大テーマと、関連する歴史事象にスポットをあてた展示で構成される。体験型展示室『あじっぱ』では、五感で楽しむコーナーや資料紹介コーナーがある。

（3）東京都江戸東京博物館

　平成5(1993)年3月に国技館に隣接した位置に、「江戸と東京の歴史や文化を伝える博物館」として開館した。菊竹清訓の設計で、国技館との調和を考えた高床式構造の近代的な地上7階、地下1階の鉄骨造り構造の建物である。
　「江戸ゾーン」と「東京ゾーン」からなる常設展示室、企画展示室、「江戸東京広場」のほか、図書室、映像ホール、映像ライブラリーなどの学習施設もある。

（4）兵庫県立歴史博物館

　昭和58(1983)年に開館。丹下健三の設計で、現代の城をイメージした地上2階、地下1階の建物である。「郷土の歴史に関する県民の理解を深め、教育・学術及び文化の発展に寄与すること」を目的として設置されたもので、平成18年から、多くの県民が交流し「新しい学び場」となる「交流博物館」を目指して全面的改修を行い、19年4月にリニューアルオープンした。兵庫の歴史のテーマ展示、体験的に歴史を学べる「歴史工房」、最新のシステムにより姫路城と城下町の様子が学べる「バーチャル歴史工房」などがある。

（5）兵庫県立考古博物館

　平成19(2007)年10月開館。「県民が本物の遺跡・遺物にふれることによって得た、先人たちの『知恵』と『生きる力』への『驚き・発見・感動』を身近な歴史文化遺産への関心へと結びつけ、地域文化を再発見するきっかけをつくり、地域文化に根差し、愛着と誇りがもてる21世紀における新たな『ひょうご文化』の創造に寄与すること」を基本理念として設立された。
　博物館には研究・展示を担当する事業部と発掘調査を担当する埋蔵文化財調査部がある。兵庫県内の考古学の調査・研究・活用の拠点でもあり、集積された資源を基に地域文化を探求し、展示・体験学習・学習支援、人材育成・研修、事業の企画など、「考古博物"環"ひょうご」の中核的な施設として活動する、新しいタイプの参加体験型博物館である。史跡播磨大中遺跡に隣接した立地条件から、遺跡を活用した施設と連携して文化遺産の保存活用を推進する遺跡博物館としての性格も備えている。

（6）橿原考古学研究所付属博物館

　昭和13(1938)年の橿原遺跡の調査以来、現存する最も古い埋蔵文化財研究機関である橿原考古学研究所が行ってきた発掘調査で出土した遺物を中心に、大和各地から出土した縄文、弥生、古墳、歴史時代の出土品を通史的に展示した考古学に特化した博物館である。春季、秋季特別展示のほかテーマを定めて行われる特別陳列がある。さらに研究所などが実施した奈良県下での発掘調査の調査成果を公開する「大和を掘る」と題する速報展も平成26(2014)年で32回を数える。

（7）大阪歴史博物館

　大阪市の「難波宮と大阪城公園の連続一体化構想」の一環として、大阪市と日本放送協会との共同で建設された博物館で、「大阪市立新博物館」と「考古資料センター」双方の構想を統合したもので、平成13(2001)年に開館した。基本理念は、①都市「おおさか」を紹介する歴史系総合博物館、②難波宮のサイト・ミュージアム、③市民参加型の博物館、④大坂の歴史と文化に関する情報センター、⑤博物館ネットワークの推進の5点である。展示は常設展示と特別展示、特集展示から構成され、常設展示は10階の古代難波宮の展示から始まり、7階近代・現代へと続く。とくに近代・現代では大正末期から昭和初期の大阪の街並みを原寸大あるいは縮小模型によって再現し大阪の歴史を体験できる。

3　現状と課題

　以上述べてきたように、歴史博物館は地域の歴史の流れについて系統的に、あるいは特徴ある情報を収集・検討（研究）して、地域住民にわかりやすく展示し、紹介する博物館であるといえる。
　一方、歴史分野の研究は日進月歩であり、従来の学説と真逆の考えとなることや、引用されている資料の解釈に齟齬や誤りが指摘されることもある。例えば考古学分野では、従来確認されていなかった新たな事実が調査によって明らかにされ、あるいは新しい自然科学的な手法の開発・応用によって従来の年代観など学説を見直す必要が出てくることもある。そうした新しい研究成果を博物館の展示にどう反映させるかは、各博物館に委ねられている。また、近年多く採用されている映像表現の展示についても、新たなプログラムの製作には多くの費用が必要となり、更新がままならないケースも多いと聞く。これも今後の課題の一つであろう。

4．民俗・民族系博物館　　　　　　　　　　　　　　　　　藤森　寛志

はじめに

　文化財保護法の定める民俗文化財の定義は「衣食住、生業、信仰、年中行事等に関する風俗慣習、民俗芸能、民俗技術及びこれらに用いられる衣服、器具、家屋その他の物件で我が国民の生活の推移の理解のため欠くことのできないもの」であり、これらの文化財を主として取り扱う博物館施設を民俗系博物館と呼称する。民俗系博物館が、取り扱う民俗文化財は、上記の文化財保護法に定義されているもののほかに、民俗学研究上の素材となる有形・無形のすべての資料を含んだものを指す。
　一般に民俗系博物館における展示対象は、一国内の風俗・慣習に係る文化財であり、また民族系博物館では、世界の様々な民族の文化に関係する文物となる比較文化領域を含む。

1　民俗系博物館が対象とする文化財

　民俗系博物館の研究および取り扱う文化財の範囲は、日本民俗学の研究対象と重なる。ここでいう対象は、柳田国男が『民間伝承論』や『郷土生活の研究法』において三分類した「生活外形（有形文化）」「生活解説（言語芸術）」「生活意識（心意現象）」の民俗資料である。とりわけ、有形民俗文化財については、渋沢敬三が、『民具問答集』のなかで「民具蒐集調査要目」を提示し、「我々同胞が日常生活の必要から技術的に作り出した身辺卑近の道具」と定義した民具が民俗系博物館で取り扱う文化財の主となっている。
　有形民俗文化財は、視覚や触覚で捉えられる文化財である。具体例をあげると、「衣食住」「生産、生業」「交通・運輸・通信」「交易」「社会生活」「信仰」「民俗知識」「民俗芸能、娯楽、遊戯」「人の一生」「年中行事」に用いられるものが対象となる。一方、無形民俗文化財は、「風俗慣習」（生産・生業、人生・儀礼、娯楽・競技）、「社会生活」（民俗知識、年中行事、祭礼・信仰）、「民俗芸能」、「民俗技術」が対象となり、博物館においては、これらを道具を通じて紹介したり、行事を行っている瞬間の写真や実際の映像などを用いて展示を行う。

2 民俗・民族系博物館の事例

　日本国内では、民俗文化財に特化した展示を行っている施設は非常に少ないといえる。一方、展示の中に民俗資料を取り入れている博物館は多く見られる。都道府県立や市町村立の博物館施設では、それぞれの地域の特色を総合的に展示で反映させる例が多いことから、あくまでも民俗に係る展示は歴史展示の一部門として対応されているといえる。

　民俗文化財に特化した展示が行われている事例として、奈良県立民俗博物館（大和郡山市）がある。1974（昭和49）年開館、生活用具を中心とした有形民俗文化財を展示公開しており、国の重要有形民俗文化財「吉野林業と林産加工用具」などを収蔵している。また「町屋」「国中（奈良盆地）」「宇陀・東山」「吉野」の4ブロックに分けて江戸時代の民家15棟を移築復原している。

　民族学に特化した例では国立民族学博物館（大阪府吹田市）、北海道立北方民族博物館（網走市）などがある。国立民族学博物館は1977（昭和52）年開館、文化人類学・民族学に関する調査・研究を行い、その成果に基づいて民族資料を収集・公開する。北海道立北方民族博物館は、1991（平成3）年開館。オホーツク海・北極海周辺の北海道、ロシア沿海州、アラスカ、シベリア、北欧等の地域に棲む民族を対象とし、衣・食・住・生業・精神文化・文化の伝承などのテーマで歴史や文化の研究や理解促進を目的とする。

　民俗文化財及び民族資料を取り入れた形で展示を構成する博物館には、民俗文化財を重点的な対象としている館と総合的な展示の一部にそれらが活用されている館とがある。前者には国立歴史民俗博物館（千葉県佐倉市）、香川県立瀬戸内海歴史民俗資料館（高松市）、北海道博物館（札幌市）などがある。後者は全国的にも数が多く、総合博物館、歴史博物館、郷土博物館、大学博物館など多くの人文系博物館にみられるもので、総合博物館では三重県総合博物館（津市）、沖縄県立博物館（那覇市）、栗東歴史民俗博物館（滋賀県栗東市）など枚挙にいとまがない。また大学博物館では南山大学人類学博物館、東京大学総合研究博物館、北海道大学総合博物館（北方生物園フィールド科学センター植物園）、北方民俗資料室（札幌市）などがあげられる。

北海道立北方民族博物館

　国立歴史民俗博物館は1983（昭和58）年に

第2章　博物館の種類

開館した大学共同利用研究機関で、原始・古代から近代に至るまでの歴史と日本人の民俗世界をテーマにした展示を行っている。香川県立瀬戸内海歴史民俗資料館は1973(昭和48)年に開館、瀬戸内地方の歴史、民俗等に関する資料の収集、保管、展示、調査、研究を行う。国指定重要有形民俗文化財「瀬戸内海及び周辺地域の漁撈用具」「瀬戸内海の船図及び船大工用具」「西日本の背負運搬具コレクション」を収蔵する。北海道博物館は、北海道開拓記念館と道立アイヌ民族文化研究センターを統合して2015(平成27)年に新たに開設された博物館である。とくにアイヌの歴史や有形・無形の文化に関する専門的研究組織を有し、アイヌ文化の振興に寄与するとともに、多文化共生社会の実現に貢献することを目指している。栗東歴史民俗博物館は1990(平成2)年に開館、滋賀県栗東市とその周辺地域の歴史と文化について積極的に調査・研究・資料収集し、優れた歴史的文化遺産を永く後世に守り伝えていくことを目的に設立された。

　これらの各博物館施設のほか、遺跡保存政策の一環として全国的に実施された風土記丘構想に伴う博物館でも地域の民家や民俗文化財の収集が行われており、考古学系が中心ではあるが、民俗系博物館の一つとして挙げられるだろう。

3　風土記の丘構想と民俗系（野外）博物館の整備

　昭和30年代後半からの高度成長政策により各地の開発事業が進み、文化財保存が困難になりつつある中で、史跡指定地の公有化を図り、史跡地を一般に開放する環境整備を行った事業が風土記の丘構想である。

　1966(昭和41)年に風土記の丘設置構想が発表され、これに基づいて同年、最初の風土記の丘である「西都原風土記の丘」、次いで「さきたま風土記の丘」、「紀伊風土記の丘」などが相次いで開設され、全国16か所に風土記の丘がオープンした。その設置要項には「各地方の特色ある風土と一体化して、これら文化財を系統的に整備し、その保存と活用をはかる」とあり、貝塚、古墳、住居跡等の遺跡を包含する丘陵や島嶼の自然環境の中に、文化財を保存する総合収蔵庫、民家集落等を点在させて整備する風土記の丘を設置しそれぞれの地域の歴史と文化を永く保存し広く一般国民」の利用に供することを目的とした。

　1994(平成6)年には風土記の丘事業は終了したが、そこに蓄積された資産を引き継ぎ、歴史（民俗）系遺跡博物館、野外博物館として変貌を遂げながら展開している。それらのいくつかを以下に紹介する。

　1968(昭和43)年開館の和歌山県立紀伊風土記の丘（和歌山市）は特別史跡「岩橋

千塚古墳群」を擁し、園内には、重要文化財「旧柳川家住宅」「旧谷山家住宅」が置かれる。和歌山県指定有形民俗文化財「日高地域の地曳網漁用具及び和船」「保田紙の製作用具」を収蔵し、それらを活用した小学生向けの学習支援プログラムを実施している。千葉県立房総風土記の丘は、1976(昭和51)年開館、国史跡「岩屋古墳」や「龍角寺古墳群」など風土記の丘エリアとふるさとの技体験エリアとから構成されるが、2004(平成16)年にを統合・改変され、「千葉県立房総のむら」となり、原始・古代から現代までの衣・食・住・技の移り変わりを体験する博物館として活動している。みよし風土記の丘ミュージアム（広島県立歴史民俗資料館）は1979(昭和54)年開館、国史跡「浄楽寺・七ッ塚古墳群」、国重要文化財「旧真野家住宅」のほか「民俗資料常設展示館」があり、広島県内の遺跡から出土した埋蔵文化財や国指定重要有形民俗文化財江の川流域の漁撈用具などを収蔵・展示している。

紀伊風土記の丘資料館の民俗資料展示

4　課題と展望

　日常生活のなかで接してきた「くらしの道具」や「当たり前の習慣」等々が博物館における民俗文化財の主たる構成物となっている。それらを用いて地域の日常生活を掘り起こし、展示室に民俗空間を再現するのが博物館における展示された民俗文化財であるといえる。日常の道具が博物館の展示を通じて文化財となる。言い換えれば、民俗文化財は、卑近なものが文化財たり得ることを示すことができる唯一の資料であろう。一方で、民俗文化財は卑近であればあるほど展示する価値の有無について観覧者に納得させるのが困難である一面も有している。民俗文化財を展示するということは、展示資料を通じて、地域の民俗を来館者に伝えるということである。民俗系博物館は、地域的あるいは研究上において民俗文化財の価値を位置づけて、観覧者に地域の民俗を理解する場を提供することが求められる。

　近年、博物館で採用される、映像を用いた無形民俗文化財の公開（博物館のアーカイブ機能）について触れる。国立民族学博物館では、世界のさまざまな地域

第2章　博物館の種類

で暮らす人びとの生活や儀礼、芸能などを15分ほどの映像で紹介するコーナーが設けられている。民俗系博物館における映像活用は常に模索されてきたことである。とくに形のない無形民俗文化財は映像と祭具等の原資料を用いた展示により、観覧者の理解が深まるという利点が見られる。

　民俗芸能をはじめとする無形の文化財について映像技術を駆使して記録保存する手法は、近年、自治体等を中心に広く普及してきている。これらの映像記録は編集作業を経て公開されることが多いが、編集されているためすべてを見ることができないという意見もある。実際は、行事などは準備から後片付けまでの全てが録画されていることがほとんどだが、公開の際、編集したものを用いているに過ぎない。映像の記録保存と公開については、機材はもとより、撮影者の意図、編集者の視点、カメラの位置、記録保存されたものの保存媒体などについて今後も検討が必要であろう。

【参考文献】
青木豊編（2006）『史跡整備と博物館』雄山閣。
飯島康夫（1998）「博物館における展示の問題」『民俗世界と博物館』雄山閣。
菊池　暁（2001）『柳田国男と民俗学の近代―奥能登のアエノコトの二十世紀』吉川弘文館。
児玉幸多・仲野浩編（1979）『文化財保護の実務』上、柏書房。
国立民族学博物館（1984）『国立民族学博物館十年史』国立民族学博物館。
国立歴史民俗博物館（1991）『国立歴史民俗博物館十年史』国立歴史民俗博物館。
菅根幸祐（1998）「民俗資料再考」『民俗世界と博物館』雄山閣。
日本民俗学会編（1998）『民俗世界と博物館』雄山閣。
日比野光敏（1998）「博物館・展覧会・学芸員そして民俗学」『民俗世界と博物館』雄山閣。
武士田忠（1998）「地域博物館の抱かえる諸問題」『民俗世界と博物館』雄山閣。
安室　知（1998）「民俗研究の場としての博物館」『民俗世界と博物館』雄山閣。
渡邉三四一（1998）「『博物館の解放』と民俗学」『民俗世界と博物館』雄山閣。
「特集　日本民俗学の研究動向」『日本民俗学』277（2014）。
「小特集　民俗学と映像記録」『日本民俗学』264（2010）。
「特集　藝能史研究の過去・現在・未来―史料としての映像記録」『藝能史研究』206（2014）。

5．美術館

渡辺　真衣

1　美術館とは

　美術館とは、絵画、彫刻、工芸をはじめとする造形芸術を主として扱う博物館である。博物館関連法規における定義では、人文系博物館のひとつとして、博物館と同様の資料保存・研究・展示・収集機能を有する研究・教育機関である。また、英語では「Museum of Art」とされることも含め、本来は美術館ではなく美術部門の博物館とするのが適切であろう。

　美術館では、美術作品という美的価値・芸術性を有する資料を中心に扱い、人間の美的感情に焦点をあて、感性を育む役割を担っているところから、鑑賞を第一義とする傾向が強いのも特徴の一つである。

　従来美術館では、美術作品の鑑賞が第一の目的であり、出来る限り優れたオリジナル作品を展示することのみに終始してきた傾向があった。しかし、近年では来館者の多様な要望に対応するため、美術館での教育活動が希求される傾向がみられる。そのため、従来の美術館ではあまり重視されなかった複製資料や文献資料などの二次資料の重要性が再評価されてきていることも事実である。

　同時に美術作品は、その様式や題材・材料などによって、制作された時代を映し出す一種のメディアでもあり、それらが有する歴史的背景を学術情報として伝達することも美術館の役割の一つである。

（1）美術資料

　美術館に収蔵される資料は、一次資料と二次資料に分けることができる。まず、一次資料には、作家のオリジナル作品、そして作品に関わるあらゆる実物資料が挙げられる。前者は、絵画、彫刻、工芸、書、建築、デザイン、写真、映像など、作家が自ら制作したモノのことで、美術館の主要な資料であるといえる。後者は、デッサン、スケッチ、下絵など、オリジナル作品の制作過程で生じたモノのことで、作家の造形意識や制作意図など、オリジナル作品の制作過程を知る手がかりとなる資料である。二次資料には、模造、模型、模写、拓本、写真、図面、文献などが挙げられ、オリジナル作品の鑑賞だけでは得られない情報を補足する目的で利用される。但し、リトグラフや浮世絵版画など、オリジナルを基に複数制作

された複製資料であっても、制作年代や制作者等の要素に応じて、一次資料と同様に扱われることも美術資料の特徴である。

（2）美術館の設置母体

　我が国における美術館の設置母体は、国立、公立、私立（会社立、個人立含む）の3形態に大別できる。国立美術館は、平成27(2015)年現在、東京国立近代美術館、京都国立近代美術館、国立西洋美術館、国立国際美術館、国立新美術館の5館が存在し、平成13年に発足した独立行政法人国立美術館が、運営している*1。また、名称は美術館ではなく「博物館」を冠するが、独立行政法人国立文化財機構に所属する東京国立博物館、京都国立博物館、奈良国立博物館の3館は、絵画、彫刻、工芸などの美術資料を中心に収蔵し、研究・展示を行っていること、また展示形態も提示型展示を採用している点からも、美術館的展示による博物館であるといえよう。公立美術館は、各地方自治体によって設置・運営されている美術館で、中でも市町村立の美術館の数が多く、我が国の美術館の中核となっている。
　一方、私立美術館は、大きく3種に分類することができ、第1には財団が設置する根津美術館（東京都港区）、五島美術館（東京都世田谷区）、大原美術館（岡山県倉敷市）などが挙げられる。次いでは、宗教団体が設立するもので、MOA 美術館（静岡県熱海市）、東京富士美術館（東京都八王子市）、MIHO MUSEUM（滋賀県甲賀市）等がある。第3には、株式会社が設置するもので、三菱1号館美術館（東京都千代田区）、森美術館（東京都港区）などが挙げられる。その他、個人経営による美術館も存在する。

（3）美術館の分類

　美術館は、扱う資料の専門性や展示方法などから絵画美術館、彫刻美術館、工芸美術館、郷土美術館、野外美術館に更なる分類が可能である。
　以下代表的なものを列挙すると、絵画美術館とは、絵馬殿にその祖型を見ることができる形態で、美術作品のうち特に絵画を専門として扱う美術館を指す。代表的な館としては、日本画を専門とする山種美術館（東京都渋谷区）や、画家個人の作品を収蔵した黒田記念館（東京都台東区）などがある。次に彫刻美術館とは、美術作品のうち特に彫刻を専門とした美術館のことで、代表的な館としては、碌山美術館、朝倉彫塑館などの個人美術館や、井の頭自然文化園彫刻園（東京都武蔵野市）、箱根彫刻の森美術館（神奈川県箱根町）などがある。工芸美術館は、陶芸、染色、漆工など各種工芸品を展示する美術館の総称で、東京国立近代美術館

工芸館や静岡市立芹沢銈介美術館、石川県輪島漆芸美術館などがこの分類に該当する。次に郷土美術館は、当該郷土出身作家の作品や郷土研究を目的とした地域の自然、文化、生活などを題材とした美術作品を中心に扱う美術館である。「郷土」を館名に付している美術館には、夢二郷土美術館（岡山市・瀬戸内市）、伊都郷土美術館（福岡県糸島市）、新居浜市立郷土美術館、青木村郷土美術館（長野県）などがある。最後に野外美術館とは、屋外を展示空間とし美術作品を展示した美術館のことで、代表的な館には前述の彫刻の森美術館や長野県美ヶ原高原美術館などがある。

2 美術館設立史

近代的な美術館の誕生は、1793年にフランス革命後の国民議会によって公開されたルーブル美術館にさかのぼる。宮廷中心の社会から市民中心の社会へと変容する中で、優れた美術作品は国民共有の財産であるとする認識が高まり、今日の美術館の基礎が築かれる先駆をなした美術館である*2。一方で、我が国における近代的な美術館の誕生は明治時代以降となる。大正2(1913)年の『日本美術年鑑』第3巻第6章の美術館の項に挙げられているものは、東京帝室博物館（明治5年、1872）、奈良帝室博物館（明治28年）、京都帝室博物館（明治29年）の帝室博物館3館と府立大阪博物場（明治7年）、農商務省商品陳列館（明治29年）、さらには当時まだ未公開であった私立大倉美術館の6館が数えられる*3。中でも、大正6年に大倉集古館として開館する大倉美術館は、本邦初の私立美術館であり、美術館の名称を付した嚆矢となる意味で美術館史の上では重要である。大正期に建設された美術館の中で注目すべきは、当該大倉集古館のほか、東京府美術館が挙げられる。大正15年に創設された東京府美術館は、美術家たちの作品発表の場としての機能を優先させたもので、貸会場型の美術館という我が国独自の形態を定着させ、後の公立美術館創設に大きな影響を与えた美術館であった。

昭和時代に入ると、満州事変の勃発や経済恐慌など、国内の社会情勢は悪化しつつあったが、この時期には多種の美術館が誕生している。公立美術館では、昭和3(1928)年に開館した鎌倉国宝館、昭和8年に大礼記念京都美術館、昭和11年に大阪市立美術館が建設され、私立美術館では昭和5年の大原美術館、昭和10年の徳川美術館、昭和15年の根津美術館など、今日においても著名な美術館が開館している。中でも、大原美術館は近代の西洋美術を本格的に公開した美術館であり、従来の東洋美術中心の美術館から一線を画した存在であったといえよう。

第2章　博物館の種類

このように昭和初期は、美術館設立史上一つの画期であったといえるが、本格的な美術館設立が隆盛を迎えるのは、第二次世界大戦終了以降である。戦後まもなく、各地で美術館活動が再開され、同時に新設の美術館が急激に増加していくこととなり、昭和26年には神奈川県立近代美術館、昭和27年にブリヂストン美術館、同年に東京国立近代美術館、昭和34年に国立西洋美術館が創設されている。昭和40年代以降は、高度経済成長を背景としていわゆる美術館創設ブームを迎え、公私立の美術館が各地方に続々と誕生した。また、昭和43年前後には、明治維新100年を記念して創設された美術館も多く見られた。かかる現象は、公共の教育施設および教育機関の必要性が広く認識されたことに拠り、博物館、図書館、公民館などの公共施設建設も増加したのは、当該期の一大特徴であると見做せよう。以上のように、明治・大正時代に開始された近代的な美術館の設立の歴史は、昭和初期、昭和後期と二度の画期を経て発展していったのである。

東京国立近代美術館

3　美術館の現状と課題

今日の美術館が抱える課題として、美術教育活動が挙げられる。論頭で述べた如く、美術館では鑑賞が第一義であることは言うまでもないが、利用者層が拡大し、来館者の大多数が一般市民である現代においては、ただ作品鑑賞の場を提供するのみではなく、来館者の多様な要望に対応することが必要となってきている。そのため、展示だけではなくあらゆる教育活動によって美術作品が持つ学術的な情報を提供し、来館者のさまざまな興味を芸術体験へと昇華させることが、今後の美術館の大きな役割であると考えられよう。

井出洋一郎に拠る『新版・美術館学入門』の「第十章　美術館教育と普及活動」では、美術館における教育活動は、大きく「展示解説部門」と「講座行事部門」の二つ分けることができると述べられている*4。井出は、展示解説部門に、「オリエンテーション」「セルフガイド」「ギャラリートーク」「オーディオビジュアルガイド」「ビデオテック」を、講座行事部門には、「講演会」「ワークショップ」「美術映画、ビデオ上映会」「研究会、討論会」「見学会、観察会」「音楽、

舞踏、パフォーマンス等の会」といった活動を具体例として明示している＊5。このような活動は、各々の館が独自に行うものであるため、職員のアイデアをもってその館の特色を活かした活動が行われることが望ましい。

　しかし、このような美術館での教育活動に対して、美術館における教育不要論はいまだに根強く残っているのもまた事実である。もちろん、美術作品は美的価値・芸術性を有するため、純粋な鑑賞は鑑賞者の精神を癒し、感性を育むものであり、尊重されるべきである。しかし、ヨーロッパ諸国に比べ、学校での美術史教育に遅れをとっている我が国においては、美術館での教育活動はより重要性をもつと考えられる。

　今後の展望としては、美術館は作品の持つ情報を鑑賞者に取捨選択できる形で提供し、作品の鑑賞と美術教育を両立させた場を作り上げていくことが肝要ではないかと考える。

＊1　独立行政法人国立美術館 HP：http://www.artmuseums.go.jp/（平成27年12月1日閲覧）
＊2　駒見和夫（2014）「近代博物館における教育の位置づけ」『博物館教育の原理と活動』学文社、4〜9頁。
＊3　日本美術年鑑編纂部編（1913）『日本美術年鑑』第三巻、160〜167頁。
＊4　井出洋一郎（2004）『新版 美術館学入門』明星大学出版部、186〜199頁。
＊5　同上。

6．科学博物館　　　　　　　　　　　　　　　　　　　　　　　　小川　義和

1　科学博物館とは

　科学博物館は自然科学に関する資料を収集保管し、調査研究し、展示する施設である。平成23年度社会教育調査によれば、日本にある科学博物館の数は、登録博物館及び博物館相当施設をあわせ109館（全体1,262館）であり、博物館類似施設を含めると472館（全体5,747館）である。

　科学博物館が扱う自然科学に関する資料には自然物と人工物が含まれる。主に自然物を扱う科学博物館は自然史系博物館であり、それには自然史博物館、地質博物館、化石・鉱物博物館、動物園、植物園、水族館、昆虫園等がある。主に人

第 2 章　博物館の種類

工物を扱う科学博物館は理工系博物館であり、それには科学技術の発達に関する資料を扱う科学技術史博物館、産業の発達に関する資料を扱う産業技術史博物館、宇宙天文関係の資料を扱う天文博物館等がある。

本節では科学博物館に関する歴史、機能、特徴等について、自然史系博物館、理工系博物館を適宜参照しながら紹介する。なお自然史系博物館の各論については自然史博物館、動物園、植物園、水族館の各節を、理工系博物館の詳細については産業博物館の節を参考にしてほしい。

2　科学博物館の発達

ヨーロッパの博物館は、個人や王室のコレクションの一般公開により、近代的な博物館へと発展してきた。1683年に開館した世界最初の近代的な博物館であるアシュモレアン博物館は、自然科学資料を扱った博物館であった（写真1）。一方、最初は多様な資料を扱う総合的な博物館がコレクションの増大と調査研究の発展により、後に歴史、美術、自然科学等の資料を専門的に扱う博物館へ機能分化した例がある。例えば大英博物館の基礎を作ったハンス・スローンのコレクションには、考古、歴史、古文書等の資料とともに自然史資料も含まれていた。大英博物館は、増大するコレクションに対し、1881年に考古、歴史、古文書等の資料を扱う博物館と自然史資料を扱う自然史博物館に分離独立した。

1851年にロンドンで開催された世界最初の万国博覧会では、美術品、工芸品とともに、産業革命後の科学技術の発展を示す資料等も併せて展示された。万国博覧会終了後、資料を保管、展示する常設の施設としてサウスケンジントン博物館が開設された。この博物館は、後に美術品、工芸品等を扱うビクトリア＆アルバート美術館と科学技術史資料等を扱う科学博物館に分離した（写真2）。

日本は明治になり欧米の博物館をモデルに博物館を開設していった。現在の国立科学博物館

写真1　オックスフォード大学科学史博物館（アシュモレアン博物館）

写真2　科学博物館（ロンドン）

は1877年設立の教育博物館を礎としており、当初は教師教育を目的とした施設であった。しかし、ほどなく役割を終え、東京教育博物館となり、通俗教育（社会教育）を推進する施設になった。すなわち、博物館の目的は、教育者の知識を深めるためから、科学知識の普及を目的とする民衆教育のためへと転換した。東京教育博物館では自然の背景の中に動物の剥製標本を配したジオラマ展示や来館者が直接展示物に触れて、体験ができる参加体験型展示の試みを行った。その後、東京帝室博物館（東京国立博物館の前身）の自然史資料が移管されたこともあり、自然科学に関する資料を扱う本格的な科学博物館が誕生した。第二次世界大戦後、日本学術会議の自然史科学研究センターの設立の要望があり、国立科学博物館にその機能の一部が付与され、国立科学博物館は現在自然史及び科学技術史に関する中核的な研究博物館となっている。

　自然科学に関する資料の収集保管、調査研究を行わずに、主に資料の展示と教育活動を展開している施設は科学館と呼ばれている。日本では、1960年以降、科学館の建設ブームが起こり、企業による設立もあり、主要な都市に科学館が誕生した。背景としては米国においてスプートニク・ショックにより、現代的な科学教育に重点を置かれるようになった。急激に進む科学技術の進展に対応した科学教育の必要性が議論され、科学技術の原理を理解する場として理工系博物館と科学館の役割が期待された。理工系博物館の展示は科学技術の歴史的発展をテーマにし、収集保管された資料を基に構成されているのに対し、科学館は来館者に科学技術の原理を理解させることを目的に製作された展示資料が多い。

　1990年代になり、各県において大規模な自然史博物館または自然史分野を含む総合博物館の建設ブームがあり、現在多くの自治体において科学館や自然史博物館等が存在し、地域の科学教育振興の役割を担っている。

3　科学博物館の機能

（1）資料の収集方針

　博物館は、その博物館の使命に基づく、資料の収集方針がある。例えば、国立科学博物館は、「～コレクションは研究資料となると同時に、研究の結果を保証する証拠標本としての役割をもち～中略～コレクションを収集し、保管し、研究や展示、学習支援活動に活用し、次世代に継承することは当館の重要な使命である。」と基本方針を策定している。そのコレクションの収集範囲は、国内及び東アジアから東南アジア地域、西部太平洋に及び、またコレクションの収集や受け

入れに関する倫理についても言及している。その他、コレクションの収集・保存・利用・廃棄・公開について具体的に策定している。

　自然科学資料は採集、発掘、寄贈、購入、寄託によって収集され、必要に応じて標本化され、同定される。資料は登録番号を付けられ、登録台帳に記録される。資料は分類群ごとに整理、収蔵され、研究・展示・教育活動等に活用される（写真3）。近年、自然史資料に関してはGBIF（Global Biodiversity Information Facilities 地球規模生物多様性情報機構）の構築により、各博物館の収蔵資料に関する情報が電子化され、全世界的な資料情報の検索ができるようになっている。

写真3　陸生哺乳類標本室
（写真提供：国立科学博物館）

（2）調査研究

　博物館法は、博物館の事業として、博物館資料に関する専門的、技術的な調査研究、博物館資料の保管及び展示等に関する技術的研究を例示している。第一の博物館資料に関する研究は、学問の各分野の学術的研究である。第二は保存科学に代表される資料の保存・修復に関する技術的研究である。第三は展示に代表される資料と人との結びつきに関する教育学的研究である。科学博物館では、第一の博物館資料に関する研究は、自然科学分野に関する科学研究となる。その研究は、地球や生命の歴史または科学技術の歴史を解明することを目的にしており、自然史または科学技術史に関する資料を対象として実証的に研究を行うことである。博物館資料は調査研究の結果を保証する証拠標本としての役割がある。資料にはラベルがあり、収集の期日、場所、人、名前、由来等が記載され、調査研究によって得られた知見は論文として公表され、資料と関連付けられる。

（3）展示・教育

　博物館は、資料の収集保管、調査研究を通じて蓄積された成果・知見を、展示・教育活動という博物館ならではの方法で社会に還元していく。博物館教育の特徴は実物による教育である。展示を含め実物資料を活用した教育活動は座学に比較し、体験的で印象に残りやすい。例えば理工系博物館や科学館では科学技術の原理の理解を助けるために、展示資料そのものに工夫を加え、来館者が資料を触ったり、実験装置を自由に動かしたりすることのできる参加体験型展示を展開し

写真4 親と子のたんけんひろば コンパス（写真提供：国立科学博物館）

ている。またジオラマ展示は自然史博物館等に多い展示手法であり、自然を背景画で再現し、その前に草本や樹木等の自然環境と動物の剥製等を配置し、本来の自然環境を立体的に復元した展示手法である。展示・教育活動では、体験活動等で高まった興味関心を持続させ、理解や思考につなげていくことが課題である。

博物館は、社会教育によって生涯学習を推進しており、生涯学習社会の実現のために、個人の自主的、自立的な学びを尊重しつつ、意図的な展示・教育活動を計画することが重要である。

4 今日的課題と科学博物館

科学技術の発展により、私たちの生活は豊かに便利になった。しかし科学技術が高度化することで、人々がその内容を理解することが困難になり、科学技術の成果を利用しているにもかかわらず、無関心になってきている。また科学技術の急速な発展により、地球上のあらゆる所に人間の影響が及んでいる。その結果、生物多様性の危機、地球温暖化等の自然環境が激変しつつある。

科学博物館には人々が科学技術に対し関心を持ち続けるように、科学技術と人々の関係性を見直し、社会における科学技術の役割を考察できる機会を提供することが求められている。特に自然環境と社会環境の変化を資料をもって記録し、蓄積し、後世に継承していく役割が科学博物館に期待されている。私たちは博物館に蓄積された資料を見て、研究することで、過去を知り、現在の状況を判断し、将来の科学技術と人間と自然環境の在り方について考察することができる。

このように科学技術の進展、自然環境の激変、社会構造の変化の時代にあって、人々が自然と科学技術に関する知識と科学的な考え方・態度を持って適切に判断し行動できる総合的な能力である科学リテラシーの涵養が必要である。同時にこのような自立した個人同士がサイエンスコミュニケーションを通じて協働し、新たな知を創造し、課題を解決していく活動が求められている。これからの科学博物館には、人々が集い、対話ができるプラットホームとして役割を果たし、人々の科学リテラシーを涵養するとともに、それを促す人材を育成することが期待されている。

7．自然史博物館

髙橋亮雄

1　日本の自然史博物館の歴史と概要

　自然史博物館は、文字通り自然史、つまりかつての博物学に含められていた動物学、植物学、鉱物学、古生物学分野の標本・資料を収集および保管し、さらに調査研究と展示を中心とした教育活動を行う施設である（糸魚川、1993；小川、2012）。日本における自然史博物館は、歴史的にみると19世紀後半の東京博物館（1975年、国立科学博物館の前身）や札幌仮博物場（1877年、北海道大学植物園の前身）に起源をたどることができる（糸魚川、1999）。2015年4月現在で174館が設置されているが、この数はほかの館種、とくに歴史博物館（1,931館）、美術館（929館）、郷土博物館（508館）と比較すると少ない（日本博物館協会、2015）。

　国内では自然史博物館ないし自然博物館等の名称が与えられた館（たとえば、大阪市立自然史博物館やミュージアムパーク茨城県自然博物館など）は多くないが、自然系標本・資料の展示を擁すいわゆる「自然史系博物館」（ICOM、2013）を含めると館数としては国内の博物館の総数の一割強に達する（糸魚川、1993）。今後、新規に設立される予定の館としては「ふじのくに地球環境史ミュージアム」（静岡市）が挙げられるが、博物館の構想の検討自体は1986年にさかのぼる。この博物館の具体的な計画は2003年から進んでおり、静岡県のウェブサイトによれば、2016年の3月に開館が予定されている。

　一方、ここ数十年の経済の悪化を受けて、愛媛県立博物館や東京都高尾自然科学博物館など残念ながら廃止された館もみられる。愛媛県立博物館（2009年廃止）は現在の愛媛県立総合科学博物館へ統合され、東京都高尾自然科学博物館（2004年廃止）は標本と資料が八王子市に移管され、跡地には平成27年8月に開館した「高尾599ミュージアム」が建設されている。このほか現在まで維持されているものの、規模の縮小や統廃合が検討されている館も少なくないと考えられ、博物館の存在意義にも関わる収蔵標本の恒久的維持が危ぶまれるだけでなく、将来的なわが国の社会教育の拠点の大幅な縮小が懸念される。

　自然史系博物館には、たとえば国立科学博物館（東京都台東区）や兵庫県立人と自然の博物館（兵庫県三田市）といった、名称で自然史との強い関連性が示唆される館だけでなく、名称に自然史を示唆するキーワードが含まれない公立の総

合博物館（栃木県立博物館や徳島県立博物館など）や一部の科学館（姫路科学館など）、大学博物館（京都大学総合博物館など）も含まれる。また、福井県立恐竜博物館（福井県勝山市）や笠岡市立カブトガニ博物館（岡山県笠岡市）など、自然史標本・資料のうち特定の分類群や系統に特化した博物館も少なからず認められる。設置主体も国や自治体（国立や公立）から公益財団法人、個人（私立）と幅広い（日外アソシエーツ編集部、2015）。

兵庫県立人と自然の博物館の常設展示「兵庫の自然誌－森に生きる」。豊かな森に生息する中・大型哺乳類の迫力のある剥製群が利用者の興味を引く。

2　自然史博物館の現状と課題

　自然史系博物館のうち、比較的規模の大きい館の多くは、20世紀後半のいわゆるバブル経済期に建設計画あるいは設立された公立館である（糸魚川、1999；大島、2005）が、比較的長い歴史を持つ館もある。たとえば、大阪市立自然史博物館の前身となる大阪市立自然科学博物館は、1950年に設立されている。このような館は、比較的ほかの公立館より多くの学芸員を擁し、博物館活動（とくに教育活動と研究活動）が強化されているほか、地域性だけでなく地球史や生命史といった広い視点に基づいた学術性の高い展示を展開している傾向が強い。

　一方で、主に経済的な問題によると思われるが、設立以来、大幅な展示室の更新が行われていない館も見られる。中には20年以上の間、基本的に更新が行なわれていない館もある。このため、とくに発展の著しい学術分野（たとえば分子系統学など）の研究成果が、教科書や一般書等で広く取り上げられているにもかかわらず展示に反映されていないケースも見受けられる。このような展示は、利用者（来館者）へ時代遅れの古い科学的知見を提供してしまうだけでなく、啓発活動（たとえば、生物多様性や外来種問題、生息環境も含む生物の保全など）の際に利用者の混乱を引き起こす可能性が考えられるため、早急な改善が強く望まれる。

　自然史博物館における標本・資料の適切な保存にあたっては、セキュリティや耐震性のほか、類別に応じて（とくに生物系標本）収蔵庫に特別な機能（耐荷重性やカビ、防虫対策など）のほか、標本の歴史的経緯や性質を熟知したコレクション

マネージャの配置が不可欠である。残念ながら、博物館活動の土台とも言える収蔵庫に十分な余裕を持つ自然史博物館は国内にほとんどない。博物館標本は恒久的に維持されなければならない一方、新たな採集や寄贈、交換、購入により、標本数は増え続ける（ただし標本および資料の購入費は、多くの公立館では年々著しく減少している［日本学術会議、2005；大島、2015］）。このため、収蔵庫は飽和状態へ向かうことになるが、一般的に増築等による収蔵面積の拡大は費用等の問題により難しいため、多くの館が頭を悩ませているようだ。館によっては同じ行政区内の廃止された学校や役所の建物を流用してその場を凌いでいる館もあるようである。これは、自然史標本・資料がほかの分野のものとくらべて保存上、とくに広いスペースを必要とするためであろう。

博物館の核とも言える教育普及活動（展示を含む）では、近年、地域社会や学校など博物館の外部へ向けたアウトリーチ活動が積極的に行われている。こうした取り組みの例として、兵庫県立人と自然の博物館の移動博物館車「ゆめはく」により2012年から実施されている出張展示（兵庫県立人と自然の博物館、2012）や神奈川県立生命の星・地球博物館（神奈川県小田原市）の学習プログラムとあわせた標本の貸し出し（田口、2008）などが挙げられる。このほか、学校の総合的な学習の時間を使った教育活動の支援にも大きく貢献している。こうした活動は、今後、さらなる発展が期待されるが、一方で準備や実施においては担当職員のオーバーワークにより維持されていることもあるようだ（大野、2008）。

3　自然史博物館の利用状況

自然史博物館の年間利用者数は生物園（動物園、水族館、植物園等）や科学館と比べると少ないが、人文系博物館（郷土、歴史系）や美術館と比べると多く、1館当たりの平均は約11万2000人で比較的多くの支持を得ている施設といえる（日本博物館協会、2015）。とくに規模の大きな公立館では20〜50万人ないしそれ以上の利用がある館もある。なかでも福井県立恐竜博物館の近年の年間利用者数は他館を圧倒しており、2015年11月時点で過去最高の75万7511人を記録している。

国立科学博物館の年間利用者数はここ数年の上野本館だけで見ても150万人を超えているが、これは理工系の展示が含まれており、さらに立地だけでなく規模や展示室の面積、特別展や企画展の年間実施数、事業費において地方の博物館と条件が大きく異なるため、比較を行うのは適切でないと思われる。

福井県立恐竜博物館の年間入館者数の近年における著しい回復と突出の要因は、

今後、同館により詳しい分析がなされると思われるが、子どもから大人まで多くの人々が興味を抱く恐竜という絶滅動物について、その起源から絶滅に至るストーリーを豊富な標本と体験型学習機能を与えられた現地保存型の野外展示施設（野外恐竜博物館）によって学習できる点にあるだろう。また展示を含む運営が潤沢な事業費によって支えられ（大島、2015）、さらに魅力的な特別展示や教育活動のほか、博物館スタッフによる多分野にわたる研究活動も非常に積極的に行なわれている点は国内の自然史系博物館の中でも特殊な例ではあるが、博物館経営一般について考察を行う上で注目に値する。2015年に同館の入館者数が過去最高を記録したことは、上述のような取り組みだけでなく、同年3月に北陸新幹線金沢駅が開業したことによる県外からの観光客の利用の増加が関係すると考えられている（福井新聞、2015年11月17日）。昨年の実績に基づけば、年間利用者数が80万人を超えることはほぼ確実であろう。この数は福井県の人口（78万5204人［2015年11月1日現在］）をも上回るもので、観光資源としての博物館のあり方について考察を進めていく上で重要な条件を示唆している。

【引用文献（福井新聞は除く）】
兵庫県立人と自然の博物館（2012）「ひとはく新聞」2012/12/26号。
ICOM（2013）https://icomnatistethics.files.wordpress.com/2013/09/nathcode_ethics_en2.pdf
糸魚川淳二（1993）『日本の自然史博物館』東京大学出版会。
糸魚川淳二（1999）『新しい自然史博物館』東京大学出版会。
日外アソシエーツ編集部（2015）『自然史博物館辞典』日外アソシエーツ㈱。
日本学術会議（2005）「自然史系博物館における標本の収集・継承体制の高度化」動物科学研究連絡委員会・植物科学研究連絡委員会報告。
日本博物館協会（2015）「平成25年度博物館園数関連統計」『博物館研究』50(4)、15〜21頁。
大野照文（2008）「大学博物館における社会連携：京都大学総合研究博物館を例に」『化石』83、22〜29頁。
小川義和（2012）「自然史博物館と科学館の展示」全国大学博物館学講座協議会西日本部会編『新時代の博物館学』芙蓉書房出版。
大島光春（2005）「博物館にまつわる数字」『自然科学のとびら』11(1)、4〜5頁。
大島光春（2015）「博物館にまつわる数字（2）」『自然科学のとびら』21(1)、4〜5頁。．
田口公則（2008）「博物館と学校の連携－化石ローンキットプログラムの展開」『化石』83、9〜10頁。

8．産業博物館・企業博物館　　　　　　　　　　　　中村　浩

はじめに

「明治日本の産業革命遺産　製鉄・製鋼、造船、石炭産業」は2015(平成27)年7月8日ユネスコ世界遺産委員会において、世界文化遺産に登録された。これらは日本の近代の殖産興業政策を推進し、かつ工業化の発展に大きく寄与したとされる遺産群であり、産業遺産（産業文化財）とされるものである。

産業遺産（産業文化財）とは、第一次産業、第二次産業、第三次産業の各分野での生産にかかわった工場、機械、生産物などで、歴史の中で重要な役割を果たしてきた資料である。

1　産業遺産（産業文化財）の保存・活用

高度情報社会の飛躍的な発展に伴い、アナログからデジタルへの移行が進んできた。それに伴って、機械も小型化されてきた。同時に近年、工場や機械類など産業遺産を見直し、企業や産業が造り出してきた成果の収集保存、公開が求められている。

かつて生産現場で使用された建造物や施設、道具・機械類などを産業資料と呼び、そこから提供される資料を組織的・系統的に収集・保管・展示する施設が産業博物館である。産業博物館の最も重要な機能は、産業遺産（産業文化財）の体系的な収集・保管・展示である（武田、2009）。

産業博物館の使命として、失われていく産業遺産（産業文化財）の収集・保存・研究・公開、企業や産業がつくり出してきた成果の収集・保存・公開などがあるが、産業遺産＝研究対象が、取り壊される古い工場、廃棄される機械に向けられている現実のなかで、産業遺産（産業文化財）にはどこに価値があり、いかに収集・保存・研究・公開すべきか、その扱いが大変難しいという指摘もある（宗村、2008）。

尚古集成館（鹿児島市）は、薩摩藩主島津斉彬によって幕末期の1865(慶応元)年に建設された機械工場群「集成館」を基に、島津家の歴史・文化および集成館事業を対象にした博物館で、1923(大正12)年に開館した。1959(昭和34)年には旧集

成館は国指定史跡となり、間もなく建物自体も国指定重要文化財となり、保護が図られる。さらに2007(平成19)年には経済産業省の近代化産業遺産に認定され、2015(平成27)年には世界文化遺産に登録された。

　企業は、工場見学などで生産ラインなどを一般の人々とりわけ小中学生に見せることによって、自社の業務内容を周知させてきた。台湾では、19世紀末の日本統治時代以来、主要な生産物であった砂糖生産が戦後は生産が縮小され、生産工場が廃止された。その工場を丸ごと利用して大規模なテーマパークのような台湾糖業博物館（中華民国高雄市）を設立したような例もある。

　産業博物館・企業博物館とは性格が異なるが、本業とは直接関連はないが、企業の社会貢献事業（メセナ）の一環として美術コレクションを公開している施設がある。サントリー美術館（東京都港区）、ブリヂストン美術館（東京都中央区）、ひろしま美術館（広島市）、ニュー・カールスベア美術館（デンマーク）などは世界的にも知られるコレクションを誇る美術博物館である。

　企業博物館の設立は、工場見学の域から社会貢献事業への発展と位置付けることができる。館の経営戦略次第では企業活動の飛躍につながる可能性もある。楽器博物館（静岡県浜松市）では何千という多くの部品からなる楽器も、たった一本の竹でできた楽器も、同等の価値を持つという、文化人類学的認識に立った展示が行われている。展示された資料の背景にある価値観や宇宙観、宗教、信仰、科学技術、自然環境などを紹介することもきわめて重要であるという（嶋, 2013）。

2　産業博物館・企業博物館の諸形態

　産業博物館は、○○産業協同組合、○○事業共同体というような産業総括団体が運営する施設が多い。資料の保存、貢献者の顕彰、産業の普及広報などが設立の背景にある。一方、企業博物館は、企業そのものの歴史や創業者の顕彰、製品開発や研究の広報、関連資料の保存の場として利用などの機能が求められる。こうした企業博物館は、企業の創立以来の周年記念事業などの一つとして創設されることが多い。

　企業博物館の設立要因ごとに見ていこう。

（1）産業・企業の歴史、史料に関するもの

　創業以来の文献資料や企業が保有する事業関連器具などを使って企業の歴史を地域社会に示すために設立された施設である。例えば、酒造り道具（国指定重要民俗文化財）の保管、公開を目的に設置された菊正宗酒造「菊正宗酒造記念館」

（兵庫県神戸市）や東京ガス「ガスミュージアム（がす資料館）」（東京都小平市）、竹中工務店「竹中大工道具館」（兵庫県神戸市）、ヒゲタ醤油「ヒゲタ史料館」（千葉県銚子市）、雪印メグミルク「酪農と乳の歴史館」（北海道札幌市）などがある。

（2）産業・企業の技術的な内容、研究状況を提示するもの

　基幹産業としての電気、通信、石炭・石油などのエネルギー、エレクトロニクス関連の、とくに理工学的な内容を含んだ展示が行われている施設が多い。その例として、中部電力でんきの科学館（名古屋市）、大牟田市石炭産業科学館（福岡県大牟田市）、**KDDI**「KDDIパラボラ館」（山口市）、逓信総合博物館の後継施設でもある郵政博物館（東京都墨田区）などがある。精密機械、交通・鉄道、精密機械では、京セラファインセラミック館（京都市）、鉄道博物館（埼玉県さいたま市）、リニア・鉄道館（名古屋市）、トヨタ産業技術記念館（名古屋市）、東芝未来科学館（川崎市）、浜松市楽器博物館（静岡県浜松市）など、医薬関係ではエーザイ「内藤記念くすり博物館」（岐阜県各務原市）、田辺三菱製薬史料館（大阪市）などがある。このほか製紙業界では紙の博物館（東京都北区）、土佐和紙を紹介する「いの町紙の博物館」（高知県いの町）などがある。いずれも、企業の技術的側面に重点を置いた展示が行われている。

（3）産業・企業の普及啓蒙あるいは広報活動に重点が置かれるもの

　日本たばこ産業「たばこと塩の博物館」（東京都墨田区）は、たばこと塩の正しい情報を伝え、たばこ産業、塩産業の理解と啓蒙をはかる施設として昭和53年に東京都渋谷区に開設されたもので、2015年4月に墨田区に移転してリニューアルオープンした。嗜好、娯楽に関連する博物館には **JRA** 競馬博物館（東京都府中市）、馬の博物館（神奈川県横浜市）、競艇博物館（山口県徳山市）、野球殿堂博物館（東京都文京区）、日本サッカーミュージアム（東京都文京区）、**UCC** コーヒー博物館（兵庫県神戸市）などがある。これらは関連団体が設置しているものが多く、広報活動に重点が置かれている。

（4）産業・企業創業者の顕彰

　企業の創業者の顕彰と、商品の普及広報を行う博物館である。（1）と重複する部分もあるが、とくに個人顕彰を重視している。例えば日清食品「インスタントラーメン発明記念館」（大阪府池田市）は、1958年にチキンラーメンを発明した安藤百福を記念した体験型食育博物館である。パナソニック「パナソニックミュ

ージアム松下幸之助歴史館」(大阪府門真市)は、会社の創設者である松下幸之助の生誕100年を記念して全面的に改修され、その生涯、人物像に焦点を当てた展示となった。このほかナイガイアパレル「坂田記念資料室(靴下博物館)」(東京都中央区)、グンゼ記念館(京都府綾部市)、島津製作所「島津創業記念資料館」(京都市)などがある。2001(平成13)年に大阪商工会議所創立120周年記念事業として創立された大阪企業家ミュージアム(大阪市中央区)は、大阪を中心に活躍した企業家105人の業績を紹介したユニークな施設である。

3 日本酒の企業博物館

日本に限らず世界的にも、酒造に関する博物館は多い。酒造といっても、日本酒、ビール、ウィスキー、ワイン、焼酎、泡盛、紹興酒、高粱酒など多種多様である。日本酒、泡盛などは基本的に日本に限定されるが、ビール、ワイン、ウィスキーは全世界に広がっている。

ニュー・カールスベア美術館(デンマーク)やサントリー美術館(東京都港区)、白鶴美術館(兵庫県神戸市)などは、本業の酒造に関する展示ではなく美術品コレクションの公開に特化した博物館であり、企業の社会貢献事業の一つと位置づけられ、企業イメージの高揚にも役立っている。

酒造会社には工場の広大な土地があり、現在も生産現場として使用されているところが多いが、その一部を博物館としている例もある。

本稿では、日本酒に限定し、中世以来の日本酒の伝統がある京都伏見地区と兵庫灘地区を取り上げてみたい。

黄桜酒造のカッパカントリー(京都市伏見区)には、企業 CM でも知られている清水崑・小島功の描く河童に特化して関連資料をコレクションした河童資料館がある。作者の紹介と原画を展示したギャラリー、河童コレクションの展示室がある。カッパという伝承上の動物に焦点を当てた面白い企画内容である。同じ伏見区内にある大倉酒造の大倉記念館は、かつての酒造工場と酒蔵を展示室に改修転用した大規模な博物館である。黄桜酒造と同様、同じ場所で今も酒造が行われているが、工場とは分離されている。工場見学を行っている酒造会社は全国各地にあるが、この施設のように本格的な博物館を併設する例は少ない。

伏見と並んで関西の代表的酒造地域に兵庫県神戸市、西宮市の灘五郷地区がある。五郷とは東から今津、西宮、魚崎、御影、西郷の各郷である。現在もなお酒造りが盛んであり、その名が広く知られるブランドも多い。その一つ「白鹿記念

酒造博物館」（西宮市）は、財団法人白鹿記念酒造博物館が運営する博物館で、酒造関係の展示が中心の酒ミュージアム「酒蔵館」と美術コレクションが中心の「記念館」の2館がある。酒蔵館では酒造の道具が収集・展示され、阪神大震災の被害損壊状況の展示もある。菊正宗酒造記念館（神戸市灘区）は、平成12年12月に国の重要民俗資料に指定され、酒造り道具など566点の保存と公開の施設として運営されている。沢の鶴酒造「沢の鶴資料館」（神戸市灘区）も同じように昔の酒蔵建物を資料館としたものである。

菊正宗酒造記念館のジオラマ展示

　以上、日本酒に関する企業博物館について伏見、灘という現代も続く伝統的に知られている二つの地区の代表的な例を紹介した。このほかアンテナショップとしての施設をミュージアムと呼称している例も多く見られる。例えば日本清酒「千歳鶴酒ミュージアム」（北海道札幌市）は酒造道具をわずかに展示し、田中酒造「亀甲蔵」（北海道小樽市）は、酒蔵および酒造道具などの公開と試飲、販売を行っている。広島県をはじめ全国各地の日本酒メーカーでも酒蔵見学と試飲などを行っているが、本格的博物館の設置段階には至っていないようである。

むすびにかえて

　以上、簡単に企業博物館のうち酒造に関する施設を見てきた。全国的にも工場見学という形態は伝統的に行われているものであり、また酒造産業関連の見学などは年齢を問わず一般的な観光資源として利用されてきた。さらに、より詳しく企業の歴史を周知するための施設の開設も見られ、現状では多様化の傾向にある。また近年は、産業遺産・未来遺産など日本の産業技術への関心も増しており、注目されている（二村、2014、牧ほか、2015）。
　産業博物館・企業博物館には、情報提供の高度化推進への取り組み＝デジタルコレクションの構築（篠田、2004）、さらには資料・図書のデジタル・アーカイブの推進、すなわち企業内産業資料の収集とアーカイブ構想の実現などが求められている（半田、2008）。さらに、博物館は産業・企業の社会的責任（CSR）の履行における最も重要な機能を果たす施設の一つであり、産業・企業と密接な関連を

持つ。博物館の活動はそれらの経済的活動に対して一定の寄与を期待されている（宗村、2008）。

　一方で、企業博物館の休館や廃止が一般的な博物館と比較して決して少なくないのも現実である。企業の業績不振、合併・縮小などの経営環境の変化、あるいは経営戦略の見直しがその理由として考えられるが、設置企業が博物館に求めた期待と現実とが大きく乖離した結果と思われる例も少なくない。

　しかし博物館設置によって企業が得たメリットは小さくないはずである。日本の産業発展の基礎を築いてきた証跡たる産業文化財の収集、保管、研究にとって重要な機関であることは論を待たない。さらに地域の観光資源としての博物館に、とりわけ地域の発展を共にしてきた企業博物館に注目していきたい。

【参考文献】
諸岡博熊（1955）『企業博物館―ミュージアムマネージメント』東京堂出版。
『全国企業博物館ガイド』（1987）講談社。
諸岡博熊（1989）『企業博物館時代』創元社。
産業記念物調査研究会編（1990）『近畿の産業博物館』阿吽社。
星合重男（1993）『企業博物館戦略の研究』コニカ株式会社。
　　（http//homepage 3 .nifty.com/hoshiais/article/index.html）に公開
半田昌之（2000）「企業博物館」『新版博物館学講座』3、雄山閣出版。
『新訂企業博物館事典』（2003）内外アソシエーツ。
篠田愛信（2004）「企業博物館の課題と活動状況」『博物館研究』39-10。
宗村泉（2008）「産業文化財を守るために」『博物館研究』43-11。
半田昌之（2008）「企業博物館と産業文化財」『博物館研究』43-11。
武田竜弥（2008）『日本全国産業博物館めぐり』PHP新書。
武田竜弥（2009）「日本の産業博物館の現状と課題」『日本感性工学会研究誌』8-4。
嶋和彦（2013）「浜松市楽器博物館の18年」『博物館研究』48-12。
二村悟（2014）『日本の産業遺産図鑑』平凡社。
牧童舎・水島吉隆・坂茂樹（2015）『日本のものづくり遺産―未来技術遺産のすべて』山川出版社。

9. 野外博物館　　　　　　　　　　　　　　　　　　　　　大原　一興

1　野外博物館の概要と種類

　野外博物館とは、野外を展示空間として機能している博物館全般を指すものと捉えて良い。狭義には建築物などを収集し移築保存によって集約的にある一定の敷地内に展示するもの（Open Air Museum）を指すことが多いが、他から移築した家屋や構築物に限らず動植物等で構成された博物館や公園など屋外展示を中心としたものを指す場合（Ecological Park, Sculpture Garden など）や、また博物館資料としての遺跡や建築物、街並み等の保存活用を目的にしてそれらが現地に存在する場合（Site Museum, Heritage Park など）のように広義に捉えることもできる。新井（1989）はこれらを「収集・展示型野外博物館」「現地保存型野外博物館」とに資料の保存の仕方から2種に大別し、更に自然系・人文系という観点から分類している。
　まず、収集展示型野外博物館としては、自然系では自然系総合野外博物館（自然を構成する岩石・鉱物・動植物などを野外で展示公開）、動物園・植物園・水族園（各種の動植物、魚類などを収集し、生きているものを野外で飼育・栽培公開する）、地学園・岩石園（岩石の状態やその産状が理解できるように野外に展示）、人文系では人文系総合野外博物館（各種の建築物や美術・彫刻作品等を野外で展示・公開）、建築物等移設・復元博物館（各地から建築物資料等を収集し移設・復元して展示公開）、さらに自然と人文の両者を含むものとして、自然・人文総合野外博物館（自然及び文化遺産を各地から収集し、それらを野外に移設・復元・展示するもの）と分類される。
　そして、現地保存型野外博物館としては、自然系では自然系総合野外博物館（自然遺産を総合的に現地で保護育成し公開）、野生生物保護センター（野生生物の保護・育成を目的とするもの）、天然記念物博物館（地質・生物等の貴重な自然遺産を保全し展示・公開）、人文系では人文系総合野外博物館（現地で文化遺産を総合的に保存・修復し展示・公開）、史跡・遺跡博物館（史跡・遺跡・城郭・家屋・町並みなどを現地で保存・修復し公開）、産業遺産博物館（生産工場・鉱山・坑道等の産業遺産を保存・修復し公開）、そして自然・人文総合野外博物館として生活・環境博物館（エコミュージアム、地域住民の伝統的な生活を環境と共に保存・育成・発展させるもの）を挙げている。

スカンセンにおける移築民家

復元も積極的におこなっている

これら広義の総合的な把握とは別に、文化庁による社会教育調査では、博物館を9分類して統計をとっているが、そのうちのひとつのカテゴリーが野外博物館となっている。これは狭義に捉えたもので、同調査では動物園、植物園、動植物園、水族館は別分類とされている。

狭義の野外博物館は北欧で生まれ発達してきており、スウェーデン、ストックホルム市内のユールゴーデン島で1891年に開館したスカンセン野外博物館が始まりとされ、1956年にジュネーブで開催された国際博物館会議（ICOM）で初めて「Open-air museums」の名称が登場し討議され、次いで1957年にデンマークとスウェーデンで会議が開かれ、野外博物館の科学的原理と役割を明らかにした宣言が作成され、1958年には公式な宣言がなされた。この後のヨーロッパ野外博物館連合の設立（1972年）などの展開は杉本（1986）などで詳しい。これらの展開においては、単に建築物を保存するのではなく、ある時代においてその空間に展開する生活や機能を、実際の当時の服装を身につけたコスチュームスタッフが実際に生活を演じるリビングヒストリー（生活史復元展示）と言われる手法がとられ、科学的根拠にもとづいて、より教育的・体験学習的に効果を発揮している。

2　収集・展示型野外博物館における観光への展開

日本で最初の野外博物館は1960年開設の日本民家集落博物館（大阪府豊中市）とされ、それ以前よりスカンセンに影響を受けた動きはあったが戦争により実現しなかったという。これ以降、全国で設置されていくが、ちょうど高度成長期の急激な都市化にともなう民家の消失に対して保存や緊急一時避難的な意味合いもあったと思われる。野外博物館に失われる建築物を移築保存させるという研究者の意図やその社会的意義も大きかった時代であると言えよう。

第2章　博物館の種類

　一方、教育や展示、娯楽のために、移築ではなく全くの復元や新築、あるいは類似した建築物の創作などによりテーマパーク化のような展開も見られるようになった。とくに異文化の理解や体験のため、リトルワールド（愛知県犬山市）のように、遠く離れた地域の建築物などをあえて建設することによって、展示資料としての価値をもたせるなどの実例も日本では増えていくこととなった。これには、観光施設と一体となった民間の営利事業との協力も実例としてはある。
　海外においても、古い建築物そのものを凍結的に保存する、資料の本物性（authenticity）重視の考え方から、生活や民俗、伝統など無形のものを含めた文化を継承するための空間（器）としての建築物を整備するために、部分的に復元や修復を交えたりすることに柔軟な対応がなされるようになってきている。
　これらの収集・移築型の野外博物館においては、北海道開拓の村（札幌市）のように、効率よくひとつの敷地内で様々な異なる文化の差異を感じることができるようにすることが観光資源としては重要な点であろう。来館者にとっては短い滞在時間の中でいかに多様な刺激を獲得するかということが求められ、そこでは建築個体の展示物としての特徴を発揮することがより重要となる。それは、例えば民家でも一軒の方位や敷地における配置、周辺植生環境などといった文脈よりも、個性的な建築物が並ぶということが優先することもあり得る。それぞれの建物毎のコスチュームスタッフの仕事や活動、生産品などの魅力もまた発揮されるよう求められる。

3　現地保存型野外博物館における観光への展開

　一方で、近年は、保護すべきものの収集保存だけではなく、地域に実在する建築物や街並み、植生などの自然環境条件、歴史公園などと呼ばれる遺跡のある場所、などにおいて、その特定の場所性を展示するという試みの一貫として、現地保存型野外博物館の試みも生じてきている。
　例えば天然記念物や自然環境保護地域の敷地の近くにそれを学習することのできる展示室や資料室施設を整備し、敷地と一体となって博物館として機能させる事例などがある。公園とビジターセンターとしての組み合わせのようにすることによって、一定の敷地全体を保存地域として博物館化するという方法である。登呂博物館（静岡市）のように、古代の住居跡などの遺跡に関して、地上に現れる建築物を科学的根拠をもとに復元を試み建造している遺跡公園なども、その実例である。場合によっては、発掘現場に屋根をかけて展示する場合もある。これら

はサイトミュージアムと呼ばれ、特に歴史的な遺跡の分野で有効な展示手法となっている。

　さらに、単体の建築物だけではなく、群としての一連の風景や街並み全体を保存し、展示していく試みも各地で進められている。修景による街並み保存や農村景観を維持する村並み保存の考え方である。これらには、宿泊場所なども一体的に開発、建築されることも可能で、他の地域から観光客が来訪し滞在するための対応を講じやすい。

　地域全体を現地保存することによって、点としての博物館を目的地とするよりも、観光対象の目的地が複数できることによって、移動に伴い滞在時間も長くなり、その経路上の購買施設や飲食店なども期待されることとなり、より観光としての発展に貢献するものとなる。

　さらに、特色ある地域を、地域の様々な環境要素や資源を展示資料化することによって展開する「地域まるごと博物館」「エコミュージアム」となると、さらに他地域からの来訪者には魅力あるものとなる。その理由としては、あさひまちエコミュージアム（山形県朝日町）のように、エコミュージアムでは基本原則として、地域の住民による主体的な参加が求められるようになり、それによって、多世代の協働によって地域の活性化にも連動することとなる。例えば、地域の資料を案内、解説することを地域住民が担うことによって、住民にとっては、もちろん優れた学習活動となり、かつそのガイドによって地域の住民しか知らないような「とっておき」の環境資源や文化や出来事を知ることができる来訪者は、着地型観光としての満足度が高い。

　いずれにしても、現地保存型の野外博物館の活動は、敷地に明確に柵を設けないので、どこまでも展開していくことが可能であるし、観光客にとっては様々な発見が可能な場所となる。ただし、この運営には、地域住民の主体的な参加が欠かせないので、そのために博物館関係者による巧みな誘導も必要となる点に留意しないといけない。

【参考文献】
新井重三(1989)「野外博物館総論」『博物館学雑誌』第14巻第1・2合併号（通巻11号）、全日本博物館学会、21〜46頁。
落合知子（2009）『野外博物館の研究』雄山閣。
杉本尚次（1986）「ヨーロッパの野外博物館－その民族学的・地理学的研究」『国立民族学博物館研究報告』第11巻1号、263〜322頁。

10. 動物園

黒澤 弥悦

はじめに

　最近、動物に関する話題は多い。イノシシやシカ、サルなどによる農作物被害、さらに街中に侵入した野生獣が、人間に危害を加えており、これが度々全国ニュースにもなる。一方、野生動物の興味深い生態や行動を捉えた映像、さらには新しい動物展示を紹介した今話題の動物園といったテレビ番組もある。動物園は一昔前まで子供を連れ遊びに行くところというイメージがあったが、今では珍しい動物やその行動に興味を示し訪れる大人が増えており『大人のための動物園ガイド』という本まで出版されている。
　このように野生動物や動物園に関する話題が多い今日、一般の人たちが動物を知る身近な施設としての動物園の社会的意義はますます高まってくるだろう。本稿では動物園について、飼育や歴史、機能、これからの動物展示の点から概説してみたい。

1　動物園－その飼育の意味

　動物園という言葉は、1866（慶応2）年に発行された福澤諭吉著『西洋事情』に博物館という語とともに用いられたのが最初であり、それまで禽獣苑などと呼ばれていた。
　では動物園とはどのような施設なのだろうか。動物園は、野生動物を飼育展示し、一般に公開する施設ではあるが、日本には動物園を明確に示す法制上の定義がない。法的には博物館法第2条の定義に示される「博物館とは（一部省略）……自然科学等に関する資料を収集し、保管し、展示して、教育的配慮の下に一般公衆の利用に供し、その教養、調査研究、レクリエーション等に資するために必要な事業を行い、あわせてこれらの資料に関する調査研究をすることを目的とする機関」であることを援用して、動物園を博物館の一機関としている。
　動物園を博物館とするならば、具体的にどのように説明すればよいのだろうか。博物館は収集した資料を保管しなければならないが、動物園では収集した資料、いわゆる動物は原則すべて公開される。非公開とされるのは多くの場合、動物の

健康管理上や繁殖による理由、または希少性のある動物の特別な飼育試験、繁殖試験等である。ここで動物園の資料保管について考えた場合、それは種の保存であり、動物を生きたまま飼育することである。すなわち、動物園は生きた資料を扱う博物館なのである。

動物の飼育は狩猟採集時代、オオカミが人間に歩み寄り、餌付けやその幼獣が生け捕られ番犬や狩猟犬として飼い馴らされ、またウシやウマなどによる労働や食料生産のための飼養へと展開した家畜化（domestication）という恣意的に動物の生殖を野生から人間の管理下に置く過程で生じてきた。

動物園の飼育は動物園として存続するうえでの前提条件とされ、家畜の飼育とは異なる。その展示資料が「生きている動物」であるという特殊性から、利用者である人間の側とともに動物の立場も考慮しなければならない飼育が求められる。

2　動物園の歴史

野生動物を収集し楽しむということは古代、権力者が権勢を誇示するうえで始まったとされる。古代エジプト王朝や中国歴代の王にその収集が知られている。現存する最古の動物園といわれるウィーンのシェンブルン動物園も1752年に創設された当時は、王妃マリア・テレジアを慰めるために宮殿の庭に設けられた為政者の権勢を誇示する為のものであったが、1765年より市民に公開されている。

現在のように動物を科学的にみせるという最初の動物園は、1828年に開設されたイギリスのロンドン動物園である。これは当時のロンドン動物学協会の研究資料収集施設として創設され、一般公開された。その正式名称は、zoological garden であったが、人々に"zoo"と親しんで呼ばれるうちに、それが動物園の一般名称となった。ロンドン動物園創設ののち、ヨーロッパの国々に集中して動物園が開園される。これは、植民地を持つそれらの国々が植民地支配によってそこで得られる珍しい動物を直接収集できたことが背景にある。

一方、日本では古事記や万葉集に野生ウズラを詠んだ歌があり、その家禽化も我が国で生じたことから、その頃から動物を収集して楽しんでいた可能性もあるが、それが庶民に広がったのは経済的、時間的な余裕が庶民の間に生じた江戸時代になってからとされる。南蛮船が運んできたゾウやラクダなどの珍しい動物が将軍に献上され、それが庶民の見世物にもなり、シカ茶屋やクジャク茶屋など動物園の先駆け的なものも出始める。長崎の出島には東南アジアの国々から持ち込まれたウシやブタ、ヤギ、サル、ガチョウの飼育場（写真1）がみられ、ここに

家畜が飼われている点では食料目的の施設であろうが、繋留のサルもいる点では見世物的な機能を果たしていた可能性がある。

日本最初の動物園は1882(明治15)年に上野の国立博物館の付属動物園として誕生した現在の上野動物園である。のちに大都市を中心に公立動物園が開園し、現在の我が国における動物園数は、日本動物園水族館協会に加盟する資料で示せば公立、私立を合わせて89園とされる。

写真1 長崎出島の飼育場(川原慶賀『唐蘭館絵巻』より、長崎歴史文化博物館蔵)

3　動物園の機能

博物館の一機関である動物園は、公民館や図書館と同じような社会教育施設であり、その動物園には4つの機能「教育・レクレーション・保護・研究」がある。しかし、ほとんどの利用者は動物園を単に娯楽として楽しむところと理解しているだろう。これはロンドン動物園の開園でみられるように、西欧の動物園が動物学を基調として大学や博物館の研究施設や教育施設として発展していったのに対して、日本の研究機関や大学に動物園が全くないように、日本の動物園が動物学を基調として発展してこなかったことにある。また動物園に関する社会的支配力を持つ法律がないこともその理由とされる。いずれにしても動物園は社会教育施設である以上、その最大の機能は教育である。

教育効果を上げるには、展示を楽しくみせることだろう。これが動物園でのレクレーションであり、教育と展示は表裏一体でなければならない。多くの利用者は楽しさを求めて動物園にやってくるのだから、自分たちが教育を受けているとは思わないだろう。したがって、動物園は利用者に対して一方的な押し付けではなく、楽しみながら学べる展示をはじめとする教育プログラムを展開させる必要がある。

動物園の展示は、これまで野生動物の生息地での収集（捕獲）に支えられてきたが、世界的に自然保護が叫ばれる中、現在ではそれは原則として許されなくなっている。その為、動物園では野生動物の保護・増殖への取り組みが重要視されている。野生動物の保護は、動物園の教育目的を高める上でも重要であり、その為の研究は動物園として当然、果たさなければならない。これは動物園だけでは

なく、国や国際的なレベルで積極的に取り組むべきものである。

4　これからの動物展示

最近、話題になった動物園の中で、動物のダイナミックな姿を紹介した旭川市旭山動物園の行動展示は良く知られている。また京都市動物園では、狭い敷地を利用し、来園者と

写真2　姫路市立動物園

動物との距離を身近にした展示が人気を集めている。世界遺産の国宝姫路城の内堀にある姫路市立動物園では、インドゾウ「姫子」をはじめとする展示動物が借景を生かし、国宝を紹介しているようであり、ユニークな動物園を演出している（写真2）。

このように国内の動物園は魅力ある動物園創りに努めている一方、野生動物の収集が難しい今日、将来的には限られた園内での繁殖の維持が可能な野生動物しか展示出来なくなり、動物園からゾウ、サイ、キリンなどの人気動物が姿を消す可能性があるとされる。野生動物を展示してこそ動物園であるとする考え方がある。しかし、それが難しくなってくるとすれば、新たな動物展示が求められてくるだろう。日本産の動物展示を充実させることも必要だが、それを少しでも補う為に、野生動物をより深く理解させるという点で、家畜との比較展示を積極的に広げてはどうだろうか。家畜は人間によって作られた動物であり、野生動物より扱い易く動物園の触れ合い広場ではウサギをはじめヒツジやヤギ、小型ブタ、ニワトリなどが展示されており、触れるということで子どもたちには人気がある。動物園によっては日本在来の見島ウシや口之島ウシをはじめウマの展示もある。中には存続が危ぶまれ、国指定の天然記念物の品種もみられ、希少家畜種の保存における動物園の役割が期待できる。

また現代の畜産で活躍している家畜品種にも展示としての意味がある。とりわけ我が国で育種改良された和牛品種などは食肉の対象であり、それらの生体をみせることで命への感謝を教えることができる。埼玉県こども動物自然公園でのホルスタインの

写真3　沖縄こどもの国におけるブタの展示

第2章　博物館の種類

乳搾り体験は、家畜からの恵みを直接伝えている。かつて役畜だったウシやウマの農作業を実演してみせる試みもある。沖縄こどもの国では在来ブタの「アグー」を伝統的な飼育舎のワーフル（ブタ便所）の中で展示（写真3）し、また70年間途絶えた琉球競馬の復活など、沖縄の民俗文化をも考えさせるユニークな取り組みを定期的に行っている。

家畜は家畜化が始まった古代より、人間とのかかわりの深い動物である。それ故、家畜には工夫次第で様々な展示の可能性がある。

【参考文献】
全日本博物館学会編（2011）『博物館学事典』雄山閣。
成島悦雄（2014）「どこに行くのか動物園－日本の動物園が抱える課題」『博物館研究』
　Vol.49 No.11、6～9頁。
成島悦雄編（2011）『大人のための動物園ガイド』養賢堂。
堀秀正（2012）『動物園における資料の公開と保存』『博物館研究』Vol.47　No.1、14～16頁。
渡辺守雄ほか（2000）『動物園というメディア』青弓社。

11．植物園　　　　　　　　　　　　　　　　　　　　　　　　蒲生　康重

1　植物園とは

植物園の定義は公益社団法人日本植物園協会において、「植物の研究及び知識の普及を目的として設けられ、種々の植物を採集・育成し、展示する施設」とされている*1。この定義の中で植物園を他の博物館と区別する上で重要なことは、「育成し」の部分である。植物園は「生きた植物の博物館」であり、様々な植物を計画的に収集・育成（栽培）、維持し、さらにそれらを分類系統、特徴、資源植物等の分類法に基づいて分類し、かつ植物に関するあらゆる研究を行う機関である。また、植物園に訪れた人々が植物についての正確な知識を身につける、または研究を行えるように、植物の名称、学名、産地、利用法などの情報を正確に標示する必要がある*2。

植物園には以下の6つの役割がある。①研究と教育の場所を提供する、②外来植物栽培や育成試験、③動植物の展示場、④植物品種を系統的に研究と保全、⑤珍しい植物の栽培と繁殖試験、⑥国民のレクリエーション場所を提供する。

現在の日本の植物園の内、上記の6つの役割をすべて十全に行っている施設は、ほとんど存在せず、施設の成立経緯やどの役割に重きを置くかによって、主に4つのパターンに分類ができる。それは、①研究所型植物園（植物学の研究所に植物園が併設されている）、②大学付属植物園（主に大学における研究材料、および在学生等の教育資材の保管）、③都市公園型植物園（市民の憩いの場と環境教育を目的とする）、④系統保存施設（生物多様性を保全する）である。

2　植物園の辿って来た道

　どの地域においても植物園の歴史は、為政者が有用植物（多くは食糧や薬用植物）を収集・栽培させたことにはじまる場合が多い。
　西欧において、紀元前340年頃にアリストテレスが「植物学の祖」といわれるテオフラストスのために創設したといわれる植物園が世界初の植物園といわれる。
　その後、植物学は薬草を研究する医学の一部として発展し、13世紀になるとローマ法王ニコラウス3世がバチカンに薬草植物園を作り、16世紀には各地の修道院で薬草園が作られるようになる。このころに植物学は医学から分かれ体系化されてゆく。
　さらに15世紀からはじまる大航海時代以降、アジアなど他の地域の豊富な植物を国家戦略として収集し、その保存・研究場所として植物園を作り始めた。そして18世紀半ばから始まる産業革命に伴い、建築資材、技術が向上し、1851年世界初の博覧会において鉄とガラスで作られた水晶宮（クリスタルパレス）が登場する。それ以降、世界の珍しい植物を見せる温室が植物園に作られるようになる。その後、美しい庭園をもつ観賞型の植物園が登場し、さらに、フラワーショー等の植物鑑賞だけでなくパーティーや結婚式などのイベントが行える植物園が誕生する。
　つまり、西欧における植物園は、有用植物の収集・栽培を中心としたジーンバンク（遺伝子銀行）のような施設からスタートし、集められた植物の研究機関として発展し、その後、世界各地から集められた珍奇な植物を見せる見世物小屋的な機能を併せ持ちはじめるとともに、植物に囲まれた空間で人々が憩う「交流の場」としての機能をもつように変わってきた。いわば、西欧の植物園は「生きた植物」を中心とした複合施設として変遷してきたといえる。
　一方、日本においては、9世紀頃に薬草園がつくられた記録があるが、正確な記録が残されて、また誰も納得する植物園の始まりは、「小石川御薬園」（現、東京大学大学院理学系研究科附属植物園本園―小石川植物園）である（写真1）。この御薬

第2章 博物館の種類

園は江戸幕府五代将軍綱吉が1684年に、現在の南麻布にあった幕府の南薬園を廃止し、館林藩下屋敷の敷地に新たに薬園を設けたことにはじまり、八代将軍吉宗が1721年に拡張した薬草園である。この施設においては、薬草の栽培だけでなく、1735年に、青木昆陽による甘藷（サツマイモ）の試作が行われるなど、いわば日本における、遺伝資源収集保存や研究機能を持つ植物園の先駆けともいえる施設である*3。

写真1 小石川御薬園跡地を利用して設立された東京大学付属植物園入口

　日本の江戸時代までの歴史において、薬草園以外の「植物園」に関する記録はほとんどない。これは、日本において古くから自家に小さい庭園を整え、植物を栽植し飾る文化が、貴族、社寺から庶民に至るまで多様に発展したしてことに起因すると考えられる。社寺や植物の好事家の庭園が「花の名所」として公開され、庶民のレクリエーションの場や植物の展示場として機能していたと考えられる。さらに江戸時代の独特な園芸文化は、民間レベルでの新品種作出等の育種学的研究を促進し、園芸書籍や「朝顔市」などの「植物の市」が成果の発表の場となっていた。つまり、植物園の機能の大部分が、民間レベルで行われてきたため、明治期に西欧化が進むまで「植物園」という概念が生まれてこなかったのではないかと考えられる。一般開放された初の公立植物園は、大正13(1924)年に開園した「大典記念京都植物園」（現、京都府立植物園）である。

　明治期に入ると西欧の近代科学が定着するに応じて、博物館的施設が設立されるようになる。しかし、当時の近代化科学とは西欧の技術の習得であり、基礎的研究を行うための博物館的施設は殆ど設立されなかった。植物園においては、新宿御苑、北海道大学農学部附属植物園、大阪市天王寺公園が明治期に、多摩森林科学園と京都府立植物園が大正期に創設されている。

　その後第二次世界大戦以降、日本の高度成長に伴い、各地に博物館施設が創設されるようになり、植物園も数多く設立されている。特に大阪花の万博（1990年開催）から、花を使えば人が集まるという認識が広まるにつれ、行政は住民参加の花のまちづくりを積極的にすすめ、全国に花緑施設が生まれた。しかしこの時期に設立された植物園の多くは、珍奇な植物をみせる見世物小屋的観賞施設、または市民のレクリエーションのための公園施設としての植物園である。研究のための植物園は、大学や研究機関の付属施設として存在していたが、その多くは一

91

般に開放されるものではなかった。

つまり日本の植物園は、有用植物の収集・栽培を中心としたジーンバンク（遺伝子銀行）のような機能からスタートし、集められた植物（主に薬草）を中心とした研究機関として発展する植物園が存在する一方で、戦後の経済成長に伴い、見世物小屋的機能や市民のレクリエーション機能を有した植物園が、江戸期以前の娯楽としての花文化を継承するように誕生した。その結果、基礎的な研究施設を付帯しない植物園が多く存在している。つまり、「生きた植物」を中心に研究を主とする施設と娯楽的施設が並列的に存在し、両方の機能を有した施設がほとんど生まれてこなかった。

このような状況の中、公益社団法人日本植物園協会は、1992年に絶滅危惧植物対策委員会（現、植物多様性保全委員会）を設置して種の保存に取り組んでいる*4。日本植物園協会は、植物園をとりまとめる団体であり、植物に関する調査・研究及び資料収集、植物園及び植物に関する教育並びに普及啓発、植物多様性の保全活動、植物園に関する支援を行うことを目的として活動を展開している。同会は全国の加盟園における絶滅危惧植物の保有状況調査を行い、"2020年には絶滅危惧植物種の75％を利用可能な状態で生息域外において保全する"という目標をたて、全国の各植物園が気候・地域・専門分野等の特色を生かしながら、連携して

図1 植物園（登録博物館＋博物館相当施設）の数と利用者数の推移

（文部科学省社会調査より作成）

活動を行う「植物多様性保全拠点園ネットワーク」を2006年に組織した。このネットワークでは、優先して保全する種類の明確化、保全植物の種類の増加、保全植物の質の向上、保全技術の向上、保全植物のデータ管理を目標としている。各園の保全ターゲット種を明確にして、植物園間だけでなく、植物県連団体、研究機関や行政との有機的なネットワークを構築することにより効率的な保全を推進している。本ネットワークには、現在30の植物園が参加している。

このような植物園の研究・調査分野を補う事業が、少しずつ進行しているが、近年多くの植物園の来園者が減少し、それに伴い植物園の数も減少している*5（図1）。

3　植物園の現状と今後の指針

近年の植物園の来園者数の減少は、植物園を維持する予算に大きな影響を及ぼすため、来園者数の増加は施設の生命線であるといえる。多くの植物園は、様々なイベントを行うことによって、来園者数を伸ばす努力を行っている。例えば、春の梅園や桜園、夏のひまわり畑等、その植物が織りなす美しさを楽しめる空間作り、さらに園芸や植物を利用したグッズの製作などの講習会を季節に応じて開催、最近は、園内を利用しての音楽会やイルミネーションを施した園内を見せる夜間開放等、様々なイベントを開催することによって植物園の存在をアピールしている。

このようなイベントは、これまで植物園訪れることがなかった人々に、訪れるきっかけを与える上では重要なことである。しかし、人々を再訪させるためには、さらなる感動や新知見を与えることができるような施設でなければならない。

植物園は「生きた植物の博物館」である。博物館が一般の人に与える驚きと感動は、資料を通した新しい知見への出会いに起因するべきである。そして植物園が供与できる新知見とは、様々な試験を繰り返して開花結実した植物や、研究・調査、そして栽培経験によって得られた成果である。そして、それらは植物園に独自性を与え、他の植物園や類似施設との差別化が図れるのである。

写真2　京都府立植物園（入口付近）
（平井康昭撮影）

そういった試みの成功例の一つとして、

京都府立植物園がある（写真2）。本植物園は、9代目園長・松谷茂氏（現名誉園長・京都大学大学院生命環境科学研究科客員教授）の「入園者数を増やす。ホンマモンの植物で勝負する！」という意気込みの下、植物園職員が一丸となり、様々な取り組みを行った結果、一時期年間60万人を切った来園数を77万人まで回復させている*6。「ホンマモンの植物」＝「生きた植物」を見せることにこだわり、陣頭に立ち職員の意識を変えさせた松谷氏、園長の意気込みに応え、自ら様々な試みをなしてきた京都府立植物園の職員をはじめ関係者各位の努力は、今後の植物園の一つのあり方を示すものである。

*1 日本植物園協会（2015）『日本の植物園』八坂書房。
*2 方芷君、田代順孝、木下剛（2006）「日本の植物園関連施設における経営方針の分類と展示施設の実態に関する研究」『食と緑の科学』60、19〜27頁。
*3 岩槻邦男（2004）『日本の植物園』東京大学出版会、250頁。
*4 日本植物園協会（2015）『日本の植物園』八坂書房、485頁。
*5 文部科学省社会教育調査 URL
　　http://www.mext.go.jp/b_menu/toukei/chousa02/shakai/
*6 松谷茂（2011）『打って出る 京都府立植物園 幾多の困難を乗り越えて』淡交社、159頁。

12. 水族館

高田　浩二

1　水族館の誕生とその歴史

　我が国で初めて誕生した水族館は、1882(明治15)年3月に上野動物園が開園し、その半年後に園内に設置された「観魚室（うをのぞき）」という名称の水槽を並べた展示施設を指すとされている。当時の園内を描く資料によると、本施設は独立した洞窟状の建屋で、園内の一つの展示コーナーとして始まったと解釈してもいい。西源二郎は、『どうぶつと動物園』2013年冬号（東京動物園協会）において、開園当時の上野動物園の資料から「観魚室」の様子を紐解いているが、興味深いのは、1896(明治29)年の「風俗画報」や1901(明治34)年の「東京名所独案内」などの冊子に、東京の観光名所の一つとして動物園や水族館（観魚室）が紹介されていることである。
　つまり、当時から既に水族館・動物園は、設立や運営の趣旨は別にあったかも

第2章　博物館の種類

しれないが、一般には「観光名所」として告知されていたのだろう。鈴木克美は『水族館』（法政大学出版局）において、1885（明治18）年に開館した「浅草水族館」（日本初の水族館の名称）が最初の民営であることや、様々な見世物が集中する新興の盛り場の中に設置された営利目的の施設であり、当時の技術において都心で海水魚を飼育展示することは興行師的発想であったと酷評している。またわずか2年ほどの営業であったこの浅草水族館が、後の日本人の水族館観に影響を与えたのではないかと類推している。

　その後、終戦直後までの日本における水族館の歴史は、大まかに言うと、明治中期から大正時代にかけて、各地の産業や産物を展示紹介する集客を目的とした博覧会会場に併設されたものや、一方で同時期に、東京大学、京都大学、東北大学などの国立大学理学部や農学部の附属臨海実験所としても数多く設置されている。特に水族館では、島国として豊かで多様な海洋環境から、海洋生物研究と教育の場としても機能を発揮し、多くの論文や研究者を輩出してきた。

　つまり、我が国における水族館の黎明期は、娯楽と教育研究の二面性を発揮しながら発展してきたと言えるだろう。一方で動物園は、**Zoological Park**が動物学園と訳されなかったこともあってか、昭和初期に川村多實二や筒井嘉隆などの学研派園長がいたにも関わらず、調査研究や科学的な展示解説など学際的な分野で遅れを取り、戦後の博物館法設立時において、特に動物園を対象にすることに多くの異論が出ることにもなった。

2　博物館法と水族館

　1951（昭和26）年に最初の博物館法が制定された。この法において、前述のように動物園と水族館の取り扱いについて議論になり、敗戦で疲弊した国民を癒すための余暇やレクレーション機能を重視することから厚生省（当時）の管轄にすべきとの意見もあったが、当時の上野動物園長の古賀忠道や棚橋源太郎の尽力で博物館の一つとして位置づけられた。また石田戢は『日本の動物園』（東京大学出版会）において、前述した川村の弟子にあたる筒井が、1936（昭和11）年に大阪市に「動物園の使命は第一にレクレーションと社会教育、第二に種の保存と動物学研究」とし、同時に「見世物や興行師的立場を棄て去るべき」と提言したとしており、集客を一義に置いた興業色の強い動物園や水族館に対して発言したこの筒井の存在も博物館法制定に影響を与えたものと推察できる。

　かくして博物館法の定義にも「自然科学等に関する資料」、「資料の保管（育成

を含む)」といった、動物園や水族館にも配慮した文言が記され、博物館としての機能を満たす施設や運営が要求されてきたと解釈できる。また、博物館の定義にはすべての館種にレクレーションの役割も記述されており、動物園や水族館に限定していたものではない。ただ、この法においてレクレーションが、博物館のどのような事業や運営を指すのかが明記されておらず、娯楽、余暇、レジャー、観光など、人々の憩いや楽しみの部分を総じて「レクレーション」という言葉で表現し、具体的な内容については個々の博物館に一任したものと思われる。

3　日本動物園水族館協会と水族館

　日本動物園水族館協会は、1939(昭和14)年に任意団体として発足したが、終戦前後に2年の中断はあったものの再開し、随時会員を増加させながら1965(昭和40)年に文部省社会教育局所管の社団法人、2012(平成24)年に公益社団法人へ移行をしている。同協会では、浅倉繁春が1981(昭和56)年に「動物園・水族館の将来像」(『博物館研究』vol.16)において、従前より動物園水族館の4つの役割として、レクレーション、調査研究、教育、自然保護があることを紹介し、1982(昭和57)年に日本動物園水族館協会が発刊した飼育ハンドブックの総論で、中川志郎が同様のことを記載するに至っている。

　博物館のレクレーション機能については、博物館法制定時以前から議論があったように、娯楽やレジャー機能に傾注しすぎた部分への課題は今もなお続いている。このような中、2006(平成18)年の観光立国推進基本法の制定や2008(平成20)年に観光庁が誕生し、さらに博物館界においてもエコミュージアムやフィールドミュージアム、ジオパーク、世界遺産など、観光資源としても多様化する博物館(動物園・水族館)へのニーズが再び脚光を浴びるようになった。

　一方で、動物園水族館では、展示動物の安定的な確保や組織の存在意義を確立するためにも、野生生物保全、種の保存、生物多様性、環境教育などに大きく舵を切り、2014(平成26)年には環境省と「生物多様性保全の推進に関する基本協定」の締結にまでたどり着いている。集客に依存しがちな観光に対し調査研究に立脚した生物保全の役割は、往々にして対極関係に置かれがちであり、イルカの入手問題に端を発し2015(平成27)年に起きた日本動物園水族館協会 (JAZA) の世界動物園水族館協会 (WAZA) への残留騒動は、正にこの縮図とも言えよう。

第 2 章　博物館の種類

4　博物館法以降の水族館

　水族館は、1951(昭和26)年に制定された博物館法において、博物館の仲間入りを果たしたが、一方でその後に設置された施設を見ると、風光明媚な観光地や温泉地などの多くの観光客が集まる地域に、周辺で良好な水質の海水が入手できることもあり、鈴木克美が『水族館学』(東海大学出版会) で調査した範囲で、戦後40年間に約180の水族館が誕生しては数年から数十年でのサイクルで栄枯盛衰を繰り返している。この歴史年表を見ると、昭和末期までの水族館は、多くの観光客の集まる地域に立地しており、宮瀧交二が2015(平成27)年に「観光と博物館」(『博物館研究』Vol.50) で分類した、「Ⅰ　観光地に博物館が設置される場合」に充当する。

　1964 (昭和39) 年に開館した大分生態水族館 (マリーンパレス) を例にとると、創設者の上田保は、観光資源のない大分市において隣接する温泉郷別府の観光客を誘引すべく、先ず1953(昭和28)年に野猿公園として高崎山自然動物園を「観光資源として (ニホンザルを) 保護する」という目的で開設した (中川郁二『ロマンを追って―元大分市長上田保物語』)。目論見が当たり多くの観光客が押し寄せ、上田は次にその山の麓に水族館構想を立ち上げる。しかし当時、他の水族館の経営は厳しく市議会で否決されたため、上田は市長職を投げ出し、温めていた画期的な回遊水槽等の新しい展示を1964(昭和39)年に民営水族館として大分生態水族館 (マリーンパレス) を創設した。この水族館は、開業以降20年間、毎年100万人以上を集める日本で最も入館者数が多い施設になったが、上田は観光施設としてだけでなく、創設時には日本の魚類学 (末広恭雄、内田恵太郎) や動物行動学 (宮地伝三郎) などの著名な研究者を顧問におき、二代目の館長には宮地の門下である高松史朗 (京都大学) を着任させるなど、学術研究面での充実も図った。

　大分生態水族館の成功は、後の国内の観光地に立地する水族館の手本となり、水槽設備や展示だけでなく組織や運営面でも大きな影響力を与える存在であった。高松史朗は1968(昭和43)年に「水族館における娯楽と教育」(『博物館研究』vol.41) を上梓しているが、この頃から高松は娯楽と教育は共存できることを多くの実践から説いていた。先代の動物園水族館関係者が、娯楽と教育研究は対峙する関係にあることを危惧してきたが、大分生態水族館はすでにこの時点でこ

回遊水槽での海女による餌付け
(大分マリーンパレス)

97

れらの問題を凌駕していたのだろう。

5　集客装置としての水族館

　時代が変わるとは言いえて妙ではあるが、新たな水族館の潮流は1987(昭和62)年の神戸市立須磨海浜水族園のリニューアルを皮切りに平成の一桁時代にかけて、福岡、東京、大阪、横浜、名古屋と都市型の大規模水族館が誕生したことは、日本の水族館の大きな転換期であった。折しも1987(昭和62)年の総合保養地域整備法（リゾート法）制定や当時のバブル経済などに後押しされた形で、これまでの観光地の集客力に依存したものから、大都市の住民人口やアクセスの良さなどに立脚し、100億円を超える大規模な投資をしても年間に150万人から250万人という大きな集客力で経営が成り立つことを見せつける形となった。そしてやがてそれらの水族館を核として周辺が観光地化することになる。

　これらの事例は前述の宮瀧が「Ⅱ　博物館それ自体が観光の対象となり、これを核として新たな観光地が形成される場合」として分類したものに当てはまるだろう。水族館事業では、大型アクリルパネルの製造や高度水処理、ランドスケープエマージョンというディスプレイなどの技術革新も著しく、かくして水族館という箱もの博物館の設置に、官民挙げて次々に動き始め、都市型だけでなく地域創生には欠くことができない集客施設として今日も注目を浴びている。また近年、一部の動物園で脚光を浴びる展示も大半は水族館の手法の応用であり、水族館の水環境を含めた動物展示は多くの人々を魅了している。

大水槽前での水中ライブショー（マリンワールド海の中道）

6　設置者と運営者の意識とこれからの水族館のあるべき姿

　記述してきたように、これまで水族館の娯楽と教育・研究の役割は、相反する関係でとらえられることが多く、このため「観光施設」という評価も容易に受け入れ難かったことも事実である。一方で昨今の大きな投資を伴う水族館建設は、安定的な経営や収益性から見ると、多くの入館者が伴うことが前提であり、過剰な経費をかけた施設の維持管理は多くの利用者に依存しなければならず、「観光地型水族館」の設置と運営は益々その必然性を増している。

そこで問題になるのが、設置者と運営者が水族館の存在意義をどの様に位置づけるかである。昨今、公設民営、指定管理者、PFI事業などの運営形態は水族館においても例外ではない。博物館・水族館のもつ調査・研究、教育といった公益性を逸脱することのない施設設置と、集客と一過性の話題作りに奔走しない営業運営の高い意識と品格が問われる時代でもある。特に命の宿る水族資料を扱う水族館として福祉的な配慮は欠かせない。適正な環境下での飼育管理は当然であるが、観光機能も担保するするヒントとして筆者から「楽しく学ぶ」というキーワードを提言して本稿の結びとしたい。

【参考文献】（掲出順）
西源二郎（2013）「『観魚室』の謎に挑む」『動物と動物園』冬号、東京動物園協会、32～33頁。
鈴木克美（2003）『水族館』法政大学出版局、44～243頁。
石田戢（2010）『日本の動物園』東京大学出版会、30～70頁。
高田浩二（2010）「新しい学芸員養成課程の運用への期待と課題」『博物館研究』vol.45、日本博物館協会、18～20頁。
中川志郎（1982）『動物園・水族館の定義と役割―飼育ハンドブック第五集』65、日本動物園水族館協会。
鈴木克美（2005）『水族館学』東海大学出版会、389～398頁。
宮瀧交二（2015）「観光と博物館」『博物館研究』vol.50、日本博物館協会、6～8頁。
中川郁二（2003）『ロマンを追って―元大分市長上田保物語』大分合同新聞社、123～184頁。
高松史朗（1968）「水族館における娯楽と教育」『博物館研究』vol.41、日本博物館協会。
高田浩二（2014）「水族館建築のあるべき姿」『博物館研究』vol.49、日本博物館協会、10～13頁。

13. 郷土博物館・歴史民俗博物館 　　　中島金太郎

1　郷土博物館とは

郷土博物館とは、特定の地域や生活文化圏内を対象とし、公立・私立を設立母体として、専門領域では人文・自然系に関わらず該当地域に係る資料の収集・保存・調査研究・展示を行う博物館である。博物館の分類の中では、国立などの中央博物館に対して用いられ、地域博物館などと同一視座で扱われることが多い。

また博物館の名称として、郷土館、郷土資料館、ふるさと資料館など様々な使用例が存在するが、地域に根差したテーマの博物館活動を実践するという点で共通している。一方で、市町村に所在する小規模な博物館・資料館を、規模を根拠に「郷土資料館」の名称を冠している例が存在するがこれは誤用であり、岩手県立博物館や沖縄県立博物館などの県立の大型館であっても、博物館活動の軸足を地域においているのであればそれは郷土博物館と見做すことができるのである。

　我が国の多くの郷土博物館は、考古・歴史・民俗の資料展示が大半を占めている現状から、当該館種は人文系の博物館の印象が強いものの、郷土博物館の取り扱う資料は実際には多岐に亘る。すなわち、自然・考古・歴史・民俗・人物・文学・美術など特定地域に関連するあらゆる分野の資料がその対象なのである。本来郷土とは、歴史や民俗にのみ構成されるものではなく、人間を取り巻く海や山などの自然環境、そこに生きる生物、さらには当該地域に発生した文化・人物や芸術などを包含するものである。郷土博物館は、特定地域を中心として様々な分類の資料を包括的に扱う総合博物館でなくてはならないのである。

　また、郷土博物館の設立母体は、地方自治体に限定されないことが特徴である。三重県津市には、全国でも珍しい農業協同組合が設立した「三重中央農協郷土資料館」と称する博物館が所在する。また兵庫県神戸市には、地域の共有財産を管理する深江財産区が設置・運営する「神戸深江生活文化史料館」が存在する。このように郷土博物館は、多様な組織によって設立されるのである。

　これまでの郷土博物館設置の傾向としては、大きな画期が二度存在していた。第一の画期としては、大正末から昭和初期の期間である。当該時期は、帝国主義の下で国民の民族意識を高めることが計画され、郷土を教材として愛郷心・愛国心の向上を図る「郷土教育」の思潮が隆盛し、国策としてこれを補助・推進した時期であった。

　郷土教育思想は、郷土の詳細な調査から地域活力の向上を目指した郷土研究へと繋がり、また1930・31年に文部省が全国の師範学校へ交付した「郷土研究施設費」などの補助も相まって、郷土資料の収集や郷土研究の実践機関として「郷土室・郷土博物館」が全国に建設された。当該時期の郷土博物館は、太平洋戦争の激化と共にその機能を停止し、戦後の教育方針の転換によって姿を消すのである。

三重中央農協郷土資料館

　第二の画期としては、1960年代からの博物

第 2 章　博物館の種類

館乱立の時期である。当該時期は、戦後の混乱期から復興を遂げ、高度経済成長を背景に様々な文化活動が意識され始めた時代である。1951年の博物館法制定により、博物館が社会教育機関として法的に認知された。また高度経済成長は、地方からの人口流出と生活習慣の改変を誘発させ、地域文化消失の一因となった。これらの社会背景に基づき地方自治体は、社会教育機関として一般市民への教育と地域文化の保存を目的に、地域の歴史や自然を学ぶ施設の設置を意図し、その流れは全国へ広まったのである。

　また、1968年の明治維新100年を記念し、県立大型博物館をはじめとして全国で博物館が建設されたのもこの時期である。公立の博物館建設は、住民の理解を得やすい記念事業に基づく例が多く、明治100年などの記念事業に伴う博物館建設が増加したことも、郷土博物館建設の画期として挙げられる所以である。

　このように、二度の画期をもって郷土博物館は全国へ拡散したのである。後述の歴史民俗資料館を含め、我が国には郷土博物館が所在しない地域は無いといっても過言ではない。しかしながら、財政上の課題や職員の問題なども相まって、郷土博物館を取り巻く環境は決して恵まれているとは言えないのが現状である。

2　歴史民俗博物館（歴史民俗資料館）とは

　歴史民俗博物館とは、地域の風土や歴史、そこから醸成された民俗文化の保存を目的とし、調査研究・展示などの博物館活動を用いて地域住民への公開・活用を意図する機関である。これは、上記の郷土博物館と一部理念を同じくする存在であり、事実上郷土・地域博物館の範疇に含まれる存在といえる。本節の題名には「歴史民俗博物館」と記載があるものの、日本国内で「歴史民俗博物館」を名乗る博物館はわずかに10館余りであることから、本節では近似の用語であり、国内に464館存在した「歴史民俗資料館」を中心に論を進めることとする。

　歴史民俗資料館は、1970年から文化庁が開始した国庫補助事業によって設立された公立機関の総称である。その本義は、社会の発展に伴い失われてゆく歴史・民俗資料を発見・収集し、その永年保存を行う施設の建設を目的としたものである＊1。歴史民俗資料館は、資料の収集・保管・展示を行う機能から博物館の一種として扱われるものの、文化財保護法に基づく「資料の保存」を最重要視する機関であることから、博物館法に基づきモノを媒体とした教育を意図する博物館とは厳密には異なる存在である。

　歴史民俗資料館の設置母体としては、都道府県および市区町村が対象となって

おり、広島県立歴史民俗資料館などの県立大規模館から、今治市波方歴史民俗資料館などの中小館まで様々な規模の資料館が見られる。また、これら全国の歴史民俗資料館を統括する意図を持つ組織として、千葉県佐倉市の国立歴史民俗博物館が存在する。同館は、明治100年を記念して我が国の歴史・考古・民俗学研究の拠点、および日本の人文系中央博物館となるべく計画されたものである。「歴史民俗博物館」の名称は、本来は国立の当館のみを指す呼称であったものの、富士吉田市歴史民俗博物館のように博物館のリニューアルに伴い当該名称を使用する館が存在し、現在では「歴史資料と民俗資料を中心に収集・展示を行う博物館」の通称となっていることが指摘できよう。

　歴史民俗資料館の設立には、民俗資料の保存に関する問題が関与していた。太平洋戦争終結後の急速な復興は、町並みや生活習慣の画一化を招き、各地域文化の独自色を喪失させる一要因となった。その現状を憂慮してか、1950年制定の文化財保護法では、有形文化財の一項目として「民俗資料」を位置づけ、その保存と継承が必要であるとした。また、1954年の同法改正に伴い、民俗資料が独立区分として分化された際には、特に重要なものを「重要民俗資料」として重要文化財に次ぐ保護対象と位置づけたのであった*2。重要民俗資料の保存施設（民俗資料収蔵庫）を建設するための国庫補助制度は、1959年度より存在していたものの、未指定の民俗文化財はその埒外であった。これに対し1970年に開始された国庫補助では、収蔵庫建設補助の一環として「地方歴史民俗資料館」の名称が初めて使用され、未指定民俗文化財だけでなく地域に遺存する歴史資料や考古資料の保護のための施設を謳ったことが画期的であった。1977年には「市町村立歴史民俗資料館設置・運営についての在り方」が纏められ、1978年には「歴史民俗資料館建設費補助要項」が策定されたことで、補助金を背景とした公立博物館の地方での林立が始まった。当該補助事業は、1993年まで継続的に実施され、初年度に建設された福岡県立九州歴史資料館と岩手県江釣子村歴史民俗資料館を皮切りに、最終的に日本国内に464館の歴史民俗資料館が誕生することとなったのである*3。

　また、歴史民俗資料館の「建設費」補助を名目とした国庫補助事業ではあったが、必ずしも躯体の新設は義務付けられておらず、草加市立歴史民俗資料館（旧草加小学校西校舎）や伊豆の国市歴史民俗資料館（旧上野家住宅）など、歴史的建築物の内部を一部改装し、資料館として整備した館も存在している。歴史民俗資料館は、地域の歴史・民俗・考古資料の保存を目的とした機関であるため、歴史的建物や遺跡などもその範疇に含まれる。これらの歴史的建物利用の資料館は、建物そのものを資料として保存・活用する意図を持ち合わせた存在なのである。

3　郷土博物館・歴史民俗博物館の現状と課題

　郷土博物館が抱える課題として、博物館運営を担う学芸員に関する問題が提示できる。郷土博物館が旧態依然のまま存在している問題は、博物館学に関する知識と情熱を持つ職員が配置されていないことに起因する。小規模な市町村の郷土博物館では、学芸員の未配置館が多数存在している。特に博物館法に基づかない歴史民俗資料館では、法制上学芸員を配置する義務は存在していないことから、ボランティアに管理を丸投げしている例や、学芸員との名目で埋蔵文化財調査担当者を雇用し、博物館へは専任職員を配置しない例が少なくないのである。

　また、バブル経済崩壊後から現在に至るまでの慢性的な財政難の時代では、博物館の新設が無いどころか既存館のリニューアルも滞っていることも課題である。

　郷土博物館は、地域文化の核に位置づけられるべき存在である。これまで行政主導で運営されてきた公立郷土博物館についても、今後は地域住民が主体となって運営される方針への転換が必要なのである。地域住民は、当該地域についての知識と暮らしてきた経験を有する。その住民の協力を得ることで、文字資料だけ或はモノだけの博物館にリアリティのある活きた情報を導入でき、展示に於いても臨場感を付加できる。郷土博物館は、地域特有の空気を感じられる場でなくてはならず、まして地域住民を無視して成立し得ないのである。

　しかし、地域のNPO等を指定管理者として丸投げするのではなく、博物館に関する責任は地方自治体が持ち、なおかつ博物館の運営や事業に地域住民を積極的に参画させることが重要である。これにより、官民が協働して地域振興を実践する郷土博物館を作り上げることができるのである。

　郷土博物館が今後生存していくためには、これまでの停滞した博物館から脱却し、常に変化し続ける動的な博物館を目指すべきである。そのためには、博物館活動に熱心に取り組む学芸員と、地域住民の理解・協力が不可欠である。博物館に関する知識と情熱を有する職員を配置することで、地域と住民をつなぐ博物館活動の円滑な実践が可能であり、活力ある博物館の創造につながるのである。今後の展望としては、地域住民が主体的に博物館へ参加でき、住民と協働して郷土博物館を作り上げていくことが肝要なのである。

---

*1　内川隆（2011）「歴史民俗資料館」『博物館学事典』東京堂出版、381～382頁。
*2　学制百年史編集委員会（1972）『学制百年史』文部省。
*3　文化庁（2015）『無形文化財、民俗文化財、文化財保存技術指定等一覧』。

14. 戦争と平和の博物館

池田 榮史

1　戦争と平和の定義と博物館

　さまざまな辞書によると、戦争とは武力を用いた国家間の争いとされる。これに対して、平和とは戦争がない状態を言う。戦争は国家が保有する軍事力の衝突であり、結果として戦勝国と戦敗国が生じる。この際、戦勝国は自国の勝利を国内外に示すことを目的として、戦勝記念館や記念碑などの建設を行なうことがある。20世紀は帝国主義の時代であり、戦争の時代であった。第一次世界大戦や第二次世界大戦を含めた戦争が世界中で起こり、日本もその渦中にあって、勝利を得た日清戦争や日露戦争の祝賀行事や記念碑建立を各地で行なっている。

　一方で、戦争は戦闘に従事する軍人だけでなく、時には戦場を遠く離れた一般国民の生命と財産も破壊の対象とする。また、戦場では人間の尊厳を否定する犯罪行為がしばしば起る。さらには太平洋戦争末期に広島、長崎に投下された原子爆弾は、もはや人類の作った兵器が人類の存続を脅かすほどの威力を持つまでになったことを世界中の人々に強く意識させた。このような認識は戦争の実態を伝えるとともに、人類の希求すべき普遍的な価値としての平和の重要性を訴えるさまざまな運動や機関を生み出した。その発露として、第二次世界大戦終了の1945年以降、戦争の実態と平和の重要性を伝える博物館や資料館の設置が始まる。

2　戦争と平和に関わる博物館の二大別

　戦争や平和を扱う博物館にはおおまかに、戦勝国が自国の勝利を内外に示すことを目的とする博物館と、戦争の実態と平和の重要性を伝えることを目的とする博物館が存在する。前者の博物館としては、ベトナム各地にある軍事関係の博物館が参考となろう。ベトナムではベトナム民主共和国成立までの間に、中国歴代王朝やインドシナ半島の植民地化を図ったフランスとの戦争、さらには米軍とのベトナム戦争などを経験した。博物館ではそれぞれの戦争の内容について兵器を含む資料を用いて示し、ベトナム国民の国家意識の喚起を図っている（中村浩、2014）。

　これに対し、主に本稿で取り扱う博物館は、後者の戦争の実態と平和の重要性を伝えることを目的とする博物館である。この分野で世界的に有名な博物館とし

第2章　博物館の種類

ては、世界遺産に登録されたオランダの「アンネ・フランクの家」や、オーストリアの「アウシュビッツ＝ビルケナウ強制収容所」(Auschwitz-Birkenau State Museum 1997) などが上げられる。日本では1955年に開館した広島平和記念資料館（原爆資料館）や長崎国際文化会館（原爆資料センター）が良く知られている（歴史教育者協議会、1995）。

3　日本における戦争と平和の博物館の始まり

　太平洋戦争敗戦後の日本では、連合国軍最高司令官総司令部（GHQ）によって、広島、長崎に投下された原子爆弾の被害内容についての報道が規制されていた。しかし、1952年4月のサンフランシスコ平和条約発効の後は報道規制が解除され、1954年3月にビキニ環礁での第五福竜丸被爆事件が起こると、その報道とともに国民の広島・長崎への原爆被害を含む原水爆への関心が大きく高まった。その結果、原水爆禁止運動が活発化し、1955年8月に広島で第1回原水爆禁止世界大会、翌年には長崎で第2回大会が開催されることとなる。広島平和祈念資料館と長崎国際文化会館の開館はこのような世論の高まりが背景にあった（藤原修、2006）。両館では原爆被害の実態と原水爆の禁止を世界に向けて発信するとともに、平和学習を目的とした修学旅行をはじめとする旅行団体の受入を行なう博物館の草分け的存在となった。

4　沖縄における戦争と平和の博物館

　1972年には米軍統治下に置かれていた沖縄の施政権が日本へ返還された。これを受け、日本本土からの旧軍人や遺族を含む観光客への対応に迫られた沖縄県は、沖縄戦の際、日本軍の組織的戦闘が終結した摩文仁に設けられた平和祈念公園内に「沖縄県平和祈念資料館」（沖縄県糸満市）を設置した。1975年のことである。しかし、開館当初の展示内容は旧日本陸軍を中心とした戦争顕彰館的様相が強く、沖縄の人々の沖縄戦認識とは大きく異なっていた。このため、県民の批判を受け、沖縄戦を体験した一般住民の目線から沖縄戦の実態を伝える展示内容に改められた。その後、1995年には公園内に沖縄戦の全戦没者名を刻んだ「平和の礎（いしじ）」が設置されたことを受け2000年に新館へと移転した（荒川章二、2006）。

　なお、沖縄では1989年に「ひめゆり平和祈念資料館」（沖縄県糸満市）が開館した。同館は沖縄戦に動員された沖縄師範学校女子部・県立第一高等女学校の女子

生徒たちの経験に基づいた展示室の構成となっており、映画化されて全国的に知られるひめゆり学徒隊の真実の姿を伝える活動に取り組んでいる（ひめゆり平和記念資料館、2004）。また、同年には沖縄陸軍病院南風原壕群を展示テーマに取り入れた南風原文化センターも開館した（南風原文化センター編、1993）。

ひめゆり平和祈念資料館

沖縄陸軍病院南風原壕

沖縄戦を扱った博物館・資料館の特徴は沖縄の一般住民の視点に立脚している点にあり、高齢者や女性、子どもがさまざまな状況の中で犠牲となって行く実態を明らかにするとともに、平和の尊さを訴える内容となっている。しかしながら、これらの博物館は平和学習だけではなく、重要な沖縄観光施設となっていることもあり、観光客の増加とともに博物館側が意図する展示内容と、来館者の観覧感想との間に齟齬が生じる事態も発生している（ひめゆり平和祈念資料館、2006）。

5　戦争と平和の博物館の展開

1980年代に入ると、仙台市戦災復興資料館や浜松復興資料館など、戦争からの復興を果たした都市において、空襲の記録化を目指した資料館が相次いで開館するとともに、太平洋戦争中の生活や空襲を展示の一部に取り入れる各地の郷土資料館や博物館が増加した。1990年代には大阪国際平和センター（ピースおおさか、大阪市）や立命館大学国際平和ミュージアム（京都市）、埼玉県平和資料館（埼玉県東松山市）など、空襲を含む戦争の実態や平和の重要性を取り上げた博物館が開館し始める。これらの博物館は基本的に学校教育の一環である課外授業などで利用されることが多く、地域に立脚した戦争と平和の発信を進めている（山辺昌彦、1995）。

6　戦争と平和の博物館の今後

このようにしてみると、戦争と平和を扱う博物館は展示構成や博物館活動が特

化しており、基本的には博物館での学習活動を念頭に置いた意識的来館者を前提とする傾向にある。ただし、冒頭にも述べたように戦争と平和は国家間の政治的関係に直結することから、政治情勢変化に左右され易いことも否めない。しかし、世界が平和であることは全人類の普遍的な希求であり、そこに戦争と平和を扱う博物館の本質的な存在意義がある。

　この本質的存在意義を踏まえつつ、意識的学習目的者に限らない多くの観覧者に足を運んでもらうためには、博物館側の発想の柔軟性と活動の多様化が求められる。その点においては、ひめゆり平和祈念資料館をはじめとする沖縄の戦争と平和を扱う博物館の在り方が参考例となるかもしれない。

【参考文献】
Auschwitz-Birkenau State Museum（1997）, *AUSCHWITZ The Residence of Death*.
荒川章二（2006）「新沖縄県立平和祈念資料館設立をめぐって」『国立歴史民俗博物館研究報告』第126集（共同研究　近代日本の兵士に関する諸問題の研究）133～190頁。
財団法人沖縄県女師・一高女ひめゆり同窓会（2004）『ひめゆり平和祈念資料館』ガイドブック（展示・証言）。
財団法人沖縄県女師・一高女ひめゆり同窓会立ひめゆり平和祈念資料館（2006）『青山学院高等部入試問題に関する特集』。
中村浩（2014）『ぶらりあるきベトナムの博物館』芙蓉書房出版。
南風原文化センター編（1993）『足もとを掘り起こし世界に広がる南風原文化センター』。
藤原修（2006）「ヒバクシャの世紀―ヒロシマ・ナガサキ・ビキニ」『岩波講座アジア・太平洋戦争』8、321～348頁、岩波書店。
山辺昌彦（1995）「日本の平和博物館の到達点と果たすべき役割」『平和博物館・戦争資料館ガイドブック』付論、192～202頁、青木書店。
歴史教育者協議会編集（1995）『平和博物館・戦争資料館ガイドブック』青木書店。

15．人物記念館・文学館　　　　　　　　　　　　　吉田　豊

1　人物記念館と文学館

　人物記念館とは、先哲（歴史）、画家（美術）、作家（文学）など著名な人物やそれに関する資料・作品を閲覧、観覧できる施設である。博物館として人物記念館という分類は一般的ではないが、歴史館（歴史系博物館）のうちの500館以上、美

術館の400館以上、文学館の300館以上を人物記念館が占めている。

　博物館は物を展示するところであるが、人文系博物館の多くは人間が作った物を展示資料としているので、人物が主な対象となる博物館が多いのはある意味当然であろう。特に文学館においては、個人（作家・歌人等）を対象とする館が全体の半分ほどを占めている。全国文学館協議会（1994年設立）加盟館100館ほどのうちでも、人物（個人）記念館は半分ほどある。

　文学館には、図書館と博物館、両方の機能を有している館が多いが、各館で重点が異なっている。博物館系の場合、図書館系のように閲覧が主ではなく、大抵はガラスケース越しの観覧になる。文学作品そのものの観覧の他、文学作品を創った作者とそれを生み育んだ風土を旧宅や遺品によって知ることができる。

　作家や歌人ゆかりの地にある文学館の場合、そこで紹介されている生誕地などを観光することもできる。作家だけでなく、先哲や画家などの場合も同様であり、それらの人物記念館の一部が観光案内施設になっていることもある。

2　人物記念館・文学館の事例

　人物記念館は1200館以上あるが、小規模施設が多い。博物館や図書館に記念館・記念室・記念文庫などとして併設されたものなども全て数えるとさらに多くなる。

　歴史系の人物記念館としては、戦国・安土桃山時代の信長・秀吉など、幕末・維新期の坂本龍馬など武将や軍人の記念館が多いが、松阪市の本居宣長記念館・旧宅や長崎市のシーボルト記念館など学者（国学・儒学・洋学）関係のもの、つくばみらい市の間宮林蔵記念館、洲本市や函館市にある高田屋嘉兵衛の記念館など探検家や開拓者関係のものも目を惹く。

　近現代になると、渋沢栄一や松下幸之助など財界人、企業家を顕彰した記念館が多くなるが、その他にも科学者、教育者、思想家など多様である。

　美術系の記念館としては、江戸時代まででは浮世絵の菱川師宣、葛飾北斎、歌川広重などのものがある。文芸、技芸では、サブカルチュアとされていた漫画やアニメが今は日本文化を代表するものになってきたが、人物記念館においても宝塚市の手塚治虫記念館、境港市の水木しげる記念館などが人気である。

　文学館であるが、江戸時代ではたとえば松尾芭蕉の人気は高く、記念館も各地にある。近代になると、石川啄木、北原白秋、太宰治、井上靖などの記念館が各地にある。

　都道府県立の文学館で年間入館者5万人を超えるところは少なく、東京都立の

近代文学博物館ですら、石原慎太郎都知事時代の平成14(2002)年に廃館になった。これに対してたとえば、花巻市の宮沢賢治記念館の人気は高く、年間15万人ほどの入館者がある。花巻市では博物館としてよりも観光施設として広報されているようだが、そのような事例は多い。

3　さかい利晶の杜の開設

　人物記念館として、複合的であって典型的な事例ではないが、観光資源として堺市が平成27(2015)年3月に開設した博物館「さかい利晶の杜」をみていきたい。
　利晶の杜（利休・晶子館）は、堺生まれの千利休・与謝野晶子を記念した博物館である。その運営は、指定管理者制度でおこなうこととし、最初は長崎文化博物館のように全部を指定管理者に任せる計画もあったが、展示や資料管理などの学芸部門は堺市直営で博物館部学芸課の所管とする、いわゆる島根方式であることになった。エアタイトケースを備えた企画展示室や、二重壁で空調制御できる収蔵庫などを有した博物館である。
　展示室は、千利休茶の湯館（以下、利休館と略す）、与謝野晶子記念館（同、晶子館）、観光案内展示室、企画展示室など、性格のやや異なる諸室によって構成されている。
　利休館は、4コーナーに分かれている。利休が活躍した安土桃山時代の国際貿易都市堺、堺商人武野紹鴎から千利休に至る茶の湯・わび茶、利休の家族や関連年表とその後の茶の湯、堺と利休を紹介するシアターである。それに、利休作の待庵（復元）が付属する。シアターは、将来的には利休以外の映像を流したり団体の体験イベント等にも使えるようにした。
　晶子館も、4コーナーに分けることができる。年表や主要な歌を紹介したプロローグ、晶子の本や百首屏風（複製）などの作品展示、家族紹介やパリ時代、生家駿河屋堺店を実物大復元した堺時代である。それに、図書情報コーナーが付属する。ここは、利晶の杜全体の図書室でもある。
　堺の旧市域の中心部にあった市民病院が平成8(1996)年に移転した跡地（約1ha）を東・中・西に3分割し、東側である千利休屋敷跡（伝承地）側に隣接させて、これらの公共施設「堺市立歴史文化にぎわいプラザ」（歴文プラザと略す）を建て、中央部には民間施設としてスターバックスコーヒー、湯葉と豆腐の店梅の花が開

千利休茶の湯館

業し、西側に大型バス5台と自家用車約100台の駐車場を設置した。
　これら全体の愛称が「さかい利晶の杜」であるが、ここでは歴文プラザの通称として使いたい。

4　人物記念館としての利休・晶子館

　利晶の杜の展示室のメインは、茶人利休・歌人晶子を紹介しており、どちらも人物記念館である。しかし、2人は茶人同士ではないし、文学者同士でもない。活躍した時代も、大きく異なる。堺市所蔵資料も、利休は少なく晶子は多い。対照的である。よって、2人に関する資料を単純に展示するだけでは、施設の印象はバラバラでしかない。
　利晶の杜では、千利休の生きた安土桃山時代の堺や日本に関する展示、与謝野晶子の生きた明治・大正時代の堺や日本に関する展示もしている。利休館は茶の湯文化（美術・芸能）展示、晶子館は文学展示の博物館であるが、以上のように歴史館的な面も有する。当時の国際貿易都市堺における2人の先見性、開明性や、2人が日本文化や日本美に占める大きな部分に、堺の風土に根差した両者の共通性を感じてもらうことを目指した。
　晶子館は、以前から堺市にあったものを引き継いでいるが、利休館は初めてである。京都の三千家を中心に創り守られてきた茶の湯と利休については、既に広く知られている。ここでは、堺の利休展示を目指さなければならない。それが、堺に利休館を造った目的であろう。
　利晶の杜展示館として利休館・晶子館とともに当初先人顕彰のコーナーが構想されたが、堺市域には利休、晶子の他にも堺で生まれ育った行基、武野紹鴎、小西行長、土佐光起、鳥井駒吉、河口慧海、阪田（坂田）三吉など、先人が多い。しかし、ポイントを絞らない展示は分かりにくい。特に、観光誘客向きではない。常設展示は、利休と晶子の2人に絞り込むことになった。

5　文学館としての晶子館

　利晶の杜2階の晶子館では、与謝野晶子という人物を紹介するだけでなく、その文学作品も紹介しているし、晶子館の隣には図書情報コーナーもあるように、晶子館は文学館である。
　ただ、文学館と呼ぶには実物展示が少ない。これは、晶子館が利休館とともに、

第2章　博物館の種類

実質的には利晶の杜(歴文プラザ)の常設展示室であることの影響が大きい。美術館や文学館としてだけではなく歴史館の常設展示であり、利休と晶子を紹介する博物館である。しかし、年に1～2回の実物作品中心の企画展を開催したり、図書情報コーナーが2階に隣接してあり、文学館機能を強化することができる。

堺は長い歴史を有する都市であるが、観光施設整備や観光誘客が進んでいなかったため、拠点となる観光施設を必要とした。歴史的な観光資源の多くは第二次世界大戦の空襲で焼けてしまっており、集客力の強い観光地ではない。そういった堺に造られる施設であったので、観光案内施設を造るだけでなく、しっかりとした復元模型や資料を展示するなどそれ自身でも集客ができ観光資源となる博物館を新設することが必要であった。

利晶の杜の近くにあった晶子の生家は、明治末の道路拡幅でなくなり、生家跡には歌碑が立っているのみである。晶子館内に、生家の表構え部分である駿河屋堺店とその2階部分を原寸大で推定復元した。

平成27(2015)年度の入館者数は、当初目標の年間15～20万人を大きく上回り、50万人前後になる見込みである。とはいっても、無料コーナーだけの入館者が7割ほどであるが、これは予想された割合である。ただ、利晶の杜自身が観光案内施設以上の観光資源であるためには、有料コーナーである利休館・晶子館入館者の割合をもう少し高くする努力が必要であろう。

6　観光資源としてのさかい利晶の杜

利晶の杜の入口側に、無料コーナーとして観光案内展示室がある。規模が少し小さいが、展示図録のほか堺名産の観光土産などを売るコーナーもある。

利晶の杜全体の敷地内には、スターバックス、梅の花も営業している。利晶の杜は旧市街地の中心近くにあり、周辺には古くからの和菓子屋や飲食店も集中している。利晶の杜運営の指定管理者のなかには旅行会社も加わっており、周辺観光施設との連携も含めた観光誘客が進められている。

大半の博物館は、様々な特別展・企画展を工夫することで市内外のリピーターを確保することを、最大の集客活動としているのに対して、観光施設の場合は常設展が中心である。常に変わった特別展をしていても、そこに観光客は入らない。

観光案内展示室

展示替えのために臨時休館することも、観光施設としては相応しくない。

　堺市の博物館施設としては、これまで堺市博物館が拠点施設であり、そこで昭和55(1980)年の開設以来ずっと特別展や企画展を実施し、展覧会図録や館報（研究報告書）を刊行してきている。そのような施設が多くあるのに越したことはないが、日本は現在、選択と集中の時代である。限られた予算を効率的に使うためには、新施設には従来施設との棲み分けも必要であることが多い。旧市域にある利晶の杜は観光誘客を重視し、一方の巨大古墳群に囲まれた堺市博物館では、学芸員による特別展や小中学校との博学連携を重視することになるのであろう。

【参考文献】
『人物記念館事典』日外アソシエーツ、1996年（増補版2002年）。
全国文学館協議会編（2005）『全国文学館ガイド』小学館（増補版2013年）。
山岸郁子（2012）「〈資源〉としての文学」『産業経営プロジェクト報告書』35-2号、日本大学経済学部。
吉田豊編（2015）『さかい利晶の杜展示館案内』堺市博物館。
いしどたかし氏のHP（2015）『全国人物記念館探訪の旅』

16. 大学博物館

竹谷　俊夫

1　大学博物館とは

　大学博物館とは博物館相当施設の指定に関わらず、大学が運営する博物館のことであると定義しておく。

　大学の数は文部科学省の調べによると、2014年5月現在で、国立86、公立86、私立603、計775校ある。その内訳は単科大学から総合大学まで、規模や歴史などさまざまである。博物館は大学に設置が義務づけられておらず、設置されていても、大学創設の目的や各大学の学部学科構成により、その種類も人文系から理系まで、規模も組織も多様である。組織的には専任の教員を配置した教授制を採るものから、学芸員も置かず、専任職員すら配置されていないものまである。

　しかし、大学博物館は一般の博物館にはない大学ならではの学術標本が存在し、「知の宝庫」とも称すべき資料群は、あらゆる分野の学術研究に大きく寄与する可能性を秘めている。教育研究だけにとどまらず、博学連携や地域連携、産学連

第2章　博物館の種類

携などの学外との連携を通して、今までにはない新しい形の博物館を創造することができると考える。

2　法的位置

博物館は社会教育法第9条に「……社会教育のための機関とする」と規定されている。確かに教育委員会が所管する登録博物館、独立行政法人が運営する博物館相当施設、その他の博物館類似施設は社会教育施設としての役割が大きいと言える。では、主題の大学博物館はどうであろうか。

博物館法第29条には、「博物館の事業に類する事業を行う施設で、国又は独立行政法人が設置する施設にあっては文部科学大臣が、その他の施設にあっては当該施設の所在する都道府県の教育委員会が、文部科学省令で定めるところにより、博物館に相当する施設として指定したものについては、第27条第2項の規定を準用する」とあり、博物館法施行規則（文部科学省令）第20条では、博物館相当施設としての要件を列挙している。すなわち、博物館相当施設としての大学の博物館は、資料を有すること、専用の施設及び設備を備えていること、学芸員に相当する職員がいること、一般公衆に公開することなどが示されている。

それでは、博物館相当施設は大学にとって、どのような位置づけなのであろうか。大学設置基準第36条の三には、校舎等施設の一つとして図書館を置くこと、同第38条には図書館の役割と機能について明記されているが、博物館の設置については一切示されていない。大学の設置には図書館は必要不可欠であるが、博物館はなくても可能だということである。これが日本の大学博物館の置かれている法的現実である。ただし、第39条には、薬学に関する学部又は学科には、薬用植物園（薬草園）を置くことが示されていることからすれば、他の学部、学科に関しても博物館を置くことの必要性は十分に説明することができよう。大学の博物館は、社会教育のためだけの機関とはやや性格を異にする。

3　大学博物館の使命と役割

大学博物館の使命と役割とは何かを考えてみよう。まず、国立大学の例として東京大学の博物館を取り上げる。正式名称は東京大学総合研究博物館、名称に含まれる「研究」という用語は、その使命と役割をよく表している。1963年に東京大学総合研究資料館設立準備委員会が開催され、1966年に東京大学総合研究資料

館が発足した。地理、鉱山、地史古生物、鉱物、岩石・鉱床、動物、植物、医学、薬学、考古、人類・先史、文化人類の12資料部門からスタートし、1967年に考古美術、水産動物の2部門が、1968年に森林植物、美術史、建築史の3部門が増設され計17部門となった。旧帝国大学から続く各学部学科に蓄積された学術標本の種類と量からすれば、その学問分野の広さは当然のことと言えよう。1996年に東京大学総合研究博物館が発足し、研究部はキュラトリアル・ワーク研究系、博物資源開発研究系、博物情報メディア研究系の3研究系へと改組され、教授以下総勢25名の研究スタッフを擁する組織へと発展した。2001年に東京大学総合研究博物館小石川分館が、2013年には、日本郵便株式会社と東京大学総合研究博物館が協働で運営をおこなうJPタワー学術文化総合ミュージアム『インターメディアテク（IMT）』が開館し、展示施設は更に大きくなった。博物館としての資料収集、研究、保管をはじめとして、学術標本の展示や展示方法の研究開発、学芸員養成、モバイルミュージアムなど、多彩で活発な博物館活動を展開している。学術標本は約300万点にのぼり、大学博物館としては断トツの資料数であり、東京国立博物館をも上回る日本一の博物館と評価しても過言ではない。

　京都大学では1897年の創立当時から博物館の設置が構想されていたが、1914年になって文学部陳列館が竣工した。1955年には文部省から博物館相当施設の指定を受け、1959年陳列館を博物館と改称した。1986年に建物の老朽化に伴い新館が竣工する。その後、理学部、農学部、教養部などで所蔵されていた学術標本の管理と活用が議論されるようになり、京都大学自然史博物館基本計画が策定され、文学部博物館と統合した京都大学総合博物館へと引き継がれた。更に工学部、農学部などに収蔵される機器、実験器具、資料も追加され、1997年、京都大学総合博物館が発足し、2001年に一般公開に漕ぎ着けた。収蔵資料は過去100年間に収集されてきた学術標本、教育資料約260万点からなる。常設展示は、自然史、文化史、技術史の3つの分野に分かれ、様々な特別展、講演会、ワークショップなどをはじめ、学内外に開かれた積極的な博物館活動を行っている。

　次に、私立大学の博物館として天理大学附属天理参考館を取り上げてみよう。天理大学の前身である天理外国語学校は、1925年に天理教の海外布教師を養成するために創設された外国語教育機関である。海外布教を行うには現地の言語を習得するだけではなく、当該地の風俗習慣を知ることが何よりも大切なことだと考えられた。当時、外国に出ることが非常に困難な時代であったので、1930年に外国語学校の一室に海外事情参考品室が設けられ、海外で収集された民族資料が展示され、民族の風俗習慣を理解するとともに、また民族の歴史を通時的に理解す

第2章　博物館の種類

るために考古学資料も収集された。すなわち、民族を水平的、垂直的に理解するために民族考古資料の収集が継続されたのである。

　このことは、天理大学附属の天理図書館の使命と役割についても言える。天理教の原典を研究するための比較資料として数多くの連歌俳諧資料が、また海外布教の参考にキリシタン資料やインキュナビュラ（incunabula）が収集された。天理参考館と天理図書館は、創設の使命と役割が明確に実行されている例である。

　天理参考館と天理図書館は教育研究のためだけではなく、1962年から東京神田の天理ギャラリーで定期的に一般公開も行っている。50年以上の長きにわたって継続されている学外展示は全国的にも稀有であろう。

　その他の私立大学にも、大学創設の使命と役割に適うコレクションが収集されている。國學院大學博物館と皇學館大学佐川記念神道博物館の神道学資料、大阪音楽大学博物館の世界の民族楽器などがそうである。また、関西大学博物館の本山考古資料（登録有形文化財）や東北福祉大学の芹沢銈介美術工芸館など、コレクターの一括資料を入手し所蔵品のコアとする例、追手門学院大学附属図書館内の宮本輝ミュージアム、同じく大阪樟蔭女子大学付属図書館内の田辺聖子文学館など、卒業生の著名な作家の資料を展示、顕彰する例もある。

　以上、簡単に国立大学と私立大学の博物館を見たが、大学博物館は大学の附属施設であり、第一義的には大学の教育研究に資するものである。しかし、学術標本そのものが広く人類の遺産、人類の財産ととらえるならば、社会貢献の一つとして一般に公開することが大学に課せられた責務であろう。また学内に点在するレトロな建築や彫刻、絵画などのリソースなども広く博物資料として公開されるべきであろう。

　大学博物館が他の登録博物館や博物館類似施設と異なる点は、膨大な学術標本を収蔵するだけではなく、それらの資料を研究する様々な専攻分野をもつ教員、研究者、すなわち人的資源を擁する点にある。学術標本とこの人的資源が有機的に結合してこそ、大学博物館の力が最大限に発揮できると考える。

　近年、明治大学博物館と南山大学人類学博物館の交流事業をはじめ、京都・大学ミュージアム連携、かんさい・大学ミュージアム連携、東京・渋谷から日本の文化を国際発信するミュージアム連携など、大学博物館の連携が全国各地で始まっている。今まで、学内で正当に評価されなかった博物館がようやく社会に向かって大きく羽ばたこうとしている。

まとめ

　近年の少子化に伴う入学者の減少傾向を踏まえて、各大学では魅力ある大学づくりが進められている。その一つが大学博物館の設置とその充実である。1952年に國學院大學の考古学資料室（現、國學院大學博物館）が博物館相当施設の指定を受けて以来、1955年に京都大学の文学部陳列館（現、京都大学総合博物館）、1956年に天理大学附属天理参考館へと続いた。1983年に大谷女子大学資料館（現、大阪大谷大学博物館）、1994年に関西大学博物館、1996年に同志社大学歴史資料館が各々指定を受けている。

　指定を受けることにどれだけの意味があるのかと問われれば、少なくとも大学内における認知には大きく役立つであろう。指定を受けていない大学には、逸早く博物館相当施設の指定を受け、その存立の法的根拠を明確にすることが喫緊の課題である。その上で専任教員の配置並びに学芸員の地位の向上と待遇の改善を実現することによってこそ、大学博物館の更なる発展があると考える。

【参考文献】
西野嘉章（1996）『大学博物館―理念と実践と将来と』東京大学出版会。
竹谷俊夫（2006）「天理参考館の沿革と活動」『山辺の歴史と文化』奈良新聞社。
東京大学総合研究博物館ホームページ（http://www.um.u-tokyo.ac.jp/index.html）
京都大学総合博物館ホームページ（http://www.museum.kyoto-u.ac.jp/）

第 3 章

博物館の資料とは

1．人文系資料

徳澤　啓一

1　人文系資料の定義（人文系資料に含まれるもの）

　博物館資料のうち、「人文系資料」の定義には、「公立博物館の設置及び運営に関する基準」の中にある「考古、歴史、民俗、造形美術等の人間の生活及び文化に関する資料」（第2条の二）という一般定義がある。
　また、「人文系資料」の内容としては、「文化財保護法」（巻末資料参照）にある「有形文化財」、「無形文化財」、「民俗文化財」、「史跡」、「名勝」、「文化的景観」、「伝統的建造物群」という分類が理解しやすい。
　こうした資料や文化財は、近年、文化資源と位置付けられ、とりわけ、少子高齢化に伴う定住人口の減少に直面する地方において、交流人口、すなわち、観光客の誘致のための観光資源と見做され、さまざまに活用されるようになってきた。
　しかしながら、これらの文化資源を観光資源として活用するためには、現状、多くの制度的、意識的な障壁が遺されている。新しい博物館のステーク・ホルダーである観光客が求める「地域らしさ」、「日本らしさ」等を演出するためには、資料や文化財の「新しい表現」、「新しい装い」等を案出しなければない。今後、観光客を対象とした展示や活用の場面が拡大していくとすれば、資料や文化財の「新しい表現」、「新しい装い」に関する調査研究が推進されるとともに、これまでの保存的観点にもとづいて策定された人文系資料の取り扱いの方法や展示公開の基準を見直す時期に差し掛かっている。

2　人文系資料の広がりとつながり

　人文系資料には、上記のとおり、さまざまな学術分野や美術工芸品等の資料や文化財が含まれるものの、とりわけ、観光資源としては、館内というミクロに対して、館外（野外を含む）というマクロの文化資源に目を向ける必要がある。館外には、「建造物」、「家屋」、「史跡」、「名勝」、「文化的景観」、「伝統的建造物群」（文化財保護法第2条）等の優良で多様な文化財が所在する。また、古社寺や旧家旧宅には、「絵画」、「彫刻」、「工芸品」、「書籍」、「典籍」、「古文書」（同法第2条）等が伝世し、場合によっては、伝統的な「風俗慣習」、「民俗芸能」、「民俗

第3章　博物館の資料とは

技術」（同法第2条）が受け継がれ、これらに伴う「衣服」、「器具」（同法第2条）等が遺され、現在でも用いられているものもある。

　博物館は、こうした館外の文化資源の多様性、広汎性、そして、健全性等をモニターし、文化資源を観光資源とするためのアセスメントを慎重に行うことで、観光セクターに対して、観光資源としての有用性等を助言し、その活用方法等を協働的に調査研究していくことが望ましい。また、一旦観光資源化してからも、いたずら書きやごみの不始末等で健全性が損なわれることがあり、こうした場合の緊急措置についての事前の取り決め等を策定しておく必要がある。

　また、館内の展示は、館外の文化資源が縮図的に集約されたものが望ましいであろう。館内での閲覧が館外の文化資源を見聞しようとする動機付けとなるように、博物館がハブとなり、館内と館外をマッチングする表現を工夫するべきである。すなわち、博物館は、館内と館外の文化資源に関する情報をワンストップで発信し、観光のゲートウェイとなることが不可欠である。地域のあらゆる情報を網羅的に集約し、域内観光のプラットフォーム拠点としての性格をあわせもつ博物館になることが望ましい。とくに、近年のニュー・ツーリズムに対応するためには、あらかじめ用意された観光ルートだけでは、「こだわり」のある観光客に満足してもらえない。観光客とのコミュニケーションの中で、観光客が求める「何か」を仄聞し、その場で自分らしい旅をナビゲートするようなサービスを提供する工夫も求められるであろう。

　また、館内、館外ともに、従来の縦割り的な学術分野（館種）間の資料や文化財の取り扱いを見直す必要もあるだろう。「歴史、芸術、民俗、産業、自然科学等に関する資料」（博物館法第2条）という異なるコンテンツを統合し、地域全体を俯瞰する長大な人文的景観を描き出し、「新しい表現」、「新しい装い」を達成することも求められる。これまで纏うことのなかった「たたづまい」を醸し出すことで、観光客の回遊性を高め、滞在時間を延引することに繋がる。とりわけ、これらの夕朝の景観を強調し、夜間早朝のコンテンツやイベントを織り交ぜることで、「たたづまい」の変化をもたらす。その結果、宿泊や飲食等を積み上げることになり、経済波及効果を大きくすることに貢献できるようになる。

　さらに、目新しさという意味では、他地域にない固有の文化資源の発掘が不可欠である。また、リピーターの回帰要因として、新たな資料や文化財の発見とともに、既存の文化資源の「新たな表現」、「新たな装い」という衣替えがきわめて重要であり、観光資源としての定期的な再資源化を促進していく必要がある。こうした衣替えの弛まぬ継続こそが、観光振興を牽引するエンジンとなるであろ

う。また、こうした循環は、資料や文化財の価値の更新や新たな創造となって、博物館に還元されることになる。

しかしながら、隣接する自治体間では、同じ域内として、歴史性や地域性を共有しているとおり、資料や文化財の独自性を見出すことが難しい。観光資源としての差別化が難しい現状があるとおり、国宝や重要文化財クラス等の優品を積極的に活用することによって、隣接自治体に勝る上質さを前面に押し出しすしかない。

このように、こうした競合する隣接自治体がどのように観光客にかかわるのかというシビアな現実があるものの、一部事務組合や広域連合等のアライアンスやブロック化にシフトすることによって、域内の連携形成を図ることも有効である。

3 「人文系資料」のメディア利用と新たな資源化

「人文系資料」は、質の高い実物資料（一次資料）を起用することが望ましいものの、館内の「資料」や「文化財」として、写真や映像等の記録資料（二次資料）による表現に頼らなければならないものがある。館外の「有形文化財」、「無形文化財」、「民俗文化財」、「史跡」、「名勝」、「文化的景観」、「伝統的建造物群」（文化財保護法第2条）等であり、こうした資料や文化財は、情報メディアを活用して、館内に収蔵するしかない。また、インターネット等の情報通信機能を活用して、館内と館外（現地）を繋ぐとともに、観光客を現地にナビゲートするインフラの一つとする方法もある。

とりわけ、限られた日時や季節に執り行われる「民俗慣習」、「民俗芸能」、「民俗技術」に関しては、季節や時間の移り変わりによって、刻々と姿を変える景観がある。とくに、祭礼等の年中行事への参加は、観光客にとって、プライムなメンバーシップの機会であり、最もインタラクティブな体験となることは間違いない。博物館は、できる限り、観光客をこれらの実際の場面に出合わせる工夫が求められる。そのためには、体験・体感を伴うエグジビションの形態を模索するとともに、観光セクターと相互連帯し、交通手段や宿泊等の受け入れ態勢を整えて、時機を得たプロモーションを展開する必要がある。

また、こうしたプロモーションを展開するためには、資料や文化財の積極的なメディア利用が不可欠となる。そのために、クオリティの高い映像や写真を撮影・編集し、Webや放送、印刷物等のメディア・コンテンツとして、資料や文化財のプロモーション作品を配信しなければならないが、「所有者は、法令の制限

内において、自由にその所有物の使用、収益及び処分をする権利を有する。」（民法第206条）とあるとおり、資料や文化財を複製・転載するにあたっては、著作権とともに、所有権があり、少なくとも、著作者と所有者に対する許諾が不可欠である。また、観光客が参加するイベントを伴う場合、参加者の肖像権等に配慮を欠かすことができない。

　しかしながら、人文系資料には、伝統的な美意識のもとに案出された形状、模様、色彩があるとおり、長い歴史の中で培われてきた伝統文化の「地域らしさ」や「日本らしさ」を訴求するきわめて重要なアイテムが数多く含まれている。また、これらの形象や図像をもとに、今日的な美感をもつ意匠を創作することで、新たな人文系資料を創出し、新たな文化資源化（産業資源化）の可能性を積極的に追求していくべきである。観光客を誘引するシンボルとして、地域の情報発信機能を強化することになるだけでなく、異業種との意見交換や相互連帯によって、ミュージアムグッズや土産物等の商品開発に繋げることも期待できるようになる。

　とくに、国外の観光客を誘致するためには、こうしたコンテンツを積極的に活用し、ソーシャル・ネットワーク・サービスを媒介として、拡散・共有することが有効である。ただし、不確かな情報や悪意のあるレコメンドが独り歩きし、メディアの統制が効かなくなるという欠点もある。とくに、複製や転載が繰り返されることで、先ほどの権利上の問題が生じやすくなることにも留意する必要がある。

4　キュレーション・サービス

　発地型観光でありがちな大型バス等を利用した団体旅行客は、バスの出発時間や食事、買い物の時間を気にしながらの行動となってしまうことに留意する必要がある。

　博物館では、地域の歴史や文化に比例して、シームレスなストーリーを紡ぐ重厚長大な展示となりがちであるものの、観光客は、これらの熟覧する時間的余裕がない場合がほとんどである。とりわけ、マスが中心となる場合、瞬間最大風速的な入館者数、また、高齢者の場合、車椅子や介添人を迎え入れるため、導線にゆとりをもたせる必要があるため、展示スペースが限られてしまう。インバウンドの場合、解説文を中心とした展示を閲覧させることは合理的でない。これは、前提となる域内の教科書的な人文的な知を共有していないからである。

　そのため、観光という場面では、資料や文化財の価値を直感的に感じ取れるよ

うな表現が必要であり、そのものがもつ魅力を引き出し、審美的な態度等での鑑賞に適する一点張り的な展示が現実的であろう。

　すなわち、観光というセクターでは、限られた時間、限られた空間、限られた知という制約があり、博物館は、膨大な資料や文化財を選別し、これらに関する適度な情報を提供する方法を模索する必要がある。ユーザーのニーズ・ウォンツ、すなわち、何が観光客は何を求めているのか、資料や文化財の何が観光客に訴求するのかという本質的な部分を見い出していくことが重要であろう。その上で、資料や文化財を選別する価値基準と最適な展示上の表現を考案していくことが望ましいといえる。このように、観光というセクターでは、ユーザー層にあわせてシーズを厳選するキュレーション・サービスが不可欠となる。また、これにあわせて、端的で含意のある必要最小限のサイネージを付加し、博物館こだわりの「新しい表現」、「新しい装い」を創意創作する必要が出てきている。

2．自然系資料　　　　　　　　　　　　　　　　　　　　　　　阿部　正喜

はじめに

　自然系博物館には、自然史博物館、理工学系博物館、動物園、植物園、水族館等が含まれるが、ここでは、自然史博物館の博物館資料について全国大学博物館学講座協議会西日本部会編『概説博物館学』(2002年) をもとに解説する。
　自然史博物館における収集活動は、調査研究活動と一体となって行われるものである。博物館の基本指針をふまえて、博物館は何を調査研究し、何を収集すべきかを見極める上で、調査研究と資料収集とを不可分のものとして機能させなければならない。資料収集においては、「いかなる目的で、いかなる対象を、いかなる場所から、いかような方法で」集めるのか、博物館の目的を検証しながら、将来的な活用方法を考えて計画的に実施されるべきものである (千地、1978)。

1　資料の収集

　採集：　現地にて直接的に資料を入手する方法。採集は、分類群ごとにその方法、技術、用具が異なる。収集対象物の特性を十分に把握する必要がある。例え

ば、昆虫であれば、分布、生活史など、事前に文献による調査研究が必要である。

発掘：埋蔵考古資料の採集行為を発掘と呼ぶ。大型化石の採取にも使用する。

購入：所有者から直接購入する場合と業者から購入する場合がある。購入した資料は、博物館の備品として永久にその所蔵責任が問われる。

寄贈：所有者の自発的な意志によって、博物館が無償で入手した資料を寄贈として扱う。寄贈の条件は無条件が通常である。

交換：博物館と資料所有者が相互に理解の上、取り替える。

製作・繁殖・育成：博物館職員が製作した博物館資料を受け入れること。動物が子どもを生じた場合は「繁殖」、植物・動物体の一部が成長したものについては「育成」の文字をあてる。製作については次項に詳述する。

寄託：寄託とは博物館が所有者から保管を依頼され、契約を結んで預かる資料である。博物館収蔵品と同様に扱われ、公開や研究用に使用される。

借入：博物館の必要に応じ、所有者の同意のもとに、一定の期間、館内に持ち込まれ、展示または研究に利用されること。所有権は所有者側にあるので、資料の取り扱いや保管の責任などに関して取り決めが必要となる（柴田、1979）。

2　整理の方法

資料化の過程（図表1）：「もの」が資料になるためには次の過程を経なければならない。博物館に集められた「もの」は、①博物館に受け入れるため事務的手続きがとられ、②その「もの」についての収集記録がつくられ、③調査・研究がなされ、④保存技術的処理（例えば薫蒸、消毒、殺菌など）が施された上で、⑤資料として登録され、⑥整理分類され、⑦記録とともに保管されて、はじめて博物館資料となる（千地、1978）。

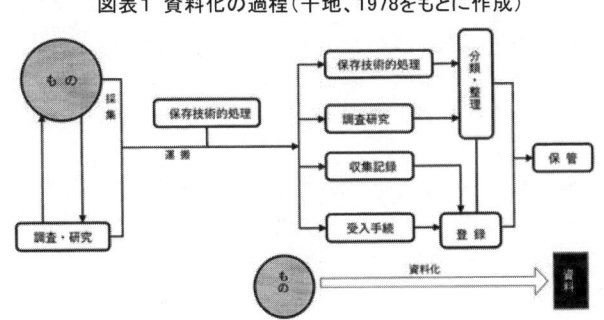

図表1　資料化の過程（千地、1978をもとに作成）

受入カードの記載事項：「いつ、何が、どのくらいの法量で、どこから、どうやって入ったか」を記載する。記載事項：受入番号、受入年月日、件名（物件名や資料名）；法量（数量、点数：計測可能な数値）；受入方法：採集、発掘、購入、製作、寄贈、交換、寄託、借入など；受入先（採集地、発荷先）；所属部門（物品が処理される館内の部門、例えば、地学、動物、植物など）；担当学芸員名；事務担当者（館内でその物件を資料として処理に当たる学芸員、検証した事務職員）；礼状・受領書発行の有無；処理状況（例：クリーニング中、同定待ち、同定終了、教育または研究資料として消耗、破棄、返却など、資料が登録されるまで、その都度学芸員が記入）；登録番号；備考。借入と寄託は別の専用台帳で処理する場合、製作は受入カードではなく、直接登録する場合がある。

　マウント：マウントとは、受入の終わった資料について、1)「その資料の持つ属性（情報）を多量に、的確に読み取りやすくする」、2)「資料の受入以降の取り扱いが容易に、しかも永久保存が保証されるような処置をする」、この一連の作業をいう。この作業は取り扱われる資料により、あるいはその専門分野によって異なる。どのような目的や意図のために、どの方式でマウントを行うか、選択する必要がある。その資料が有する属性のどの部分が研究にとって必要であるかによってマウントの扱い方が変わってくる。学芸員は、マウントの手法に習熟するとともに、絶えず、新技術を産み出すべく創意工夫を行う必要がある。

　クリーニング並びに標本作製についても、資料の性質によって、その方法が異なる。具体的な標本作製については、全国博物館学講座協議会西日本部会編『博物館実習マニュアル』第4章第3節「自然科学標本の作製」を参照されたい。

　ラベリング：マウントの終わった資料は、それにラベルがついてはじめて、博物館資料として基本的な条件を備える。ラベルのない資料は極論すれば無価値に等しい。通常、各種番号（受入番号、登録番号、個体番号、整理番号、標本番号）、収集者名、収集年月日、収集場所が記載される。ラベルは原則として資料と一体不可分である。別に標本カードを用意してこれに詳述する方法が採用される。標本カードは登録カードと同一物である場合もある。

　同定：ラベルが付けられた資料は、専門家の手によって正式の学問上の名称を与えられる。

　分類：同定の過程あるいは終了した時点で、その博物館資料には分類上の地位が与えられる。この分類とは、生物学の系統分類のような学問上のものでなく、その博物館の機能上の各種分類である。自然分類別、学問分野別、地域別、生態・生息域別、ヒトとの関係別、コレクション別などがある。

第3章 博物館の資料とは

　登録：資料を受入後、マウント、整理、同定と作業が進み、その資料についての価値付けが終了したならば登録する。登録原簿に記載し、登録番号を付け、その番号を記載したラベルが、資料に付けられてはじめて、その博物館の所蔵となる。登録台帳記載事項：分類・登録・標本番号、名称（資料の名称を標準的な和名、学名）、場所、収集年月日、収集者、受入類別（採集、発掘、購入、寄贈、交換、製作、寄託、借入など）、法量、所在（収納場所：収蔵庫の種別、収納架）、登録年月日、備考（品質形状：さく葉、液浸、プレパラートなど）。

　現在では、コンピューターソフトを利用して、受入カード記載事項や登録記載事項のデータベースを作成し、博物館資料の管理・検索が行われている。

3　分類の方法

　収蔵スペースが限られる博物館においては、まず、次項で解説する保存形式の違いにより整理・分類される。次に分類体系に従って分類群ごとに整理される。担当者が代わっても誰もが「目的とする標本」を調べることができるように、その整理・分類・登録方法に一貫性をもたせ、検索方法を整えておくべきである。また、研究の目的によっては、国、島嶼、都道府県・州、地域ごとに整理・分類したり、採集日ごと、収集者・コレクションごとに整理・分類することもある。資料研究の進展に伴い、その方法は変化する。現在では、コンピューターを利用して、受入カード記載事項や登録記載事項のデータベースを作成し、博物館資料の管理・検索が行われている。ここでは、整理の基本となる生物の分類と学名の形式について概説する。

　生物種は、国、民族、あるいは地方によってその呼称は異なる。国際的に通用

図表2　分類の主要カテゴリーと学名の例（平嶋、1994をもとに作成）

界（亜界）	Plantae 植物界	Procaryomycota 原核菌類（亜界）	Animalia 動物界
門	Chlorophyta 緑色植物界	Bacteriomycota 細菌門	Arthropoda 節足動物門
綱	Angiospermopsida 被子植物綱	Eubacteriomycetes 真正細菌綱	Insecta 昆虫綱
目	Graminales イネ目	Eubacteriales 真正細菌目	Hymenoptera 膜翅目
科	Gramineae イネ科	Bacillaceae 芽胞細菌科	Apidae ミツバチ科
属	*Oryza* イネ属	*Bacillus* 枯草菌属	*Apis* ミツバチ属
種	*Oryza sativa* イネ	*Bacillus thuringiensis* 枯草菌	*Apis mellifera* セイヨウミツバチ

するように規約によって定められたのが学名である。生物資料の整理分類において学名の基礎的な知識が必要不可欠となる。セイヨウミツバチ（*Apis mellifera*）を例に、その所属する動物界、節足動物門、昆虫綱の関係について説明する（図表2）。Margulis & Schwartz (1982)に従えば、世界の150万種は大きく5つのグループ、すなわち、モネラ界（Monera）、原生動物界（Protoctista）、動物界（Animalia）、菌類界（Fungi）、植物界（Plantae）に分けられる。セイヨウミツバチを例に説明すると、まず動物界に含まれる。その動物界は32のグループ（門）に分けられ、節足動物門（Arthropoda）に含まれる。さらに、節足動物門は、内田（1965）によれば8つのカテゴリー（綱）に分けられ、昆虫綱（Insecta）に含まれる。さらに、昆虫綱は30のグループに分けられ、ハチ目（Hymenoptera）に含まれる。このように、地球上に生存する150万の記載された生物種は、界（kingdom）から順を追って、門（phylum）、綱（class）、目（order）、科（family）、属（genus）、種（species）に細分され、その所属と類縁関係が明らかにされる。分類の実際においては、対象によっては、上記に加えて、亜門、亜綱、亜目、上科、亜科、族、亜族、亜属、亜種などの階級（ランク）が用いられる。これらの階級は、それぞれ分類可能な分類群となる。その一つ一つの分類群を分類単位（単数：taxon、複数：taxa）といい、これらの分類単位につけられたものが学名である。図表2に示すように、種を表す学名（the scientific name of a species）は2語の組み合わせである2名式、そして種以上の分類単位の学名は1語からなる1名式である。通常、種名と属名はイタリック体（斜体）で表記される。

　種名は、前述したように2語の組み合わせである二名式による。セイヨウミツバチは、「*Apis mellifera* Linnaeus, 1758」と表記される。最初の *Apis* は属名（generic name）であり、*mellifera*（specific name）は種小名であり、Linnaeus, 1758 は著者名と発表年である。すなわち、*Apis mellifera* はリンネが1758年に命名したものである。しかしながら、Linnaeus, 1758 は学名の一部ではなく、付記しなくてもよい。また、「L.」と略記することもできる。

　研究の検証や他の研究目的から博物館資料を調査研究する場合がある。研究の再現性から考えれば、研究に使用した標本の永久的な保管が望まれる。特に、分類学の分野においては永久に保管されることが必要不可欠で、新種記載に使用したタイプ標本は厳重な保管が求められ、将来にわたって継承される安全な保存環境で、いつでも研究者の照会に対応できるように、タイプ標本であることがわかるようにラベルされ、整理・保管される。タイプ標本は、国宝・重要文化財とは違った意味で、学術的価値を有する貴重な標本である。

第3章　博物館の資料とは

4　博物館資料の取り扱い

　博物館資料は、「もの」と「情報」に大別され、さらに「もの」は一次資料（直接資料）と二次資料（間接資料）に分けられる。「情報」には、研究報告書、学術図書が含まれる。一次資料とは実物・標本とその記録であり、二次資料とは、模造、模型、複製、模写、複写、拓本、写真、実測図、録音、記録とその記録である（千地、1978ほか）。資料の種類によって「取り扱いとその留意点」は異なるので、詳しくは『博物館実習マニュアル』第2章「資料の取り扱いと留意点」第9節「自然科学」1．「自然科学と博物館資料」並びに第4章「実習の基礎作業」第3節「自然科学標本の作製」を参照されたい。

　自然史系資料の実物資料は一般に「標本」と呼ばれる。生物の一次資料（実物標本）を中心に資料の種類と保存形態について概説する。生物標本は、本来細胞を基本単位とする生命体であり、生きているものを採集、麻酔をして殺し、固定後、マウントされ、分類・整理・保管されたものである。例えば蝶類は、補虫網で採集し、胸部を圧迫して殺し、展翅、乾燥後、標本箱に分類体系に従って整理され、防虫剤とともに保存される。その資料化における各手法は、取り扱われる生物種あるいは分類群によって異なる。また、生物資料の分野においては、近年のバイオテクノロジーの飛躍的な進歩に伴い、器官、組織、細胞、あるいは遺伝情報をもとに、個体を再生する可能性も生じてきた。生物多様性保全あるいは種の保存から考えても、標本の価値がさらに増してきている。その永久的な保管・継承が望まれている。

図表3　各種生物標本の保存形態（千地、1985年：網干善教他編『博物館学概説』所収を改編）

標本			防虫剤・保存材または封入	ふたのない容器	密閉式の容器	標本棚
乾燥標本	動物	昆虫	ナフタリン	ユニットボックス	標本箱	トビラ付
		動物剥製 動物骨格		小さいものは紙小箱 プラスチック小箱	なし	
		貝殻など		紙小箱	プラスチック 小箱・管びん	
	植物	植物さく葉 キノコ類 材など		台紙 紙小箱 プラスチック小箱	なし	
	化石	化石	なし	スライドグラス紙小箱・ プラスチック小箱・木箱	なし	トビラ付・開放式
液浸標本	動物	カイメン・クラゲ サンゴ・コケムシ ヒトデ・ウニ 甲殻類 魚類など	アルコール60 ～80%または ホルマリン10 倍液	なし	ガラスびん	トビラ付・開放式
	植物	植物（果実など） 植物遺体				
封入標本	動植物	動・植物（組織・花粉） 魚類・その他	パラフィン・グ リセリン	スライドグラス	なし	

5 保存形態による生物資料の種類

　保存方法の違いにより、大きく乾燥標本、液浸標本、封入標本に分けることができる。前述したように、取り扱う生物資料の特徴によってあるいはその研究目的・手法によって、マウント方法あるいは保存方法は異なる。

　乾燥標本には多種多様なマウント標本がみられる。例えば、脊椎動物では、哺乳類、鳥類、魚類などの皮膚の強度が高い動物を対象とし、腐敗しやすい内蔵や肉片を除去、革だけにして防腐処理後、外形を保存する「剥製標本」、あるいは同様に骨だけにして組上げた「骨格標本」がある。昆虫類では、展翅、展足などにより整形後、自然乾燥させる。急激な乾燥により形態が著しく変化しやすい幼生期は、実物に近い形状を保つために凍結乾燥法が用いられる。植物では、重圧を加えて水分を除去した押し葉標本である「さく葉標本」が一般的である。液浸標本には、主にアルコール液浸標本、ホルマリン液浸標本があるが、分類群によってその保存方法は異なる。DNA 分析に使用する場合は100％エチルアルコールで固定し保存する。大型種を除く鳥類や魚類、そして体が軟弱な無脊椎動物などに用いられる。また、一般的に研究目的のために用いられる場合が多く、解剖を要する部位あるいは全体が固定・保存される。封入標本は、実物資料を透明樹脂の中に封入したもので、外気との接触を遮断し、劣化を防ぐことができる。例えば、顕微鏡観察のために作成されたプレパラート標本、プラスチック封入標本などがある。その他、実物資料の水分をシリコン樹脂などの樹脂と置換することによって変形を防ぐプラスティネーション（樹脂含浸標本）がある。また、生理学、遺伝学、発生学、繁殖学など研究を目的とした凍結保存標本（資料）がある。

　博物館資料の保存と方法については、全国博物館学講座協議会西日本部会編『概説博物館学［補訂版］（2002年）』第２章博物館資料論２.自然系資料並びに『新時代の博物館学（2012年）』第４章博物館資料保存論４.生物被害に対する保全と保存を参照されたい。

【参考文献】
網干善教他（1985）『博物館学概説』全国大学博物館学講座協議会関西部会。
千地万造（1978）『博物館学講座５調査・研究と資料の収集』雄山閣。
千地万造（1998）『自然史博物館－人と自然の共生をめざして』八坂書房。
平嶋義宏（1994）『生物学名命名法辞典』平凡社。
柴田敏隆（1973）『自然史博物館の収集活動』日本博物館協会。

第 3 章　博物館の資料とは

柴田敏隆（1979）『博物館学講座 6 資料の整理と保管』雄山閣。
内田亨（1965）『動物系統分類学第 7 巻上節足動物（Ⅰ）』中山書店。
全国大学博物館学講座協議会西日本部会編（2002）『概説博物館学』芙蓉書房出版。
全国大学博物館学講座協議会西日本部会編（2002）『博物館実習マニュアル』芙蓉書房出版。
全国大学博物館学講座協議会西日本部会編（2012）『新時代の博物館学』芙蓉書房出版。

3．生態資料

小林　秀司

はじめに

　近年、地方の活性化推進と外国人観光客の増加にともない、観光産業が一段と注目されることが多くなってきた。そして、地域における観光の目玉として博物館、もしくは博物館相当施設を整備しようという動きが様々な場所で具現化、もしくは顕在化している。では、こうした流れの中で、一体どのような博物館が地域観光の中心的な役割を果たしうるのだろうか。思わず行ってみたくなるような、来館者側にとって魅力ある展示空間をどのようにしたら作り出すことができるのだろうか？
　若生（2009）は、博物館相当施設である動物園を引き合いに出し、ランドスケープ・デザイン、すなわち空間構成の重要性について説いているが、このことは、動物園や植物園に留まらず、博物館全般について広く当てはまると筆者は考えている。つまり、成熟社会に突入したと言われる我が国においては、来館者が展示施設に期待する水準もかなり成熟しており、したがって、展示物の重要性もさることながら、展示物が置かれる展示空間の構成そのものもきわめて重要になってきている。そして、さらに論を進めるなら、このような空間構成を行う上で、ポイントになってくるのが、空間に配置される主要なパーツとしての生態資料なのである。

1　生態資料の定義

　元来、「生態資料」という言葉が指し示す対象は、この言葉が用いられるコンテクストによって、はたまた、使う人の立場によって大きく異なってくる。一義

的には、博物館資料のうち、生態展示を作成するのに必要なあらゆる資料、すなわち、その生体展示のメインテーマとなる主要標本などの一次資料と、それに付随して収集された収集品や生息地情報等を記した画像、記録等の、間接資料を指すことも多いが、広く解釈した場合、自然生態系に由来するあらゆる直接資料、間接資料、関連資料、情報資料と定義することも可能である。さらには、博物館展示が、前述のように、空間の創造を志向するのが一般的になりつつある現在、その擬似的自然空間を演出するのに必要なあらゆる事物、事象を生態資料と定義する場合もある。

2　生態資料の由来と歴史

博物館は読んで字のごとく、博物を展示する施設であり、したがって、展示のための資料は、博物館の基盤を成すものである。近代型の博物館がスタートした19世紀から20世紀半ば過ぎまでは、博物館資料はまさに博「物」であり、モノを陳列することが中心となっていたが、次第にそれがテーマ性を帯びていき、分類型の展示や学習型の展示を経て、生態展示と言われる生物の生息環境を含めたジオラマ型の展示が流行して、20世紀も末頃になると、それがさらに進んで博物館でも生物を生きたまま展示することが流行した時期がある。

博物館おける生態展示の歴史は意外と古く、その原型は19世紀末に遡ると考えられる。中でもスウェーデンのストックホルムにある生物学博物館は、グスタフ・コルソフの手による1893年の設立で、そのスタート時点から生物の生息する自然環境を再現した大がかりなジオラマを設置し、360度全周型パノラマ生体展示の中に動きを再現した剥製を配置するという展示方法を開発したという意味で、生態展示の草分け的存在として見ることができる。すなわち、コルソフは、お定まりのポーズで作られることの多かった剥製標本では満足せず、生態展示を作ることを前提に博物館資料を収集、作成したという意味でも、生態資料作成の嚆矢と呼ぶことができるだろう。

このような生態展示の方法は、やがてアメリカの自然史博物館へと拡散していき、ニューヨークやシカゴの自然史博物館ではこれが積極的に取り入れられて、20世紀半ばには、それが博物館における哺乳類展示の主流を占めるようになった。このことは同時に、生態展示のための資料を作成するための専門部署の強化拡充をもたらすことになった。しかし、20世紀終盤になると、生態展示は、よりリアリティーを追い求めて、生命の本来の姿を展示する方法を模索するようになる。

第3章 博物館の資料とは

その流れが、片や、オープンフィールドミュージアムに代表されるような、自然環境そのものを展示空間と見立てる方向性と、博物館で生きた動物そのものを展示する生体展示に向かう方向性とに二極化するようになる。

　ところが、多くの来館者にとっては、オープンフィールドミュージアムと言っても、単に自然の風景をみることと大きな違いが感じられないことが多く、また、そこに展示されていると言われる様々な生物も、よほどの僥倖にでも恵まれない限り、存在の気配すら感じ取る事ができないでは、展示技法として来館者の期待に応えているとは言いがかった。さらには、大勢の来館者が連日利用することで自然環境そのものが劣化しかねないという危険性が指摘されるに及んで、オープンフィールドミュージアムの機運は急激にしぼんでいった。

　同様に、生体展示においても、それを行うために必要な様々な諸条件が多く、一般の博物館施設では、どんなに努力しても設備的な限界が存在しており、ハキリアリの生体展示やサンゴ礁の大型水槽と言った比較的規模の小さな範囲でのみの実施の留まった。広いエントランスホールの中央に巨大なアフリカゾウの生態展示を作成する事は可能だが、生きたゾウを飼えるわけではなかったのである。

3　生態資料の種類と収集・保存

　先に述べたように、生態資料という言葉が意味するものは、立場や視点により異なる。博物館の生態展示に用いるような狭義の生態資料に関しては、②自然史系資料に譲ることとし、ここでは生きたものを展示するための資料、その中でも動物を中心とした生体展示に関連した資料について述べることとする。

（1）生体資料（動物）の入手、導入

　博物館、もしくは博物館相当施設において、生体資料の展示を行うためには、先ず、当該資料を入手しなければならない。ところが、自然環境から野生個体の入手を行う事については、様々な国際条約や国内外の法律等に基づく多くの規制が存在し、事実上、かなりの生物種において不可能もしくは困難となっている。また、たとえ動物の保護に関する法的な部分がクリアーされても、移動にともなう検疫上の問題があり、動物種によっては、空港や港湾施設内に検疫用の施設を作らなければならない場合があるなど、膨大な設置費用が必要なことも多く、検疫期間中のストレスで当該個体が死亡するなど、せっかくの生体資料が消耗してしまうリスクまで含めると、ほとんど現実的とは言えないほどのコスト・リスク

が見込まれる。
　したがって、動物園など、多くの生体資料展示施設において、展示に用いる生体資料は、飼育個体の自家繁殖と、園館どうしによる繁殖個体の交換や貸与が主力となりつつある。ましてや、現代の動物園、植物園等の施設は、種の保全繁殖の場としての社会的役割が強調されるようになってきているので、生物の自家繁殖は、生体資料を展示する施設にとって必要不可欠のものとなっている。

（2）生体資料（動物）を維持・管理するための施設・設備

　施設・設備に関しては、飼育対象となっている動物についての詳細な知識が必要な事は言うまでもない。飼育中の動物が、全く信じがたいような能力を発揮して施設を破壊したり、飼育場から逃亡する事があるからである。例えば、オランウータンは、普段は不活発で、一見するとたいした事はできそうもないように見えるが、実際には好奇心が旺盛であり、かつ、知能が高い事に加えて、筋力が並外れている。フェンスなどがボルトで固定してあると、どんなに固く絞めておいても、指先でいとも簡単にまわして外してしまう。したがって、ボルト部分にアクセスできないようにしておくか、それが無理ならボルトをフェンスに溶接しておかないと安心できない。
　また、飼養する動物の性質と能力を十二分に理解した上で獣舎を設計したつもりでも、いつのまにか逃亡し、あとでいくら調べてもどこからどのようにして脱出したのか全く不明の場合すらある。すなわち、施設の設計施工では、人間の常識的な感覚を一旦脇に置いて、かなりの余裕を見た構造にしておく必要があるのである。さいわい、世界中には動物園・水族館が1000園館はあるとされており、きちんと探せば、どんなに珍しい動物でもたいていの動物種は、どこかの園館が飼育経験を持っていることが多いため、こうした先達からの情報収集をおこない、施設の設計施工にその経験をいかすことが重要である。
　また、バックヤードとよばれる、一般来館者には公開されない部分は、博物館や動物園等の展示施設を安定的に運営するため、たいへん重要である。この事は特に強調してもしすぎる事はないほどであり、中でも、生きた動物を中心とした生体展示を行う施設においては、バックヤードの充実が施設存続の成否を左右するといっても過言でない。筆者は、かなり昔の事になるが、鳴り物入りでオープンした飼育関連施設を見学し驚愕した事がある。有名な建築家が手ずからデザインしたといわれるその施設は、はじめから設計にバックヤード部分がほとんど含まれておらず、その施設の設計に、飼育されている生物の生活を安定的に継続さ

第 3 章　博物館の資料とは

せていくという視点そのものが欠落していた。このことは、一般家庭ならば、トイレや台所がない住宅に相当し、本来ならば考え難いことである。こうした状況に対して、現場では施設の裏にプレハブを設営してなんとか対応しようとしていたが、日常業務をこなすための動線そのものが障害物だらけで、バックヤードから展示部分に動物を移動させるだけでも、現場担当者に異常な付加を強いていた。つまり、バックヤード部分に一定水準の初期投資をしておけば、展示の改変や刷新、経済情勢の変化等にも柔軟に対応することができ、運営の安定性がより担保される。以下、バックヤード部分を含め、生きた動物を展示するために必要な基本的な施設の構成について列挙する。

①検疫用施設：生体資料を施設内に導入しようとする場合、当該資料が、様々な疾病等に罹患していないことを確認するための施設であり、長期に安定して施設運用を図りたいならば必ず必要である。

②馴化・馴致用施設：生体資料を展示に供する前に、展示環境に慣らすための施設であり、この施設の出来と担当者の力量により、当該動物の安定した長期的飼育が可能となるかどうかが大きく異なる。

③展示用獣舎：前述の通り、飼育される動物の性質や特徴にもとづいて基本的な設計・施工をおこない、さらには、飼育個体の個性に合わせたマイナーチェンジができることが理想である。

④バックアップ用獣舎：多くの動物は、人に見られることを嫌う傾向が強く、生体資料として展示されれば、その分ストレスが高じ、最悪の場合には死んでしまうこともある。したがって、ストレスが高じていると判断された場合は、一旦展示エリアから引き離して、来館者の目の届かないところに隔離することが望ましい。施設や設備に余裕のある園館では、ローテーションを組んで動物が人目を気にしないですむ休憩時間をもうけ、その間はバックアップ用の獣舎でリラックスできるようにしている所も多い。こうした、バックアップ用の施設や設備は、子ども動物園のような動物と人間の触れ合いを前提としたような施設では必要不可欠であり、たとえばモルモットやウサギのような小動物を展示する場合、広めのバックアップ施設に十分な数の動物を用意しておいて、30分から1時間程度で動物を入れ替えるようにしないと消耗が激しく、結局は連続して新規個体の導入行わざるを得ないので予算的にきびしいばかりか、倫理的な問題も大きくなる。

⑤診療用施設および入院隔離施設、療養設備：生きた動物を展示している以上、病気や怪我は日常である。適切なタイミングで適切な治療を行えば、動物は回復力の強いものが多いので、長期に安定した展示が可能となる。多くの園館では、

獣医師が定期的に衛生環境を管理しているので、飼育中の動物が感染性疾病の発生源となることはほとんどないが、来館者と展示動物の距離が近いと、風邪をはじめとする来館者が持ち込む様々な疾病に動物が感染してしまうことがある。こうした場合には、即座に隔離措置を執る必要がある場合があり、そうしないと飼育中の動物に来館者由来の疾病が蔓延してしまう。深刻な場合には、衛生管理上の問題から施設内での遺体処理が必要なことがあり、高性能で小型の焼却炉を設置しておくことが望ましい。また、長期飼育にともなう動物の高齢化も深刻な問題で、展示には向かなくなった老齢個体向けの療養設備も設置すべきである。

⑥剖検および標本作製用施設：生体資料は生きものであるから、必ず寿命がある。死亡した場合、剖検を行って死因を解明し、後の飼育繁殖に役立てることは、生体資料の管理運営を行う者の重要な仕事の一つで、さらには、毛皮や骨格、各種の臓器などを標本化し、生態資料整備の一環として、展示ばかりでなく、教育や研究に供することができるようにすることも大切である。

⑦屎尿処理施設：飼育している生態資料の総量が一定の規模以上になると、日々、排泄される屎尿の量も膨大になる。先鋭的な飼育施設では、こうした糞尿を集めて堆肥化し、それを近隣の農家に供給する代わりに、動物の飼料の栽培を依頼するという循環型の運用を工夫している。

4　観光資源としての生態資料とその留意点

冒頭にも述べたように、観光施設の中核の一つとして博物館ならびに博物館相当施設を位置づけた場合、集客の目玉として生きた動物を「より身近に」展示する手法が、近年盛んになりつつある。つまり、放し飼いとなった生体資料がいる展示スペース内に来館者を入れて自由に見学させ、展示物の持つ様々な特徴をなるべく五感で感じ取ってもらおうというわけである。しかし、このような展示方法は、動物種によってはかなりのストレスになる場合があるだけでなく、動物が来館者に風邪をうつされてしまうなどの衛生管理上の問題も多く、いきおい、展示資料を消耗品として扱わざるを得なくなってしまうため、施設の設計から運用まで、細心の注意が必要である。

5　中小規模の博物館もしくは博物館相当施設における生態資料

ところで、地域観光の中心的役割を博物館もしくは博物館相当施設に期待する

第3章　博物館の資料とは

場合、いったいどのような形で生態資料の収集ならびに維持管理を行うべきなのであろうか？　とくに資料が生きた動物の場合は、ランニングコストだけでもかなりのモノとなる。それが、予算規模も施設の大きさも、理想的な空間構成を展開できるだけの規模を持っていれば良いが、地域観光の場合は、往々にして各地域々々での人口規模と財政状況に見合った施設にならざるを得ず、空間構成を創造するような施設には成りようが無い。であるとするならば、むしろ、地域の特性を生かしたテーマに絞ってそこに人材と資源を集中し、他の園館ではなかなか実現しにくい生態資料を揃え、それをベースにして展示を展開した方が、結果的には安定的な来館者数が見込めるのではなかろうか。あるいは、特別展という形で人材と資源を集中し公開するという方法もある。この方法だと適切な企画力と展示の作成能力さえあれば、常設展示のような財政的負荷をあまりかけずに一定の集客力を発揮する。写真は、2009年に公益財団法人日本モンキーセンターで行われた特別展

日本モンキーセンターで開催された
特別展「マダガスカル展」の様子

「マダガスカル展」であるが、用いられている資料は、標本やレプリカなどの資料だけでなく、生きた動植物をも含めた様々な生体資料を用いており、展示方法も形態展示だけでなく生態展示(生体展示)、行動展示、分類展示を複合させ、来館者の知的好奇心を大いに刺激する作りとなっている。同施設は「有害有毒生物展」をはじめとする数々の特別展をヒットさせてきた歴史を持ち、この期間、かなりの来館者の増加があったという。もし、近隣の施設と連携することができるなら、こうした特別展示をそれぞれの園館が得意分野を生かして作成し、ローテーションとして巡回させれば、かなりの期間、着実な来館者の増加が見込めるだろう。

【参考文献】
若生謙二（2009）「ランドスケープとしての動物園デザインの課題」『PREC study report』14、16～23頁。

第4章

博物館資料の保存と活用

1．地域資源の保存

楊　鋭

はじめに

　地域資源とは、景観資源・自然資源のほか、特定の地域に存在する特徴的なものを資源として活用可能な物と捉え、歴史的・人文的な資源をも含む広義の総称としている。近年、日本の各地では、地域活性化の名のもとに各地にある多様で豊かな自然資源や文化資源などの保存の取り組みがなされ、様々な資源が「発見」され、保存の対象とみなされている。これらの資源は地域の歴史や文化の理解に欠くことのできない貴重な資産であるとともに、魅力ある地域づくりにおいで極めて重要な存在となっている。特に美しい景観を地域資源として活用する試みがあり、各地でさまざまな施策が展開されている。その中、複数の歴史的・伝統的建造物等が残り、それらが連続して建ち並ぶ景観、いわゆる街並みを保存する事業・活動の対象となる区域において、文化財として大切にすることに加え、地域の個性や魅力を再生させ、地域振興を担うまちづくりの一手法として広く認識され、町並み保存を展開する気運が高まっている。

1　地域住民による保存活動

　地域資源の保存活動が活発になったきっかけは、かつて、戦後の農地改革や高度成長期の経済発展による産業構造や生活様式の変化、特に全国に広がる都市開発により自然風景や生活環境が破壊され、伝統的な建築物が急速に姿を消し、多くの歴史的な街並みや景観が失われ、後戻りのできない国土の改変が進んだことにあった。さらに農山村の過疎化も伝統的な民家などの減少を加速させた。このような背景のもとで地域環境が大きな変化に直面した1960年代に、地域の歴史や伝統の保存に関心の高い地域では、地方自治体と地域住民らが国より先行し、自ら保存活動を行い、関連する保護条例を制定した。その代表的な例として、白川郷・五箇山の合掌造り集落の保存活動が挙げられる。

（1）白川郷の概要

　白川郷は岐阜県の西北部に位置し、人口1,710人（平成25年4月1日現在）、急峻な

山々に囲まれた典型的な農山村集落であり、白山国立公園や合掌造りを始めとする数多くの自然、文化遺産に恵まれている。「荻町合掌造り集落」には約150世帯、600人の住民が実際に生活しており、大小114棟の合掌造りがほぼ規則的に建てられ、その周囲には水田、畑、水路、集落道および背景の山林が農山村特有の景観を維持している。

白川郷鳥瞰

（２）合掌造り民家の誕生
　「合掌造り」とは、小屋根（屋根裏）を積極的に利用するために、叉首構造の切妻造り屋根とした茅葺きの家屋のことで、庄川流域の白川郷と五箇山地方にのみ存在する特色のある民家形式である。江戸時代から始められた屋根裏に養蚕スペースを設けるために、民家が大型化して合掌造り民家が誕生した。
　構造上、通常の家屋に比べて天井裏部分

合掌造り

はとても容積が大きくなる。その天井裏部分は風通しが良く、養蚕に最適な環境である。また、合掌造りの屋根はどの家屋も東西を向いている。これは、屋根に満遍なく日が当たるようにするため、集落の南北に細長い谷にあり、南北それぞれの方向から強い風が吹くので、風を受ける面積を少なくするためと言われている。また豪雪による雪下ろしの作業軽減と屋根裏の床面積拡大のため、急な角度を持っている特徴的な茅葺屋根になったと考えられている。
　合掌造りの茅葺屋根は30年から50年の耐久性があり、その葺き替えには数百人もの人手が必要である。村中が協力して役割を分担し、共同で屋根葺き作業を行う「結」はこうして生まれた。

（３）破壊から保存へ
　この地域では農地がほとんどないため、当時の加賀藩では五箇山の絹を重要な資金源としていたほか、蚕の糞を利用して焔硝の密造を行っていた。しかし、明治8(1868)年、下白川郷が白川村、上白川郷が荘川村に再編され、社会制度と経

139

済の変革によって、白川郷の生活は大きく動揺した。またその後、煙硝生産が規制され、チリ硝石の輸入によって煙硝作りが廃れると、現金収入を求めて男は鉱山労働者、女は信州の製糸工場の女工に、出稼ぎをするようになっていった。

　また第二次世界大戦後には養蚕業が廃れて大型合掌造り民家の必要がなくなり、若い人たちは仕事と便利な生活を求めて村の外へ出ていくこととなった。また、昭和20年代後半から30年代前半にかけて、庄川流域の電力開発のため、多くのダムが建設された。白川村内にも椿原、鳩ケ谷、御母衣の3つのダムが造られ、その結果多くの集落が水没した。立ち退きせざるを得なくなった合掌造り民家は村内外に移築された。さらに昭和40年代前半にかけては過疎化が一気に進み、いくつかの集落は集団離村してしまった。大正時代、白川村内には約300棟あった合掌造り民家も、昭和36(1961)年には191棟に激減している。移築・転用が容易な合掌造り民家の特質も、その動きが促進された一因となった。移築された民家は、野外博物館や公園の中で公開されたり、料亭などとして利用されることもあった。しかし、中には引き取り手がなく、焼却された合掌造りも少なからずあった。

　さらに合掌造りの屋根葺き替えには、膨大な費用がかかり、村人総出で行う「結」の共同作業も大変なものである。昭和30年代に50棟以上の合掌造りがあった飯島集落では「結」が維持できなくなり、全ての合掌造り民家が解体され、村外へ売却されたケースもあった。

　この厳しい現状に危機感を募らせた多くの合掌造りが残っていた荻町集落の村人たちは、自らが保護していくことを宣言し、昭和46(1971)年に荻町集落の自然環境を守る会が発足した。「白川郷荻町集落の自然環境を守る住民憲章」を制定し、合掌造り民家を「売らない、貸さない、壊さない」の三原則を定め、茅葺屋根の葺き替えに補助金を出したり、民家の外観を壊す改装は行わないような保存活動が始まった。

　このような地域住民による保存活動はほかの地域でも活発に行われていた。石川県金沢市の歴史的町並みの保存修景に関わる「金沢伝統環境保存条例」(1968)、江戸時代の宿場跡を復元した長野県南木曽路の妻籠宿を保護する「妻籠宿を守る住民憲章」(1971)など、各地で地域資源を守る制度が相次いで制定された。

2　関連する法律の制定

　地域住民による保存活動の動きを受けて、昭和50(1975)年に、国による文化財保護法が改正され、伝統的建造物群保存地区*1(以下「伝建地区」とする)の保護

第4章　博物館資料の保存と活用

制度が創設された。主な改正点は2つある。第一に、これまで文化財は特定の対象物が単独で指定されるだけであったのに対し、伝統的建造物群保存地区制度と重要文化財建造物の土地指定も加えられた。つまり周囲の環境と一体となって歴史的価値を形成している建造物群が文化財として位置付けられ、面的保護が可能となった。第二に、これまでの文化財は国からの指定を受けるだけのものであったが、重要伝建地区は地元住民と自治体が積極的に文化財を保護するための制度がないと選定されない。該当地区内の建造物および周囲の風致・環境を保存することと、これらを現代的目的に合わせて利活用、管理することが両立されなければならないという特性を持っている。こうした地域資源の保存には、地区内の土地所有者や住民らと行政との合意・協力が不可欠である。

　前例の白川郷では、守る会及び地域行政との連携により、合掌造り集落の景観が保全され、また休耕田の借地活用により、休耕田の活性化が図られている。保存のための活動により住民の保存意識も年々高まっている。若者にあっては屋根葺き技術などの伝統技術の伝承、中学生は毎年春に行われる合掌造り屋根の葺替え作業や秋の芽刈り作業に参加し、保存の苦労と重要性を勉強するなど、子どもから高齢者まで地域住民が一体となって保存に取り組んでいる。この一連の保存活動と成果は高く評価され、昭和51(1976)年に白川郷・五箇山の合掌造り集落は「重要伝統的建造物群保存地区」と選定された。

　また、世界遺産委員会は、平成4(1992)年に米国のサンタフェで開催された第16回大会で「文化的景観（cultural landscape）」の導入を決定した。文化的景観は、世界遺産委員会が地域に固有の伝統や習慣、生活様式など、多様な文化的側面だけでなく、生物学的な多様性や生態学上の維持の観点から自然的側面をもあまねく包括する概念として重視された*2。新たな規定・登録基準が作業指針の中に設けられ、3つのカテゴリーに分類されている。第一が「意図的に設計され創造された文化的景観」、第二が「有機的に進化してきた文化的景観（残存する文化的景観と継続する文化的景観）」、第三が「関連性する文化的景観」の三類型である。特に地域住民と関係が深いのは、社会経済的動向とともに変化し、生きている世界遺産である「継続する文化的景観」である。

　前例の白川郷・五箇山の合掌造り集落は、顕著な地域的特性と普遍的価値を有する建造物群であるとともに、建造物群周辺に展開する耕作地や森林などの歴史的自然環境の保護地区を「有機的に進化してきた景観」に属する文化的景観として、ユネスコの世界遺産（文化遺産）に推薦し、平成7(1995)年に登録され、日本の6件目の世界遺産となった。

日本では平成16(2004)年に景観法*3が新たに盛り込まれた。この文化的景観を保護する制度を設けることによって、これまで都市開発などの原因で地域の個性が失われていく中で、歴史的町並みや村落といった、人々の生活や風土に深く結びついた地域特有の景観環境の重要性が見直され、その文化的な価値を正しく評価し、地元自治体や地域住民によるサポートの選択肢が広がり、適正な保存活用を行い、次世代へと継承していくことができるようになった。
　さらに、平成20(2008)年に、「国は、現存する歴史的風致の保存・継承、及び消失するおそれのある歴史的風致の再生を図るまちづくりを積極的に推進するため、新たな支援措置または既存制度の特例措置を講ずる制度の枠組みを構築すべきである」とし、文部科学省（文化庁）、国土交通省、農林水産省の三省による「地域における歴史的風致の維持および向上に関する法律（歴史まちづくり法）」が制定された。
　これらの一連の法律改正と新制度により、文化財行政とまちづくり行政が手を組んで、全国範囲の市町村を対象に地域資源を活用するまちづくりへの支援を積極的に行うようになってきた。

3　文化遺産の有効利活用

　地域の文化遺産のダイナミックな利活用を展開していくためには、地域行政と住民などの関係者の間における文化遺産そのものの価値、意義を深く理解することが不可欠である。しかし、観光開発と文化遺産保護の双方において上手く機能している例となると、それほど多くはないようであるし、何とか軌道にのっている例においても、たくさんの課題を抱えているというのが実情である。観光開発により生ずる環境・景観の劣化、破壊、観光客数の増加による交通渋滞、ごみ公害、地域住民のプライバシー侵害など、さまざまな問題が顕著に見られることは否めない。観光開発と文化遺産保護の共生のためには、基本的に、文化遺産の修復、保護、保全を図ることを最終の目的として最優先的に推進しなければならない。適切な観光開発は、地域社会に財政的効果をはじめさまざまな便益をもたらす。そのことによって、文化遺産の保全および環境の保護を推進し、ひいては地域の発展に貢献するものであることを理解したうえで、観光開発計画を策定し、実行していくことが必要である。

第4章　博物館資料の保存と活用

おわりに

　地域の伝統的、歴史的な資源保存と活用は、文化財保護法などの関連法規または条例に基づき、地域の住民と行政が主導して、保存的再開発の理念を地元の人々の共通の価値観とし、さらに行政、産業界、学識経験者が文化遺産の価値を深く認識し、自然や社会の変化に合わせながら、保存と利用のあり方についてきめ細かな合意を作り上げ、それを実行していく必要がある。地域資産の価値は観光という営利を求める価値とは別のものである。これを承知のうえで地域づくりを目指して観光の道に踏み出すには、文化遺産保存と観光開発という相反することを十分理解し、対策を考えなければならない。単に利潤だけを追求する観光的保存であれば、保存という本来の意義が失われ、いつしか文化遺産そのものが崩壊する恐れもある。それぞれの地域において培われてきた文化遺産を、地域自らが自信と信念を以て保護し、またこれを自律的に観光活用していくことが、地域振興の望ましい姿であることは言うまでもない。つまり文化遺産の保存という本来の目的を忘れず、真の文化観光を目指すということである。

＊1　文化財保護法でいう伝統的建造物群保存地区とは、城下町・宿場町・門前町・寺内町・港町・農村・漁村などの伝統的建造物群およびこれと一体をなして歴史的風致を形成している環境を保存するために市町村が定める地区を指す(文化庁ホームページ)。
＊2　本中眞（1995）「世界遺産の『文化的景観』に関する諸問題」『月刊文化財』381号。
＊3　文化財保護法第二条第1項第五号によると、「文化的景観とは、地域における人々の生活又は生業及び当該地域の風土により形成された景観地で、我が国民の生活又は生業の理解のため欠くことのできないもの」と定められている。

【参考文献】
石澤良昭（1995）『文化遺産の保存と環境』（講座文明と環境　第12巻）朝倉書店。
江面嗣人（2005）「文化財周辺環境の保全における類型と保全方法」『月刊文化財』503号。
三島敏樹（2006）『白川郷荻村の自然環境を守る会（白川村）』。
白川郷荻村集落の自然環境を守る会　http://shirakawa-go.com/~ogimachi/index.html
藤木庸介（2010）『生きている文化遺産と観光』学芸出版社。

2．環境保護　　　　　　　　　　　　　　　　　　　　　　高橋　信裕

1　点から線、線から面、面から景へ

（1）文化財保護の体系

　文化財保護法では、文化財を「有形文化財」、「無形文化財」、「民俗文化財」、「記念物」、「文化的景観」及び「伝統的建造物群」の6分野に区分し定義をしている。これらのうち、わが国にとって歴史的・芸術的・学術的価値の高いものを「指定」や「登録」、「選定」といった行政措置により、保護対策を講じている。中でも特に価値の高いものを国宝や特別史跡、特別名勝、特別天然記念物、重要伝統的建造物群保存地区等に指定し国家による保護・管理が行われている。

（2）文化財保存制度の概略

　明治維新にともなう欧化の波は、わが国の歴史と伝統への軽視的風潮を助長し、古来の文化財が危機に瀕する状況が続いた。そうしたなかで明治政府は、古社寺の保存に着手し、明治30(1897)年「古社寺保存法」を定め、古社寺の建造物及び宝物類のうち重要なものを所管官庁の長である内務大臣が「特別保護建造物又は国宝の資格があるもの」に指定して、保護を図った。このとき文化財建造物の対象となったのは、中世以前の社寺建造物であった。

　その後、文化財保護行政は文部省に移管され、昭和4(1929)年に制定された「国宝保存法」によって社寺以外の重要な建造物も保存の対象となった。

　戦後の昭和25(1950)年には「文化財保護法」の制定があり、それまで個別にあった文化財関係の法律が一元化され、より体系的な保存対策が行われるようになった。さらに政府は、文化財保護を充実させるため、都道府県を事業主体とする、国庫補助による建造物の悉皆調査を実施した。

　昭和40年代の民家調査、昭和50年代の近世社寺調査、平成の近代和風、近代化遺産調査がそれであり、この調査結果に基づいて多くの文化財指定が行われている。また、昭和50(1975)年に「伝統的建造物群保存地区制度」が設けられ、点としての文化財の保護、継承の視座に線及び面としての見地が加わり、さらに景としての保存の取り組みへと広がっていった。「伝統的建造物群保存地区」は、個々の建造物としては指定には難しい物件でも、町並み全体として見れば、城下町、

第4章　博物館資料の保存と活用

宿場町、門前町など特色ある町並みが、その歴史と伝統を如実に物語ってくれる。
　面から景としての文化財保護政策は、棚田や里山など地域における人々の暮らしの環境風土を保護継承する制度化を促し、平成16(2004)年、文化財保護法の改正により「文化的景観」が文化財体系の中に組み込まれている。
　またその間、平成8(1996)年に定められた「登録文化財制度」は、同年10月1日に施行された文化財保護法の改正によって、導入されたもので、国の文化財保護制度は長く指定制度であったが、ここに新しく登録制度が創設されることとなった。この登録制度当初の対象は建造物に限定されていたが、平成16(2004)年の文化財保護法の改正により、建造物以外の有形文化財（美術工芸品）、有形民俗文化財、記念物（史跡・名勝・天然記念物）にも対象が拡大された。
　登録文化財制度は、文化財を幅広く後世に残すための方策であり、国や地方自治体の指定外の文化財を保存継承する補完制度としての役割を担い、地域に根差して後世に継承すべきと認められる文化資源を幅広く拾い上げ、それを登録し、必要に応じて行政が指導助言し、所有者の自主的裁量のもとで保存を促進していく仕組みである。

（3）登録制度は、緩やかな規制と諸経費の所有者負担
　登録有形文化財の中でも建造物は、外観保存の規制はあるものの、内部の改造については緩やかで、レストランやギャラリー等への利用も認められる。
　一方、そうした自由度が大きく認められる代わりに行政からの支援措置は少ない。例えば、修復、修理等にかかる経費については、設計監理費の50％（建築当時の姿に復元する際の設計費、工事費は所有者負担）が補助されるのみ。ただし、固定資産税、相続財産評価額などについては軽減の措置がある。

（4）「登録文化財」の要件と手続き
　これら「登録文化財」の登録要件は、①建築後50年を経過したもの、②国土の歴史的景観に寄与しているもの、③造形の規範となっているもの、④再現することが容易でないもの、のいずれかに該当すること。
　手続きは、他に保存の措置が図られていない文化財（国、地方公共団体の指定を受けていない）が対象となり、地方公共団体の意見を聴き、国の文化財保護審議会の諮問・答申の手続きを経て、文化財登録原簿に登録される。

（5）「指定」と「登録」の違い

指定文化財制度は、重要な文化財を厳選して、指定し保護するもので、そのために厳しい規制、例えば外観、内観などに改造を認めないなどの縛りがあり、反面、改修費等に手厚い補助制度がある。

　また指定制度は、評価が十分に定まった文化財が対象であり、かつその中でも特に重要なものを選ぶ厳選主義である。近代の文化財のように、多種多様な種類、評価が定まっていないもの、現時点では比較的多く残っているものについては、指定制度による保存を図ることができない。

2　地域社会を主体とする文化財保護への取り組み

（1）野ざらしにされがちな文化財と対策

　地域の価値ある環境や文化的資源を保護、保全し、後世に継承していこうとする思考や政策には何ら問題はないと思われる。反面、これまで、文化財保護行政は不要不急の行政事務とされてきた傾向が強く、戦時の文化財行政の機構縮小や戦後から現在に至る経済優先施策での文化財行政の簡素化など、近年では行政の財政難も加わって文化財保護の取り組みは、国民的な関心を高めるインセンティブが求められる状況にある。近年、話題となっているユネスコの「世界遺産」への登録等は、世論を高める格好のトピックになっている。ただ、権威ある機関から公認され、それをブランド化し多額の投資をし、それによって地域に賑わいをもたらすことが出来るかといえば、ブランド化したオリジナルな資源の保存と継承という、地道な維持管理の継続体制と労務が伴わなければならない。この体制維持と労役にかかる経費を行政では負担しきれなくなっている。

　その一つの打開策として、地域の価値ある環境や景観、文化財等を地域社会が地域のかけがえのないお宝として、地域住民自らが主体者として保存し、継承していくという考えのもと、さらにそれが観光資源としても役立ち、地域の活性化に繋がることを目指して、取り組みをしている事例がある。

（2）岩手県遠野市の「遠野遺産認定制度」

　遠野市では、遠野らしい農村景観や、自然環境、文化資源等を将来にわたって継承していくために、「遠野市民が愛する遠野らしい地域の宝もの」を市独自の「遠野遺産」として認定し、市民協働でその保護及び活用を図っている。具体的な対象には、「有形（建造物、旧跡、記念碑など）」をはじめ「無形（郷土芸能、風俗慣習、伝承など）」のものや「自然（植物、地形、自然環境など）」、「複合（有形、無形

又は自然が一体となって形成されるもの)」等が認定されている。

　遺産の登録条件には、郷土の特徴を象徴しているものであることのほか、市民によって保護されているものであって、認定以後も継続して保護されるとともに地域の振興等に活用されるものと いう条件が付いており、より確実に将来に引き継ぐために推薦者を地域団体等に限定している。推薦物件は、市民で構成される「遠野遺産認定調査委員会」が調査及び審査を行い、その答申を 受けて市長が遠野遺産に認定する。認定以後は市民自らが主体となって保護・活用事業を行う。保護活動に係る費用の一部は、地域づくり担当部局が所管する補助金の対象とされるほか、地区センター職員が活動の支援を行っている。また有形の遺産については観光部局との連携により表示板を設置するなど、行政においても各部局の横断的な連携によりその活動を支援している。平成26年までに141件が遠野遺産に登録されている。

3　保存科学の観点から見た地域に点在する文化財の保護、保全策

　地域の文化財を保護し継承していくための留意点について、IPM（Integrated Pest Management ／総合的有害生物管理、総合的虫害管理）の視点から紹介する。IPM とは、虫を入れない、繁殖させない、カビを発生させないなどの予防的措置など、文化財が被害に遭わない保存環境を整える管理方法である。以下は、東京文化財研究所による IPM のモデル設定・対策例を基にしたものである（写真は筆者が現地撮影）。

（1）レベル0：屋外環境（覆いがなくむき出し状態）

　資料例：御成街道道しるべ（埼玉県幸手市）

［保全策］

①周囲のつた植物、藪や下草などを取り払い、虫や小動物のすみかを減らす。
②周囲の水はけをよくする。
③台座や湿気のバリアを設け、地面への直の接触を減らす。
④カビ、虫穴や糞の有無などを定期的に調査する。

（2）レベル1：屋根、覆いがあり雨水と直射日光から保護されている。
　資料例：馬頭観音像（埼玉県久喜市） 
［保全策］
レベル0と①、②は同じ。
③軒、庇などにバードネットを使用し、鳥の営巣や糞害を防ぐ。
④小動物から資料を保護するために網やゲージを利用する。

（3）レベル2：屋根と壁、ドアにより雨水、直射日光や風など、外部の要因から最低限保護されている。
　資料例：仏像（埼玉県久喜市） 
［保全策］
①外部の蔦植物などを取り除き湿気によるダメージを減らす。廃材等を建物の近くに放置しない。
②棚がない場合でも直接床に資料を置かずに、すのこやパレットを敷いた上に資料を置く。
③定期的に掃除を行い、ゴミやクモの巣などを取り除く。蜂の巣、鳥の巣なども除去する。
④資料にほこりが積もるのを防ぐため通気性のある布やシートを資料にかけておく。カビの原因になる湿気がこもる封入はしない。

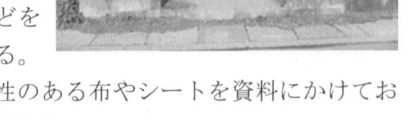

（4）レベル3：多くの歴史的建造物を想定した段階。換気は可能であるが空調設備はなく、夏は暑く、冬は寒い。
　資料例：古社・天満宮（埼玉県久喜市） 
［保全策］
①建物回りの樹木、低木などが建物に近接しないよう管理する。廃材等を建物の近くに放置しない。
②入口の窓に虫の侵入を防止するための網戸を付ける。被害を受けやすい貴重な資料は

第4章　博物館資料の保存と活用

　害虫の侵入を防止するために0.3mm以下の隙間のキャビネットに保管する。
③多湿になる季節では除湿機を用いて除湿する。
④軒、ひさしなどにバードネット等を使用して鳥の営巣や糞害、屋根裏への侵入を防ぐ。
⑤少なくとも年一回は屋根裏や床下を点検し、害虫やネズミなどの被害の発生を調査する。

第 5 章

観光資源としての博物館の活用

1. 観光資源とは

阿部 正喜

「観光とは、自己の自由時間（＝余暇）の中で、鑑賞、知識、体験、活動、休養、参加、精神の鼓舞等、生活の変化を求める人間の基本的欲求を充足するための行為（＝レクリエーション）のうち、日常生活圏を離れて異なった自然、文化等の環境のもとで行おうとする一連の行動をいう。」（内閣総理大臣諮問第9号に対する観光政策審議会答申、1970）

1 観光資源・観光対象の定義

観光資源を、観光対象、観光施設、観光事業との関連を示したのが、図表1である。ヒトの旅行を引き付ける対象となるのが観光資源である。したがって、山岳・湖沼・滝などの自然資源や史跡・城郭・寺社などの人文資源のほかに博物館、テーマパーク、食、宿泊施設など、地域資源と冠される何でも観光資源に成り得る可能性がある。観光対象は時代によって変化する。観光対象とは、「観光」の定義からいえば、広義の観光に属する観光・レクリエーションあるいは旅行対象を意味するものである。近年、地域住民の役割が増大して、地域住民を加えることもあるが、広く観光対象（地域）に含める。観光行動は、基本的には観光主体としての観光者と観光客体としての観光資源、さらには観光資源が集積した観光地との関係で成立する。観光者は目的の観光対象に接するために居住地を離れて旅行し、観光対象である観光資源に接して、再び居住地に戻ってくる。

観光施設の中で、テーマパークや博物館、文学碑、近代建築物のような施設を、観光施設Ⅰとして、これを人文観光資源Ⅱと呼び、広義の観光資源に含める。狭義の観光資源に含まれている人文観光資源Ⅰとの相違は、「長い時間の経過を経て、価値が出た資源で、今後とも、その魅力を減じえないもの」が人文観光資源Ⅰであり、それに対して、人文観光資源Ⅱとは、「現在は、魅力があり、多くの観光者を集めているが、その魅力が将来にわたって保証されるとは限らないもの」である。近代建築物や近代公園で評価が定まってきたときには、人文観光資源Ⅰになる可能性も秘めている資源である。広義の観光資源には、前述の人文観光資源Ⅱのほかに、無形の社会資源が含まれる。民俗舞踏、言語、風俗等であるが、これらも変容したり、模倣されるおそれがあり、人文観光資源Ⅱと同様の性

第5章　観光資源としての博物館の活用

図表1　観光資源、観光対象、観光施設、観光事業の関係（観光基礎概念研究会、1998）

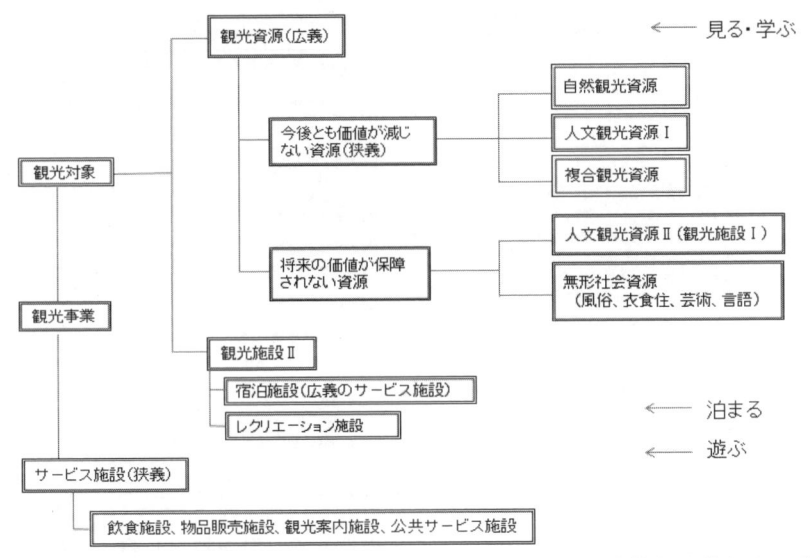

```
                    ┌ 観光資源（広義）                                   ← 見る・学ぶ
                    │   ┌ 今後とも価値が減じ ─┬─ 自然観光資源
                    │   │ ない資源（狭義）    ├─ 人文観光資源Ⅰ
       観光対象 ─────┤   │                    └─ 複合観光資源
                    │   │
                    │   └ 将来の価値が保障 ──┬─ 人文観光資源Ⅱ（観光施設Ⅰ）
                    │     されない資源         └─ 無形社会資源
                    │                              （風俗、衣食住、芸術、言語）
       観光事業 ────┤
                    └ 観光施設Ⅱ
                        ├ 宿泊施設（広義のサービス施設）                ← 泊まる
                        └ レクリエーション施設                          ← 遊ぶ
       サービス施設（狭義）
         └ 飲食施設、物品販売施設、観光案内施設、公共サービス施設
```

格をもつ。狭義の観光資源は、「人間の力で創造できない」自然観光資源と、先に定義した人文観光資源Ⅰ、それに自然と人文が複合されている郷土景観、農村景観、歴史景観などの複合観光資源である（観光基礎概念研究会、1998）。

2　観光地の定義

観光地とは、通常「観光者が多く集まる地域」と定義されるが、その対象範囲となると定かでない。観光地とは「一定地域内の観光資源や観光施設集積状態から」、「資源・景観のまとまり状態から」、「観光地経営としての一体的な範囲から」定めて、それに観光地名を冠して、外部に向って公表して、認知してもらう以外にない（観光基礎概念研究会、1998）。外国人には日本が観光地であり、国内の人には、大阪も大阪の一部である道頓堀も観光地となる。

3　観光資源の種類と分類

（1）日本の法律・条約で保護されている観光対象

観光立国推進基本法第13条において「国は観光資源の活用による地域の特性を

153

図表2 国が保護する主な自然資源・文化資源

種類	法律・条約・国連事業等	資源・施設・人・地域
自然	自然公園法	国立公園・海中公園、国定公園、都道府県立自然公園
自然	森林法	森林(森林生態系保護地域、生物群集保護林、希少個体群保護林、自然体養林、自然観察教育林、風景林、森林スポーツ林、野外スポーツ林、風致探勝林など)
自然	温泉法	温泉
自然	生物多様性に関する条約	生物種、遺伝子、生態系
自然	自然環境保全法	自然環境保全地域
自然	鳥獣の保護及び管理並びに狩猟の適正化に関する法律	特別鳥獣保護区、鳥獣保護区
自然	絶滅の恐れのある野生動植物の種の保存に関する法律	稀少野生動植物
自然	絶滅の恐れのある野生動植物の種の国際取引に関する条約(ワシントン条約)	稀少野生動植物
自然	動物の愛護及び管理に関する法律	動物
自然	世界ジオパークネットワーク(2016年よりユネスコの事業となる)	世界ジオパーク(日本ジオパークを経て)
自然	国連ユネスコ人間と生物圏計画における事業	生物圏保存地域(ユネスコエコパーク)
自然	渡り鳥及び絶滅のおそれのある鳥類並びにその環境の保護に関する日本国政府とアメリカ合衆国政府との間の	渡り鳥、鳥類とその環境
自然	特に水鳥の生息地として国際的に重要な湿地に関する条約(ラムサール条約)	登録湿地
自然	地域自然資産区域における自然環境の保全及び持続可能な利用の推進に関する法律	地域自然遺産区域
自然	水産資源保護法	保護水面
文化	文化財保護法	登録有形文化財(国宝、重要文化財を含む)、無形文化財(重要無形文化財を含む)、有形・無形民俗文化財(重要有形・無形文化財を含む)、埋蔵文化財、史跡・名勝・天然記念物(特別史跡、特別名勝、特別天然記念物を含む)、重要文化的景観、伝統的建造物群保存地区、文化財の保存技術
自然・文化	都市公園法	特別用途地区、景観地区、風致地区、歴史的風土特別保存地区、緑地保全地区、伝統的建造物群保存地区など、都市施設(道路、空港、駐車場、都市公園(国営公園、国民公園を含む)、広場・墓園など)
文化	古都における歴史的風土の保存に関する特別措置法(古都保存法)	歴史的風土保存地区
文化	明日香村における歴史的風土の保存及び生活環境の整備等に関する特別措置法(明日香村特別措置法)	明日香村
文化	京都国際文化都市建設法	文化観光保存地区
文化	奈良国際文化都市建設法	文化観光保存地区
文化	松江国際文化都市建設法	文化観光保存地区は指定されていない
文化	広島平和記念都市建設法	恒久の平和を記念すべき施設その他平和記念都市としてふさわしい文化的施設
文化	地域における歴史的風致の維持及び向上に関する法律(歴史まちづくり法)	歴史的風致維持向上計画重点区域
文化	無形文化遺産の保護に関する条約	ユネスコ無形文化遺産
文化	国連ユネスコ記憶遺産事業	ユネスコ記憶遺産
文化	国連ユネスコ創造都市ネットワークプロジェクト	ユネスコ創造都市(文学、映画、音楽、クラフト&フォークアート、デザイン、メディアアーツ、ガストロノミー(食)の分野がある)
文化	国連食糧農業機関(FAO)プログラム	世界農業遺産(GIAHS:世界重要農業遺産システム)
自然・文化	博物館法	登録博物館、博物館相当施設
自然・文化	景観法	景観重要建造物、景観重要樹木、景観法
自然・文化	世界の文化遺産及び自然遺産の保護に関する条約	世界自然遺産、世界文化遺産、世界複合遺産

＊他にも独立行政法人個別法などもある。例えば独立行政法人国立博物館法、独立行政法人国立美術館法、独立行政法人国立科学博物館法などがある。
＊文化庁：日本遺産、認定されたストーリーの魅力発信や、日本遺産を通じた地域活性化については、「日本遺産魅力発信事業」として、日本遺産に関する(1)情報発信・人材育成、(2)普及啓発事業、(3)調査研究事業、(4)公開活用のための整備に対して文化芸術振興費補助金を交付するなど、文化庁が積極的に支援する。利活用の意味合いが強いためこのリストには取り上げていない。

第5章　観光資源としての博物館の活用

生かした魅力ある観光地の形成を図るため、史跡、名勝、天然記念物等の文化財、歴史的風土、優れた自然の風景地、良好な景観、温泉その他の文化、産業等に関する観光資源の保護、育成及び開発に必要な施策を講ずるものとする。」と定めている。

　現在、日本の法律あるいは日本が締約している条約で指定されている観光資源と成り得る資源をまとめると図表2となる。前述したように観光振興の目的以外で保護されている資源が、同時に観光資源であるという性格を有している。

　世界遺産の登録を受け、一躍世界的な観光地になろうと、申請へ向けて過熱状態にあり、登録された地域でも多くの観光者が集中し、自然破壊や地域社会に混乱をもたらしている状況も見られる。そのため観光の弊害が指摘されるが、世界遺産を登録し保護していくのは観光分野ではないのである（溝尾、2009）。

(2) 観光資源の種類と分類

　溝尾（2001）は図表3のように観光対象となる資源・施設を分類した。まず人間の力では創造し得ない自然観光資源がある。人文資源の分類は研究者により異なるが、人間が創造したが、長い時間の経過の中で高い評価を獲得して、今日まで残った人文観光資源、これをⅠとし、先述の観光対象化している観光施設Ⅰと類似の特性をもつ施設で当初から集客目的に造られた新しいものを人文資源Ⅱとした。人文資源Ⅱの特性は、観光施設がその地になければならないというものではないし、集客性のあるとすぐに類似施設ができるため、それら施設の立地は変動し、施設の進出・撤退が激しい。現在は多数を集客する施設であるが、今後ともその集客を続けることが可能かどうか不明なもので、ある時点で評価され観光対象の役目を果たしている資源である。資源の創造が人間によるものか否かによ

図表3　観光資源の分類（溝尾良隆（2009）所収、溝尾良隆（2001）を一部修正）

自然資源	人文資源Ⅰ	人文資源Ⅱ	複合資産
1. 山岳	1. 史跡	1. 橋	1. 歴史景観
2. 高原	2. 寺社	2. 近代公園	2. 田園景観
3. 原野	3. 城跡・城郭	3. 建造物	3. 郷土景観
4. 湿原	4. 庭園・公園	4. 動物園・植物園	4. 都市景観
5. 湖沼	5. 年中行事	5. 博物館・美術館	
6. 渓谷	6. 碑・像	6. 水族館	
7. 滝		7. テーマパーク・遊園地	
8. 河川			
9. 海岸			
10. 岬			
11. 島嶼			
12. 岩石・洞窟			
13. 動物・植物			
14. 自然現象			

図表4　美しき日本（公益財団法人日本交通公社監修、2014年）の観光資源の種別とその例

資源区分	種別名	その範囲や意味	特A級（特A級の選出がない種別にはA級を示す）
自然資源	山岳	2万5千分の1の地形図に山岳として名称が記載されているもの。山頂、山腹、山麓、裾野を含めた範囲	【特A】大雪山（北海道）、立山（富山）、穂高岳（長野・岐阜）、富士山（山梨・静岡）、阿蘇山（熊本）
	高原湿原原野	2万5千分の1の地形図に、名称が記載されている高原、原野。またこれに類するものと、沼沢以外の湿原	【特A】尾瀬ヶ原（群馬・福島）
	湖沼	2万5千分の一の地形図に湖沼として名称が記載されているもの、またはこれに類するもの。自然地形を活かして造成されたダム湖も含む。	【特A】十和田湖（青森・秋田）
	河川峡谷	河川風景（河川・周辺）および一般的に○○峡、○○峡谷、○○谷と呼ばれるもの。同一河川であっても、上流と中流・下流で、それぞれ観光的に異なる魅力がある場合は別資源	【特A】奥入瀬渓流（青森）、黒部峡谷（富山）
	滝	2万5千分の1の地形図に滝もしくは瀑布として名称が記載されているもの	【特A】華厳滝（栃木）＊、三条ノ滝（福島・新潟）＊、袋田の滝（茨城）＊、箕面の滝（大阪）
	海岸岬	砂浜、砂丘、砂州、岩礁、断崖などによって構成される海岸風景（後背地も含める）、および容易に見ることができる海中景観	【特A】北山崎（岩手）、瀬戸内海の多島美観（広島他）、慶良間諸島の海岸（沖縄）
	岩石洞窟	岩柱、洞窟、洞穴、岩門、鍾乳洞、溶岩流、溶岩原、賽の河原、断崖、岩壁、岩瀑、海蝕窟、落葉洞などの地質および地形上の興味対象	【特A】龍泉洞（岩手）、鬼押出（群馬）、三原山溶岩群（東京）、秋吉台（山口）、普賢岳溶岩流（長崎）
	動物	動物、およびその生息地。移動地が定まらないもの、見ることが偶発性に左右されるものや、動物園などで活動範囲を限定して保護・飼育されているものは対象外	【特A】タンチョウヅル（北海道）、地獄谷野猿公苑のサル（長野）、永田浜のウミガメ（鹿児島）、出水のツル（鹿児島）
	植物	森林や樹木や並木、植物や植物群落	【特A】日光杉並木（栃木）、吉野山のサクラ（奈良）、屋久島の原生林（鹿児島）
	自然現象	火山現象（噴火・泥火山現象、地獄現象など）、潮汐現象（渦流、潮流など）、気象現象（樹氷、霧氷、流氷など）などの自然現象	【特A】オホーツク海の流氷（北海道）、八甲田山の樹氷（青森）、蔵王の樹氷（宮城・山形）、富山湾の蜃気楼（富山）、鳴門海峡の渦潮（徳島・兵庫）、肱川あらし（愛媛）、八重干潟（沖縄）
人文資源	史跡	生活、祭、儀式、政治、教育学芸、社会事業、産業土木などに関する遺跡（城跡も含む）。当時の建造物が残っており、建造物として利用されているものは「建造物」に区分	【特A】仁徳・応仁天皇陵（大阪）
	神社寺院教会	由緒ある社寺等、建築的に優れた社寺等、文化財を所蔵もしくは付帯する社寺等、境内(庭園を含む、仲見世を含まず)が優れている社寺等	【特A】中尊寺（岩手）、日光社（栃木）、東大寺、法隆寺（奈良）、延暦寺（滋賀）、清水寺、金閣寺（京都）、伊勢神宮、熊野三山、高野山（和歌山）、出雲大社（島根）、厳島神社（広島）
	城跡城郭宮殿	近世に至る軍事や行政府等の目的で建造された城跡・城郭・宮殿(庭園を含む)	【特A】江戸城跡（東京）、京都御所、桂離宮（京都）、姫路城（兵庫）
	集落・街	農山漁村や歴史的街並み、繁華街、商店街などにより、その土地の自然や文化を表す特徴的な集落・街区を構成している地区	【特A】原宿（東京）、白川郷合掌造り集落（岐阜）、祇園界隈（京都）
	郷土景観	その土地の産業、生業や風習、人の織りなす風景など、その土地の自然景観や歴史、文化を表す特徴的な景観を構成している地区	【特A】小笠原の見送り、築地市場（東京）
	庭園公園	鑑賞や歓楽のために人為的に作庭および造成された庭園・公園、社寺、城郭等に含まれるもの、自然公園は対象外。体験要素の強い公園は「テーマ公園」に区分	【A】大通公園（北海道）、モエレ沼公園（北海道）、兼六園（石川）、仙洞御所（京都）、後楽園（岡山）、栗林公園（香川）、水前寺成趣園（熊本）、磯庭園（鹿児島）、礼文島
	建造物	建物、橋、塔などの建築物や構築物（社寺、城郭に含まれるものを除く。複数の建造物が集積しているものは、「集落・街」または「郷土景観」に区分）	【特A】黒部ダム（富山）、太陽の塔（大阪）、明石海峡大橋（兵庫）、しまなみ海道（広島・愛媛）、錦帯橋（山口）、大原美術館（香川、岡山）、閑谷学校（岡山）、旧グラバー住宅（長崎）
	年中行事	社寺や市町村あるいは各種団体が開催日を決めて定例的に催す祭りや伝統行事	【特A】青森のねぶた・ねぷた（青森）、祇園祭（京都）、式年遷宮（三重）、阿波踊（徳島）、博多祇園山笠（福岡）
	動植物園水族館	動植物を収集、飼育、展示する施設	【A】旭山動物園（北海道）、上野動物園（東京）、沖縄美ら海水族館（沖縄）
	博物館美術館	歴史的資料・科学的資料や芸術作品（絵画、彫刻、工具品等）を収集、保存、展示する施設、および歴史的事象などの記録、保存等のために作られた施設	【特A】東京国立博物館（東京）、京都国立博物館（京都）、広島平和記念公園（広島）、沖縄平和祈念公園（沖縄）、【A】国立科学博物館、国立西洋美術館、東京国立近代美術館、根津美術館（東京）、鉄道博物館（埼玉）、東京歴史民俗博物館（千葉）、金沢21世紀美術館（石川）、奈良国立博物館（奈良）、国立民俗学博物館（大阪）、大原美術館（岡山）、足立美術館（島根）、大塚国際美術館（徳島）、九州国立博物館（福岡）、平和公園（長崎）
	テーマ公園テーマ施設	特徴的な概念（テーマ）を表現し、それを体験するために造られた園地や施設	【特A】東京ディズニーリゾート（千葉）、【A】博物館明治村（愛知）、太秦映画村（京都）、ユニバーサル・スタジオ・ジャパン（大阪）
	温泉	温泉湧出現象、源泉の活用（入浴）法と施設、温泉文化、情緒を表す温泉場の環境	【特A】草津温泉（群馬）、別府温泉郷（大分）
	食	その土地の自然や歴史、文化を表す特徴的な食事や食文化、食事環境	【特A】江戸前の寿司、築地市場（東京）、京懐石（京都）
	芸能・興業・イベント	地域の歴史、文化を表す興行や芸能、イベント	【特A】大相撲・国技館、歌舞伎座（東京）

注1) 特A級の選出がない種別にはA級を示した。但し、博物館・美術館、テーマ公園・テーマ施設には特A級の有無に関わらず、A級を全て示した。
注2) 特A級には【特A】、A級には【A】を付した。
注3) 沖縄美ら海水族館は「美しい日本」では博物館・美術館に分類してあるが、本稿では動植物園・水族館に分類した。

第5章　観光資源としての博物館の活用

って、人文資源と自然資源とに分けたのであって、観光対象に接したときの見方・眼差しとなると、両者が複雑に重なってくる。わが国では霊山とよばれる山岳、ご神体となる滝や岩石、そしてサクラ、これから自然資源の評価には人文的要素が入ってくるし、逆に寺社を取り巻く社叢林、庭園に取り囲まれている自然などは、人文資源に自然的要素が入ってくる。この点は観光資源の評価のときに考慮すべき課題である（溝尾、2009）。

本稿においては、次節で紹介する公益財団法人日本交通公社の観光資源評価委員会が作成した観光資源の分類体系（2014）を採用したい（図表4）。

分類体系の考え方とその特徴と課題について、以下に述べる。

1) 自然観光資源と人文観光資源に分け、種別は以下の通りである。
- 自然観光資源：山岳／高原・湿原・原野／湖沼／河川・峡谷／滝／海岸・岬／岩石・洞窟／動物／植物／自然現象。
- 人文観光資源：史跡／神社・寺院・教会／城跡・城郭・宮殿／集落・街／郷土景観／庭園・公園／建造物／年中行事／動植物園・水族館／博物館・美術館／テーマ公園・テーマ施設／温泉／食／芸能・興業・イベント。

2) 溝尾（2009）が述べたように自然観光資源と人文観光資源の線引きは視点により複雑な場合がある。例えば、阿蘇草原景観は放牧を通した文化的景観として捉えることができるが、広域に見れば阿蘇火口、五岳、外輪山を外しては語ることができない。

3) 複合資源は設けない。人が創造した観光資源は全て人文資源に含める。文化的景観、産業遺産は人文資源に含める。博物館は収蔵する博物館資料が自然系・理工系に限られていても施設として捉えて人文観光資源とする。従って、動物園・植物園・水族館も人文観光資源となる。

4) 動産の文化財は種別を設けない。例えば所蔵館を移動する可能性もあり、展示・教育普及に供される博物館・美術館・神社仏閣などの種別を設けているので問題は生じないと考える。博物館は、来館者を主体と考えて常設展や企画展によって公開することが可能であり、一般公開が一つの条件となろう。

5) 公園には造営物公園と地区別公園があるが、地区別公園は種別に取り上げない。国の造営物公園には国民公園（皇居外苑、新宿御苑、京都御苑）並びに国営公園、そして地方公共団体の造営物公園には都市公園等がある。地域別公園には国立公園、国定公園、都道府県立自然公園がある。地区別公園は領域が広く、例えば富士箱根伊豆国立公園のように複数の観光地を含む場合があるため種別からは除く。

157

6）世界遺産も登録においてテーマとストーリー性を有しており、複数の不動産である資産から構成されており、また複数の観光地を有する場合がある。個別にその特徴から判断すべきである。

7）自然公園ビジターセンター、野生生物保護センター、世界遺産センターなど、博物館に類する施設（社会教育調査による博物館類似施設にカウントされているかどうか、現状では調査が必要である）は、自然公園計画では利用計画における集団施設に相当すると考えるが、野外博物館の分類、世界博物館会議（ICOM）の定義を照らし合わせて今後検討が必要となろう。

8）地域資源は掘り起こしにより、また磨き上げにより、いつ観光資源に展開するか判断ができない。内閣府地方創生本部、観光庁などでは、観光地域づくりを施策として推進している。地方観光の振興を考えた場合は、観光資源を広く捉えて取り組んでいるが、観光対象となってから原則としておおむね20～30年が経過し、すでに社会的な評価が定まったものとするのが妥当と考える。地域資源の観光資源化へのステップは地域住民と行政が協力して行われるものであり、観光地域づくりは地域の生活環境・暮らしを維持し、持続可能な社会づくりを行うことに留意すべきである。

4　観光資源の評価

　観光の魅力を評価するには、観光資源の経済的価値の評価が難しく、使用価値が主観的に判断されることが多いため、誰でも納得するような客観的に観光資源の価値を評価できる手法の構築は難題である。

　公益財団法人日本交通公社（2014）は、全国の観光資源を評価し、特A、Aクラスに限定し、「美しき日本　旅の風光」を刊行している。観光資源の選定方法と評価視点を図表4と図表5に示す。日本の各地に立地する数多くの観光資源の中からとりわけ魅力があり、"わが国を代表するもの、日本人の誇り、日本のアイデンティティを示すもの、人生のうちで一度は訪れたいもの"をA級観光資源として、さらにそのなかでも特に"世界にも強く誇れるもの"を特A級観光資源としている。

　選定にあたり、観光資源を「自然資源」と「人文資源」に大きく区分し、種別を定めて観光資源を整理している（図表4）。評価の視点は、「美しさ」、「大きさ」、「古さ」、「珍しさ」、「静けさ」、「日本らしさ」、さらに「地方らしさ」「住民とのつながりの深さ」を基本とし、資源の種類ごとに着眼点を設けている（図

第 5 章　観光資源としての博物館の活用

図表 5　観光資源評価の視点（公益財団法人日本交通公社監修、観光資源評価委員会、2014）

評価の視点	評価基準
美しさ	視覚的な美しさをもつ資源が評価される。たとえば、鮮やかな色彩や洗練された造形、繊細な細工、調和のとれた景観は美しさを感じさせる。美しさは総合評価の性格も有し、雄大さ（山岳など）や季節感（植物など）、日本らしさ（年中行事）などと結びつくと評価が高まる
大きさ	視覚的な大きさ、雄大さ、迫力をもつ資源が評価される。また、山岳の形成史（造山運動）など、視角的にとらえられなくても背景のテーマに物理的な大きさがあれば評価が高まる
古さ	資源の形成された年代が古い資源が評価される。また、古いだけでなく、日本の歴史や地域の歴史、伝統にとって重要なものは評価が高まる
珍しさ	希少性をもつ資源が評価される。解説によって理解が増大する珍しさが一般的だが、視覚的にもその珍しさが理解できるものは評価が高まる
静けさ	資源と対峙するときに、資源の存在を強調（神秘性や荘厳さ）するような静かな環境や雰囲気をもつ資源が評価される。一方で、観光資源の種類によっては、賑わいや猥雑さが評価を高める場合もある
日本らしさ	日本の自然や歴史や文化、日本人の心情が反映され継承されてきた資源が評価される
地方らしさ	地方独自の自然や歴史、文化、風土を感じさせ継承されてきた資源が評価される
住民とのつながりの深さ	今なお住民の生活に組み込まれていたり、誇りに思われているなど、地域住民のアイデンティティの一部となっているものが評価される

表 5 ）。観光活動の対象として既に知られており、アクセスが可能で、特別な装備や技術がなくても一般的に観光利用ができることを選定の前提条件とし、一時の社会的流行や風潮によらず、資源が本来もっている魅力を評価するために、観光対象となってから原則として概ね20～30年が経過し、すでに社会的な評価が定まったと考えられるものを中心に取り扱っている。

【参考文献】

観光基礎概念研究会（1998）研究分科会報告「『観光・観光資源・観光地』の定義」『観光研究』9（2）、35～37頁。

観光政策審議会答申「国民生活における観光の本質とその将来像」（内閣総理大臣官房審議室編『観光の現代的意義とその方向、内閣総理大臣諮問9号に対する観光政策審議会答申』、1970）1～46頁。

公益財団法人日本交通公社（2014）『美しき日本、旅の風光』JTBパブリッシング。

溝尾良隆（2001）「観光資源とは」岡本伸之編『観光学入門』有斐閣、121頁。

溝尾良隆（2009）「ツーリズムと観光の定義、観光資源と観光地の定義」溝尾良雄編『観光学全集第1巻観光学の基礎』原書房、13～57頁。

2．博物館と観光

阿部 正喜

1　世界と日本の観光動向

　2003年以降の観光白書、特に直近の2014（平成27）年観光白書（国土交通省）をもとに、2014年及び2015年の話題を加えて、世界の観光動向と日本の観光動向を確認して、博物館の観光における可能性について考えてみたい。

　2007年から2009年までの間、リーマンショックの影響から世界的に大きく景気が後退したが、多くの地域において景気は回復基調にある。IMF（国際通貨基金）によると、2014年の実質経済成長率は、米国2.2％、EU1.4％、中国7.4％、韓国3.3％、ASEAN（東南アジア諸国連合）の主要5カ国（インドネシア、マレーシア、フィリピン、タイ、ベトナム）4.7％である。UNWTO（国連世界観光機関）によれば、2014年の世界全体の国際観光客到着数は11.4億人を記録し、2009年以降は5年連続増加している。国際観光客数と世界の実質GDPは強い相関が見られる。国際観光客受入数の地域別シェアは欧州が過半数を占めているが、徐々に減少している。それに対してアジア太平洋は、2004年の19％から2014年23％まで拡大し急激な伸びを見せ、今後についても北東アジア・東南アジアは世界の中でも高い伸び率が予測されている。

　外国人旅行者受入数（図表1）については、各国・地域毎に異なった統計基準により算出されている。各国における外国人旅行者受入数の対人口比から考えて、日本の外国人受入数の伸びしろは大きいと考えられる。

　2006年12月には、1963年に制定された観光基本法の全部を改正し、観光を21世紀における日本の重要な政策の柱として明確に位置付け、国際競争力の高い魅力ある観光地の形成、観光産業の国際競争力の強化及び観光の振興に寄与する人材の育成、国際観光の振興並びに観光旅行促進を目的とした環境整備に、必要な施策を講ずることを基本施策とした観光立国推進基本法が成立した。2007年6月には同法に基づき観光立国推進基本計画（5年間）を閣議決定し、2008年10月には観光庁が設置された。2009年7月には中国個人観光ビザ発給が開始され、2010年6月には新成長戦略が閣議決定され、観光立国・地域活性化が戦略分野の一つとして掲げられた。「訪日外国人を2020年初めまでに2500万人、将来的には3,000万人とするプログラム」が目標とされた。

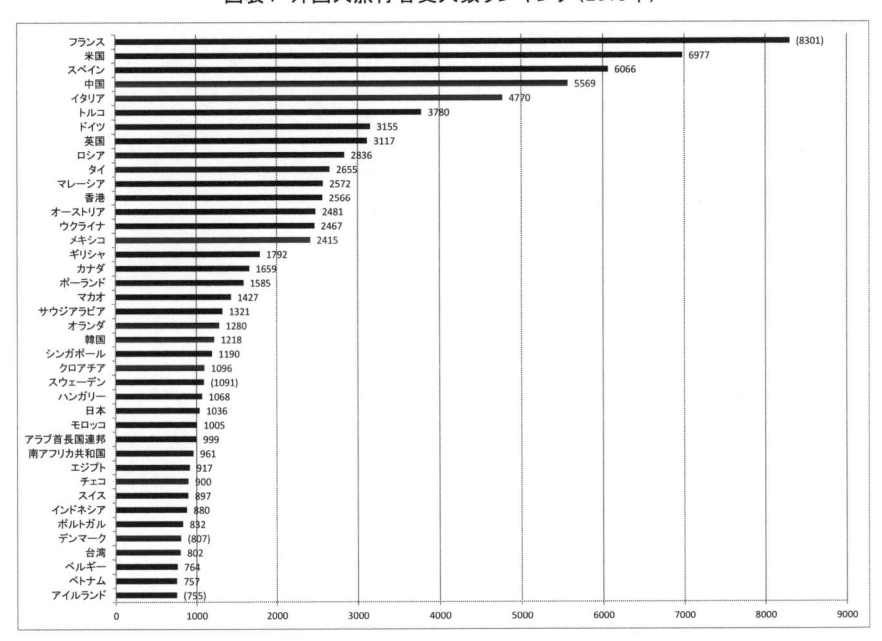

第5章　観光資源としての博物館の活用

図表1　外国人旅行者受入数ランキング（2013年）

国	人数
フランス	(8301)
米国	6977
スペイン	6066
中国	5569
イタリア	4770
トルコ	3780
ドイツ	3155
英国	3117
ロシア	2836
タイ	2655
マレーシア	2572
香港	2566
オーストリア	2481
ウクライナ	2467
メキシコ	2415
ギリシャ	1792
カナダ	1659
ポーランド	1585
マカオ	1427
サウジアラビア	1321
オランダ	1280
韓国	1218
シンガポール	1190
クロアチア	1096
スウェーデン	(1091)
ハンガリー	1068
日本	1036
モロッコ	1005
アラブ首長国連邦	999
南アフリカ共和国	961
エジプト	917
チェコ	900
スイス	897
インドネシア	880
ポルトガル	832
デンマーク	(807)
台湾	802
ベルギー	764
ベトナム	757
アイルランド	(755)

（国土交通省ホームページ　http://www.mlit.go.jp/statistics/file000008.html（2015.12.29、17：22）をもとに作成）

（注）1.UNWTO（国連世界観光機関）、各国政府観光局資料に基づき日本政府観光局（JNTO）作成。
2.本表の数値は2014年6月時点も暫定値である。
3.フランス、スウェーデン、デンマーク、アイルランドは、2013年の数値が不明であるため、2012年の数値を採用した。
4.アラブ首長国連邦は、連邦を構成するドバイ首長国のみの数値が判明しているため、その数値を採用した。
5.本表で採用した数値は、韓国、日本、台湾、ベトナムを除き、原則的に1泊以上した外国人旅行者数である。
6.外国人訪問者数は、数値が追って新たに発表されたり、さかのぼって更新されることがあるため、数値の採用時期によってそのつど順位が変わり得る。
7.外国人旅行者数は、各国、地域ごとに日本とは異なる統計基準により算出・公表されている場合があるため、これを比較する際には注意を要する。（例：外国籍乗員数（クルー数）については、日本の統計には含まれないが、フランス、スペイン、中国、韓国等の統計には含まれている。）

161

図表2 訪日外国人旅行者数の推移

訪日外国人旅行者数の推移

年	万人
2003年	521.2
2004年	613.8
2005年	672.8
2006年	733.4
2007年	834.7
2008年	835.1
2009年	679
2010年	861.1
2011年	621.9
2012年	835.8
2013年	1036.4
2014年	1341.3

(日本政府観光局(JNTO)資料をもとに作成)

図表3 国内における旅行消費額(2013年)

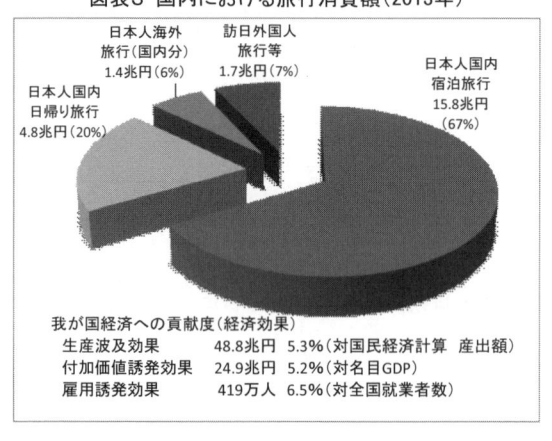

- 日本人国内宿泊旅行 15.8兆円(67%)
- 日本人国内日帰り旅行 4.8兆円(20%)
- 日本人海外旅行(国内分) 1.4兆円(6%)
- 訪日外国人旅行等 1.7兆円(7%)

我が国経済への貢献度(経済効果)
生産波及効果　　48.8兆円　5.3%(対国民経済計算 産出額)
付加価値誘発効果　24.9兆円　5.2%(対名目GDP)
雇用誘発効果　　419万人　6.5%(対全国就業者数)

(観光庁ホームページの国内における旅行消費額(2013年)をもとに作成)
＊「付加価値誘発効果」とは、生産物の販売額から中間投入額を差し引いた額(付加価値額)が消費を行うことにより直接的又は間接的に誘発される効果のこと。
＊＊「雇用誘発効果」とは、就業者数が消費を行うことにより直接的又は間接的に誘発される効果のこと。

2010年6月には経済産業省にクールジャパン室が開設され、自動車、家電・電子機器等の産業に加えて、「衣・食・住」やコンテンツ(アニメ、ドラマ、音楽等)をはじめ、日本の文化やライフスタイルの魅力を付加価値に変えるという事業を展開している。

訪日外国人旅行者数(図表2)は、2013年に初めて年間1,000万人を突破し、2014年には1,341万人を記録し、2015年11月までの累計で1,796万人(日本政府観光局)となり、2015年は過去最高を更新している。2013年(2012年：22.5兆円)の観光消費がもたらす国内経済への波及効果を図表3に示す。

一方、日本の観光資源が世界的に高く評価され、世界遺産では、2014年の「富岡製糸場と絹産業遺産群」(群馬県)に続き、2015年に「明治日本の産業革命遺産 製鉄・製鋼、造船、石炭産業」が登録されている。世界無形文化遺産では2014年の「和紙：日本の手漉和紙技術」、世界記憶遺産では2015年の「東寺百合文書」(京都府)と「舞鶴への生還」(福井県)、ユネスコ創造都市では、音楽分野で2014年の浜松市(静岡県)、クラフト&フォークアート分野で2015年の篠山市(兵庫

第5章　観光資源としての博物館の活用

図表4　観光対象の変遷（戦後から現在まで）

年代	観光対象の変遷（発展段階）	観光・観光地の動向	出来事
1945年（昭和20年）	【マスツーリズム】【ソーシャルツーリズム】 招待旅行・慰安旅行 ・団体、貸し切りバス 修学旅行復活 大型温泉旅館増加 新婚旅行が普及 ・九州、南紀、北海道、沖縄など	1946 運輸省鉄道局長に観光課設置 1947 外国人観光客国内旅行許可 1949 国際観光ホテル整備法、国際観光事業助成に関する法律公布 1949 支笏洞爺国立公園、伊勢志摩国立公園指定（戦後初） 1949 国鉄団体貸し切り列車復活 1950 日航国内便就航 1950 新日本観光地100選（毎日新聞社） 1950 船橋ヘルスセンター開業 1951「観光事業振興5ヵ年計画」 ・国立公園整備 ・重点地域・モデルルート指定 ・国際ホテル整備法 1952 日本修学旅行協会設立	1945 終戦 1950 神武景気 1950〜1953 朝鮮戦争
1955年（昭和30年）	私鉄資本の観光地開発 ・湘南、箱根、伊豆、日光、軽井沢、万座、苗場 スキー場開発 海水浴場開発	1956 国民宿舎建設スタート 1962 全国総合開発計画（全総） 1963 観光基本法公布 1963 東京ヒルトンホテル開業（米国式ホテル経営導入） 1964 東京オリンピック開催 1964 海外旅行自由化 1964 東海道新幹線開業	1960 国民所得倍増計画 1962 ベトナム戦争本格化
1965年（昭和40年）	農漁村の民宿増加 別荘地開発 ・伊豆、箱根、富士山麓、那須、軽井沢、浅間山麓 まちなみ・郷土景 ・知床、能登、長崎、金沢、倉敷、高山、萩、津和野、白川村等	1965 名神高速道路開通 1965 国際観光地・国際観光ルートの整備方針決定 1966 古都保存法公布 1967 マイカー保有1000万台突破（ドライブ旅行へ） 1968 新都市計画法公布 1969 東名高速開通・新全国総合開発計画 1970 大阪万国博覧会開催 1970 国際線にジャンボジェット就航 1970 国鉄ディスカバージャパンキャンペーン開始 1971 立山・黒部アルペンルート開通 1972 海外旅行者100万人突破 1974 上高地・乗鞍・尾瀬等でマイカー規制	1967 人口1億人突破 1969 アポロ月着陸 1969 GNP世界第2位 1971 環境庁設置（尾瀬自動車道中止） 1972 沖縄返還 1972「日本列島改造論」 1973 オイルショック
1975年（昭和50年）	スポーツ・レクリエーション活動 安・近・短 温泉・秘湯ブーム	1975 文化財保護法改正（伝統的建造物群保存地区の制度発足） 1975 沖縄海洋博覧会開催 1977 第3次全国総合開発計画 1978 新東京国際空港開港 1980 都市計画法改正（地区計画） 1981 神戸市まちづくり条例公布 1981 東・上越新幹線開業 1983 東京ディズニーランド開業 1984 横浜みなとみらい21 第3セクター会社発足	1980 第2次オイルショック 1980「田園都市国家構想」
1985年（昭和60年）	リゾート開発 キャンプ場 《オルタナティブツーリズム》 ※サステイナブルツーリズム	1985 筑波国際科学博覧会開催 1987 第4次全国総合開発計画 1987 総合保養地域整備法施行 1987 運輸省・海外旅行倍増計画発表 1991 海外旅行者1000万人突破 1992 世界遺産条約締結 1992 山形新幹線開業 1992 農水省がグリーン・ツーリズムの定義づけ 1994 関西国際空港開港	1991 バブル経済の崩壊 1991 湾岸戦争勃発
1995年（平成7年）	グリーン・ツーリズム エコツーリズム 産業観光 インバウンド観光	1996 ウェルカムプラン21発表 1997 秋田新幹線開業 1998 長野オリンピック開催 ・21世紀の国土のグランドデザイン（新しい全総） 2000 過疎地域自立促進特別措置法（10年間の時限立法） 2003 観光立国行動計画 2003 観光交流空間づくりモデル事業 2003 美しい国づくり大綱 2003 ビジットジャパンキャンペーン 2005 景観三法公布	1995 阪神淡路大震災 2001 911テロ 2001 アフガニスタン空爆 2003 イラク戦争 2003 SARS発生
2005年（平成17年）	※レスポンシブルツーリズム 地方創生 観光地域づくり	2006 特定第三種旅行業者の新設 2007 観光立国推進基本法施行 2008 観光庁発足 2008 観光圏整備法施行 2008 エコツーリズム推進法施行 2010 経済産業省「クール・ジャパン室」開設 2013「三本の矢」による「アベノミクス」 2014 免税対象品目の拡大（→爆買い） 2014 まち・ひと・しごと創生法成立、まち・ひと・しごと創生長期ビジョン	2007 世界金融危機 2008 リーマン・ショック 2011 東日本大震災

（観光資源の今日的価値基準に関する研究　中野文彦・安達寛朗他、自主研究レポート2011/2012、公益財団法人日本交通公社ホームページをもとに加筆して作成）

県）及び食文化（ガストロノミー）分野で2014年の鶴岡市（山形県）、世界ジオパークでは2014年に阿蘇ジオパーク（熊本県）及び2015年にアポイ岳ジオパーク（北海道）が認定されている。日本のラムサール条約登録湿地では、芳ケ平湿地群（群馬県）、涸沼（茨城県）、東よか干潟（佐賀県）及び肥前鹿島干潟（佐賀県）が登録されている。また、世界で最も影響力をもつ旅行雑誌「Travel + Leisure」誌が行った読者投票「ワールドベストアワード2015」において，世界の人気都市を決める「ワールドベストシティ」ランキングで，京都市が2年連続で1位になっている。

　最後に、観光対象の変遷（戦後から現在まで）を図表4に示す。観光資源の今日的価値基準に関する研究（中野文彦・安達寛朗他、2011/2012）をもとに5か年を中心に加筆して作成した。1980年「田園都市国家構想」、2010年経済産業省「クール・ジャパン質」、2013年「三本の矢」による「アベノミクス」、2014年免税対象品目の拡充（→爆買い）、まち・ひと・しごと創生法成立、まち・ひと・しごと創生長期ビジョンを追加し、観光対象の変遷（発展段階）に「地方創生」、「観光地域づくり」を加筆した。2013年の日本経済再生に向けた緊急経済対策の閣議決定を転換点として、日本経済を牽引する観光政策が内閣府を中心に協力に進められ、インバウンド観光対策事業並びに観光地域づくり事業が全国的に急展開している。

2　博物館の観光における役割－地方博物館に光を観る

　観光分野における博物館の可能性について考えてみよう。なお、本文中の「博物館」は広義の博物館を意味する。

（1）有給休暇消化率と余暇活動
　世界最大の旅行予約サイトを運営する Expedia（エクスペディア）による2014年各国の有給休暇消化率調査結果を図表5に示す。日本は、韓国に次いでワースト2位である。
　レジャー白書2014によれば、2013年度の国内余暇活動の参加人口上位20位（図表6）では国内観光旅行5,590万人、ドライブ4,690万人、外食4,470万人、映画3,780万人、複合ショッピングセンター・アウトレットモール3,690万人、次いで6位に動物園・植物園・水族館・博物館が3,500万人とつけている。動物園・植物園・水族館・博物館は、2012年は8位、2011年は9位、2010年は5位、2009年は6位、

第 5 章　観光資源としての博物館の活用

図表 5　各国の有給休暇消化率（2014年）

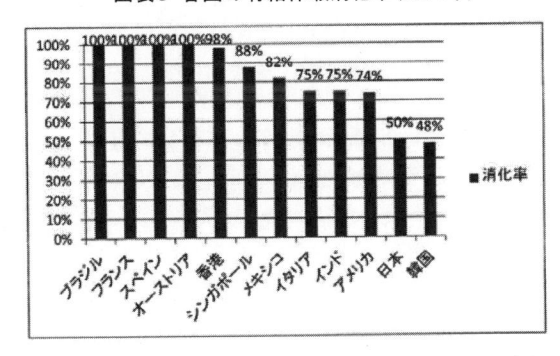

(Expedia（エクスペディア）ホームページの各国の有給休暇消化率をもとに作成)
・サンプル数：計7,855名/25カ国　・年齢：18歳以上の有職者男女（フルタイム、パートタイム、自営業）　・調査対象：日本、インド、アラブ首長国連邦、オーストラリア、韓国、香港、シンガポール、マレーシア、タイ、ニュージーランド、米国、カナダ、メキシコ、ブラジル、イギリス、ドイツ、フランス、イタリア、スペイン、オーストリア、ノルウェー、スウェーデン、デンマーク、アイルランド、オランダ　・調査方法：インターネットリサーチ　・調査会社：Harris interactive　・調査期間：2014年8月25日～9月17日

図表 6　余暇活動の参加人口上位20位（2012～2013年）

順位	2013年 余暇活動種目	万人	順位	2012年 余暇活動種目	万人
1	国内観光旅行（避暑、避寒、温泉など）	5590	1	国内観光旅行（避暑、避寒、温泉など）	5670
2	ドライブ	4690	2	ドライブ	5200
3	外食（日常的なものは除く）	4470	3	外食（日常的なものは除く）	5170
4	映画（テレビは除く）	3780	4	映画（テレビは除く）	4090
5	複合ショッピングセンター、アウトレットモール	3690	5	音楽鑑賞（CD、レコード、テープ、FMなど）	4000
6	動物園、植物園、水族館、博物館	3500	6	複合ショッピングセンター、アウトレットモール	3920
7	カラオケ	3360	7	カラオケ	3600
8	宝くじ	3330	8	動物園、植物園、水族館、博物館	3650
9	ビデオの鑑賞（レンタルを含む）	3120	9	宝くじ	3530
10	ウォーキング	3120	10	ビデオの鑑賞（レンタルを含む）	3420
11	音楽鑑賞（CD、レコード、テープ、FMなど）	3110	11	ウォーキング	3380
12	温浴施設（健康ランド、クアハウス、スーパー銭湯）	3060	12	温浴施設（健康ランド、クアハウス、スーパー銭湯）	3300
13	園芸、庭いじり	2790	13	園芸、庭いじり	3100
14	テレビゲーム（家庭での）	2530	14	テレビゲーム（家庭での）	3080
15	音楽会、コンサートなど	2510	15	トランプ、オセロ、カルタ、花札など	3070
16	トランプ、オセロ、カルタ、花札など	2500	16	音楽会、コンサートなど	2570
17	帰省旅行	2250	17	SNS、ツイッターなどのデジタルコミュニケーション	2510
18	SNS、ツイッターなどのデジタルコミュニケーション	2230	18	ジョギング、マラソン	2450
19	バーベキュー	2110	19	バー、スナック、パブ、飲み屋	2420
20	遊園地	2100	20	帰省旅行	2370
			20	バーベキュー	2370

(レジャー白書2014、p.3をもとに作成)
注1）パソコン（ゲーム、趣味、通信など）の参加人口はインターネット調査であることを考慮して2012年から除外した。
注2）今年度新たに追加した種目では、「読書（仕事、勉強などを除く娯楽としての）」の4440万人、「ウインドウショッピング（見て歩きなど娯楽として）」の3540万人などが上位20位に匹敵する。

165

2008年は9位と常に上位にある。レジャー白書で確認できるように動物園・植物園・水族館・博物館は日本国内の余暇活動の重要なレジャー・リクリエーション施設として位置づけられており、観光資源である。

(2) 訪日外国人旅行者の訪日動機とインバウンド対策

　観光庁「訪日外国人消費動向調査」によれば、訪日外国人旅行者の訪日の動機（図表7）は、1位「日本食を食べること」76.2%で、2位「ショッピング」56.6%、3位「自然・景勝地観光」46.8%である。「テーマパーク」は9位、「美術館・博物館」は12位である。博物館が支援可能な動機としては、「日本の歴史・伝統文化体験」8位、「日本の現代文化体験」11位、自然体験ツアー・農漁村体験13位などが含まれている。ショッピングを訪日動機として挙げた国・地域別の割合は、タイ（74.1%）、香港（69.6%）、中国（68.0%）、台湾（66.9%）、シンガポール（59.1%）と以下東南アジアが続く。一方、「日本の歴史・伝統文化体験」を挙げた割合は、フランス（46.3%）、米国（43.7%）、カナダ（43.0%）、オーストラリア（41.0%）、ロシア（39.8%）、英国（37.8%）と欧米諸国等が続く。「日本の歴史・伝統文化体験」に関心の高いフランスは、和服（着物）、民芸品、書籍・絵葉書・CD・DVD、マンガ・アニメ・キャラクター関連商品の3つの品目が1位となっており（2014年レジャー白書）、クールジャパンの文化的側面によるプロモーションが功を奏していると考える。

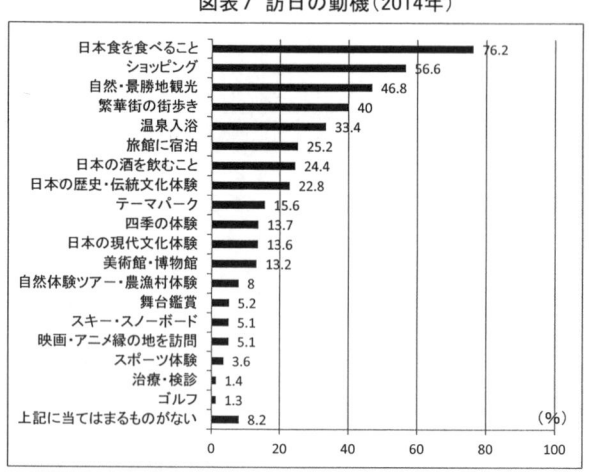

図表7　訪日の動機（2014年）

項目	%
日本食を食べること	76.2
ショッピング	56.6
自然・景勝地観光	46.8
繁華街の街歩き	40
温泉入浴	33.4
旅館に宿泊	25.2
日本の酒を飲むこと	24.4
日本の歴史・伝統文化体験	22.8
テーマパーク	15.6
四季の体験	13.7
日本の現代文化体験	13.6
美術館・博物館	13.2
自然体験ツアー・農漁村体験	8
舞台鑑賞	5.2
スキー・スノーボード	5.1
映画・アニメ縁の地を訪問	5.1
スポーツ体験	3.6
治療・検診	1.4
ゴルフ	1.3
上記に当てはまるものがない	8.2

（観光庁「訪日外国人消費動向調査」による（観光白書2014年版所収）をもとに作成）

第5章　観光資源としての博物館の活用

「みんなで旅をつくる」ソーシャル旅行サービスのトリッピース trippiece が掲載した「絶対に行きたい！外国人旅行者の口コミで選ばれた国内人気美術館・博物館 TOP10」では、図表8の博物館・美術館が挙げられている。Facebook、Twitter、Blog、YouTube などソーシャルネットワークサービス（SNS）の影響力が大きく、訪日外国人にとって、何が動機となっているのか、何に興味があるのか、何を体験したいのか、訪日外国人旅行者の目線で地域あるいは博物館のコンテンツを整理するとともに、外国人旅行者、外国の旅行会社、外国人留学生などに協力を得て、多言語化を行い、更新頻度を上げて情報発信を行っていくことも大事であろう。平成24年観光立国推進計画では、博物館・美術館等における外国人への対応の促進として、独立行政法人国立文化財機構の国立博物館4館及び独立行政法人国立美術館（国立美術館5館）における多言語化向上を図るほか、博物館・美術館パンフレットやホームページの多言語化、案内所における多言語対応などが打ち出され、外国人向け観光情報誌への掲載など、地元の地方公共団体の観光関係部局、観光協会等と連絡して情報発信等の充実を図るとしている。2014年は、地域の美術館・歴史博物館に対して、展示解説や館内案内表示の多言語化など、外国人旅行者のための環境整備等、支援をしている。

　前述したように博物館のインバウンド観光におけるコンテンツを整理し、テーマや分野が関連する都市圏の博物館と連携して地方博物館へ呼び込む戦略を立案したり、次回観光目的地としての訪問に向けてリピーターを呼び込む戦略を立案したり、外国にある現地博物館や旅行会社とコンソーシアムを構築してプロモーションを行ったりすることなど、地方の公立・私立博物館が連携をとり、行うべき事業は数多くある。地方自治体の博物館では、地方の財政状況を考えれば、他部局との業務協力・連携により地域資源の保護と利活用の業務を担い、立地に応じて魅力ある観光地づくりの拠点として、地域観光資源の磨き上げを行うととも

図表8　絶対に行きたい！外国人旅行者の口コミで選ばれた国内人気美術館・博物館TOP10

1	広島平和記念資料館	広島県広島市	http://www.pcf.city.hiroshima.jp/
2	福井県立恐竜博物館	福井県勝山市	http://www.dinosaur.pref.fukui.jp/
3	長崎原爆資料館	長崎県長崎市	http://nagasakipeace.jp/
4	彫刻の森美術館	神奈川県足柄下郡箱根町	http://www.hakone-oam.or.jp/
5	大原美術館	岡山県倉敷市	http://www.ohara.or.jp/201001/jp/index.html
6	知覧特攻平和会館	鹿児島県南九州市知覧町	http://www.chiran-tokkou.jp/
7	東京国立博物館	東京都台東区上野公園	http://www.tnm.jp/
8	大塚国際美術館	徳島県鳴門市	http://o-museum.or.jp/
9	東京都江戸東京博物館	東京都墨田区横網	https://www.edo-tokyo-museum.or.jp/
10	博物館 網走監獄	北海道網走市	http://www.kangoku.jp/

（トリッピースtrippieceホームページ、KRMLK、2015年3月4日のarticleをもとに作成）

に、観光分野においては"おもてなし"の人材づくりを行う役目を担っている。単に観光案内人を育成することを意味するのではなく、国と郷土に誇りをもった市民を育成することを意味するのであり、このような人材でなければ真のホスピタリティは行えないのである。

（3）観光の構成要素と観光経営－博物館による観光地域づくりのために

　博物館館長の役割は大きく、博物館経営、特にマーケティングに精通する必要に迫られている。さらには観光地域づくりの中核施設として、地域プロデューサーとしての視野を広げなければならない。博物館がインバウンド観光、観光地域づくりなど観光分野に携わるのであれば、学芸員・職員も同様に視野を拡げ、博物館経営論はもとより観光経営の基礎養成も必要となろう。

　そして、博物館による観光地域づくりの取組みを考えた場合、DMO（Destination Management Organization）として、博物館が中心的な役割を担う日が遠からず到来すると考える。

　例えばエコミュージアムの概念がモデルの一つであろう。現状においてもコア博物館は各種オルターナティブツーリズムの拠点として各種観光情報を提供したり、地域資源の管理を行い、観光資源の掘り起こしと磨き上げを行い、展示・教育普及を行ったり、DMO の役割の一端を担うことも可能であろう。地区指定型公園を例にとっても、現地保存型博物館としての自然公園ビジターセンターや世界遺産センターがその可能性が有していて、例えばエコツーリズム、エスニックツーリズム、ヘリテージツーリズムなどの拠点となり得る。現地保存型博物館は保護と利活用のための措置が一体となって活動しているため、収集・保存、調査・研究、展示・教育普及の機能を備えた博物館・センターが営利を目的とせず、中立な立場で DMO を行うことが望まれる。また、そのための人材育成も必要となろう。

【参考文献】

Expedia（エクスペディア）ホームページ　2014年各国の有給休暇消化率
　https://welove.expedia.co.jp/infographics/holiday-deprivation2014/（2016.1.2.14:50）
観光庁ホームページ　国内における旅行消費額（2013年）
　http://www.mlit.go.jp/kankocho/siryou/toukei/kouka.html（2015.12.29、17:00）
国土交通省（2014）『平成27年観光白書』
　http://www.mlit.go.jp/statistics/file000008.html（2016.1.05、16:02）

第5章　観光資源としての博物館の活用

公益財団法人日本生産性本部『2014レジャー白書』3頁。
中野文彦・安達寛朗他（2011/2012）「観光資源の今日的価値基準に関する研究」（自主研究
　レポート）13頁。公益財団法人日本交通公社ホームページ
　https://www.jtb.or.jp/publication-symposium/jishukenkyu-report-2011-2012
　（2015.12.22、21：21）
トリップピース trippiece ホームページ　絶対に行きたい！外国人旅行者の口コミで選ばれた
　国内人気美術館・博物館 TOP10
　https://retrip.jp/articles/3984/（2016.1.3.19：01）

3．地域の振興と博物館　　　　　　　　　　　　　　　　　　　和泉　大樹

はじめに

　「社会教育のための機関」*1 である博物館は、「歴史、芸術、民俗、産業、自然科学等に関する資料を収集し、保管（育成を含む。以下同じ。）し、展示して教育的配慮の下に一般公衆の利用に供し、その教養、調査研究、レクリエーション等に資するために必要な事業を行い、あわせてこれらの資料に関する調査研究をすることを目的とする機関」*2 である。
　ところで、「私たちは必ずミュージアムで学習しているわけでもなければ、同様にいつも余暇の楽しみとして来館しているわけでもありません。一方でミュージアム研究においては、来館者の行動は徹底的に学習として分析されてきました」*3 という指摘からも明らかなように、これまでの博物館の分析においては、博物館の重要な役割や利用目的は教育にあると理解されてきた。もちろん、そのことに間違いはないし、これからもそうであろう。
　しかしながら、刻々と変化する社会や地域の状況により、博物館によっては、教育以外の役割が求められているという現実は否めない。その一つが地域の振興における博物館の役割であろう。
　本稿は、「観光資源としての博物館の活用」という章に含まれる文章であるため、観光による地域の振興というコンテクストにおいて博物館にスポットを照射し*4、どのような点で有効に機能する可能性が想定されるのか、事例などを引きながら、その方案の一例について論じることとする。

169

1 観光による地域の振興における博物館の有効性

　観光による地域の振興を想定した場合、そこに経済振興が含まれることが一般である。とりわけ、都心部ではなく地方では、観光という手法を用いて疲弊した地域の経済振興を図り、定住人口の維持・増加、延いては、地域の維持を画策するところも少なくはない。もちろん、経済的側面だけでなく、空き校舎の増加や若者の都会への流出による活力の低下など、地域の環境的・精神的側面も改善されることを望む場合もあろう。このような地域の状況では、観光はまさに今後の地域の生命線であるという表現さえ可能である場合がある。

図1　観光による地域の維持へのステップ

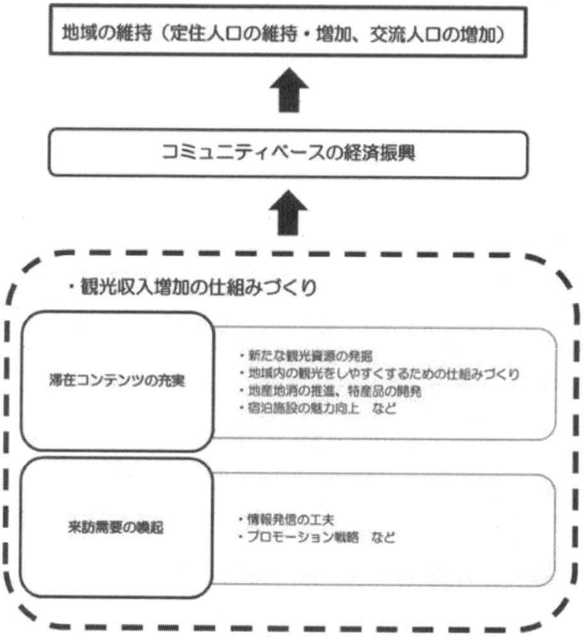

```
┌─────────────────────────────────────────┐
│ 地域の維持（定住人口の維持・増加、交流人口の増加） │
└─────────────────────────────────────────┘
                    ↑
        ┌───────────────────────┐
        │ コミュニティベースの経済振興 │
        └───────────────────────┘
                    ↑
┌ ─ ─ ─ ─ ─ ─ ─ ─ ─ ─ ─ ─ ─ ─ ─ ─ ─ ─ ─ ─ ─ ─ ┐
│ ・観光収入増加の仕組みづくり                    │
│  ┌──────────┐  ・新たな観光資源の発掘         │
│  │滞在コンテンツ│  ・地域内の観光をしやすくするための仕組みづくり│
│  │の充実    │  ・地産地消の推進、特産品の開発  │
│  └──────────┘  ・宿泊施設の魅力向上　など      │
│                                               │
│  ┌──────────┐  ・情報発信の工夫              │
│  │来訪需要の喚起│  ・プロモーション戦略　など   │
│  └──────────┘                               │
└ ─ ─ ─ ─ ─ ─ ─ ─ ─ ─ ─ ─ ─ ─ ─ ─ ─ ─ ─ ─ ─ ─ ┘
```

　以上のような状況の地域を観光によって振興させるべく段階的な視野で捉えると、図1のような考え方が一案として想定される。最終的な目標は、定住人口の維持・増加や交流人口の増加、つまり、地域の維持である。それを実現させるためには、コミュニティベースの経済振興を計る必要がある。どのような手段を用いてそれを見出すのかを思考した場合、多くの地で手段としての「観光」が抽出

第5章　観光資源としての博物館の活用

されるのである。観光によりコミュニティベースの経済振興を計るには、観光者を増加させ、消費単価を上げ、地域の中で循環する観光収入増加の仕組みを構築しなければならない。そのためには、その地が魅力的な観光地として成立する必要がある。ここで柱となるのが、滞在コンテンツの充実と来訪需要の喚起ということになる*5。滞在コンテンツの充実には、新たな観光資源の発掘、地域内で周遊観光をしやすくするための仕組みづくり、着地型旅行商品の開発、地産地消の推進、特産品の開発、宿泊施設の魅力向上、また、来訪需要の喚起には、情報発信の工夫、プロモーション戦略などを思考し、実践する必要がある。最終的には観光により、商業・工業・農業・林業・水産業などの様々な産業がつながりを持し、持続可能な地域となるべく経済基盤が構築される必要があろう。このような思考のもとで、博物館はどのような点で有効に機能する可能性が想定されるのであろうか。その方案の一例について論じてみたい。

（1）観光資源の発掘

　高度近代化による経済的な豊かさは、マス・ツーリズムと呼ばれる「観光の大衆化」を生じさせた。マス・ツーリズムは、観光産業の発達を促し、多大な経済効果を生み出したが、同時に、ゴミ問題・環境破壊問題・文化変容問題などの観光公害を発生させることとなった。それ故、マス・ツーリズムへの批判が生じ、それに代わる新たなツーリズムの考え方があるという意味でオルタナティブ・ツーリズムが提唱され、その後、地域・住民・交流・持続可能などをキーワードとするサステイナブル・ツーリズムによる観光開発の展開が進められた。そのような潮流の中、エコツーリズムやグリーン・ツーリズムなどのツーリズム形態が注目されるようになった。

　『観光立国推進基本計画』においては、「我が国は、自然や景観、歴史、伝統、文化、産業等、豊富な観光資源があり、訪日外国人のみならず、日本人にとっても魅力的な観光メニューを提供することができる。財政支出拡大による地域振興が望めない中、地域が魅力ある観光地域を形成し持続可能な地域経営を行うためには、これらの資源を活用してニューツーリズムを創出することにより、観光旅行者の多様なニーズに応えるとともに観光旅行者の宿泊数の増加につなげることが重要である。このため、体験・交流の要素を取り入れた地域密着型のニューツーリズムを核とした持続可能な観光地域の形成を促進する」*6と記述されており、ニューツーリズムを核とした持続可能な観光地形成を目指すという方向性が示されている。なお、ニューツーリズムとは、観光庁のホームページによれば、「従

171

来の物見遊山的な観光旅行に対して、これまで観光資源としては気付かれていなかったような地域固有の資源を新たに活用し、体験型・交流型の要素を取り入れた旅行の形態」*7であると定義されている。

　博物館は、地域の歴史や文化を調査・研究することにより、これまで気付かれていなかった新たな資源の発見や地域の再確認に貢献することが可能である。例えば、その地域に伝わる独特の漁法や農法などは、「農山漁村地域において自然、文化、人々との交流を楽しむ滞在型の余暇活動」*8 と定義されるグリーン・ツーリズムのコンテンツとなりうる可能性がある。しかし、そのような漁法や農法は地域の方々にとって日常の光景であり、漁業や農業を営む方々にとっても世代的に伝えられた当たり前の事象と考えられている場合があろう。地域に所在する博物館は、調査を実施して、内容の把握や学術的評価に努めながら、地域の日常に埋もれた資源に光を当て、地域目線の活動により地域のアイデンティティや誇りを導き出し、保全へのコンセンサスを構築するという一連のプロセスをプロデュースすることが可能な施設である。持続可能という観点から、地域の歴史や文化の観光資源化を思考する際には、このようなプロセスが不可欠と考えられ、博物館はその核となる施設と評することができよう*9。つまり、博物館は、ニューツーリズムで表現される「地域固有の資源の新たな活用」の基礎を構築することに貢献することができると考えられるのである。

　また、博物館においては、ニューツーリズムの潮流においてクローズアップされている体験や交流に関するプログラムが多く実施されている。例えば、明治・大正・昭和くらしの資料館（大阪府貝塚市）は、その館名のとおり、明治時代から大正・昭和にかけての日常生活を体験できる館である。例えば、飲み水として使用することは不可能であるが、今なお水を汲むことが可能な井戸があるため、つるべを用いての水汲みを体験することが可能であり、また、夏になるとかつては当たり前のように使用されていた蚊帳を体験することも可能である。館では、他にも、カマドや秤、火鉢など、当時使用された道具に触れながら当時の生活を実体験することができる。これらは、単なる地域の昔のくらしに過ぎないかもしれないが、博物館が関わることで体験プログラムとして整理することができ、ニューツーリズムの潮流にあっては、見せ方や活用方法などを創意工夫することによって、地域の観光資源として成立する可能性が高い。明治・大正・昭和くらしの資料館は、登録有形文化財に指定されている明治前期と昭和2(1927)年に建てられた町家を活用して地域の NPO 法人が運営する館であるが、このような地域の小規模な館でも十分にその可能性が見出せると考えられる。

第5章 観光資源としての博物館の活用

(2) 情報発信の拠点

　観光地として成立する要素として来訪需要の喚起、つまり、情報発信などが重要であることは言うまでもない。多くの観光者は観光地を訪問するにあたり、事前に様々な手法を用いて情報を得て計画を立てている。また、観光地へ到着してからも、現地で観光マップを入手、地域の方々に直接聞くなどして情報を収集し、観光を楽しんでいる。

　十和田市現代美術館（青森県十和田市）は、アートを通して新しい体験を提供する開かれた博物館をコンセプトとする博物館で、「Arts Towada 計画」というまちづくり計画の中心としての位置付けがなされている。草間彌生、ロン・ミュエクなど世界で活躍するアーティストの作品を常設展示としつつ、ギャラリースペース、市民活動サポートスペース、カフェなどを併せ持ち、文化芸術活動の拠点という側面も認められる施設である。

　注目すべきは、「美術館をもっとウェルカムな雰囲気にする取り組みとして「コンシェルジュ」コーナーが新たに設けられた。交通機関の案内から、美味しいレストランの紹介や、まちなかツアーまで行うコンシェルジュがいる。時刻表好きで的確な旅行プランまで造成してしまうコンシェルジュもいて、観光客に大好評だ。美術館側は、訪れた人がどんなことを求めているのかを直接聞くことができる。美術館・観光客・まちをつなぐ役割を担っている」*10との記述にあるとおり、「コンシェルジュ」を設けていることである。この「コンシェルジュ」は、十和田を観光するための情報誌である『とわだじかん』の発行も行っている。観光情報誌である『とわだじかん』の表紙には、「とわだじかんは美術館を見学後、十和田を旅するための情報紙です」と記載されており、ページをめくると、「まちなか展示」の情報、グルメ情報、まちあるきマップ、おみやげの情報、温泉施設（公衆浴場）の情報などが事細かに記載されている。

　また、美術館のホームページには、アート情報、ショップ、飲食店、宿泊施設、観光スポットなどの十和田観光を楽しむための情報を掲載する「十和田市観光情報 アーツトワダ ウェブ」へのバナーが配されている。このウェブは一般社団法人十和田市観光協会により管理運営がなされているものであるが、このウェブのバナーが十和田市現代美術館ホームページ上に配されているのは、観光者の多くが美術館のホームページにアクセスするからであろう。

　以上のように、「コンシェルジュ」の配置や観光情報誌の発行などを担う十和田市現代美術館は、十和田観光において、その情報発信拠点の一つとして大きく貢献していると言えよう。もちろん、このことは十和田市現代美術館が美術館と

して魅力的であり、多くの来館者が訪れることを前提とするものであるが、十和田市現代美術館から、さらに地域へと観光者を拡散させようということを意識した経営的思考における実践は、地域の振興へと結びつくものであると考えることができよう。

（3）コミュニティベースの経済振興への貢献

博物館と経済振興を結び付けて考えることは容易ではないが、必ずしも不可能という訳ではない。地場産業や伝統工芸などに、博物館が関わることもあるだろうし、また、歴史・文化を普及啓発するための創意工夫の中から経済振興へ結びつくこともある。

大阪府八尾市に所在する八尾市立しおんじやま古墳学習館は、中河内最大の国指定史跡心合寺山古墳に併設された学習館で、古墳からの出土遺物などを中心とした展示を通して、心合寺山古墳の時代を学び、生駒山地の豊かな歴史や文化財に触れ合うことを目的とした施設である。学習館には、再現された埋葬施設や出土した埴輪や遺物の展示、映像コーナーなどにより構成される展示室をはじめ、書籍が閲覧できる古墳情報コーナーやガイダンスホールなどが設けられている。

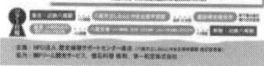

学習館は、指定管理者制度のもと、特定非営利活動法人歴史体験サポートセンター楽古により管理運営がなされている。楽古は歴史をテーマに体験学習などを提供するボランティアグループとして、2001年に任意団体として設立され、2003年に法人となった団体で、歴史を学ぶ楽しさや大切さを感じてもらうために、勾玉作り体験、土器作り体験、火おこし体験といった歴史体験プログラムを自主講座や出前授業などの形で多く提供している組織である。

学習館の管理運営に携わる歴史体験サポートセンター楽古は、心合寺山古墳を根幹に据え、多くの魅力的なプログラムや事業を展開している。例えば、「大阪の巨大古墳体験ツアー」は、午前中は、中河

八尾市立しおんじやま古墳学習館のイベントポスター

第5章　観光資源としての博物館の活用

内最大の国史跡心合寺山古墳と学習館の展示室や大阪府下最大級の愛宕塚古墳などをガイドの説明を聞きながら見学し、昼食には地域の懐石料理店による「古墳懐石弁当」を頂く。さらに午後からは、八尾空港よりセスナ機に搭乗し、心合寺山古墳はもちろんであるが、世界遺産の登録を目指す百舌鳥・古市古墳群を上空から見学するというコンテンツで実施される、まさに古墳を一日学び、堪能する体験ツアーである。セスナ機に搭乗し、上空から古墳をめぐるという内容は、希少性やアミューズメント性、また話題性が高く、古墳などの歴史にさほど興味のない方々をも引き付ける可能性を見出せるものである。そして、学習館のPR、集客戦略という側面のみでなく、心合寺山古墳を含む八尾という地域のPRにも貢献していると考えられる。

また、「古墳懐石弁当」は、学習館と地域の名店のコラボレーションにより誕生したもので、ごはんを前方後円墳形に盛り付け、円筒埴輪形のゴボウ、水鳥形埴輪を意識した煮物をおかずとするなど、大変ユニークな弁当である。加えて、学習館では「ハニワ皇帝」という、所謂、ゆるキャラを用いて古墳や埴輪などの魅力を伝達するということにも着手しているが、そのゆるキャラを焼印した「ハニワ皇帝煎餅」を販売するなど商品展開にも着手している。これら「古墳懐石弁当」や「ハニワ皇帝煎餅」などは、地域等の店舗を巻き込んで展開がなされており、コミュニティベースの経済振興へも貢献する可能性があるものと考えられる。

以上のように、八尾市立しおんじやま古墳学習館では、心合寺山古墳の普及啓発という目的を成し遂げるために、創意工夫を凝らしながら様々な実践を試みている*11。その中で地域のステークホルダーを活用し、地域のPRやコミュニティベースの経済振興へも貢献が見られるのである。

もう1例、取り上げておこう。森美術館（東京都港区）と石川県に所在する金沢21世紀美術館（石川県金沢市）、ベネッセアートサイト直島（香川県直島町）の3館は、「ミュージアムリンク・パス」を発行している。最初の館の利用日から1年間という有効期間を持つこのパスは、2館目からの入館料割引や3館のスタンプを集めれば記念品としてオリジナルグッズがもらえるというものである。もちろん、この事業展開は、3館の集客戦略であることは言うまでもないが、詳細に思考すれば、ここには都道府県を超える広域性が認められ、入館者の広域移動に伴い、交通・宿泊・食事・土産物など、複数の産業に跨って経済効果が生じる可能性を想定することができる。

一般に、博物館が自身の館の集客戦略を他の産業の振興に派生させて思考することはあまりないと考えられるが、地域の振興という観点からは、他の産業との

連関を意識した経営的思考を持つことも必要であろう。

なお、「博物館、美術館、歴史資料館、動物園、植物園、水族館などの観光施設は、多いところで年間100万人を超える入場者を集めるなど、各地の観光地で誘客に寄与している。しかし、それぞれの施設で展示される内容に関わる専門分野の研究は当然行われているだろうが、観光施設としての経済効果や地域経済に及ぼす経済波及効果に関する分析はほとんど行われていない」*12との指摘のとおり、博物館の経済効果に関する研究は、ほとんど見られず地域の振興と博物館という観点からは、当該研究の進展は急務であると考えられる。

まとめ

当然のことであるが、博物館は、観光資源の発掘や他の産業との連関、経済振興などを意識した展開を顕著に思考するわけではなかろうし、このことは、博物館の第一義的な役割ではない。資料の収集・保管、展示、調査研究を基礎とした資料、歴史、文化などの次世代への伝達、教育活動の推進や教養力の向上、趣味・娯楽への寄与などが、社会情勢などとは無関係に遂行される博物館の第一義的な役割である。しかし、そのことは社会情勢により求められる役割を考えなくても良い理由とはならないと考えられる。

平成26年3月に刊行された『第32回観光の実態と志向』によれば、11.9%の人々が旅先での行動の目的の一つとして「動・植物園、水族館、博物館、美術館、郷土資料館見物」をあげている。この11.9%という数値は、「自然の風景をみる」39.2%、「温泉浴」32.5%、「名所・旧跡を見る」29.6%、「物産品などの買物・飲食」12.9%に次いで高い数値である*13。インバウンドの観点からは、平成27年度版『観光白書』において訪日動機としては「美術館・博物館」は、13.2%、20項目のうちの12番目に高い数値となっている*14。インバウンドについては、その順位は高いとは言えないかもしれないが、博物館が目的地の一つとして意識されていると考えることに問題はない。つまり、現在、博物館は観光や地域の振興という観点での経営的思考が必要とされる社会情勢の中に存在するということになる。

本稿では、地域の振興を観光という手法を用いた振興という限定的なコンテクストとして読み、その中で博物館がどのような点で有効に機能する可能性が想定されるのか、事例などを引きながら、その方案の一例について論じた。

①観光資源の発掘では、新たな資源の発掘や持続可能な観光地形成の基礎づく

第 5 章　観光資源としての博物館の活用

りの核となる可能性、観光資源として体験プログラムなどを活用する可能性を指摘した。②情報発信の拠点では、情報の集約をもとに、地域へと観光者の拡散を促す施設としての可能性、③コミュニティベースの経済振興への貢献では、様々な創意工夫により他産業の振興を触発する可能性などを指摘した。以上のような点で博物館は地域の振興に機能する可能性が認められた。

　その一方で、観光による地域の振興が経済に一辺倒となり、地域や歴史・文化の単なる商品化や形骸化などの影響が生じるという可能性もあろう。このような事態に陥らないよう、博物館には、地域の歴史・文化などの観光資源化のプロセスやその活用に積極的に関わり、偏重的な思考・実践とならないようにバランサーやストッパーの役割を担うことが求められるであろう。そもそも、地域資源はそのままでは観光資源として成立し得ない。観光資源は、地域資源に地域の創意工夫を加えて、魅力ある観光資源（観光対象）として育て上げられるものなのである *15。したがって、博物館は、この「地域の創意工夫」に積極的に関わりをもつべきであると考えられるのである *16。

　このように、博物館は、観光による地域の振興を思考・実践するに際して、様々な意味で「要」となる存在と評することが可能であり、このような観点を顕著に意識しながら、地域の振興にアプローチする必要があろう。また、このような観点からの研究の進展も不可欠であると考えられる。

　なお、本稿では触れることができなかったが、地域における博物館の役割を思考した場合、地域の方々が自身の地域について考えるきっかけを提供する、つまり、地域の方々が自身の地域について再認識し、関わり合い、自分たちの地域を自分たちでつくるようになるというきっかけを提供する、延いては人づくりに機能するということが重要な役割の1つなのであろう。

*1 『社会教育法』第9条。
*2 『博物館法』第2条。
*3 光岡寿郎（2015）「ミュージアム」『レジャー・スタディーズ』世界思想社、203頁。
*4 本稿では「博物館」を博物館法上の博物館のみでなく、観光地に見られるような記念館や交流館のようなものまで含む広いイメージで捉えている。ただし、例えば、オルゴール館などのようにその地域でなくても存在可能な館ではなく、地域資料を扱うなど、地域に密着した館を想定するものである。
*5 「滞在コンテンツの充実」や「来訪需要の喚起」などの表現は、例えば、観光庁『地方創生に係る観光関連施策について』（平成27年1月）などにおいて使用されており、参考・使用した。

*6 『観光立国推進基本計画』(2012)、29頁。
*7 　観光庁 HP「ニューツーリズムの振興」
　　http://www.mlit.go.jp/kankocho/page05_000044.html（2015.12.23アクセス）
*8 農林水産省 HP「グリーン・ツーリズムとは」
　　http://www.maff.go.jp/j/nousin/kouryu/kyose_tairyu/k_gt/index.html（2015.12.23アクセス）
*9 　もちろん、博物館は観光資源化のために、このような業務を遂行しているのではない。観光資源化への議論はこのプロセスを踏まえた次段階の議論である。
*10 　田中摂（2013）「十和田市現代美術館」『地域を変えるミュージアム　未来を育む場のデザイン』英治出版、50・52頁。
*11 　本稿で取り上げた「古墳懐石弁当」などの取り組み内容については、楽古の代表者である福田和弘氏にご教示いただいた。また、イベントポスターについても福田氏より提供を受けた。
*12 　角本伸晃（2015）「観光経済学の方法論・研究成果」『観光学評論』Vol.3,No.2，観光学術学会、110頁。
*13 　公益社団法人日本観光振興協会（2014）『観光の実態と志向』（第32回）、68頁。
*14 　国土交通省観光庁（2015）平成27年度版『観光白書』［コンパクト版］、44頁。
*15 　古賀学は、観光地域づくりを「地域にある多種多様な地域資源を積極的に活用し、地域の創意工夫をもって魅力ある観光資源（観光対象）に育て上げて観光振興を図っている活動」と説明している。古賀学（2008）「テーマ別事例編　序論」『観光実務ハンドブック』社団法人日本観光協会編、3～4頁。
*16 　このことについては、自治体の観光部局や観光産業の関係者などにも認識されるべきである。

【参考文献】
大阪府登録文化財所有者の会（2010）『登録文化財を活かす事業報告　学校教育における登録文化財の活用について』
十和田市現代美術館 HP http://towadaartcenter.com/web/towadaartcenter.html
森美術館 HP http://www.mori.art.museum/jp/index.html
八尾市立しおんじやま古墳学習館 HP http://www.racco-taiken.com/sionji/

第5章　観光資源としての博物館の活用

4．地域創生に直結する博物館－道の駅博物館－　　　　落合　知子

1　道の駅博物館の提唱

（1）道の駅の概要

　道の駅は、1990(平成2)年に広島で開催された中国地域づくり交流会シンポジウムに於いて「道路に駅があってもいいのではないか」という提案がきっかけとなって試みられた事業である。地域振興空間と快適な利用空間が一体化となり、サービスの高度化と多様化が図られた点が特徴である。そして、この試みが建設省（現国土交通省）に評価され、1991年10月〜1992年4月の間に、山口県・岐阜県・栃木県に於いて道の駅が試験的に設置された。1993年4月には第1回目の登録を見るに至り、全国103箇所で道の駅が登録され、毎年40〜50箇所の増加が見込まれ、その数は増え続けているのが現状である。
　路線に駅があるのと同様に、一般道路にも駅をという発想から生まれた道の駅は、人と街とを繋ぐ交流ステーションになっており、それは休憩のために立ち寄る単なる駐車場という概念ではない。地域の文化や歴史、名所や特産物を紹介する情報交換の場としての個性豊かな道の駅が展開されているのである。
　道の駅の基本コンセプトは休憩機能、情報発信機能、地域連携機能で、情報発信のニーズは道の駅の利用者の大半を占め、地域の道路情報のみならず、歴史・文化・観光等の情報発信の公的な施設としての役割が評価されている。また、地域連携機能は文化教養施設、観光レクリエーション施設などの地域振興施設とされ、まさに道の駅博物館は情報発信機能と地域連携機能の両者を兼ね備えた施設と言えるのである。道の駅の目的にも「地域の振興に寄与」するとあり、文化的施設が地域振興に果たすべき役割は大きいと言える。このような観点からも情報発信の役割を担う博物館施設の重要性は高いものであり、施設の充実を図るとともに学芸員の必要性を考えなければならない。
　今日、我が国の津々浦々に道の駅が設置され、その利用者数も年々増加する中で、道の駅自体も地域の特質を打ち出し、質の高い施設が多くなってきた。日本国民の意識の向上もあり、単なる休憩所としての利用のみならず、家族連れの旅行客は子どもたちにその土地の歴史・芸術を知見させる場として、休憩のついでに手軽に立ち寄ることができることからその利用価値は高いものとなっている。

当該地域の文化に触れることができる博物館や美術館を設置している道の駅も現在265駅を数え、その在り方も様々である。道の駅はその地域文化の情報発信としての役割を有していることから、その地域の特色ある博物館施設が設置されていることが多い。著名な人物を輩出した地域であれば、その功績を称えて記念館を建設し、当該地域の特色ある工芸品に関する館や、民俗・芸能に関する歴史民俗資料館も多くみられる。また、国の重要文化財の古民家を核として、それを観光資源として活用するために後付けで道の駅を建設することもある。いずれの場合も地域に深く関わりのある博物館が特徴であり、文化の伝承、情報発信の場としての役割は大きい。
　以上のことからも道の駅に附帯する博物館は、郷土博物館しての役割を充分果たし得る施設であり、地域創生に寄与できる施設と言えるのである。

（2）道の駅博物館の分類
　道の駅博物館は、博物館・美術館・資料館・記念館・郷土館・デジタルミュージアム・情報館・科学館・ビジターセンター・野外博物館・植物園・薬草園・昆虫園・水族館・動物園・移築民家・生家・史跡整備・時代村・町並み復元・学校博物館・エコミュージアム・埋蔵文化財センター・ギャラリー・防災館・被災遺構等に分類でき、多岐に亘るジャンルで展開されている。また図書館及び図書館との複合施設もみられる。
　道の駅博物館は基本的に博物館の4大機能（収集・保管・展示・調査研究）のいずれかを行っている施設であれば、その規模は問わずに道の駅附属の博物館と見做すが、写真だけを展示するギャラリーなども含まれ、分類は今後の課題とされる。

2　地域創生拠点としての「道の駅博物館」

（1）地域創生としての道の駅 ― 重点「道の駅」の役割 ―
　「地方創生」は、2014年9月に発足した第二次安倍内閣がかかげる重点政策の一つで、地方の人口減少に歯止めをかけ、首都圏への人口集中を是正し、地方の自律的な活性化を促すための取り組みを指す（人事労務用語辞典）。
　第1回目の登録から20年以上が経過し、道の駅も今日の社会情勢に適合した運営が求められている。国土交通省は、2015年1月30日に地方創生の核となる道の駅を重点的に応援するとして、重点「道の駅」の選定を発表した。道の駅は1993年の制度創設以来、全国の1059箇所（2015年4月現在）で展開され、地元の名産や

第5章　観光資源としての博物館の活用

地域観光資源を活かして、多くの人々を迎え、地域の雇用創出や経済の活性化、住民サービスの向上に貢献している。この道の駅は、経済の好循環を地方に行き渡らせる成長戦略の強力なツールと位置づけ、関係機関と連携して特に優れた取組みをする道の駅を選定した。重点的に応援する取組みを実施するために、①全国モデル「道の駅」（選定数全6箇所）、②重点「道の駅」（選定数全35箇所）、③重点「道の駅」候補（選定数全49箇所）を選定した。

①の全国モデル「道の駅」は、地域活性化の拠点として特に優れた機能を継続的に発揮していると認められる、既存の道の駅を対象に国土交通大臣が選定したものである。観光・産業・福祉・防災、地域資源の活用や地域の課題解決を図るための地域のゲートウェイや地域センターとして機能し、道の駅を設置してから10年以上継続的に地域に貢献していることが選定条件となっている。

次に、全国に設置された道の駅1059箇所のうち博物館施設を伴う道の駅は265（2015年10月現在）を確認しており、これはおよそ25％の設置率に当たる。つまり4箇所の道の駅のうち1箇所は、何らかの博物館施設を伴う道の駅であると言えるのである。

全国モデル「道の駅」には、道の駅「もてぎ」（栃木県芳賀町）と「とみうら」（千葉県南房総市）に博物館施設が設置されているが、これらの展示施設は博物館の定義からは乖離したものである。しかし、道の駅「もてぎ」の旧古田土雅堂邸は、明治初期から大正時代にかけてアメリカで活躍した日本画家古田土雅堂の住宅で、古田土が宇都宮に帰国する際に輸入したツーバイフォー工法の建物は当時から話題を集め、美術科生がスケッチに訪れるなど、ホワイトハウスとも称された近代住宅の歴史上、貴重な建築物となっている。同じく茂木町防災館は、太陽光発電利用の照明や非常用電源、物資保管倉庫等を備えた防災施設で、通常は休憩所として利用できる。1階は防災用品の展示や、茂木の大水害を中心とした、災害の写真が展示されている。

②の重点「道の駅」は全国に35箇所選定され、地域活性化の拠点となる優れた企画性と今後の重点支援で効果的な取組みが期待できる道の駅である。道の駅の整備企画段階から国土交通大臣が選定し、取組みの先駆性・効果・実現可能性に基づいて、優れた企画を選定したものである。取組みを広く周知するとともに、取組みの実現に向けて、関係機関が連携し、重点支援をしている。

国土交通省は既に一定の成果を収めている道の駅を分析し、地方創生に発揮する道の駅を「ゲートウェイ型道の駅」と「地域センター型道の駅」に二大別している。このゲートウェイ型道の駅は地域の顔として機能し、2014年6月に決議決

定した日本再興戦略に於いては、世界に通用する魅力ある観光地域づくりと外国人旅行者の受け入れ環境整備のため、道の駅の観光情報提供を推進し、周遊観光を推進する制度を検討している。観光の形態としては有名観光地を巡る「発地型」と、地域の食文化を訪ね地域との交流や体験を楽しむ「着地型観光」とがあり、これらを比較すると後者が注目されている傾向にある。また、このゲートウェイ型道の駅のほとんどが防災機能を有している点も特徴と言える。

次いで地域センター型道の駅は地域福祉を主たる機能とする道の駅が5駅あり、高齢者に対するサービスを充実させている点が最も特徴的である。さらに火山や豪雪に対する防災拠点として整備された駅も含まれており、現代社会において道の駅に求められる機能は、防災や福祉に特化している傾向にあり、地域を支える拠点の形成が期待できるのである。観光地は近隣観光資源の案内情報機能を有し、広域的な観光ルートを形成することで、より一層の観光資源の魅力を高めることが期待できる。このようなことから、周辺の道の駅と連携を図り、地域の歴史、文化の情報を発信することで、地域観光資源の価値や魅力を向上させる取組みも盛んになりつつある。

この重点「道の駅」のうち、現時点で確認できる博物館施設を伴う道の駅は、「鹿島」（佐賀県鹿島市、ミニ水族館）、「すさみ」（和歌山県すさみ町、水族館）、伊豆道の駅ネットワークに属する「開国下田みなと」（静岡県下田市、ハーバーミュージアム・JGFA かじきミュージアム）、「伊豆のへそ」（静岡県伊豆の国市、伊豆ロケミュージアム）、「花の三聖苑伊豆松崎」（静岡県松崎町、大沢学舎・三聖会堂）であり、博物館施設の設置率は低いのが現状である。

③の重点「道の駅」候補は全国に49箇所選定され、地域活性化の拠点となる企画の具体化に向け、地域での意欲的な取組みが期待できる道の駅である。道の駅の整備企画を対象に、地方整備局長等が選定する。取組みの具体化に向けた地域の意欲的な体制整備等に基づき選定される。49箇所のうち、博物館施設を有している道の駅は、「パティオにいがた」（新潟県見附市、防災アーカイブ）、「白山」（仮称、石川県白山市、ジオパーク）、「北はりまエコミュージアム」（兵庫県西脇市、エコミュージアム）、「福良」（兵庫県南あわじ市、淡路人形浄瑠璃座）、「たわらもと」（仮称、奈良県田原本町、文化遺産地域の中間地）、「阿蘇」（熊本県阿蘇市、世界遺産・世界ジオパーク）、「奄美大島住用」（鹿児島県奄美市、マングローブ原生林）である。

以上の如く、国土交通省は進化する道の駅の機能強化を図り、地方創生の拠点とする先駆的な取組みをモデル箇所として選定し、総合的に支援している。

第5章　観光資源としての博物館の活用

3　地域連携型「道の駅博物館」

（1）昆虫館を併設する道の駅－昆虫の里たびら（平戸市たびら昆虫自然園）

　長崎県平戸市田平町の公益財団法人平戸市振興公社が管理する道の駅である。平戸市振興公社は、公共施設等を利用して、健やかで文化的市民生活の向上と快適な地域社会の実現を図り、夢とゆとりをもって生き生きと暮らせる平戸市の創造に寄与することを目的として、1994年7月1日に設立された公益財団法人である。道の駅「昆虫の里たびら」には若干の昆虫標本が置かれているものの、展示とは言い難い状況であるが、近隣に平戸市振興公社が運営するたびら昆虫自然園があり、道の駅と連携を図っている。経営が同じことから附属博物館としての機能を有していると言える。

　たびら昆虫自然園の最大の特徴は、地域の子どもたちの教育の場として活用されている点である。一般に道の駅はビジター対応の施設と捉えられがちであるが、地域住民にとっての郷土博物館としての役割も大きいと言える。その点が道の駅の大きな特徴であり、果たすべき役割なのである。たびら昆虫自然園は、日本の原風景であった畑、小川、池、雑木林など里山を再現し、生物を自然のままに観察できる施設である。自然園外からの動物は移入しておらず、田平に生息する昆虫の3000種以上が生息している。これらの昆虫を解説員が案内し、単独での見学は出来ない。施設を熟知した解説員の案内がなければ小さな昆虫を観察することは難しいことと、自由に施設を開放すると昆虫を持ち帰るリスクも否めない。解説員は蝶の幼虫やカブトムシ、その他あらゆる昆虫の居場所のひとつひとつを把握しており、1時間ほどの解説で30〜60種類の昆虫に出会うことができる。

　昆虫標本を展示する屋内展示室も有しており、田平・平戸に棲息する昆虫約4000種類のうち約200種類と寄贈標本である世界の昆虫が展示され、昆虫クイズラリー、標本づくりの実演、昔の遊び体験等のワークショップも行われている。また、高校生以上を対象とした解説員養成講座では自然や昆虫の基礎知識の講義や昆虫園

館内展示室

たびら昆虫自然園

183

の自然観察と指導方法を実習を通じて学ぶことができる。2012年には太陽光発電設備が設置されて、自然に優しい施設となっている。

（2）防災の重要性を後世に伝える道の駅－みずなし本陣（土石流被災家屋保存公園）

　道の駅「みずなし本陣」（長崎県南島原市）は、1992年の雲仙普賢岳噴火の影響で発生した、土石流により被災した家屋を保存する「土石流被災家屋保存公園」に隣接して建てられた道の駅である。この土石流被災家屋保存公園は、災害復興計画の重点プロジェクトの一環として整備され、道の駅は地域震災復興の拠点として1999年4月に開設された。

　道の駅には雲仙普賢岳噴火時の火砕流と土石流を映像とボディソニックシステム（体感音響装置）による体験型大火砕流体験館と、火山全般を学習できる火山学習館がある。両施設とも所要時間10分、入館料200円である。

　土石流被災家屋保存公園は敷地面積約6,200m²に被災家屋11棟を現地保存し、24時間一般公開されており、入館料は無料である。11棟のうち、3棟は劣化防止のため、覆い屋保存されている。

　この道の駅は自然の脅威を学ぶ場、そして災害の爪痕を後世に語り継ぐ役割を担っており、今後の震災遺構保存のモデルと成りうるであろう道の駅である。この土石流被災家屋保存公園は、平成新山自然観察センター、島原まゆやまロード、雲仙岳災害記念館、旧大野木場小学校跡（火砕流被災遺構）を含めた地域一体を火山体験フィールドミュージアムとして展開している。このような、点の保存から面の保存の実践は、地域一体の資源活用に繋がる試みであり、集客力の高揚も期待できる。

覆い屋保存された被災家屋　　　　　　土石流被災家屋保存公園
　　　　　　　　　　　　　　　　　　（雲仙普賢岳を望む）

第5章　観光資源としての博物館の活用

4　「道の駅博物館」の改善点

　先ず開館時間について、道の駅の設立目的である情報発信機能やサービスの提供から考えた場合、道の駅の開館時間が一般的に9時から5時に設定している点は問題である。来館者の多くが他府県からのビジターであるため5時の閉館は早すぎ、博物館施設のみならずその閉館時間に合わせて道の駅自体も同時に閉めてしまうことは更に改善を必要とされる。同様に観光客にとっての早朝利用も考えなければならない。開館時間が10時、11時の道の駅も存在し、せっかく立ち寄ったにもかかわらず利用できないことも多々見受けられる。
　また、通常の博物館にならって月曜日を休館日にしている施設や、さらにそれに便乗して道の駅の他の施設までもが閉まっていることがある。このように観光客相手の施設が一般社会と同じ9時から5時の営業で、且つ定期的な休館日を設けているようではリピート客の確保は難しい。国民へのサービス意識の向上が望まれる。
　次に入館料については、無料館もあれば、高い入館料を取る館もあり一律ではないが、そのほとんどが展示内容からみても高すぎる館が多いのが現状である。当該地域の文化・歴史を知ってもらうことは、その地域の活性化を図るうえでも重要である。したがって、道の駅博物館は子どもたちの情操教育を育む場であることも重要であり、遊びの中から科学・歴史・文化の芽を育てる意味からも無料にすることを提案したい。
　また、道の駅博物館は映像展示のみに始終するもの、パネル、レプリカ、人形など資料保存を考える必要のない展示であることも一因ではあるが、資料保存の意識が希薄である。それと同時に施設整備の充実が必要とされる施設も多く、専門職員の配置が望まれるのである。学芸員の設置により、来館者に対するサービス提供のみならず、資料の情報発信、展示の充実、文化の伝承を可能とするのである。
　学芸員が必要である最大の理由は、それぞれの施設・資料の専門知識を持つ学芸員がいなければ、訪れた人への情報提供ができない点にある。道の駅博物館が休憩で立ち寄ったついでに見学する程度の施設ではなく、文化施設として質の高い博物館の位置付けを確立するには、専門職員である学芸員の配置が必須なのである。

5　完成された郷土博物館

　博物館は文化施設であり、その四大機能は資料の収集・保管・展示・調査研究で、営利目的でないことは言うまでもない。道の駅は地域連携機能を基本コンセプトとしており、道の駅博物館は地域博物館としての役割を担っている施設と言える。道の駅には、各市町村が地域情報を発信すべく、郷土歴史館、伝統工芸館など様々な施設が併設されているが、これらの施設は周知されていないことも多く、利用者の要望に応えて情報のネットワーク化を構成していくことが望まれるのである。

　道の駅は郷土料理を楽しみ、特産品の土産物を購入することができる施設である。さらに道の駅博物館が当該地域の歴史・文化の情報伝達の場としての郷土資料館として確立するならば、まさに完成された郷土博物館となるのである。道の駅博物館の立地環境は人々が集まる場所が望まれるが、パーキング・休憩所として人々が交流すれば、郷土博物館の完成されたものと言えるのである。

　それには先ず専門職員である学芸員を置き、施設・展示・内容の充実を図り、資料の拡大に心がけ、地域振興に努め、道の駅博物館としての特色ある研究活動が求められる。道の駅博物館における歴史・文化・芸術等の学問的情報伝達を充実させることが、国民全体の知的欲求のレベルが高くなったことからも必要であり、それ故博物館の資質の向上を図ることが求められるのである。

　そのためにも観光地と博物館のあり方、地域文化の発掘調査、情報発信の場として発展させ、文化の伝承を担う学芸員制度の確立を提唱するものである。

　道の駅の学芸員制度が確立されることにより、学芸員資格の取得者の就職の場もかなり拡張され、全国各地の生まれ育ったふるさとで活躍することも可能となろう。

6　これからの道の駅の役割－防災と道の駅－

　地域の防災計画上に位置付けられ、防災施設（情報装置・非常電源・貯水槽・備蓄設備・仮設トイレ・ヘリポート等）を備えた道の駅が全国で631駅存在しており、防災拠点としての道の駅は今後さらに増加することが予想される。また、震災発生後に被災地近隣の道の駅は、被災地の救援基地（自衛隊・消防・支援自治体の前線基地・物資の受渡所）と緊急避難者の受け入れや被災地の救援などの支援を実施している。

第5章 観光資源としての博物館の活用

　被災地区で情報通信設備や資機材を有する道の駅は、一時避難所としても活用された。道の駅「南相馬」（福島県南相馬市）は臨時避難所及び道路情報の提供、道の駅「三本木」（宮城県大崎市）と道の駅「ひらた」（福島県平田村）は避難所として活用された。また、大型駐車場を有する道の駅は自衛隊の前線基地や消防、警察の捜査拠点や救援物資の中継基地として活用されている。

　地域センター型道の駅は産業振興・地域福祉・防災の3分野に特化しており、まさに現代社会に求められる機能を有した道の駅である。このような高齢者支援を推進する道の駅や防災を強化した道の駅の出現は、道の駅が地域の核としての役割を担っていることの証しと言える。これまでは旅行で立ち寄る休憩所という概念が強かったものが、当該地域住民の為の道の駅として設立されている現状からも、より一層道の駅に対する地域住民の期待が大きくなることが予測されよう。住民が求めるニーズが変化し、それに応える道の駅が増加傾向にあると言えるのである。具体的に地域福祉では宅配サービスや除雪ボランティア、まるごとクリニック構想といった、高齢者支援のための道の駅、火山や豪雪などの災害に対応した総合防災拠点、巨大地震時の避難場所および広域防災拠点、津波タワーの整備等である。

　次に重点「道の駅」全35箇所以外の道の駅で、防災機能を有する施設は道の駅「高田松原」（岩手県陸前高田市）が挙げられる。東北地方太平洋沖地震の津波で道の駅「高田松原」と周辺の地形や景観は一変し、道の駅は被災建物として津波のエネルギーの大きさや被害を伝える震災遺構として保存され、防災教育への活用が検討された。松原で唯一流失を免れた「奇跡の一本松」は塩害で枯死したことは周知の通りであるが、現地に残った根は保存処理され、元の位置に復元されて、復興への象徴となっている。復旧復興事業が進められて「復旧まちづくり情報館」が設置され、震災前・震災・緊急対応期の状況、復旧・復興状況、現在の陸前高田市の状況を伝えるパネルと、前

復旧まちづくり情報館

道の駅遺構タピック45

述した被災松の根が展示されている。また、「道の駅遺構タピック45」を保存し、高田松原津波復興記念公園と一体的に整備しているほか、陸前高田市と連携して津波の実情、災害の規模、津波防災文化を国内外に発信する拠点として整備されている。津波防災教育の拠点としての機能を持たせ、震災の実情と教訓を国内・海外に向けて発信するゲートウェイ情報発信機能を整備し、復興と震災を伝承すること自体を地域資源として活用し、新たな拠点を形成している。さらに地域全体のゲートウェイとして周遊を推進（岩手県・三陸沿岸地域7市4町3村・国交省が連携）し、被災実情や災害規模等を伝承するために震災遺構や実写を効果的に活用している。

　道の駅は発足以来、地域に根差して進化を遂げてきた。地域活性化や経済効果は言うまでもなく、東日本大震災以降は防災拠点としての役割を果たしている。本来、道の駅は避難所の指定は受けていなかったが、多くの道の駅は柔軟な対応と重要な役割を果たしてきたのである。

　また、阪神淡路大震災の時は博物館も避難所として活用され、想定外の課題を残したことから、その後の防災対策に繋がっていった。博物館を避難所として開放するには資料保存や防犯上の問題があるが、いずれの場合も人命より優先されることはなく、職員や来館者の避難が最優先であることは言うまでもない。

【参考文献】
落合知子（2008）「道の駅博物館の研究」『全国大学博物館学講座協議会紀要』第10号、全国大学博物館学講座協議会。
国土交通省 http://www.mlit.go.jp/road/Michi-no-Eki/next_stage.html
国土交通省（2014）「進化する『道の駅』の機能強化を図る国の取組〜先駆的なモデル箇所選定と関係機関による総合的な支援」道路行政セミナー。
重点道の駅「高田松原」岩手県陸前高田市HP
関満博（2011）『道の駅　地域産業振興と交流の拠点』新評論。
『地域開発』vol.583（2013）「特集　防災拠点として注目される「道の駅」。
「復旧まちづくり情報館」「道の駅遺構タピック45」国土交通省東北地方整備局HPより転載。

5．時代、地域のニーズに合った博物館経営

下湯 直樹

はじめに

　1980年代から1990年にかけて人々の価値観は「モノの豊かさ」から「ココロの豊かさ」へ変化し、ココロの豊かさを求めて、地方の時代をリードするシンボルとして博物館が全国各地に誕生した。1990年以降はバブルの崩壊、景気の低迷、前時代のハコモノ行政に対する反省から、博物館の予算が徐々に削減されていった。一方で、博物館は市民のニーズに応えるべく、第三世代博物館に代表される市民が参画する参加型博物館を志向していくこととなり、市民参加が可能な調査研究活動、教育普及活動など利用者サービスの再検討が始まった。2000年以降、公共の文化施設は、地方分権や官から民への大きな流れの中で市場原理の導入等により改めてその在り方が問われることとなり、わが国の博物館のあるべき姿を求め、博物館活動の基本理念として「対話と連携の博物館」(平成12年12月)、その具体的な行動指針として「博物館の望ましい姿」(平成15年3月) が発表された。2005年以降の博物館を取り巻く環境は激変し、「国立博物館への市場化テスト導入の検討、公立博物館での指定管理者制度の導入開始や市町村合併に伴う博物館の統廃合、そして私立博物館に関係する公益法人改革など、いずれも博物館活動の根幹にかかわる課題」*1 が今なお浮き彫りとなってきている。

　一方で、2014年11月20日に開催された第62回全国博物館大会におけるシンポジウム「今、求められる新しい博物館像」の司会であった三重県総合博物館の布谷知夫館長が「経済状態が悪く、格差社会が続き、予算カットや人員カットなどが起こっているが、ある意味ではそれは博物館側の努力ですぐにはどうにもできないことである。一方で、近年は企画展示や博物館のことが話題になることが多く、これは有利な点である。博物館ごとに様々な工夫がされ、博物館を地域住民に近づけるための努力がされ、魅力的な実践例が多数実施されている」*2 と述べているように博物館は時代の大きな変化に翻弄されることなく、柔軟に時代のニーズ、地域のニーズに合った博物館経営を行っている。本節では、博物館活動の基本理念として掲げられた「対話と連携」をキーワードとして進めていくものとする。

1　館種を超えた「対話と連携」

　先に述べたように博物館は現在、折からの不況と文化予算削減により事業の継続が危ぶまれ、事業縮小化や中止の憂き目にあっている。また、昨今の急激な社会の変化や市民のニーズへの対応により、社会教育の多様化、高度化が求められてきている。その現状を打開する一つの方法として採られてきたのが他施設との「連携」である。巡回展などはその代表的なもので、単独の施設では賄いきれない人材や予算、コンテンツ、情報、文化資源などを共有化することで最大効果を発揮している。これはまさに時代のニーズに合った博物館経営の最たるものといえる。以下、その連携の具体的な実態についてみていく。

　博物館は収蔵する資料により歴史系や美術系、自然史系、さらに動物園・水族館や植物園などに分類され、業務内容も抱える課題も異なるのが実情である。そのため、同じ関係団体として、全国美術館会議、全国科学博物館協議会、日本動物園水族館協会など館種別に団体が設立されており、同じ館種の関係者が集まることで専門性の追求や共有する課題への対応及び協議ができることなどその連携の利点は非常に大きいものとなっている*3。

　一方で、先の2000(平成12)年に日本博物館協会が示した理念である「対話と連携」は21世紀の博物館運営のスローガンとされ、2008年の中央教育審議会答申の「新しい時代を切り拓く生涯学習の振興方策について」では、「学芸員等の交流を含む設置主体を超えた広域的な地域連携や、例えば自然史博物館と動物園等の館種を超えたネットワークを構築する等、多様な博物館同士が協力することによって、新たな可能性を追求していくことも重要である」との提言がなされた*4。当提言を契機として館種を超えた連携に向けた機運が高まっていくこととなり、2011年に文部科学省や文化庁による「ミュージアム活性化支援事業」が進められ、2013年度から始まった文化庁の「地域と共働した美術館・歴史博物館創造活動支援事業」や2015年度「地域の核となる美術館・歴史博物館支援事業」によって地域に根差した多くの館種を超えた多面的な連携が現在進行形で誕生していっている。例えば、「博学連携」でいえば、横浜市歴史博物館が2013年度に「学校内歴史資料室を活用した博物館デビュー支援事業」を実施しており、中心的な活動として小学校の空き教室を利用して開設している小学校付属の博物館の整理や保管、活用を行っている。そもそも横浜市内の小学校341校中78校に歴史資料室を併設していたことから、学校教育との接点として活用され、子供たちの博物館デビューへの誘引、博物館マナーの習熟を促す博学連携の好例といえる*5。また、地

第5章　観光資源としての博物館の活用

域の大学と博物館の連携としては2015年度「東京・渋谷から日本の文化を国際発信するミュージアム連携事業」があり、行政である渋谷区、大学博物館の國學院大學博物館、私立博物館の山種美術館と東洋文庫の連携がなされている。当事業は、地域に所在する連携館相互の知的、物的資源の活用と交流を図り、文化芸術、教育、地域振興等の分野で相互に協力し、文化の発展や地域社会の振興、学術研究の向上、人材育成、生涯教育に寄与することを目的とされ、各種イベントやフォーラムが盛んに実施されている。

　館種を超えた連携を促すもう一つの契機となったのが「MLA 連携」である。これは博物館（Museum）、図書館（Library）、文書館（Archive）の英語表記の頭文字をとったものである。いずれの機関も文化的情報資源を収集・蓄積・提供する公共機関であるという共通点を持ち、情報資源のアーカイブ化等の課題を共有していたことから、連携に対する意識は、IFLA（国際図書館連盟）と OCLC（Online Computer Library Center, Inc）から MLA 連携についての報告書が出された2008(平成20)年を契機として、次第に高まっていった。2011年2月8日の閣議決定においては「文化芸術の振興に関する基本的な方針」として「各地域に所在する貴重な文化芸術資源の計画的・戦略的な保存・活用を図るため、博物館・図書館・公文書館（MLA）等の連携の促進に努める」とされた*6。その後、MLA 連携という用語の急速な普及は同年3月11日の東日本大震災後の被災館の救援や文化財レスキューを共同して行った博物館や図書館同士の結びつきによるところが大きく、未曾有の大災害により文書等の地域資料や文化財の散逸を目の当たりにし、国の機関や地方の行政組織を巻き込んで地域の文化資源を災害等からいかに守り、保存していくべきかという大きな議論に移っていった。

　そして、MLA 連携は University（大学）と Industry（産業界）を含めたより包括的な連携である MALUI（マルイ）連携を中心とした考え方に移行し、文化資源の蓄積と活用方策としてデジタルアーカイブの拡大を企図し、2014年には「アーカイブ立国宣言」がなされることとなった*7。

　また、上記のようなデジタルアーカイブを目的としない、多面的な連携としてMULTI 連携がある。これは意図的に MALUI　から A を抜き、Theater（劇場）を入れ、並べ替えた用語である*8。MULTI（マルチ）と銘打っている以上、デジタルアーカイブを主目的としないこと以外は特に何が入って、抜けているからということではなく、あくまでも多面的な事業連携を意味している。例えば上野公園に所在する9つのミュージアムが協働し、子供達のミュージアム・デビューを応援する「museum start あいうえの」という事業のなかでは東京文化会館と

いう劇場が、上野の森美術館、国立西洋美術館、東京都美術館、東京国立博物館や東京都恩賜上野動物園、国立国会図書館国際こども図書館、国立科学博物館、東京藝術大学とともに連携をはかっていることは、この MULTI 連携の好例と言えよう。

　また、東京都千代田区内に集積する文化や芸術などの知的資産をより有効に活用し、互いに連携協力して文化・芸術の振興に資することを目的として設立された「千代田区ミュージアム連絡会」がある。2015年度の参加館は25館におよび、年間複数回にわたり各館の有志が企画した「千代田ディスカバリーミュージアム」といった千代田区内の文化資源、観光資源を有効活用したツアーを開催している。ツアー以外にも千代田図書館や日比谷図書文化館では区内で開催している展覧会を広く周知するための講座を多数開催し、展覧会目録も収集・配架するなど博物館と図書館の交流が活発であり、この「顔のみえる」地域の関係者の交流はまさに「対話と連携」そのものであるといえる。

　一方で、地域や館種を超えた広域的なネットワークも盛んに行われており、その代表が2010年に発足した「小規模ミュージアムネットワーク（小さいとこネット）」である。その狙いや活動を HP 上で『小さいとこ』の最大の強みは、利用者との距離が近いことにあります。　本ネットワークは、スタッフの人的な魅力と機動力を駆使し、地域資源を蓄積・共有し、知的・物的・人的資源の将来にわたる安定的な提供機関となり、地域の一員としてミュージアム運営を行うことを目的とし、一つの施設だけでは力の及ばない課題の解決と、地域に根差した活動を続けるため、メーリングリストによる意見交換と年一回のサミットを行い、『小さいとこ』の魅力を発信し続けています。　現在メーリングリストの参加者は150人を超え、ゆるやかなネットワークが維持されています。」*9 と謳っており、広域的でありながら「顔のみえる」関係者のゆるやかな「対話と連携」がなされている。

2　複合施設、総合施設内部での「対話と連携」

　MLA 連携というと自館だけでは成しえない事業を連携することで成立させること、または資料を他館との連携で補うこととして捉えがちであるが、実際のところ MLA 連携の取り組みは一過性で連携を行う館同士よりも ML または LA、MLA その他施設が同居する複合施設、総合施設の取り組みがより進んでいる傾向が認められる。そのなかでも特徴的な3例を紹介する。

第5章　観光資源としての博物館の活用

　まず一つ目に、古くからMLA連携ともいえる取り組みを行っている複合施設として京都府立総合資料館がある。「京都に関する専門資料館」として1963(昭和38)年に開館し、約65万点の図書資料・古文書・公文書・現物資料を所蔵している。指定文化財になっている資料として、アーカイブ資料の代表的な存在である、国宝「東寺百合文書」や重要文化財「京都府行政文書」などがあるほか貴重な古典籍や京都に関する郷土資料を多数所蔵している。特徴的なのは資料の一般貸出を行わないが、図書館同様に所蔵書籍や資料を直接調査・研究できる閲覧サービスを主としていることである。また、先に紹介したMLA連携の最大の特徴ともいえる貴重な館蔵資料のデジタル化とその公開への展開も2016(平成28)年の新館開館を視野に進められている。そのMLA事業の推進者である福島幸宏が「博物・図書・アーカイブ資料を保存し自由に活用できる、他のどこにもあり得ない機関となるべく変貌する。社会の縮小段階に入り、財政・人材の制限の中で苦闘している日本のMLA機関の新しいモデルとなりたいと願っている。」[10] と述べている通り、今後のMLA連携の指針となりえる好例であるといえる。

　二つ目は、2011年11月に開館した千代田区立日比谷図書文化館である。当館は旧都立日比谷図書館からの図書館機能に加え、博物館機能を加えた施設で、指定管理者が運営を担っている。千代田区の場合は従来から指定管理者制度の導入にありがちなコストカットに重点を置いた指定管理者選定ではなく「民間のノウハウ活用によるサービスの向上、多様な専門的能力を持つスタッフの確保、効率的な運営などを目的として、指定管理者制度を導入」し、「利用者の利便性の向上を図り魅力ある施設としていく」[11] という考えに立脚したものである。その結果として、日比谷図書文化館はNPO法人知的資源イニシアティブ(IRI)から先進的な運営方法が評価され、2013年に優秀賞を授与されている。その評価のポイントは「従来の図書館機能に博物館・学習・交流の機能を統合」であったように、コンソーシアムという複数企業による共同経営から生じる企業風土の違いや学芸員と図書館司書といった専門職の違いを乗り越えた「対話と連携」にあったといえる。

　三つ目に、2014年4月に開館した三重県総合博物館(MieMU)が挙げられる。その基本計画では博物館機能と公文書館機能の一体化が謳われており、三重の自然と歴史・文化を紹介する総合(学域)博物館の機能に加え、公文書館の機能を保有している。これは先の2011年に施行された公文書館管理法第34条に基づく、地方公共団体の文書の適正な管理に関する努力規定の施策を全国的に先駆けて実施した先例である。また単に保管するだけに留まらず、2015年2月6日から3月21

日まで第10回企画展「国立公文書館共催 明治の日本と三重～近代日本の幕開けと鹿鳴館時代～」を開催するなど、公文書館の機能と博物館の機能とが上手く融合されている好例といえよう。さらに、近隣の三重県立図書館と三重県立美術館と連携し、それぞれの施設の魅力をアピールしながら、周辺の街路に賑わいを創出する様々な事業も展開している。

　以上、特徴的な3例を紹介してきたが表1の通り、それ以外にも筆者が調べただけでも複合施設、総合施設内部で ML・LA・MLA 連携を行っている施設はかなりの数にのぼり、また、今後建設が予定されている複合施設の傾向として交流を意図したホールや劇場、ギャラリー、公民館、役所、マンションなどとの併設や統合の傾向が顕著にみられる。この背景には行政組織のスリム化や市民のニーズの多様性への対応、市民のアクセスや利便性の向上など様々な事由が複雑に関係していると推察される。

表1　ML・LA・MLA・MULTI連携施設

施設名	概要	開館年月
京都府立総合資料館	図書館、博物館、文書館	1963年（2018年新施設計画）
茨城県立歴史館	博物館、公文書館	1974年
知立市図書館、知立市歴史民俗資料館	博物館（2階）、図書館（1階）	1987年
つくば文化会館アルス	図書館、美術館、ホール、カフェ	1990年6月
長野県立歴史館	博物館、公文書館	1994年
タルイピアセンター	博物館、図書館	1994年
生涯学習センターメディアパーク市川	こども館、図書館、映像文化センター、公民館、文学プラザ、教育センター	1994年11月
中山道みたけ館	博物館、図書館	1996年
朝日町教育文化施設	博物館、図書館、児童館	1997年11月
菖蒲文化会館	図書館、文化ホール、会議室、多目的室、常設展示室	1998年6月
駒ヶ根総合文化センター	博物館、図書館、文化会館、勤労青少年ホーム、女性ふれあい館	2002年
奈良県立図書情報館	図書館、公文書館、デジタルスタジオ、カフェ、交流ホール	2005年11月
東近江市能登川博物館	博物館、図書館、埋蔵文化財センター	2006年1月
ライズシティ池袋	図書館、劇場、マンション	2007年1月
篠崎文化プラザ	図書館、展示室、江戸川総合人生大学、会議室、カフェ	2008年7月
芳賀町総合情報館	図書館、博物館・文書館	2008年10月
武蔵野美術大学美術館・図書館	美術館、博物館、図書館	2011年6月
東久寺文化センター	博物館、図書館、カフェ、会議室、ホール	2011年10月
千代田区立日比谷図書文化館	図書館、博物館、ホール、会議室、ショップ、カフェ、レストラン	2011年11月
瑞穂町郷土資料館（けやき館）	図書館、博物館	2014年11月
武雄市図書館、武雄市歴史資料館	図書館、博物館、カフェ	2013年4月
三重県総合博物館	博物館、公文書館、（県立図書館が隣接）	2014年4月
福井県ふるさと文学館	文学館、図書館、文書館	2015年2月
鳥栖市立図書館	図書館、常設展示室	2015年5月（常設展示室の設置）
アスピア児玉	博物館（塙保己一記念館）、総合支所、公民館、児童センター	2015年7月
ぎふメディアコスモス	図書館、展示室、ギャラリー、市民活動交流センター	2015年7月
EXPOCITY	水族館、映画館、商業施設	2015年秋
川越町図書館等複合施設（名称募集中）	博物館、図書館、公民館	2015年度中予定
中央区生涯学習交流館 本の森ちゅうおう（仮）	図書館、博物館、生涯学習館、高齢者センター、カフェ	2016年11月予定
YAMATO文化森	芸術文化ホール、図書館、生涯学習センター、屋内こども広場	2016年11月予定
利根町文化複合施設（仮称）	博物館、図書館、公民館、ホール、アトリウム	2016年度予定
高知市新図書館等複合施（名称募集中）	図書館、点字図書館、子ども科学館	2017年3月予定
ゆいの森あらかわ	図書館、博物館（吉村昭記念文学館）、子ども施設	2017年春
熱海フォーラム（仮称）	図書館、ギャラリー、ホール、カフェ、屋内公園	2017年
県立・大村市立一体型図書館（仮称）	図書館、博物館、公文書コーナー	2018年10月予定
札幌市市民交流複合施設（仮称）	図書館、アートセンター、ホール、カフェ、レストラン	2018年予定
COOL JAPAN FOREST（KADOKAWA）	博物館、美術館、図書館、物流センター	2018年予定
周南市社会教育複合施設	図書館、博物館、教育センター、男女共同参画センター	2019年予定

第5章　観光資源としての博物館の活用

3　今後求められる博物館経営のありかた

　2003年9月の地方自治法改正から指定管理者制度が社会教育施設に導入され、2011年度までに全国の公立博物館のうち21%の館で指定管理者が導入されており、今なお増加の一途を辿っている。指定管理者制度導入の狙いは、公募制を敷くことで入札に対する競争原理が働き、民間のノウハウを発揮することによるサービスの向上に加えて、施設の効用最大化にあった。しかし、指定管理者制度が社会教育施設に導入されて10年が経過するなかで、継続性・安定性に欠けることが多く指摘されており、なかには指定管理者から直営へ戻したケースや指定管理者自体が採算とれなく撤退、または次年度の公募に参加しなかったケースもあった。その大きな理由として、設置者である行政側が単に経費削減の手段として安易に指定管理者制度を導入してしまったことや旧来の管理委託制度と同様のものと捉え、導入したことにあると考えられる。

　一方で、地域に根付き、民間のノウハウが発揮され、質の向上がもたらされ、運営が二期、三期目まで継続している指定管理者制度導入の成功例もある。これにはやはり、自館が持つ経営資源や周辺の文化資源を分析し、近隣の企業や学校、文化施設等との強い結びつきを構築している、つまり先の「対話と連携」を実践し、館種を超えた連携がなされていることが最大の強みとしてあるからに他ならない。さらに先の「小規模ミュージアムネットワーク（小さいとこネット）」の設立の要因にも起因するが、端を発した施設は指定管理者で運営している館であり、働いているスタッフの危機意識と博物館経営の意識の高さは直営館の比ではない。これは「博物館総合調査」のデータを使用した分析からも明らかで、館のもつ目的・使命の達成に向け、経営資源を効率的に運用する力、博物館経営力（マネジメント・危機管理力、ネットワーク力、広報・情報発信力）とも、指定管理館が直営館を上回り、指定管理館の事業成果は、経営資源の多さと博物館の経営力に裏付けられている*12。

　上記のことを、先に紹介した千代田区立日比谷図書文化館における展覧会に関する具体的なデータから指し示すこととする。同館の場合、主催の展覧会を年間4回開催し、そのうち指定管理者の学芸員が年間2回の有料の展覧会を、区の学芸員が年間2回の無料の展覧会を企画している。両者の展覧会の在り方を比較した表2をみてもらえば分かるように、「千代田の坂と橋－江戸・東京の地形－」は千代田区内の地理や景観と、ルドゥーテ「美花選」展の場合は、館の所在する日比谷公園の花壇や店舗とリンクしているようにいずれも地域の文化資源を活か

表2 千代田区立日比谷図書文化館における無料展と有料展の比較

展覧会名	千代田の坂と橋 －江戸・東京の地形－	ルドゥーテ 「美花選」展
開催時期・期間	平成27年1月30日～3月22日 49日間	平成27年4月18日～6月19日 60日間
協力団体	なし	後　　援：在日フランス大使館／ 　　　　　アンスティチュ・フランセ日本 特別協賛：みずほ銀行 特別協力：コノサーズ・コレクション東京 協　　力：公益財団法人東京都公園協会、 日比谷花壇、MMM、久保田チェンバロ工房
料金の有無	無料	有料（一般300円） 割引券・招待券の配付あり
来場者数総数 土日の来場者平均人数	7,059人 144.5人	12,461人（うち有料入場者　6,782人） 218人
展覧会情報の入手 （1位と2位）	1位　たまたま・図書館のついで　34% 2位　ポスター・チラシ　　　　　24%	1位　展覧会の招待券・割引券　　21% 2位　Web　　　　　　　　　　　18%

した展覧会である。しかし、決定的に違う要素が三点ある。その第一点は、博物館経営のなかで欠かすことのできないステークホルダーの獲得の有無である。展覧会という一つの事業を成功させるためには「対話と連携」として何よりも周辺の関連施設の協力、協賛先からのファンドレイジングなどステークホルダーの存在は欠かすことのできないものである。第二に、有料か無料であるかという点である。博物館学研究者のなかには、博物館法第23条「入館料その他博物館資料の利用に対する対価を徴収してはならない。」という文言に縛られ、「無料であるべきだ。博物館の有料化が来館者の最大のバリアー」と唱えている者もいる。果たして本当にそうだろうか。表2の総来場者数をみても、有料展が来館者を遠ざけているようには思えず、むしろ土日の来場者の平均をみれば、その差は歴然としている。そもそも当館は日比谷や霞が関といったオフィス街に立地しているため、平日と休日とでは利用層が異なり、展覧会のために休日を割いてまでわざわざ観に来たという実態を推し量るうえで、この土日の来場者数の平均人数はその一つの指標となりえる。そして第三に、広報手段である。無料展は立地する日比谷公園や複合施設ゆえに「たまたま・図書館のついで」が多く、ポスターやチラシといった通り一遍の広報で来場しているのに対し、有料展は有料展であるがゆえに広報手段として招待券や割引券を関係各所に配布し、WebやSNSによる宣伝、口コミ効果を狙っているといえる。この広報における無料展と有料展との情報の波及効果の差は歴然としている。上記、三点以外にも疑問を呈すならば、人の心理からして自分の身銭を切って展示を観るのと、ふらっと無料で立ち寄って観るのとでは教育的効果はどちらが高いだろうか。さらにいえば、身銭を切ってまで観に来てもらう展覧会を計画する学芸員とそうではない学芸員の展覧会や細

第5章　観光資源としての博物館の活用

かい展示の造作に対する意識の差ははたして変わらないものだろうか。

　少し長くなったが、あくまでも来館者は入場料が問題で来館したがらないのではなく、来場するに至るまでの動機づけとなる「質」が担保されていない、または、広報が行き届かず、その展示の魅力が十分に伝えきれていないことに起因する。「博物館の有料化が来館者の最大のバリアー」ということについては常設展はともかく、特別展や企画展などの展覧会の実態にそぐわない前時代的な経営の考え方であると強く警鐘を鳴らしておきたい。

　また、今後求められる経営のありかたを検討するうえで大阪市の博物館の実態について触れておく必要がある。大阪市はこれまで幾度となく行政改革を行い、市内にある博物館は直営から委託へ移行し、市の出資法人である外郭団体の統合によって指定管理者制度での運営主体の一元化が進められてきた。しかし、資金の運用の自由度が少なく、事業の継続性の確保や有用な人材の登用・育成が困難であることが危惧されていた。そのため現在は、所管する大阪市経済戦略局を中心として「事業の継続性、優れた人材、自主性の発揮、業務改善や透明性の確保が安定的に実現できる経営形態」*13 を目指し、指定管理者制度が抱える課題を脱却する一つの方策として全国に先駆けて地方独立行政法人化へ向かっている。勿論、その枠組みのなかには大阪歴史博物館、市立美術館、東洋陶磁美術館、自然史博物館、市立科学館といった異なる館種が含まれており、実現されれば館種を超えた連携がより活発に展開されることは想像に難くなく、今後の博物館経営のモデルケースとなりえるか注目していく必要がある。

　さて、これまで施設や関係者との交流を中心とした「対話と連携」を中心に論を進めてきたが、市民との「対話と連携」も決して忘れてはならないことである。その市民との対話を考えるうえで「日本の博物館総合調査研究」報告書（平成27年1月）」が示した「市場化に包摂されながらも、コモンズとしての役割・機能を維持するためには、市民に認知される価値を市民に提供し、市民と博物館の関係を、旧来の"利用者－施設"という関係を超えたものに変革していく必要であろう。市場化の波にのまれ、コモンズを喪失しないためには、市民と博物館が向き合うことにより、博物館が、市民がさまざまな価値を創成し、市民と博物館、市民同士がコミュニケーションを図る場所になることが重要であろう。」*14 という提言を真摯に受け止める必要ある。先の博物館法改正により「博物館の運営状況に関する評価及び改善」や「地域住民等に対する情報提供に努めること」などが新たに盛り込まれたこともあり、博物館は予算の出資者である市民に対して説明責任を負う必要がある。説明責任を問われた近年のケースとしては、いずれも指

197

定管理者に関わるもので、その一件目が、2013年に改装された佐賀県武雄市に所在する武雄市図書館・歴史資料館で、2012年にカルチュアコンビニエンスクラブ（TSUTAYA の経営母体）が指定管理者として選定されたが、その契約に関わる住民監査請求が却下されたことを受け、当時の市長に対して損害賠償請求を行うよう求めた住民訴訟である。二件目は千葉県野田市に所在し、NPO 法人野田文化広場が運営している野田市郷土博物館で、野田市郷土博物館の業務に関する情報公開請求の申し立てを長期間放置したことにより、2015年11月25日付で市の行政職員に対して処分が下されたものである。野田市郷土博物館の実情は、一市民による私怨によるものであるが、請求内容のみを見てしまえば、武雄市図書館・歴史資料館における指定管理者制度を導入した行政と市民との対話不足、当制度に対する住民の不信感を増幅させる要因と為り得るものであった*15。そのような市民との対話不足の改善のためには当制度を導入する際や運営者選定時の市民との対話、情報公開にあるのは言うまでもないが、もう一つには利用者の声を反映させた評価制度の導入にある。このことについて清谷康平が「博物館の社会的価値を最大化するためには、博物館側が提供するサービス水準は勿論のこと、博物館を利用する利用者の実態を知り、利用者がその価値を享受することができる環境を整えることが必要であると考えられる。（中略）アンケート等により得られた結果のみを局所的に捉えるのではなく、利用者の声に耳を傾けながら、自己満足に陥ることなく、事業全体の中で、どのような優先順位付けの基に具体的な取り組みを進めていくかが重要である。常に事業展開における戦略・計画を策定し、実践した後に評価を行い、評価に基づいて博物館利用者の満足度水準を向上させ、利用者にとって社会的価値が最大化された博物館の運営水準を維持・向上させるために、PDCA サイクルを運用していくことが環境変化に順応した事業展開、博物館運営を可能にすると考える。」*16 と述べているとおり、アンケート調査等による市民のニーズの把握、事業計画から自己評価、外部評価という運営改善の努力はもはや市民に対する義務である。

　しかし、2009年「日本の博物館実態調査」によれば博物館活動に関する使命を明確にしている館は全体の77.6％でありながら、自己評価を定期的に実施している館が16.5％、外部評価に至っては10.5％と未だ我が国の博物館の経営に関する意識の低さを痛感せざるを得ない状況である。また、評価制度を導入しているからといって過信できるものではないことは、博物館業界のなかで評価システムとしてモデルケースとなった静岡県立美術館の2014年度の展覧会の総来場者数が1986年度の開館以来、最少となったことからも実証されている*17。

第 5 章　観光資源としての博物館の活用

おわりに

　このように博物館活動の基本理念として掲げられた「対話と連携」をキーワードとして、館種を超えた連携や MLA 連携と MULTI 連携、複合施設化や総合施設化の傾向、指定管理者制度と地方独立行政法人、博物館の評価制度といった事項を通して時代、地域のニーズに合った博物館経営とは何かを追究してきた。一方で、この時代、地域のニーズに合った博物館を追究することは第四世代の博物館像を構築する作業、言い換えれば「対話と連携」がもはや時代、地域のニーズに対応できていない第三世代の参加型博物館から脱却する第四世代博物館となりえるのかを確認することとなったことのように思える。また、本節を通じて筆者が指定管理者制度や地方独立行政法人化を推奨している見方もできようがそれは全くの誤解である。冒頭の三重県総合博物館の布谷館長の「博物館ごとに様々な工夫がされ、博物館を地域住民に近づけるための努力がされ、魅力的な実践例が多数実施されている」という言葉通り、直営館でも合理的・効果的経営に対する意識が高い館は存在する。その一方で指定管理者も名乗りを挙げないほどに、運営予算が逼迫し、時代に追いつけず、行き場のなくなった博物館を地方で特に散見する。恐らくそのような館は文化や芸術は既得権益のように守られて当然という意識のもと、これまで行政からの令達予算の枠内での運営に甘んじ、費用対効果に対する厳しい認識が欠如していたものと思えて仕方がない。何をしていなくても、行政から潤沢な予算が与えられ、その予算で定期的に展覧会を開催し、ありきたりの定型的な広報で人々が来館するといった過去の常識は一刻も早くリセットするべきである。今からでも遅くはない、近隣の住民、施設との「対話と連携」からもう一度始めてはどうだろうか。限られた予算のなかでいかに自分の施設だけでは賄いきれない人材やコンテンツ、情報や資源といったものを他と連携しながら共有化を図ることの重要性はもはや繰り返すまでもない。これからの博物館はチャールズ・ダーウィンの「最も強い者が生き残るのではなく、最も賢い者が生き延びるでもない。唯一生き残るのは、変化できる者である」という言葉の通り、時代、地域のニーズに合った博物館に変化し、常に自己変革し続けることこそが最も重要なことである。

＊1　日本博物館協会（2006）「1. 時代の変化と博物館のあり方－「博物館力」を基盤に・「対話と連携」を基軸に」。　http://www.mext.go.jp/b_menu/shingi/chousa/shougai/014/shiryo/06101611/006/003.htm（2016年1月5日検索）

*2 布谷知夫（2015）「シンポジウム『今、求められる新しい博物館像』」『博物館研究』Vol.50 No.3(No561)、10頁。
*3 栗原祐司（2012）「第5章 ミュージアム・ネットワーク 3 ほかの博物館・機関・団体などとの連携」『博物館学Ⅲ 博物館情報・メディア論＊博物館経営論』197頁、学文社。
*4 中央教育審議会（2008）「新しい時代を切り拓く生涯学習の振興方策について～知の循環型社会の構築を目指して（答申）」42～43頁。
*5 羽毛田智幸（2014）「博物館デビュー支援事業はじめました」『文化庁広報誌「ぶんかる」』7月号。
*6 文化庁（2015）「第3文化芸術振興に関する基本的な方針 （2）美術館、博物館、図書館等の充実」『文化芸術の振興に関する基本的な方針－文化芸術資源で未来をつくる（第四次基本方針）』31頁。
*7 「アーカイブ立国宣言」編集委員『アーカイブ立国宣言』(2014) ポット出版。
*8 下湯直樹（2014）「社会教育施設における連携の取り組み－MLA連携からMULTI連携へ」『國學院雑誌』8月特集号、44～59頁。
*9 「小規模ミュージアムネットワーク（小さいとこネット）」
http://chiisaitoko.web.fc2.com/（2016年1月5日検索）
*10 福島幸宏（2014）「京都府立総合資料館の取り組み 京都－日本のデジタルアーカイブのハブを目指して」『AMeet 京都から世界へ』。
*11 千代田区ホームページ http://www.city.chiyoda.lg.jp/service/00128/d0012833.html
（2011年10月時点検索、2014年5月時点 ページ削除のため閲覧不可）
*12 経済戦略局（2015）「文化施設（博物館施設）の独立行政法人化に向けた基本プラン」。
*13 杉長敬治（2015）「第2部第2章 公立博物館、指定管理館と直営館の現状と課題－事業成果、経営資源、経営力の比較を中心に」『日本の博物館総合調査研究：中間報告書』52頁。
*14 同上、53頁。
*15 野田市議会会議録「平成27年6月定例会（第2回）」2015.6.18。本件のように一市民の私怨による度重なる情報公開請求や嫌がらせなどの迷惑行為により学芸員が退職に追い込まれることは通常の市民の正当な権利行使とは到底認められず、このような主張は東京都現代美術館（MOT）で2015年7月18日～10月12日に開催されていた「おとなもこどもも考える ここはだれの場所？」展における「友の会会員が一名」からのクレームとその対応としての作品撤去の問題にも通じる。本節では触れることが出来なかったが、関係者は当事者であるため議論に加わりにくい状況にあるが、今後の博物館経営を考えるうえでこのような問題は避けて通れないため博物館業界全体で情報共有、活発な議論が望まれる。
*16 清谷康平（2014）「利用者満足度の把握・評価に基づくサービス水準の向上と事業展開に向けて」『博物館研究』Vol.49 No12(No558)、18～22頁。

第5章　観光資源としての博物館の活用

＊17　静岡新聞（2015）「静岡県立美術館、10万人割れ　2014年度、来館者最少」7月31日。
http://www.at-s.com/news/article/politics/shizuoka/60527.html（2016年2月2日検索）

6．世界遺産と博物館

中村　浩

はじめに

　2015年現在、世界遺産の総登録数は1031件（文化遺産802件、自然遺産197件、複合遺産32件）にのぼっている。日本では19件（文化遺産15件、自然遺産4件）が登録され、暫定遺産リストに文化遺産11件（拡張登録を含む）がリストアップされている。
　世界遺産は地域活性化をもたらす起爆剤として、また観光資源としての活用が図られていることが多い。本節では、世界遺産と博物館の関係、博物館施設整備の現状と問題点などについて述べていく。

1　世界遺産の種類

　まず世界遺産の種類について簡単に見てみよう。
　文化遺産とは、顕著な普遍的価値をもつ建築物や遺跡など。自然遺産とは、顕著な普遍的価値をもつ地形や生物多様性、景観美などを備える地域など。複合遺産とは、文化と自然の両方について、顕著な普遍的価値を兼ね備えるものをいう。
　この三つは基本的に当該地域から移動することが難しい不動産である。このほか、戦争、内乱など差し迫った危機に瀕している世界遺産（危機遺産）がある。
　世界遺産条約の締約国は191か国に達し、そのうちの163か国に世界遺産がある。とくに多くの世界遺産がある国は、イタリア（51）、次いで中国（48）、スペイン（44）、フランス（43）、ドイツ（40）、メキシコ（33）、インド（32）、イギリス（29）、ロシア（26）、アメリカ（23）、オーストラリア（19）、ブラジル（19）、日本（19）、イラン（19）、カナダ（19）、ギリシャ（17）などである。地域別に見ると、ヨーロッパ（466）、アフリカ（114）、アジア（252）、オセアニア（11）、北米・中米（82）、南米（71）となっている（日本ユネスコ協会連盟）。
　遺産登録がヨーロッパに偏重していることから、ユネスコは1994年に、「世界遺産リストにおける不均衡の是正および代表制、信用性の確保のためのグローバ

ル・ストラテジー」を世界遺産委員会で採択している。しかし偏重傾向是正の動きが極端になると、登録基準に達しない遺産や保全に問題がある遺産が登録される恐れもあり、この点は十分に配慮しなければならない問題であろう。

また世界遺産の登録をめぐって、政治的な問題が浮上する例も少なくない。日本の「明治日本の産業革命遺産」登録（2015年）の際の韓国の対応などは記憶に新しい。

登録はされたが、維持・保存が困難な状態の遺産も多くある。危機遺産である。危機遺産とは「地震や風雨による自然災害や紛争による遺産の破壊や略奪や盗掘、政情不安に伴う貴重な動植物の密漁や伐採、過度な開発による環境破壊など様々な理由によって、世界遺産としての価値が危機的な状況にある遺産」（日本ユネスコ協会連盟 HP）で、国際社会全体で優先的に守っていくために危機遺産リストに登録される。2001年3月タリバンによって破壊されたアフガニスタンのバーミヤン遺跡はその一つである。

危機遺産は政治情勢が不安定な地域に多く、アフリカは114件中19件、とくにコンゴは自然遺産登録のヴィルンガ国立公園をはじめ5件すべてが危機遺産となっている。アジアでも戦乱が続いているアフガニスタン、イラク、シリアなどに危機遺産がある。

2　世界遺産の登録

世界遺産条約の締約国は、将来世界遺産リストに登録する計画のある物件を「暫定リスト」として UNESCO に提出する。事前に暫定リストに記載されていないと、世界遺産委員会へ推薦書を提出しても審査されない。なお、世界遺産リストへの推薦は、締約国政府が責任を持って行うもので、個人や団体による推薦はない。また登録に先行して各国での暫定遺産登録が行われる。日本の暫定リストは、以下の通り文化遺産9件と拡張登録1件である。

・武家の古都鎌倉（神奈川県、1992年登録）
・彦根城（滋賀県、1992年登録）
・飛鳥・藤原の宮都とその関連遺産群（奈良県、2007年登録）
・長崎の教会群とキリスト教関連遺産（長崎・熊本県、2007年登録）
・国立西洋美術館・本館（東京都、2007年登録）
・北海道・北東北を中心とした縄文遺跡群（北海道、青森県、秋田県、岩手県、2009年登録）

第5章　観光資源としての博物館の活用

- 「神宿る島」宗像・沖ノ島と関連遺産群（福岡県、2009年登録）
- 金を中心とする佐渡鉱山の遺産群（新潟県、2010年登録）
- 百舌鳥・古市古墳群（大阪府、2010年登録）
- 平泉の文化遺産（岩手県、2012年登録）【拡張登録】

図表1　世界遺産の登録基準（日本ユネスコ協会連盟HPより、引用・一部改変）

（i）人間の創造的才能を表す傑作である。
（ii）建築、科学技術、記念碑、都市計画、景観設計の発展に重要な影響を与えた、ある期間にわたる価値感の交流又はある文化圏内での価値観の交流を示すものである。
（iii）現存するか消滅しているかにかかわらず、ある文化的伝統又は文明の存在を伝承する物証として無二の存在（少なくとも希有な存在）である。
（iv）歴史上の重要な段階を物語る建築物、その集合体、科学技術の集合体、あるいは景観を代表する顕著な見本である。
（v）あるひとつの文化（または複数の文化）を特徴づけるような伝統的居住形態若しくは陸上・海上の土地利用形態を代表する顕著な見本である。又は、人類と環境とのふれあいを代表する顕著な見本である（特に不可逆的な変化によりその存続が危ぶまれているもの。
（vi）顕著な普遍的価値を有する出来事（行事）、生きた伝統、思想、信仰、芸術的作品、あるいは文学的作品と直接または実質的関連がある（この基準は他の基準とあわせて用いられることが望ましい）。
（vii）最上級の自然現象、又は、類まれな自然美・美的価値を有する地域を包含する。
（viii）生命進化の記録や、地形形成における重要な進行中の地質学的過程、あるいは重要な地形学的又は自然地理学的特徴といった、地球の歴史の主要な段階を代表する顕著な見本である。
（ix）陸上・淡水域・沿岸・海洋の生態系や動植物群集の進化、発展において、重要な進行中の生態学的過程又は生物学的過程を代表する顕著な見本である。
（x）学術上又は保全上顕著な普遍的価値を有する絶滅のおそれのある種の生息地など、生物多様性の生息域内保全にとって最も重要な自然の生息地を包含する。
※なお、世界遺産の登録基準は、2005年2月1日まで文化遺産と自然遺産についてそれぞれ定めていたが、同年2月2日から上記のとおり文化遺産と自然遺産が統合された新しい登録基準に変更。文化遺産、自然遺産、複合遺産の区分は、上記基準（i）〜（vi）で登録された物件は文化遺産、（vii）〜（x）で登録された物件は自然遺産、文化遺産と自然遺産の両方の基準で登録されたものは複合遺産とする。

世界遺産登録基準の要件（図表1）と登録までの過程（図表2）を示す。

図表2　登録までの過程

```
┌─────────────────────────────────────────┐
│ 各国の担当政府機関が作成した暫定リスト記載物件のうち、│
│ 準備の整ったものを各国が推薦する           │
└─────────────────────────────────────────┘
              ↓ （登録推薦）
┌─────────────────────────────────────────┐
│ ユネスコ世界遺産センターが諮問機関に評価依頼 │
└─────────────────────────────────────────┘
              ↓ （調査・評価を実施）
```

（文化遺産）	（自然遺産）
文化遺産候補は国際記念物遺跡会議（ICOMOS）が現地調査を踏まえて登録の可否を勧告。（文化的景観に関しては、IUCNとも協議が行われる場合がある。）	自然遺産候補は国際自然保護連合（IUCN）が現地調査を踏まえて登録の可否を勧告

```
              ↓ （登録の勧告）
┌─────────────────────────────────────────┐
│         世界遺産委員会で最終審議              │
└─────────────────────────────────────────┘
              ↓
┌─────────────────────────────────────────┐
│              正式登録                      │
└─────────────────────────────────────────┘
```

3　世界遺産と博物館の関係

　世界遺産と博物館について記述した文献としては、灰野昭郎（2000）や植野浩三（2006）などがあるが、不動産を対象として登録されている点で、遺産そのものが博物館資料とされるのかどうかという議論もある。広大な範囲を対象とする自然遺産の場合は、植物、動物の生態に関する博物館の設置には至っていないが、ガイダンス施設などの博物館類似施設は設置されている。
　遺産そのものが展示、公開の対象であると考えると、すなわち博物館であるとしてもよいだろう。そうした前提で、世界遺産と関連する博物館について考えてみたい。
　遺産そのものが博物館として活用されているもの、遺産のガイダンス施設とし

第 5 章　観光資源としての博物館の活用

て設置されたもの、従来の博物館施設が世界遺産の展示に力を入れているものなど、様々な形態がある。

（1）遺産そのものを博物館として活用しているもの
　世界遺産そのものが博物館と呼称されている、あるいはそのように認識されている場合。例えば、博物館とは呼称していないが、初年度の1978年に登録された「ヴィエリチカ・ボフニア王立岩塩坑」（ポーランド）の坑内では、採掘工程の紹介や採掘道具、労働者が岩塩で作った彫像等が展示され、全体が展示室となっている。また「アウシュヴィッツ・ビルケナウ―ドイツ・ナチの強制収容所」（ポーランド）は1979年に遺産登録された。ここは国立博物館アウシュヴィッツ・ビルケナウと呼称しており、収容所の建物は遺品の展示室となっている。この両者にはガイダンス施設のようなものは併設されていない。
　このように、遺産そのものが博物館の機能（保存・展示）を果たしている例は、日本や東南アジア諸国にも見られる。1993年登録の姫路城は、城そのものが博物館として従来から機能しており、修復後は映像などを駆使した展示を行っている。

（2）遺産とは別に地域内に博物館施設を設置しているもの
①登録以前から設置されていたもの
　世界遺産登録地域内に設置された博物館としては、「原爆ドーム」（1996年登録）に近接する広島平和記念資料館がある。1955(昭和30)年の設計競技の結果、建築家丹下健三の作品が選ばれた。資料館と原爆ドームを結ぶ都市的な軸線を設定、1階にピロティを設け、原爆ドームへ続く動線を意識させるというコンセプトで建てられた。
　このほか「法隆寺地域の仏教建造物」や「古都京都の文化財」、「厳島神社」、「古都奈良の文化財」、「日光の社寺」、「紀伊山地の霊場と参詣道」、「平泉」などの対象地域の社寺にはすでに博物館施設を設けている場合が多い。
　法隆寺に関連する博物館は、明治時代の献納宝物を展示公開する東京国立博物館の法隆寺宝物館、および法隆寺境内の法隆寺宝物館がある。近接する法輪寺にも宝物館がある。
　京都、奈良については、多くの社寺に宝物館が設置されている。厳島神社では、宝物館で平家一族の奉納美術品などが展示公開されている。日光では、東照宮に東照宮宝物館、東照宮美術館、輪王寺に宝物殿、日光二荒山神社には宝物館が設置されている。「平泉―仏国土（浄土）を表す建築・庭園及び考古学的遺跡群」

(2011年登録)に関しては、中尊寺宝物館讃衡蔵、毛越寺宝物館、柳之御所資料館、平泉文化遺産センター、平泉文化史館などの施設がある。

一方、目を東南アジアに転じると、「バリ州の文化的景観―トリ・ヒタ・カラナ哲学に基づくスバック灌漑システム」(インドネシア、2012年登録)の紹介を行うスバック農業博物館は遺産地域に隣接しており、灌漑システム、農具などの民俗資料を展示している。登録に先行して設置された博物館である。

タイでは、「古代都市スコタイと周辺の古代都市群」(1991年登録)、さらに同年登録の「古都アユタヤ」、「バン・チアンの古代遺跡」(1992年登録)に関連する博物館が見られる。スコタイでは、1964年開館のラームカムヘーン国立博物館、中世の陶磁器を展示するスワンカローク国立博物館がある。さらに周辺の都市群に関しては、遺跡の調査・整備がなされたシーサッチャナーライ歴史公園、カムペーン・ペッ国立博物館がある。また遺産地域にはインフォメーションセンターも設置されている。アユタヤ地域では、チャンタラカセーム宮殿国立博物館が1936年に、チャ・サーム・プラヤー国立博物館が1961年に、アユタヤ歴史研究センターが1990年にそれぞれ開館している。バン・チアンは独特の彩文土器出土地としても知られる遺跡である。ここには1975年に開館したバン・チアン国立博物館がある。

ラオス「チャンパサック県の文化的景観にあるワット・プーと関連古代遺産群」(2001年登録)に関連する博物館としてはチャンパサック県歴史博物館があり、県内の歴史をテーマにした展示が行われている。

②登録後に博物館施設が設置されたもの

遺産登録前後に設置された博物館を見てみよう。「富士山」(2013年文化遺産登録)については、静岡県が富士山世界遺産センター(仮称)の展示実施計画を公表し、山梨県は山梨県立富士山世界遺産センターの2016年6月開館を目指している。

東南アジアでは、インドネシア「サンギラン初期人類遺跡」(1996年登録)サンギラン人類学博物館、カンボジア「アンコール遺跡群」(1992年登録)のアンコール国立博物館、ベトナム「ハノイ―タンロン王城遺跡中心地区」(2010年登録)の展示館などが新設、あるいは増改築されている。

サンギラン人類学博物館は、2011年に改装オープンしたもので、ジオラマや実物資

サンギラン人類学博物館の展示

料からジャワ原人の調査研究の足跡をはじめ世界各地の先史人類の紹介を行っているユニークな博物館である。アンコール国立博物館は、カンボジアで3番目の国立博物館として2007年に開館した。アンコール地域の石仏をはじめとする石造彫刻を収集し、ジオラマや映像を駆使した展示が行われている。

タイ「バン・チアンの古代遺跡」（1992年登録）に関しては、2004年開館のウドーン・ターニー博物館がある。

（3）遺産の観光案内・ガイダンス施設を設置しているもの

遺産に特化したガイダンス施設として比較的簡単な展示室を設け、観光案内を兼ねた施設が地域内あるいは隣接地域に設置されている例が見られる。いずれも遺産の登録後に設置されたものである。

日本では「白神山地」（1993年自然遺産登録）の白神山地ビジターセンター、同年登録の自然遺産「屋久島」の屋久島世界遺産センター、屋久島観光センターがある。また「知床」（2005年自然遺産登録）では斜里町に知床世界遺産センター、知床自然センター、羅臼ビジターセンターが開設されている。ちなみに知床地域では登録地域に近接して斜里町知床博物館、羅臼町郷土資料館

斜里町知床博物館

などの博物館施設が既設施設としてあり、豊富な自然、人文系資料の展示を見学することができる。また、「小笠原」（2011年自然遺産登録）には、NPO法人の運営する小笠原海洋センターがある。

自然遺産に登録された地域の施設では、自然保護の観点から観光案内およびオリエンテーションを主たる業務としており、博物館的機能は総じて少ないといえよう。

沖縄「琉球王国とグスク及び関連遺産群」（2000年登録）には観光案内を兼ねた各施設が見られる。例えば、首里城公園センター内ビジターセンターや情報展示室、玉陵管理事務所内地下展示室、今帰仁村歴史文化センターなどである。また沖縄県立博物館も新築移転し、内容の充実が図られている。

「紀伊山地の霊場と参詣道」（2004年登録）に関しては、和歌山県世界遺産センター熊野本宮館が登録後に新設されている。世界遺産を知る・学ぶ・感じる展示空間、「回廊ゾーン」「ガイダンスゾーン」「交流スポット」から構成されている。

また、フランスからスペインの聖地サンチャゴ・デ・コンポステーラにまで及ぶ巡礼路（1993年世界遺産登録）の紹介コーナーが特設されている。このほか三重県立熊野古道センターも開設されている。既設の施設としては高野山霊宝館が高野山内にある。
　一方、東南アジアに目を転じれば、カンボジアのアンコール遺跡群、ベトナムのミーソン聖域や胡朝城跡、ラオスのワット・プー寺院遺跡などにガイダンス施設がある。アンコール遺跡群には、アンコール国立博物館、シアヌーク美術館など本格的な博物館がみられる。しかし博物館に立ち寄る観光客は必ずしも多いとはいえないようである。ガイダンス施設であるバイヨン・センターは、アンコール地域の修復や調査を担当している JASA（日本国政府アンコール遺跡救済チーム）が現地事務所内に設立、運営している施設である。
　ここに示した各施設は、いずれも遺産のガイダンスに特化した運営が行われているものであり、博物館類似施設である。つまり、博物館的な機能を持ってはいるが、遺産見学（観光）のオリエンテーション的な案内施設といえる。
　なかには世界遺産の調査成果の展示場所としての性格を保持しながら、出土遺物の保管場所という性格も兼ねている施設がある。その一例としてベトナム「ホー王朝の城塞」（2011年登録）がある。この王朝は、1400年にホー・クイ・リーがチャン（陳）王朝から皇位を簒奪して立朝したものの、わずか7年後に中国明に滅ぼされた短命王朝である。とくに石材工事は素晴らしく、工事を行った石工集団が中国大陸に拉致連行され、故宮の建設に従事したと指摘されている。ここは7年間の胡朝の都城で、現在はほぼ正方形の石積の城壁が残るのみである。中核部分は農耕地として残されており、宮殿所在遺構については全く手掛かりがない。現在もなお発掘調査が継続中で、性格が明らかになる日は近いだろう。平屋造り遺産センターは、出土した大量の瓦や土器などの整理保管場所として利用され、一部は展示室としても活用されている。地域内には石積の城壁を簡単な模型で体験できる小規模な簡易の体験展示館（小屋）も見られる。
　ベトナム「ミーソン聖域群」では、地域内の遺構建物で修復工事中に発見された石造品の展示が行われているが、狭い室内のため展示効果が十分とは言い難い。また日本政府の援助で建設されたガイダンス施設設では、遺跡内の建物の写真パネルや構造紹介の図面パネルなどが掲げられ、わずかながら遺物も展示されている。
　ラオス「チャンパサック県の文化的景観にあるワット・プーと関連古代遺産群」（2001年登録）に関連する施設としては、遺跡入口付近に遺跡展示ホールがあ

第5章　観光資源としての博物館の活用

る。ワット・プー寺院から発見された石像遺物が展示されている。

むすびにかえて

　以上、世界遺産と博物館について、日本と東南アジアの例について簡単に現状を見てきた。世界遺産と博物館の関係は、遺産そのものが遺跡博物館あるいは野外博物館であると考えれば、展示公開施設の新設は必ずしも必要ではないのかもしれない。
　また、遺産に関連した博物館がある場合でも、世界遺産登録以前から存在する施設と登録後整備された施設がある。とくに後者の施設は大規模な博物館施設ではなく、遺産の紹介に特化した観光案内（ガイダンス）施設という形のものが多く、遺産登録後に開設される場合が多いようである。
　「世界の文化遺産および自然遺産の保護に関する条約」第4条・第5条には、「保護、保存、整備」し、将来の世代に伝えることを確保することが義務としてうたわれているが、近年の状況は地域振興、観光開発が前面に出ているように思える。もちろん、世界遺産を活用した地域振興は重要であるが、遺産登録を機に、地域の文化や自然への関心を高め、保護・研究の拠点整備につなげていくのが本質的な意義であり、その相乗効果として地域振興があることを忘れてはならない。
　いずれにしても、日本および東南アジア地域の世界遺産登録は今後増えていくことは確実であろう。世界遺産のもつ意義を広く知らしめるためにも、博物館および関連施設の充実が図られることを期待している。

【参考文献】
灰野昭郎（2000）「博物館の探索」『世界遺産学を学ぶ人のために』世界思想社。
植野浩三（2006）「世界遺産と博物館の役割」『文化財学報』23・24号、奈良大学。
日本ユネスコ協会連盟 HP　www.unesco.or.jp/isan/list/

第6章

教育、生涯学習への博物館の活用

博物館と教育

駒見 和夫

1　生涯学習と博物館教育

　わが国の教育政策において、博物館をとりまく環境は1980年代から大きく変容し、博物館に求められる役割が変わりつつある。簡潔に示すと、かつての概念では、収集、保存、展示、調査研究、教育普及が、それぞれ博物館の役割と理解された。これは博物館法に示された博物館の定義にもとづく認識である。けれども今日の社会が求める博物館の役割は教育であり、収集、保存、展示、調査研究については機能として、教育の役割に集約される位置づけとなってきている。

　その端緒は、中央教育審議会による1981(昭和56)年の答申「生涯教育について」である。当時、国際的なテーマとなりはじめた生涯教育に対して、わが国の実践のあり方を提言するものであった。このなかで、地域社会における自由で個性的な学習や芸術文化活動などを促進するため、各地の特性や住民の文化活動圏などでの学習活動の実態を考慮しつつ、公民館や図書館とともに、博物館の整備を計画的・体系的に進める必要が指摘されている。以後、博物館は地域において、生涯教育を担う社会教育施設に位置づけられるようになったのである。

　以後、1990(平成2)年の中央教育審議会答申「生涯学習の基盤整備について」では、青少年の学校外活動や地域活動、女性の社会参加と高齢者の充実した生活設計を支える学習活動の促進が、社会教育の重要活動に掲げられた。また、1996(平成8)年の生涯学習審議会答申「地域における生涯学習機会の充実方策について」では、多様で総合的な学習機会の提供、施設間の広域的な連携の促進、情報化・マルチメディア化への対応、学校教育との連携・協力を、博物館を含めた社会教育施設に求めている。

　次いで、生涯学習審議会は1998(平成10)年に「社会の変化に対応した今後の社会教育行政の在り方について」を答申し、生涯学習を推進する博物館に求められる機能は収蔵や展示にとどまらず、調査研究、教育普及活動、参加体験型活動の充実など、多様化・高度化の状況にあると指摘した。そのため、1973(昭和48)年文部省告示の「公立博物館の設置及び運営に関する基準」について、館種を問わず定量的で詳細な基準を画一的に示す内容は現状に合致せず、大綱化・弾力化の方向で見直す必要があるとしている。また、学芸員の配置基準も一律に定めるの

第6章　教育、生涯学習への博物館の活用

は適切でないとして、定数規定の廃止も求めている。これを受けて基準の改正がおこなわれることとなった。

　その後、2008(平成20)年に中央教育審議会が「新しい時代を切り拓く生涯学習の振興方策について－知の循環型社会の構築を目指して－」を答申し、住民の地域社会への貢献やコミュニティづくりへの意識を高め、地域や公共の課題に対応する学習を支援するため、社会教育施設の機能強化を主張した。具体的には、地域の教育力向上のための博物館活用を次のように示している。

　　　博物館においては、各館の特色・目的を明確にした上で、地域の歴史や自然、文化あるいは産業等に関連した博物館活動を地域住民の参画を得ながら積極的に展開したり、地元出身の偉人を顕彰する記念館や地域のシンボルである文化財や自然環境等を活用した博物館等を核として、地域住民が地元に対する誇りや愛着を得られるようなまちづくりを実施すること等が望まれる。また、博物館資料を活用した学校教育の支援を積極的に行うことが重要である。

　さらに、博物館のあり方について、地域文化や生涯学習・社会教育の拠点としての機能とともに、子どもたちに参加体験型の学習を提供する機能を高め、ボランティアや社会教育団体の協力を得た地域ぐるみの活動を求めている。そのためには、自己点検・評価の結果や地域住民の意見を踏まえた展示や解説、鑑賞環境の改善と充実に努めるとともに、解説員やサイエンスコミュニケーターなど、専門的な展示内容をわかりやすく伝える人材の養成と活用が必要だとする。また、設置主体をこえた広域的な地域連携や、多様な博物館の協力による可能性の追求、家庭教育を支援する活動の充実も掲げている。

　加えて、専門職である学芸員についても、生涯学習の支援を含め博物館に期待される諸機能の強化の観点から、資質の向上が重要だとする。方策として、研修の実施に努める規定を法令上に設けることや、学芸員が現代的課題に対応し、高い専門性と実践力を備えた質の高い人材として育成されるよう、大学の養成課程での履修科目と単位の見直しを提起している。

　このような生涯学習振興の動向に対応すべく、日本博物館協会では2001(平成13)年に『「対話と連携」の博物館』*1をまとめ、博物館の理念や機能の再整理が図られた。ここでは現代の博物館のビジョンを次のように示している。

　　　生涯学習社会の新しい教育システムの中では、博物館が従来の学校中心の教育活動と比較にならないほどの重要な役割を分担し、それを果たすことこそ博物館の社会的存在理由なのだという共通認識を、すべてのスタッフが持

つことである。

　生涯学習は、家庭と学校、さらに地域の教育力が統合されて実現する学びの仕組みであり、"対話と連携の博物館"というあり方は、統合して構築される教育システムにおいて、地域の学習拠点となるべき博物館の存在意義を明確にしたものである。この考え方を基本に、博物館全体として総合的な力の向上・発展を企図して2003(平成15)年に提起された『博物館の望ましい姿』*2 では、収集資料の多面的な活用を通じて、人びとの学習機会の拡充と文化的余暇活動の充実へ寄与することを求めている。その実現のために、知的な刺激や楽しみを人びとと分かちあい、新しい価値を創造する博物館という視点が提示され、次のように説明している。

　　博物館は人びととの対話とさまざまなサービスの提供を通して、人びとの自主的な学習の場となり、生涯学習の一翼を担う。そのために、博物館は資料の価値とそれに伴う情報をわかりやすく人びとに伝え、知的な情報を共有し、ともに学び、楽しみを分かち合う。この活動の結果、資料から新しい価値が創造され、博物館が公共の財産として成長し発展していくための基礎となる。

日本博物館協会のこれらの報告書に表れているように、現代の博物館は生涯学習の教育システムに位置づく存在となっており、教育の役割を果たすことの重要性について博物館側の認識も高まり、現在に至っているのである。

　なお、2008(平成20)年には博物館法が約半世紀ぶりに改正され、2011(平成23)年には「公立博物館の設置及び運営に関する基準」を全面的に改正した「公立博物館の設置及び運営上の望ましい基準」が文部科学省から告示された。博物館法の改正は不十分との批判もあるが、いずれも改正の主意は生涯学習社会への対応を根幹としている。また、2012(平成24)年には博物館法施行規則が改正され、大学で修得する学芸員資格の博物館に関する科目と単位が増加となった。生涯学習支援を含め博物館に期待される諸機能を強化するため、これを担う学芸員が高い専門性と実践力を身につけることが主眼なのである*3。

2　博物館教育の意図

　今日の社会的テーマとなっている生涯学習は、当初は生涯教育という考え方でスタートした。1965年、ユネスコの成人教育推進国際委員会において、フランス教育学者のポール・ラングラン（Paul Lengrand）が、「生涯教育（Éducation

第 6 章　教育、生涯学習への博物館の活用

permanente)」と題するワーキングペーパーを提示し、この構想の承認と達成を勧告したことに始まる。

　ラングランの主張 *4 は、社会事象が急激に変化する現代社会を危機的と認識し、この状況における人間の存在の保障を教育の問題と捉え、教育の仕組みを各人の一生を通じた期間に拡大し、学校だけでなく社会の多様な場での展開をめざすものであった。そのために、人びとの生涯にわたって、継続的で統合された教育システムを構築しようとするのである。これが強い共感を得て、概念形成が進められていくとともに、各国の政策に取り込まれ、わが国でも教育施策の中枢に位置づけられてきた。なお、ラングランは生涯教育の推進策の一つに、利用者に身近な博物館を設けて活用することを指摘している。相互に補い、総合的に構築された生涯教育の役割の一部が、当初から博物館に求められていたのである。

　今日のわが国にあっては、前項で示したように、博物館に対する教育の期待は一段と高まっている。しかしながら、博物館が遂行すべき教育は、生涯学習社会への対応として付託された役割ではない。現代博物館の直接的な原形は18世紀後半のヨーロッパで成立するが、これは公教育（すべての人が利益を享受する公共性を保持した教育）の認識と制度のもとで確立をみた。つまり、自由で平等な人間を保障する公教育の機関として位置づいたことにより、博物館は社会にひろく浸透していったのである。

　公教育機関としての博物館の転換点は、18世紀後半の西ヨーロッパの動向にあった。イギリス王立協会会長を務めた博物学者のハンス・スローン（Hans Sloane）は、自らのコレクションを国家に譲渡して、一括保管と一般への自由な公開を遺言で求めた。これに応えたイギリス議会は、1753年に大英博物館法を制定してコレクションの国家管理を決定するが、スローンが提示した保管と自由な公開という内容は、コレクション継承の社会的価値を人びとへの公開、すなわち公衆への貢献にみとめている点で注目される。この要求は、人間の未開な部分に知の光をあてる啓蒙思想の発達と、その知識を基盤に進展した近代市民社会を背景にして、従前にはみられなかった博物館像の骨子を提起したものである。スローンの遺志が反映された大英博物館法では、博物館とコレクションは維持され閲覧されるものであり、それは学者の研究や好奇心の強い人たちの楽しみのためだけでなく、一般公衆への利益としておこなわれるものと定義づけている *5。

　ほどなくして1759年に大英博物館が開館する。この時の利用規定には、博物館が研究や勉学を志す者への知識面で役立つように構成されるとともに、国の内外を問わず一般公衆も利用できることを明記していた *6。ただし、当初の実態は

215

市民の要望に応じた一般公開ではなく、限られた人しか利用できなかったようである。しかし、公衆とのかかわりをもとに博物館のあり方を示し、広範に利用されることで人びとに寄与する理念が創出され、それがナショナル・ミュージアムに結実したことは、以後の博物館の社会的価値を方向づけるものであった。同時に、公衆への利益寄与を実現させる具体的な対応として、教育の役割がクローズアップされるようになったのである。

また、フランス革命後の1793年に、ルーブル宮殿を収蔵美術品とともに市民に開放したフランス共和国立博物館の開設も、転換点であった。自由と平等と友愛の諸原理を掲げたフランス革命では人権宣言が採択され、市民の権利を保障するための公教育制度の整備が進められていく。この動向のなかで共和国立博物館が誕生に至るのであった。

これに先だって、公教育委員会議長のニコラ・ド・コンドルセ（Nicolas de Condorcet）は、1792年に「公教育の全般的組織に関する報告および法案」*7 をフランス国民議会に提出し、公教育組織のなかに博物館を位置づけたのである。法案では教育を五つの階梯に区分し、第三階梯のアンスチチュに一般的有用性の事物を収め公開する資料室を、第四階梯のリセには博物学と解剖学の標本、物理器具、機械模型、古美術品、絵画、彫刻の収集品を収蔵する博物館の併設を示している。いずれも無償で公開する施設で、アンスチチュはフランス全土に110の開校を意図し、資料室の収蔵品は所在地域の生産物に限定している点から、今日の地域博物館に似たスタイルが想定される。また、リセは9校の設立が計画され、併設の博物館はリセにおける研究と教育に役立てるだけではなく、収集品の公衆利用を明記している。つまり、アンスチチュやリセに附属した資料室と博物館は、学校教育の一部を担い、同時に公衆の教育にもひろく寄与する役割を付託したものであった。

さらに、法案では教育の機会均等を保障して権利の平等の実質化を説き、人間の生涯を通じていつでも知識を維持し、また新たに獲得する便宜を人びとに提供することを、公教育制度の指導原理としている。この思考は現代の生涯学習の骨子に重なる。コンドルセの法案は、革命下の混乱に翻弄され成立には至らなかった。しかし、法案の理念は以後のフランス教育制度の基盤となり、公教育の保障が進んで行く。ルーブルの共和国立博物館は、博物館が公教育の体系に位置づく考え方のもとで、人びとが生涯のいつでも学べる場として開館したのである。

イギリスやフランスで登場した近代博物館は、19世紀になってアメリカでも設立される。その特色は、多くの館が、市民の基金や寄付をもとに住民主導のもと

第6章　教育、生涯学習への博物館の活用

で創設されたことにある。このため、地域住民の利益となる教育の役割が運営の基盤になっていた。1846年発足のスミソニアン協会で国立博物館開設を進めたジョージ・B・グード（George Brown Goode）は、博物館を単なる陳列の場ではなく人びとに思想を養育し啓蒙する場と捉え、国民への教育を目的に位置づけている。スミソニアンに限らず、アメリカの博物館は今日に至るまで、公衆への教育的役割に関して積極的な活動が展開されてきた。1950年代には教育活動に特化した専門職（Museum Educator）の配置が進み、教育機関としての活動促進の原動力になっている。

　日本では、欧米で発達した博物館が幕末から明治初期に紹介された。その創設期の歩みをたどると教育を担う施設と認識されていたが、進展の過程で教育は機能の一つと捉えられ、目的として公教育の役割を果たすという理念は社会の潮流になってこなかった。資料保存機関であり、研究機関であることを博物館の第一義とする見方も強くあった*8。この点は、博物館法第2条に示された博物館の定義にも表れており、教育は全体の目的の位置づけではなく、一機能としての理解となっている。

　前述のように、1970年代以降、わが国でも生涯学習の振興と施策化が進み、博物館の教育的な機能や役割の重視が主張されるようになってきた。けれども、生涯学習の重要性の認識が深まり、その理念の達成をめざす社会であるから博物館教育が求められるのではない。近代にスタートした博物館は公教育の役割を根幹とする機関、すなわち、すべての人に学びを保障する活動主体であり、このことが社会的産物としての博物館の意義なのである。

3　博物館の学びと観光

　上記の位置づけをもつ博物館教育の特徴は、人びとの来館によってはじめて成立することにある。同じく公教育機関の学校の場合、学習者が登校することは前提条件であり、そこを出発点として教育の内容が工夫される。これに対して博物館では、どんなに有意義な学びをつくり上げても、足を運ぶ人がいなければ価値はいっさい生まれない。博物館教育の取り組みは人びとを博物館に導くことが出発点であり、かつ到達点でもある。

　欧米で進捗した来館者研究によれば、一般的な博物館利用は、自由時間を家族や友人たちと楽しく過ごすことを期待した余暇活動とされる*9。したがって、公教育の役割を担う博物館では、楽しみの要素や工夫に乏しい展示や学習支援プ

ログラムであっては、役割の遂行が困難となる。この点も博物館での学びの特徴である。つまり、博物館教育では学習と娯楽は対峙するものではなく、人びとの楽しみと多様なニーズの学習を一体化して組み立てた活動が求められる。

博物館活動のこのような認識は、国際博物館会議の現在の規約においても、博物館の定義として次のように示されている。

　　A museum is a non-profit, permanent institution in the service of society and its development, open to the public, which acquires, conserves, researches, communicates and exhibits the tangible and intangible heritage of humanity and its environment for the purposes of education, study and enjoyment.　―博物館とは、社会とその発展に貢献するため、有形無形の人類の遺産とその環境を、教養・学習・楽しみを目的として、収集・保存・調査研究・伝達・展示をおこなう、公衆に開かれた非営利の常設機関である―

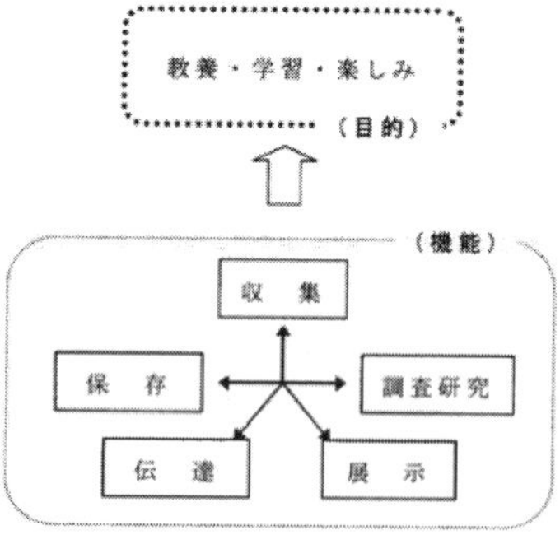

すなわち、博物館は明確な purposes - 目的 - をもっている。それは、公衆にとっての education（教養）と、study（学習）と、enjoyment（楽しみ）である。教養の獲得やそれを深める学習は、楽しさをともなわなければ博物館では成立しない。したがって三つは対となって目的となり、この目的を達成するための博物館の機能として、acquires（収集）、conserves（保存）、researches（調査研究）、communicates（伝達）、exhibits（展示）が位置づくのである（図1）。

図1　博物館の機能と目的の関係

ところで、わが国の博物館認識のもとになっている博物館法をみると、博物館の定義では目的と機能の関係が明瞭に示されていない（博物館法第2条）。ゆえに、博物館における教育と娯楽は別個の役割とみなされ、対峙的に捉えられてしまう。けれども、国際博物館会議の定義に表れているように、学びと楽しみを融合して捉える活動によって、博物館では公教育機関の役割を果たせることとなるのである。

このような認識に立つならば、人びとの観光という行為は、博物館教育の実践と強い結びつきをもつ。今日の観光は価値観やライフスタイルの変化とともに、旅行の日常化、リピーター比率の増大、体験型レクリエーションの普及など、ニ

第6章　教育、生涯学習への博物館の活用

ーズの多様化と個性化の傾向が顕著になっている＊10。単独の観光資源だけでなく、自然、産業、文化を体験して地域全体を楽しみ、さらに行事や生活に参加して親しむ内容への関心が高い。わが国は2003(平成15)年7月に観光立国を宣言しており、この推進は各地の歴史的・文化的価値を再認識するプロセスとも捉えられる。観光立国推進閣僚会議が2015(平成27)年に示した「観光立国実現に向けたアクション・プログラム2015」では、美術館・博物館の作品や各地域の文化財、自然・文化遺産など、文化資源や歴史的遺産の観光での活用推進を求めている。これにより全国各地を人びとが往来し、各土地で旅行者と住民の交流が生まれる仕組みをつくり、また、海外からの旅行者には日本の歴史・文化・芸術を深く理解し、体験を通じて日本や日本人の本質に接する観光交流機会の創出を意図しているのである。つまり、観光の推進は地域のまちづくりであり、そこではひろく市民がかかわりをもつこととなる。

　参加体験してその土地に親しむ現代の観光は、総合的な学習の行為でもある。生涯学習社会の学びは、先述のように、人びとが現代社会の危機的な状況を正しく認識し、それを克服し生活していくことを本質としている。人間の存在を問う課題と向き合うもので、生きることを考え学ぶことが生涯学習なのである。生活を主体的・積極的に切り拓くことのできる人間、言い換えれば生活者の育成が生涯学習のねらいであり、それは総合的な学びにおいてこそ生み出される。つまり各人にとっての観光という活動は、インフォーマルな生涯学習の一面を有するのである。

　博物館では、周辺の観光資源に依存して、おもに一過性の観光客を対象にした観光地立地型の館園が存在するが、館のテーマと地域との関連性において希薄である例が多い。その一方で、一般の博物館の多くは、所在地域について学ぶことができる情報を保持している。歴史、民俗、伝統文化、技術、自然など、内容は多岐にわたる。また、芸術や文学に関しても、その土地を背景にした作品や人物をテーマとする美術館や文学館は少なくない。動植物園や水族館もまた然りである。地域の個性的な情報を有するこのような博物館園は、すでに地域の観光資源の性格をもっており、地域外の利用者に向けてその土地への理解を深める展示を提供してきた。しかし、博物館教育という視座はあまり意識されることはなかった。教育プログラムのほとんどは地域住民を対象として取り組まれており、観光の旅行者に焦点を当てた工夫の実践は少ないのが現状である。

　観光における満足度は、土地の情報を断片的に得るよりも、多彩な情報を総合的に捉えることの方が高まり、親しみも増す。そのため地域の博物館が目的を共

写真1　地域の特色と観光をテーマにした博物館類似施設
上から、ねぶたミュージアム(青森市)、京菓子資料館(京都市)、くすりミュージアム(富山市)

有し、相互の連携によって地域としての情報発信力、すなわち地域の教育力を充実させることが基盤となる。例えば、各種の博物館や公・私立の博物館類似施設がネットワークをつくって施設の特徴に応じた役割を分担し（写真1）、これを核として、文化的遺産や伝統行事、自然環境などを取り込んだプログラムを構築することなどが考えられる。地域全体で博物館活動をおこなうエコミュージアムの概念を拡大させた考え方であるが、公教育機関である博物館が中心となって、楽しさやおもしろさのなかにも知識を広げ考える学びの視点をもつことは、生涯学習社会の人びとのニーズに適った観光に結びつくはずである。

　一方、観光の推進を目ざして市民がかかわるまちづくりは、人びとの交流と観光を通じた地域の見直し、さらに、もてなし力と経済力の活性化を目的としている。これは、学習をもとにした地域コミュニティの形成と活性化を目ざす生涯学習のまちづくりと、考え方や取り組み手法が同様であると指摘される*11。両者はともに地域資源を発見して学習し、まちづくりに活用する。主体者として観光にかかわることはあらゆる学習活動をともない、住民の成長の機会となる。2008（平成20）年の中央教育審議会答申にも示されていたように、地域住民が博物館活動に参画して地域の魅力の引き出しを目ざす取り組みは、自らも地元に対する誇りや愛着のもてるまちづくりになり得る。

　生涯学習のまちづくりのキーワードは地域連携である。それぞれのニーズに合った学びの場を提供し、それらを有機的に結びつけて、生涯を通して学ぶ機会を創出するシステムの構築が生涯学習の基盤整備となる。これを構成する博物館などのそれぞれの充実はもちろん大切であるが、各種の教育関係機関の協力、さら

第6章　教育、生涯学習への博物館の活用

にはそれを支えて運営する人たちのつながりによって、生涯学習の機能が高まっていく。地域における幅ひろい連携は、地域の教育力を高めるとともにその魅力を掘り起こすことになり、現代の人びとが望む観光を生み出すまちづくりにも結びつくのである。

＊1　日本博物館協会（2000）『「対話と連携」の博物館－理解への対話・行動への連携』博物館の望ましいあり方調査研究委員会報告（要旨）。
＊2　日本博物館協会（2003）『博物館の望ましい姿　市民とともに創る新時代博物館』。
＊3　文部科学省生涯学習政策局長「図書館法施行規則の一部を改正する省令及び博物館法施行規則の一部を改正する省令等の施行について（通知）」2009年4月30日。
＊4　ポール・ラングラン（1971）（波多野完治訳）『生涯教育入門』全日本社会教育連合会
＊5　ジョフリー・D・ルイス（1989）（矢島國雄訳）「英国博物館史　その1：1920年までのコレクション・コレクター・博物館」『MUSEUM　STUDY』1、明治大学学芸員養成課程、36頁。
＊6　藤野幸雄（1975）『大英博物館』岩波書店、12頁。
＊7　ニコラ・ド・コンドルセ（1962）（松島鈞訳）「公教育の全般的組織に関する報告および法案」『公教育の原理』明治図書、130～222頁。
＊8　青木豊（2014）「第Ⅱ章　博物館教育の概念に関する略史」『人文系博物館教育論』雄山閣、35～43頁。
＊9　ジョン・H・フォーク、リン・D・ディアーキング（1996）（高橋順一訳）『博物館体験　学芸員のための視点』雄山閣、19～34頁など。
＊10　観光政策審議会答申第45号「21世紀初頭における観光振興方策～観光振興を国づくりの柱に」2000年12月。
＊11　福留強（2011）「観光まちづくりの手法と地域活性化への効果－生涯学習の視点から"観光まちづくり"を考える」『生涯学習研究』9、聖徳大学生涯学習研究所、19～28頁。

第7章

博物館の展示のさまざま

展示手法の諸形態

中島金太郎

1　博物館における展示の必要性

　博物館における展示とは、博物館であるための最大の機能である。したがって、対外的には博物館の顔を成すものである。博物館の基本理念とは、資料を媒体とした情報の伝達手段であり、モノによるコミュニケーションを実現するための手段として用いられる手法が展示である。それはまた、とりもなおさず博物館教育活動の主翼を形成するものでなくてはならない。そのためには博物館展示の骨格である優秀な資料が必要とされる。優秀なコレクションなくして博物館展示の基本目的を全うしうる博物館展示は成立しないのである。

　木場一夫は、『新しい博物館』において博物館における展示を、博物館諸機能の中でも中核をなすものであり、したがって展示機能こそが大学や教育機関と博物館を区別し決定付ける最大の機能分野であると断定した。さらに展示は、博物館諸機能の中で集大成されたものであり、資料の収集・研究・出版などは展示を形成するための予備的な機能であるとすら言い切り、「博物館＝展示」といった博物館機能の中での展示の基本概念を明示した*1。

　また青木豊は、展示を博物館の最大の教育形態であるとし、展示を媒体とした教育機関である博物館の存在を再確認した*2。青木は、「博物館は資料・情報を媒介とする機関であるがゆえに資料の調査に基づく収集を行い、これらを保存し、それぞれの資料が無尽蔵に内蔵する学術情報を調査研究することにより紡ぎだし、そこで紡ぎだした学術情報を伝える行為こそが教育」であると博物館の四大機能を明確化したうえで、学術情報を伝達する教育機能は取りも直さず「展示」であるとした。つまり展示とは、博物館機能の集大成であり、博物館を博物館たらしめている根幹的な存在として位置づけている。

　この他にも、明治時代から現代に至るまで様々な研究者によって博物館展示の定義づけ・位置づけがなされているが、展示の基本概念は概ね上記二者の理論に集約されるであろう。博物館において、展示の無いものは存在せず、またそれは博物館ではない。例えば、各地にみられる旧家や近代洋風建築において、建物内に資料の配置がないにも拘らず、博物館として扱われていることがある。しかし当該建築類は、建築物そのものがこれまで伝えられてきた資料であり、その保存

224

第7章　博物館の展示のさまざま

と外部への公開＝展示を行っているという点では博物館と見做せるのである。逆に言えば、多少なりともモノを展示している機関は博物館的であるといえる。戦前期に広く普及した物産陳列館は、物産の販売促進・販路の拡大を目的に特産品の収集・展示を実践していた機関であるが、1932(昭和7)年の『全国博物館案内』にはその収集・展示機能から勧業博物館として位置づけられている*3。このように、展示機能は博物館を定義づける最大の要素と断定できるのである。

2　展示手法の分類と形態

博物館における展示の形態は、多種多様なものが存在している。またその諸形態は、展示の意図する内容に応じて様々な分類をすることができる。展示手法の形態論は、博物館の黎明期にあたる明治時代より様々な論者が述べてきた。近年では、新井重三*4や青木豊*5、山田磯夫*6などが以前からの展示形態論を総合した展示分類を試みている。代表的な展示形態分類としては、山田による以下の11の視点による分類が挙げられる。

①展示の目的・意図による分類
　　→提示型展示・説示型展示・教育型展示
②展示の学術的視座による分類
　　→単一学域展示・複合学域展示・総合学域展示
③見学者の展示への関与の有無による分類
　　→受動的展示・能動的展示
④展示の動きの有無による分類
　　→静止展示・動感展示・動態展示・映像展示・演示
⑤資料の配列法による分類
　　→象徴展示・単体展示・集合展示・時間軸展示
⑥資料の組み合わせによる展示
　　→単体展示・集合展示・構造展示・組み合わせ展示・三連展示
⑦展示課題による分類
　　→ジオラマ展示・部分パノラマ展示・建築物復元展示・室内復元展示・
　　　歴史展示・科学展示・比較展示
⑧展示の多面、多重性による分類
　　→二元展示・二重展示・三重展示
⑨見学者の知識レベルの差異による分類

　　　　→概説展示・収蔵展示
　⑩展示場所による分類
　　　　→屋内展示・屋外展示・野外展示・移動展示・巡回展示
　⑪展示期間による分類
　　　　→常設展示・特別展示・企画展示・新着展示
　青木の場合は、この分類に加え「羅列」と「展示」の別を示した「展示意図の有無による分類」を提唱している。当該分類では、ある一定の意図に基づき資料を配置することを「展示」、意図なくモノを置く行為を「羅列」とし、博物館において資料の羅列はあってはならないものと断じている*7。博物館や研究者によっていくらかの差異があろうとも、博物館展示の形態およびその分類は概ね上記項目に集約されるだろう。
　利用者が博物館に来て、その博物館を判断する材料となり得るのは、取りも直さず博物館展示である。その展示手法を分類、分析することは、来館者に対するより良い情報伝達の方法を研究・模索することに繋がり、ひいては博物館の質向上に効果がある。また博物館展示を分析するにあたっては、これらの分類のどこに属する展示であるかを判断する指針となり、同分類に属する他館の展示と比較を行うことによる展示評価の円滑化に有効なのである。

3　望まれる博物館展示とは

　博物館学において、望ましい博物館展示について論じられた文献は明治期より多数存在し、それぞれの時代背景・社会背景に基づいて様々な論が展開されてきた。現代の博物館展示論として、青木豊は『集客力を高める博物館展示論』において、以下の8つの要素が博物館展示に必要であるとしている*8。
　①説示型展示であること
　②二元展示であること
　③総合展示（総合学域での研究成果の情報伝達）であること
　④資料の環境・背景を有した臨場感のある展示であること。
　　（模型の展示・組み合わせ展示）
　⑤受動態展示に終始するのではなく能動態展示であること
　　（ハンズ・オンはともかくとしても、マインズ・オンの多用）
　⑥動態・動感展示を加えること
　⑦比較展示を基本とすること

第7章　博物館の展示のさまざま

⑧時間軸（変遷）展示を基本とすること

　青木の博物館展示に求める要件は、博物館として望ましい姿を表したものであり、現実にこのすべてを満たす博物館は存在していない。しかしながら、個々の展示要件を満たし、なおかつ特徴的な展示実践を行っている博物館は全国に存在する。本節では、日本国内に所在する特色ある展示を挙げ、その実践を行う館について考察するものである。

（1）説示型展示の実践

　前記の「展示の目的・意図による分類」において、博物館展示は提示型・説示型・教育型の3種に分類されているが、教育型展示の「五感を働かせる経験を通して資料や物事について学び、理解を促す」*9 という概念は、取りも直さず説示型展示に包含されることから、博物館学の分野では一般的に「提示（Presentation）」と「説示（Interpretation）」の二者に大別することが多い。

　提示型展示は、モノが持つ美術的・芸術的要素を引き出すように展示する手法で、モノそのものが発する情報を来館者の直観に訴えることを目的とすることから、解説などの言語的説明は最小限であることが望ましい。美術や民芸の展示、または美術資料としての縄文土器展示などは、資料そのものの魅力を直観的に感じさせることを目的とすることから、文字による情報を制限した提示型が用いられることが多い。

　これに対し説示型展示は、来館者の知的好奇心を満たすことを目的とした展示手法で、モノに内在する情報を引き出し、多角的な視座から解りやすく情報伝達を行う展示である。本来、あらゆるモノは様々な情報を包含しており、単にモノを鑑賞するだけでは理解できない情報も内在している。例えば縄文土器は、単なる鑑賞では「縄文時代に造られた珍奇な器」という情報しか得ることができない。しかし、作られた土地・遺跡、土器の用途、文様の形式や施文方法、使用された時代背景、素材などの観点を併設して展示することで、縄文土器についての驚きと発見を創出し、深い理解の一助となり得るのである。このことからも博物館展示には、様々な情報提供と来館者の理解を促す説示型展示が必要なのである。

　説示型展示の一例として、兵庫県豊岡市の「いずし古代学習館」の展示が挙げられる。いずし古代学習館は、出石川学習センターと称する建物内に2003（平成15）年に開館した博物館である。同館は、旧出石町町域から出土した考古資料を中心に扱い、通常の資料展示とハンズ・オン展示を駆使した展示構成となっている。同館の展示では、出土した資料を単に展示するだけでなく、図1に示すよう

図1 出土資料使用状況模型（上）
図2 古代官人の服装人形（右）
（豊岡市立いずし古代学習館）

に使用状況を模型で示している。また、出土した馬具の着用形態と着用個所を示す模型の配置や、各時代の人々の服装を着けた人形の設置（図2）、出土資料と当該地域の関わりを示す解説パネルなど、モノを置くだけでなく考古資料を解りやすく人々へ"伝える"努力を行っていることが特徴的である。

　説示型展示の例としては、山形県天童市の西沼田遺跡ガイダンス施設の展示も好例である。低湿地の土中から古墳時代の集落跡が発見された西沼田遺跡からは、農耕具を中心に良好な木製品が出土している。同遺跡の保存と出土資料の展示・活用を目的に設置されたガイダンス施設は、わずかなスペースながらもセンスの良い展示がなされている。例えば、「くらしの成り立ち」と題されたパネルは、西沼田遺跡での食糧事情をテーマとして、米の炊き方やおかずの調理方法を絵に示し、当時食べられていた食料（米・胡桃など）については出土資料と現代の植物をパネルに埋め込んで比較するという展示手法を用いている（図3）。また、出土木製品の展示では、資料を壁面に括り付けそこに題箋を付しているのだが、題箋には簡単で分かりやすい解説と共に使用状況がイラストで示されている（図4）。同館の展示は、小学生などの低年齢層にもわかりやすく、かつ考古学を専門とする人にも十分な情報を伝達できていると考えられる。

　このように説示型展示の手法は、日本各地で徐々に実践されつつある。しかしながら、現状の日本の博物館では、未だ説示型展示が浸透しているとは言い難い。

第7章　博物館の展示のさまざま

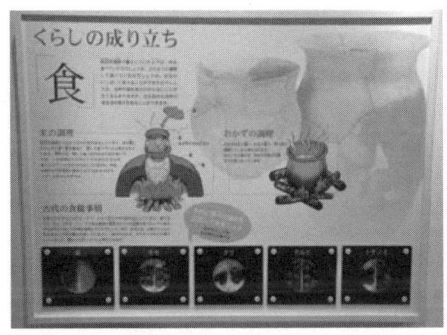

図3「くらしの成り立ち」
（西沼田遺跡ガイダンス施設）

図4　農具題箋

図5　住民手作りの馬具使用状況模型
（三重中央農協郷土資料館）

　特に民具展示においては、この傾向が顕著である。我が国の民具展示は、資料を特定のスペースに置いて名称を書いた題箋を付す、或は民家の一部を再現してそこに関連のある資料を展示することが一般的である。しかし大抵の民具展示は、大量の民具が乱雑に置かれている場合が多く、それらが生活の道具とは判断できても、使い道や機構、現在の道具との違いなどを知ることはできないのである。

　この現状に対し、民具展示を説示化するためには、展示する民具の量をある程度制限し、イラストを用いた使用概念図や使用状況の縮小模型を同時に展示すること、さらには文字解説を記入した簡便な解説シートを設置することが肝要であろう。また民具は、相対的に収蔵点数が多く、また現在でも使用している人が存在するということも特徴である。この特徴を活用し、道具の使用経験のある人を博物館に呼び、実物資料を実際に触りながら使用方法を学ぶという民具資料の「演示」を行うことも、当該分野での説示型展示になり得るであろう。

　我が国の博物館における説示型展示は、未だ浸透しているとは言い難いものの、博物館側の工夫によって実践可能な例もあることから、その積極的な導入が望まれるものである。

（2）動観展示の必要

　博物館において、基本的に資料は静止状態（静止展示）にある。静止展示の手法は、資料を心行くまで熟覧でき、また展示の排列やレイアウトなどの制限が無いという利点がある一方、臨場感や時間の経過を表現しづらいことが欠点であると言えよう。静止展示に対し、展示に「動き」を持たせることにより、展示に新鮮味や臨場感を付加する「動感展示」「動態展示」という手法が存在する。動感展示は、厳密には静止状態の展示ではあるものの、展示方法の工夫により「動きを感じさせる」展示である。一方動態展示は、自動・手動問わず資料に可動性を持たせた展示である。動感展示は、静止展示に動きを感じさせる要素を追加することで動感を得ているものを指し、厳密に可動する展示ではないものの、展示に「動き」を持たせる一要素として広義の動態展示といえるであろう。青木豊は、2013（平成25）年刊行の『集客力を高める博物館』において、動態展示の特質について以下のように述べている[10]。

　　　動態展示の展示効果としての特質は、前述した如く"静"の中の"動"と言う意味での注意の喚起と、すべてが止まっている博物館展示室内の静謐な状態より発生する重圧に対する"息抜き効果"と、さらには動により増幅される臨場感の3点をあげることができよう。

　このように動感・動態展示は、静止空間に於けるアクセントとして高い展示効果を持つのである。仮に全てが可動する展示である場合、視覚的かつ聴覚的にも騒がしい展示空間となり、アミューズメント施設的な印象となることから、あくまで静止展示がありそれに対する強調・印象付けの要素として活用すべきである。

　動感展示の要件としては、来館者が容易に把握できる解りやすさを重視し、なおかつ他の展示に違和感を生じるものであってはならない。また、常設展示の一部分として、低コストで設置・運用できることが望まれる。そのうえで、臨場感のある展示とすることが肝要であろう。

　動感展示の実践例として効果的と思われるのが、かまどや炉の中に火を再現する展示である。これは、復元した竪穴住居の炉趾や炊事用のかまどの中に、点けられた火の様子を再現するものである。当該展示の理由としては、炉の火などは、常に一定ではなく揺らぎ続けることから、火そのものが持つ可動性の再現がそのまま臨場感の創出につながる点である。また、茶色や黒色、緑色などの自然色が強く赤色素材が少ない日本文化において、赤色を呈する火は展示のアクセントとして目を引くことが挙げられる。さらに、展示全体を可動させるのではなく、ある一部分に動きを持たせることから、工夫によっては非常に低コストで高い展示

第7章　博物館の展示のさまざま

効果を得られることが、当該手法が活用される理由であろう。

　火を再現する展示の例としては、大阪府立弥生文化博物館の炉趾に電球を仕込むもの、筑紫野市歴史博物館の火熨斗に入れた木炭への着色によって火を表現するもの、静岡市立登呂博物館の炉趾の木炭が赤熱化した状態を半透明の模型にして光を当てるもの、八幡平市博物館の電球にセロファンを被せてかまどの火を再現するものなどが挙げられる。最も着火状態に近く感じるものは登呂博物館の展示であるが、模型の製作費用や電球を光らせ続けることによるランニングコストなど、経済面では決して好ましいものではない。これに対し筑紫野市歴史博物館の火熨斗の展示は、着色でありながらも彩色表現が良好で、木炭が赤熱化し

図6　火熨斗の動感展示
（筑紫野市歴史博物館）

たのち白色化している様相をうまく表現した臨場感のある仕上がりとなっている（図6）。同館の火熨斗展示は、十分な臨場感を創出しているうえにランニングコストがかからず、劣化した場合には炭部分のみを交換すればよいといった非常に経済的で高い展示効果を持っているのである。

　このように動感展示は、博物館展示の静止・停滞を打破し、より臨場感のある展示空間を創出するうえで欠かせない要素であると言えよう。また、設備にかける予算が少ない博物館においても、多少の創意工夫で実践可能な展示手法であり、望ましい展示の一つと断言できる。

（3）郷土博物館たりうる商店の展示

　資料の展示を実践する機関は、博物館には限らないことは周知のとおりである。しかしながら、一部の商店に於いて、郷土資料の展示を実践する例が存在することはあまり知られていないだろう。一例として、長野県上田市真田町に所在する駒屋商店が挙げられる。駒屋商店は、金物を主体として生活用具一般を広く扱うホームセンター的な商店である。同店の特筆できる点としては、店内の商品陳列棚の上に考古・歴史・民俗の資料が展示されている点である。商店において美術品を展示している例は儘あることだが、同店では当該地域でかつてより隆盛してきた産業とそれに関わる道具を中心とした人文系資料を多く展示しているのであ

231

る。同店は、一般の商品を配架・販売していることから、商品に影響の少ない壁の上方に吊り下げる形で展示を行っている。同店での産業展示は、ベニヤ板に工具や部品などを括り付け、書状のコピーなどと共に店内に掲げている。また考古の展示では、周辺の古墳等の遺跡から出土した考古資料を板に括り、アクリルケースに入れたうえで店内に掲げている。

当該地域は、戦国時代に真田氏が治めていた地であり、江戸時代の上田藩の治世には狩猟筒の生産を目的とした鉄砲鍛冶が盛んであったようで、鉄砲製作に関連する道具が多く遺存している。中でも上田市内には、四代続く山寺銃砲店という店名の銃砲店がかつて存在したようであり、その作銃・調整に関する機器を駒屋商店

図7 駒屋商店の道具展示

が所有している。このことから、同店の展示には取りも直さず鉄砲関連の展示が充実している。また畳造りの道具や大工道具、石工の道具など地域で行われてきた産業に関わる道具と製品を展示していることから、郷土産業の縮図的な展示と換言できる。

同店展示の特徴は、商店の壁面を利用し、郷土に関わる資料を展示していることである。駒屋商店が所在する上田市真田町には、真田氏ゆかりの資料を展示する真田氏歴史館が所在するが、考古資料や民俗資料を展示する博物館は存在していない。また、上田市域の中央博物館である上田市立博物館に於いても、養蚕以外の産業に関わる資料展示が希薄である。上田市域では、産業に関わる展示が皆無に等しいことから、駒屋商店の展示には意義があるだろう。また同店の展示は、地域住民が多く活用するホームセンター内に所在しており、商店へ買い物に来る客がそのついでに見ることができることから、その公開・活用効果は極めて高いと考えられる。駒屋商店の展示は、博物館の展示が至らないミクロな範囲の地域文化資源を保存し、民間の手でその公開を行う郷土資料展示の新たな展開であるといえるだろう。

（4）収蔵展示と「蔵のぞき」

今日の博物館では、展示室以外に資料が展示されることは儘ある。ロビーや休

第7章　博物館の展示のさまざま

憩室はもちろん、利尻町立博物館のようにトイレの中に展示がある館も存在している。その中でも、資料が保存されている収蔵庫を来館者の観覧に供する、若しくは収蔵状態と同様の環境に設えた展示室による展示として「収蔵展示」と称する手法がある。収蔵展示は、1950(昭和25)年に棚橋源太郎が「資料の二元的配置」の中で述べた「貯蔵室」に端を発する考えである*11。棚橋は、来館者の専門レベルに合わせた対応が必要であるとして、一般向け資料を展示する「陳列館」と専門家向け資料を展示する「貯蔵室」の二つの設備を用いる「二元展示」の手法を提唱した。これは、概説的で平易な展示を行う常設展示室とは別に、専門家の知的欲求に対応できるよう様々な資料を収蔵する部屋を設置・公開することを目的とした論で、取りも直さず収蔵庫の展示室としての利用を意図した考えである。一方青木豊は、「新しい二元展示の提唱」として、一般者向けの概説展示室と、有知識者向けの収蔵庫を彷彿とさせる「収蔵展示室」を館内で両立させる二元展示論を展開した*12。青木の二元展示論では、収蔵庫は資料の保存上来館者の入館が好ましくないが、専門的知識を有する者は多種多様な資料の観覧を望んでおり、これらを両立させる手段として収蔵状態の資料を観覧する展示室の設置を意図しているのである。

　現在、我が国の博物館で実践されている収蔵展示は、常設展示と別に館内に併設する青木の二元展示論に基づく例が多い。また、新潟県柏崎市立博物館の「収蔵展示室」、長野県飯山市ふるさと館の「民俗資料室」、兵庫県淡路市北淡歴史民俗資料館の「保存館」など、展示室の名称は一様ではない。さらに、北淡町の保存館や静岡県島田市博物館分館の「民俗資料室」(図8)のように、一棟の独立した建物を充てる「収蔵展示館」のような例も存在しているが、博物館内の一施設として設立されることが多い傾向にある。

　また、収蔵庫を公開する手段の一つとして、「蔵のぞき」という手法がある。これは、1882(明治15)年に上野動物園に設けられた「観魚室(うおのぞき)」をもじって青木が提唱した造語である。蔵のぞきは、収蔵庫にガラス窓を設ける若しくはガラス張りの収蔵庫を設営することで、収蔵庫外から資料を観覧できるようにした設備である。徳島県立文学書道館のように、ガラス張り収蔵庫を「収蔵展示室」と称する事例も確認できる

図8　収蔵展示の例
(島田市博物館分館民俗資料室)

233

図9 蔵のぞきの例
（静岡市立登呂博物館収蔵庫）

ことから、名称については未だ議論が分かれるが、本章では展示室そのものが収蔵庫的、若しくは引き出し式ケースに収蔵された資料の展示などを「収蔵展示」、収蔵庫そのものを観覧する設備を「蔵のぞき」として扱う。

蔵のぞきは、1976(昭和51)年開館の千葉県立房総風土記の丘資料館が嚆矢とされ、現在では日本全国にその実践が見られる。蔵のぞきの実践例としては、秋田県大仙市くらしの歴史館の「保管展示室」や宮崎県西都原考古博物館の「収蔵展示室」、静岡県静岡市立登呂博物館二階の収蔵庫（図9）などが挙げられ、比較的光に鈍感な考古資料（土器・石器）や収蔵数の膨大な民具資料の分野で実践されることが多い。

これら広義の収蔵展示は、様々な知識レベルの来館者に対応するために必要な展示手法と言える。しかしながら我が国の博物館では、収蔵展示の真意を理解させるような展示が実践されていないことが現状であろう。博物館によっては、収蔵展示として一部スペースを確保していても、通常の展示が提示型展示である故に違いが判らないものや、収蔵庫の一部をガラス張りにしても保管箱しか見えない例など、収蔵展示として成り立っていない事例が存在する。また来館者も、収蔵展示として配置されている資料を見ても理解は難しく、展示による驚きと発見の創出は難しいのである。当該展示の不振の理由としては、やはり概説展示が徹底されていないことが挙げられる。収蔵展示を意図する場合、二元展示の考えによれば対となる概説展示の存在が不可欠である。概説展示では、博物館がテーマとする内容を網羅的・概説的に扱う説示型展示でなくてはならず、あらゆる来館者に解りやすく情報を伝える必要がある。そして、概説展示を踏まえたうえで収蔵展示を見学することにより、専門家以外の来館者も収蔵展示の内容について一定の理解を得ることができる。しかし、概説展示の内容充実を怠り、意図もなく収蔵展示を行うことは、資料を放置していることと大差ないのである。今後の収蔵展示の展望として、博物館の概説・収蔵展示の現状を把握し、それが本当に有効なのかを再考する。そして、各館の概説展示を踏まえた収蔵展示を模索していくことが肝要なのである。

第7章　博物館の展示のさまざま

*1　木場一夫（1949）『新しい博物館』日本教育出版社。
*2　青木豊（2015）「博物館における教育としての展示の必要性」『人間の発達と博物館学の課題―新時代の博物館経営と教育を考える』同成社。
*3　日本博物館協会（1932）『全国博物館案内』。
*4　新井重三（1981）「展示の形態と分類」『博物館学講座7巻　展示と展示法』雄山閣。
*5　青木豊（2003）「第Ⅴ章　展示の形態と分類」『博物館展示の研究』雄山閣。
*6　山田磯夫（2013）「Ⅳ　展示形態と分類」『人文系博物館展示論』雄山閣。
*7　青木豊（2003）「第Ⅴ章　展示の形態と分類」『博物館展示の研究』雄山閣。
*8　青木豊（2014）『集客力を高める博物館展示論』。
*9　山田磯夫（2013）「Ⅳ　展示形態と分類」『人文系博物館展示論』雄山閣。
*10　青木豊（2014）『集客力を高める博物館展示論』。
*11　棚橋源太郎（1950）「資料の二元的配置」『博物館学綱要』理想社、139～142頁。
*12　青木豊（2003）「第Ⅴ章　展示の形態と分類」『博物館展示の研究』雄山閣。

第8章

博物館と法律

1. 博物館法及び関連法規　　　　　　　　　　　落合 広倫

はじめに

　文化・教育国家を標榜し、且つ実践している我が国の基本となる法は、教育基本法（昭和22年法律第25号）であり、社会教育法（昭和24年法律第207号）である。当該社会教育法を基本とする関連法は、博物館法（昭和26年法律第285号）・図書館法（昭和25年法律第118号）・公民館法（昭和22年法律第25号）・文化財保護法（昭和25年法律第214号）であり、これら4法の社会に果たしてきた役割は極めて大きいものと言える。

　しかし、4種の法律の中でも博物館法は、昭和26(1951)年の制定以来今日まで大きな改正が成されなかったことから、現代社会の急激な社会情勢の変化に対応しきれず、各所に大きな齟齬が生じているのが現状である。

1　文化財関係法規成立への経緯

　我が国の文化財保護は、江戸時代に於いても断片的に徳川幕府や各藩によってなされたが、制度としては明治政府の政策をその濫觴とし、幾度かの改正を重ねて現在に至っている。明治元(1868)年の「神仏判然令」による廃仏毀釈思潮や欧化主義思潮の影響によって、我が国の文化財が危機に直面する中で、明治4年、太政官は美術工芸品等の保全等を目的とする「古器旧物保存方」を布告した。これは我が国最初の文化財保護に関する措置法で、文化財を31項目に分類している点を特徴とし、当分類法はその後の博物館に於ける資料分類の基準となった。しかし、近代の文化財思想の普及は明治4年の太政類典の「大学献言」にその萌芽をみることができ、これは、幕府の蕃書調所を引き継いだ洋学教育機関である大学南校が太政官弁官に対して「集古館」建設を献言したもので、文化財保護を謳ったものであった。

　また、フェノロサと岡倉天心による古社寺調査を契機として、宮内省に「臨時全国宝物取調局」が設置され、宝物調査が行なわれた。その結果、優秀な宝物の所在が判明し、帝国博物館の設立へと繋がったのは周知の通りである。明治30年には「古社寺保存法」が制定され、我が国最初の文化財の指定が行なわれた。本

法は所謂現行の文化財保護制度の原型と把握し得るもので、「文化財保護法」(昭和25年法律第214号)の先駆をなしたと評価し得る法であった。

昭和4年には「国宝保存法」が制定されて、古社寺所有の宝物や建築物のみならず、国、地方自治体、法人、個人等の歴史資料も国宝指定の対象となり、「古社寺保存法」は廃止となった。その後価値ある美術品の海外流出が相次ぐことになり、これを防止する目的で「重要美術品等ノ保存ニ関スル法律」が昭和8年に臨時立法として制定され、現在も美術品の海外流出防止に役立っている。しかし、戦後の混乱した社会情勢下に於いては、文化財の散逸や荒廃が顕著となり、昭和24年1月に起きた法隆寺金堂の火災を契機として、翌昭和25年、議員立法による文化財保護法が制定されたのである。

2　博物館法制定の推移

一方、博物館に関する法律については、博物館事業促進会(日本博物館協会の前身)が昭和3年に「博物館施設ニ関スル建議」を提出し、各道府県に1ヵ所以上の地方博物館の設置の必要性を提言したものの、国庫補助がない状況のもとでは数館が計画・設置されるに留まり、戦前の博物館設置運動は終焉を迎えた。

昭和15年には文部省主催の「博物館令制定ニ関スル協議会」が開催され、その会議資料が我が国の条文化された最初の博物館法案として「博物館令(勅令案)」「博物館令施行規則(省令案)」「博物館ノ設備及経営ニ関スル事項(告示案)」「公立博物館職員令(勅令案)」が提出された。

昭和21年にはアメリカから教育使節団が来日し、**GHQ**(連合国軍最高司令官総司令部)政策が進められ、日本の教育における博物館の必要性とその実現を政府に求めたのである。同年日本国憲法が、昭和22年に教育基本法及び学校教育法が公布された。教育基本法第12条に「国及び地方公共団体は、図書館、博物館、公民館等の施設の設置、学校の施設の利用その他適当な方法によって教育の目的の実現に努めなければならない」と規定され、ここで博物館は明確に教育の施設として位置付けられたのである。

さらに昭和24年に制定された社会教育法第9条は「図書館及び博物館は、社会教育のための機関とする」としながらも、「図書館及び博物館に関し必要な事項は、別に法律をもって定める」とあり、博物館は社会教育一般とは区別され、図書館法は翌昭和25年に制定された。博物館が社会教育機関たる所以は、博物館の教育および研究の自由を行政に対して保障する法的根拠と言える。つまり教育基

本法第10条の「教育は、不当な支配に服することなく、国民全体に対し直接に責任を負って行われるべきもの」に基づいており、博物館法の前提となる既存法体系の基本的枠組と言えるのである。

　このように日本国憲法→教育基本法→社会教育法の流れで博物館法の母法が完成し、文部省設置法による行政機構の整備がなされ、これにより博物館法制定及び行政上の前提が完了したのである。昭和26年1月8日に「博物館法草案」、2月9日には「博物館法案」が示され、4月4日に「博物館法案」が作成された。さらに「博物館法の提案理由及びその概要について」、「博物館法案要綱」、博物館法案の「答弁資料」が作成され、12月1日、国家法としての博物館法が法律第285号として成立し、昭和27年3月1日の施行が決定した。博物館法は戦前の勅令主義による法令化（案）ではなく、日本国憲法から教育基本法、社会教育法という流れに基づく法制化であり、法理念としては近代博物館の原則を制度的に確立し、公共的性格を社会的に保障するものであった。つまり、博物館の社会的位置付けが形成されたのである。

　博物館法の特徴は、新しい博物館の機能を確立し、公立博物館が教育委員会の所管に属することを明確にしたこと、専門職員の資格及びその養成の方法を定め、職員制度を確立したこと、民主的運営を促進するための博物館協議会を設立し博物館の在り方を規定したこと、公立博物館に対する補助金等の公布規定および助成措置を講じたこと、私立博物館の各種課税免除を規定し、独自的運営発展を促進したことである。

3　博物館法関連法規制定の推移

　昭和26年12月1日に博物館の健全な発達を図る目的で博物館法が公布され、同5日に「博物館法の制定について」（文社施第488号）を通知、日本博物館協会から文部省に対する「博物館法に伴う博物館の基準等に関する意見書」の具申、「日本博物館協会特別委員会報告」、文部省による「博物館法趣旨説明会」が開催された。また、博物館事業の国際的協力を推進し、国際規模において教育、学術、文化関係の国際的組織と協力して世界の博物館の発展に資する目的で1946年に創立されたICOM（国際博物館会議）が日本国内委員会の加盟を承諾し、棚橋源太郎をはじめとする14名の委員から構成されたイコム日本委員会が立ち上がるなど活発な動きがある中で、昭和27年3月1日に博物館法が施行された。

　博物館法制定に伴って関連規則の制定も進み、昭和27年3月20日、政令第47号

第8章 博物館と法律

で博物館法第25条第2項の規定に基づき及び同法の規定を実施するため「博物館法施行令」が制定された。5月23日には文部省令第11号「博物館法施行規則」が定められ、学芸員の修得すべき博物館に関する科目の単位が明記された。文部省主催第1回「博物館学芸員の講習」が開催され、法制定に伴う「博物館学芸員暫定資格者」（3年間）を発表し、法体制としての整備は完了した。その後「全国博物館研究協議会」が開催され、「第一回全国博物館大会」が東京国立博物館及び国立科学博物館に於いて開催され、法体制のもと新しい博物館の行政が図られていった。

4　現代社会における博物館法の課題

　昭和26年に博物館法が制定されて、公立博物館に対する国庫補助と私立博物館に対する税制優遇措置を盛り込んだ登録博物館制度や学芸員資格が国家資格として制度化された。しかし、昭和30年の法改正以降は大きな改正が行われず、見直しの必要性が求められている。
①第1回法改正による問題点
　第1回改正（昭和30年7月　博物館法の一部を改正する法律）で以下の条項が削除された。
　　　第4条（館長、学芸員その他の職員）
　　　　5　学芸員は、そのつかさどる専門的事項の区分に従い、人文科学学芸員又は自然科学学芸員と称する。
人文系と自然系が統合された、所謂悪改正と称されたものである。その背景には、当時有資格者が希薄だったことが考えられるが、これが人文系と自然系を合わせもつ総合博物館の減少の大きな要因となった。具体的には、大学において植物学を専攻した学芸員が、歴史資料を専門とする博物館で能力を発揮することは困難であり、当然その逆も然りである。これは学芸員養成の問題につながる点でもあり、人文系と自然系を一つにした博物館法第1回改正の問題点であった。
②常套化している条文の問題点
　　　第4条　博物館に、館長を置く。
　　　　5　博物館に、館長及び学芸員のほか、学芸員補その他の職員を置くことができる。
　　　　6　学芸員補は、学芸員の職務を助ける。
　このように館長の資格規定がないことで、長年博物館に勤務してきた学芸員職

からの昇格人事ではなく、一般行政職からの天下り館長が多いのが現状であり、改正すべき条文である。例えば小学校長や大学教授が退職後の身分として博物館・美術館館長に就任する事例もあり、この多くが無資格者というのが現状である。また、館長の学芸員経験率も低く、天下り館長の容認は学芸員の意識向上の低下を招く要因に成り得ることは言うまでもない。有資格者のみならず学芸員職の経験年数を規定に加えることが必要である。

　第4条3項には「博物館に、専門的職員として学芸員を置く。」と明示されているにも拘わらず、実際に県立博物館・美術館の年報に於ける組織表には、学芸員無資格者の学芸職員が多く存在しており、これは教員採用した教育職員等の配置転換が常套化している結果と見做せる。極言すれば無資格者の任命と実務への従事ということになろう。

③第19条（所管）

　第19条は「公立博物館は、当該博物館を設置する地方公共団体の教育委員会の所管に属する」と規定しているが、属さない館が多く存在しているのが現状である。第19条の問題は、指定管理者制度の導入による博物館の所管問題であるが、指定管理者制度が生まれた原因は、博物館法に罰則規定がないことが大きな理由といえる。指定管理者制度の導入は、運営面等で民間の能力が期待されたが、一方では社会教育施設である博物館の継続かつ安定的な学習の提供等、長期的な博物館展望は、やはり教育委員会所管であることを徹底しなければ困難であろう。

　指定管理者に委託した場合、館長は公務員である必要はなく、民間委託も可能であるため、前述した第4条における館長の資質が危惧される重要な論点となる。そして、指定管理者制度を導入した博物館では経費の削減、運営の効率化に拍車をかけた結果、正規職員の非常勤化等の問題が指摘されている。

　博物館法第19条が本来意図した博物館運営の理念から乖離する方向に向かっていると解し、指定管理者制度を含め、法に則った実際の運用見直しが必要である。

④第23条（入館料等）

　博物館法第23条「公立博物館は、入館料その他博物館資料の利用に対する対価を徴収してはならない。但し、博物館の維持運営のためにやむを得ない事情のある場合は、必要な対価を徴収することができる。」と規定されている。社会教育法の精神に基づく社会教育機関としての博物館に、費用対効果の判断基準が採り入れられる最大の原因が、第23条の入館料である。入館料の徴収は、博物館利用者を減少させるだけでなく、生涯学習機関である博物館を否定するものである。社会教育法第9条において、同じ社会教育施設と明記されている図書館について

第8章　博物館と法律

は、図書館法第17条で「公立図書館は入館料その他図書館資料の利用に対するいかなる対価をも徴収してはならない。」とあり、図書館と博物館で入館料徴収の成文規定、実際の徴収実態に大きな齟齬が生じているのが現状である。

⑤「公立博物館の設置及び運営に関する基準」（昭和48年文部省告示第164号・平成15年6月廃止）

「この基準は、博物館法（昭和26年法律第285号）第2条第2項に規定する公立博物館（以下「博物館」という。）の設置及び運営上の望ましい基準を定め、博物館の健全な発達に資することを目的とする。」と明記され、何らの規制を目的としたものではなく、あくまで博物館の健全な発達を図る目的で定められた基準であったにも拘わらず、世を挙げての規制緩和の名のもとに解体されたのである。この解体は我が国の博物館の基本的示準を失うものとなった。そして全面改正した「公立博物館の設置及び運営上の望ましい基準」（平成15年文部科学省告示第113号）では、具体的に博物館の構成要素である「モノ・人・場」に関する示準が削除されたのである。博物館の価値は博物館資料によって保証され、その博物館資料を学術的に理解し、適切に保管し、公開展示する専門職員は必要である。さらに博物館資料を保管し展示する建物と土地は不可欠であり、博物館の登録制度は我が国の博物館の質を維持するうえで極めて重要なのである。

⑥登録制度の問題

公立博物館の施設整備費補助金及び私立博物館の税制優遇措置の対象となる登録博物館制度を設けて、その申請資格となる設置主体を限定したが、現代社会においてはメリットの少ないのが現状である。登録制度に有効期限と更新規定がないことも形骸化に拍車をかけており、登録制度の見直しが必要である。

5　関連法令の動向

博物館関連法令としては、「文化財保護法」（昭和25年）、「動物の愛護及び管理に関する法律」（昭和48年）、「生涯学習の振興のための施策の推進体制等の整備に関する法律」（平成2年）、「絶滅のおそれのある野生動植物の種の保存に関する法律」（いわゆる「種の保存法」平成4年）、「美術品の美術館における公開の促進に関する法律」（平成10年）、「独立行政法人国立科学博物館法」「独立行政法人国立文化財機構法」「独立行政法人国立美術館法」（平成11年）、「文化芸術振興基本法」（平成13年）、「展覧会における美術品損害の補償に関する法律」（いわゆる「美術品国家補償法」平成23年）、「海外の美術品等の我が国における公開の促進に関する法

律」(いわゆる「海外美術品等公開促進法」平成23年) などが制定され、博物館政策の発展に寄与している。

【参考文献】
栗原祐司 (2012) 「博物館制度」『博物館学Ⅰ』学文社。
栗原祐司 (2011) 「文化財保護政策および博物館政策の課題と展望」『月刊文化財』No. 571、文化庁。
栗原祐司 (2014) 「我が国の博物館法制度の現状と課題」『國學院雜誌』第115巻第8号、國學院大學。

2．バリアフリー、ユニバーサルデザインの考え方と実際　　奥田　環

はじめに

　博物館が観光コースに組み込まれることによって、様々な来館者が博物館を訪れるようになる。その幅広い客層にどう応えることができるか。本節ではバリアフリーとユニバーサルデザインの視点から博物館が迎え入れる人々について述べる。

1　バリアフリーとユニバーサルデザイン

(1) ユニバーサル・ミュージアム

　バリアフリーは「障害のある人が社会生活をしていく上で障壁 (バリア) となるものを除去するという意味で、もともと住宅建築用語で登場し、段差等の物理的障壁の除去をいうことが多いが、より広く障害者の社会参加を困難にしている社会的、制度的、心理的なすべての障壁の除去という意味でも用いられる」、ユニバーサルデザインは「バリアフリーは、障害によりもたらされるバリア (障壁) に対処するとの考え方であるのに対し、ユニバーサルデザインはあらかじめ、障害の有無、年齢、性別、人種等にかかわらず多様な人々が利用しやすいよう都市や生活環境をデザインする考え方」とされる*1。
　1990年代末に濱田隆士により、「障害者、非障害者にかかわらず博物館を共有

第 8 章　博物館と法律

できるユニバーサル的なミュージアム」を目指すものとして、ユニバーサル・ミュージアムが提唱された*2。そして多様な人々を平等・包摂的に迎え入れる博物館について考察が深められていく。2004年からは文部科学省の委託を受けて日本博物館協会が「誰にもやさしい博物館づくり事業」に取り組んだ。

　バリアフリーとユニバーサルデザインについては博物館界全体で取り組むべき課題であるが、近年刊行された各論においては、博物館展示論、博物館教育論、博物館情報・メディア論で特に言及されることが多い。展示論では様々な来館者に応じた展示の構築に関して、教育論ではすべての人々に学習機会を提供する教育機関として、そして情報・メディア論では、ICT（情報通信技術）の活用による情報伝達方法の多様化の面から、それぞれ議論が展開されている。また先学によりユニバーサル・ミュージアムの理論と実践について多くの研究が蓄積されてきた。

　しかしユニバーサル・ミュージアムに明確な定義があるわけではない。そのなかで、ユニバーサル・ミュージアムとはユニバーサルデザインを展示だけでなく博物館全体として充実させ、すべての人にやさしく、開かれた博物館づくりを目指す姿勢を指し、さらに福祉的な視点ではなく、多様な一般市民の持つ様々な能力を高める展示および鑑賞のあり方を考えるのがその理念であるとする見解がある（平井他2014、黒沢2015、五月女2015、日本博物館協会2015）。

（2）「すべて」とは誰を指すか

　先行研究を通覧すると、「博物館」の前に次に列挙するような文言が付されている。日本博物館協会の「誰にもやさしい」をはじめ、「来館者にやさしい」「人に優しい」「すべての人が楽しめる」「みんなで楽しむ」「だれもが学べる」「すべての人がいる」「すべての人に開かれた」「だれにも支障のない」「誰もがアクセスできる」等である。また「多様な来館者のニーズに応える」という表現にもしばしば接する。

　しかしそれぞれがあげる対象者は必ずしも網羅的ではない。例えば「誰にもやさしい博物館づくり事業」で対象としたのは高齢者、障害者、外国人であった。この対象者について、「観光のユニバーサルデザイン化　手引き集」*3における「何らかの配慮を必要とする主な旅行者」によって具体的にあげると、視覚障害者、聴覚障害者、肢体障害者、内部障害者、知的障害者、精神障害者、高齢者、子ども連れ・妊娠中の人、外国人旅行者、アレルギーのある人、大きな荷物を持つ人、一時的にけがをした人等となる。これらの人々をいわゆる「多種多様な人々」、「すべて」に含まれるものと考えればよいであろうか。しかし重要なのは

言葉ではなくその内容であることは言うまでもない。

　ユニバーサル・ミュージアムを「だれもが楽しめる博物館」とする広瀬浩二郎は、その「耳ざわりのいい言葉に反対する人は少ないが、具体的に『だれも』をどうやって実現するのか」と提起し、また「人に優しい」ではなく「人が優しい」という表現を使用して、そのあり方に言及した（広瀬2007、2012）。そして山本哲也は「みんなの展示」の「みんな」とは誰かという問いを通してバリアフリーを論じ、「バリアを、しょうがい者だけではなく、あらゆる対象にとってのバリアと考え」「様々な人にとっての様々なバリアを取り除いていく行為こそ、『みんなの展示』への近道である」とした。さらに「対象が異なれば、有効な手段も変わってくる」とし、「来館者が自分にとってその博物館が『やさしい』と感じるかどうかは、千差万別」と指摘したことは多くの示唆に富む（山本2007）。

（3）障壁別のアプローチと相反するバリア

　バリアフリーの実現に向けては、障害別ではなく4つの障壁別の考え方がある（山本1997、広瀬2007）。物理的な障壁、制度的な障壁、文化・情報面の障壁、意識上の障壁である。物理的な障壁は主に建物等のハード面の整備により対応できる。制度的な障壁には介助する体制面の整備と配慮が求められる。文化・情報面の障壁は、情報の伝達という点で博物館において最も根源的な問題であり、それに対しては様々な展示や解説、案内の手段が紹介されるところである。意識上の障壁は、「共生」の立場から対応し、博物館職員の認識のみならず、広く社会全体の理解を求めたい。

　一方、障害別の事例についても、具体的な対応策が種々提示されているが（駒見2008等）、これらに加え、ソフトとしての人的対応についても多くの期待が寄せられる。人によるガイドやサービスの臨機応変で柔軟な対応は、双方向のコミュニケーションが可能となり、来館者サービスの観点からも非常に有効である。

　しかしここで認識しなければならないのは、相反するバリアの存在である。ある1つのバリアフリーが、他者にとってのバリアとなることがある。視覚障害者誘導用ブロックと車椅子やベビーカー、高齢者と最新のICT、展示の高さとそれぞれの身長等についてはすでに指摘されており、またすべての外国語には対応できず、休館日でさえ一部の人々にとってはバリアとなりうる。触察や照明と資料保護の問題もしばしば言及される。すべての人に何らかのバリアが存在するのであり、完全なユニバーサルデザインというのは実はあり得ない、つまりすべてのニーズには応えられないのである（小笠原他2012）。

したがって、ハード面とソフト面の相互補完や人々の意識も含めて「試行錯誤し実践し続けることにこそ、ゴールがなく、答えが一つでないユニバーサル・ミュージアムの本質がある」という視点（黒沢2015、五月女2015）は、ユニバーサル・ミュージアムの実態を捉えたものと言える。

2　展示・解説の理論と実践例

（1）触察展示の広がり

　国立民族学博物館では、2006年に企画展「さわる文字、さわる世界——触文化が創りだすユニバーサル・ミュージアム」が行われた。企画展の狙いは「触覚の持つ可能性を切り開く」ことで、視覚障害者をはじめ多くの人々が資料に触ることにより博物館を「だれもが楽しめる」場とする試みである。広瀬浩二郎はユニバーサル・ミュージアム研究会の活動を通して「さわって楽しむ博物館」を探求し、触察展示の研究と実践に取り組み、また発信した。現在では各地の博物館で「さわる展示」が展開されている。

　広瀬は「触常者＝触覚に依拠した生活をする人」「見常者＝視覚に依拠した生活をする人」を提唱して、その異文化間コミュニケーションを重視し、「『ユニバーサル・ミュージアム』の六原則」を提示した。ユニバーサル・ミュージアムを「さわる」ことから導き出し、「六原則」の第1項「誰がさわるのか」では「障害の有無、国籍などに関係なく、老若男女、すべての人が"さわる"豊かさと奥深さを味わうことができる」として、「単なる障害者サービス、弱者支援という一方向の福祉的発想を乗り越え、新たな『共生』の可能性を提示するのがユニバーサル・ミュージアムである」と定義している（広瀬2009、2012、2014）。

（2）知覚型展示の提唱

　博物館が公教育を目的とした機関であることを明示し、その門戸がすべての人に開かれたものでなければならないとの視点から、障害のある人々の博物館利用の問題とユニバーサルサービスについて論じたのが駒見和夫である（駒見2008、2014）。駒見はあらゆる利用者が作品や資料を理解するための方法として、視覚型から知覚型の展示への転換を説く。視覚という1つの感覚だけではなく、視覚、触覚、聴覚、嗅覚、味覚等、各種の感覚に対し多角的・複合的にはたらきかけるという、知覚による展示方法の重要性を述べ、知覚型展示を「あらゆる人々が参加できるユニバーサルサービスの展示システム」とみなす。

また「心理的バリア」として利用者が抱く心理的負担について論じ、「すべての人の不安感をとり除く」「障害をもつ利用者が安心して利用できる」ことを掲げ、「博物館のスタッフが利用者を積極的に迎え入れようとする意識」と、「博物館をとりまく市民をも巻き込んで意識を高めること」に言及した。これは広瀬浩二郎が視覚障害者の立場から発した「受け入れる陽気と出かける勇気」「『迎えられている』と実感できる施設」に通じるものである（広瀬2007、黒沢2014）。

（3）ICT（情報通信技術）の活用

博物館へのアクセスとは、実際の交通情報も重要であるが、利用に関して受け入れの許容度を表すものでもある。「迎え入れる姿勢」を示すものとして情報提示の重要性があげられるが（駒見2008）、その手段の1つとして今やWebサイトは欠かせない。各博物館のサイトにある利用案内の「バリアフリー情報」を閲覧すれば、それぞれの設備と対応を事前に知ることができる。この項目を「ユニバーサルデザイン」とする博物館もしばしば見かける。利用者はその情報を入手し、あらかじめ心づもりをし、来館時に利用することができる。「バリアフリー情報」は利用者の安心感につながるものである。利用者にとっては、設備があることと、設備があることを知っていることの両方が必要であり、それによって「受け入れられている」と感じ、「行っていいんだ」と思うことができる。

さらにユニバーサル・ミュージアムの実現を目指し、最新のICTの活用が期待されている。様々な情報端末が開発され、マルチメディアやユビキタス、バーチャルリアリティーを利用した展示解説ガイドや情報提供システムの実例が多数報告されている。この分野の進歩により様々な来館者に即した対応ができるようになり、情報伝達の可能性が大きく広がった。例えば展示情報端末で多言語や子ども向けの展示解説を用意すれば、利用者の属性に応じた情報を呼び出すことができる。また聴覚障害者用の磁気誘導ループや視覚障害者用のジャケットタイプ音声ガイド（日本教育メディア学会2013）、知的障害者向けの展示見学支援用タブレット端末*4のように、障害別に対応する機器の導入も積極的に図られている。ICTの果たす役割は今後ますます大きくなっていくであろう。

3　都市のなかの博物館

（1）地域における文化資源

観光の視点から博物館を考えるとき、都市（地域）とバリアフリー、ユニバー

第8章　博物館と法律

サルデザインとの関係についても考慮する必要がある。「国際文化観光憲章」（1999）では「文化観光」を「（地域の）資源として、歴史的市街地、町並みや集落、宗教的な場所、文化的景観、産業遺産地域、貴重な自然環境を有する場所、博物館や美術ギャラリーなど（以下略）を目的とする観光」と定義しており、わが国でも文化観光というべき観光スタイルが一般化しつつある*5。「地域まるごと博物館」「エコミュージアム」にも多様な観光客が訪れるであろうし、野外博物館や史跡・遺跡にも同様にその対策が望まれる。観光行動には、点としての博物館、線としての交通、面としての都市（地域）という全体的な支援が欠かせない。「福祉のまちづくり条例」の制定や、バリアフリー・ユニバーサルデザイン推進施策を実施する自治体も増加している。

　国土交通省は「どこでも、だれでも、自由に、使いやすく」の考えのもと、2005年に「ユニバーサルデザイン政策大綱」を取りまとめ、2006年には「高齢者、障害者等の移動等の円滑化の促進に関する法律（バリアフリー新法）」が施行された。2007年施行の「観光立国推進基本法」においては高齢者、障害者、外国人等の旅行者の利便増進がうたわれている。「観光のユニバーサルデザイン化　手引き集」では「交通機関や施設等のハード面の整備とともに、人的サービス・情報等のソフト面を含めた総合的なシステムとして考えることが重要」との指摘もある。

　本来博物館はリピーターを視野に入れるべきであるが、文化観光と観光客について考えると、来館者は不特定多数で、地元以外の遠隔地から「初めて」訪れ、一度限りの来館である可能性が高くなる*6。その人々を迎え入れ、いかに満足してもらうか。来館が一過性のものであるからこそ、その満足を得るために、普遍性が必要とされるのではないだろうか。

（2）福岡市と福岡市博物館

　都市と博物館の関係についてここでは福岡市の事例をあげる。福岡市博物館Webサイトの「博物館案内」には「ユニバーサルミュージアム」という項目がある。そこでは「ユニバーサルデザイン」として「体の不自由な方へ」「乳幼児をお連れの方へ」の情報が掲載され、さらに「ユニバーサル都市・福岡」と「赤ちゃんの駅」のサイトにリンクがある。それに着目し、「みんながやさしい、みんなにやさしい」を標榜する「ユニバーサル都市・福岡」と福岡市博物館の連携について述べる*7。

　福岡市では2011年に「ユニバーサルなまちづくり」という目標を掲げ、市全体でユニバーサルデザインに取り組んだ。物理的・意識上のバリアフリーを進め、

249

人々の多様性にも言及して「誰もが思いやりを持ち、すべての人にやさしいまち」を目指す。2012年には組織を再編し、経済振興局の名称を経済観光文化局に改め、市民局から文化部門を、教育委員会から文化財部門、博物館、美術館、アジア美術館を移管した。「歴史文化資源を観光・集客部門と結びつけて、市民の歴史・伝統・文化・芸術の振興を図るとともに、コンテンツも含め、観光の観点からもしっかり活用し、国内外から人を呼び込む福岡市の成長エンジンとする」とある*8。

　福岡市博物館は2011年から2013年にかけて常設展示等のリニューアルを行った。リニューアル事業の基本計画に「ユニバーサル・ミュージアム」の理念を掲げ、体験学習室を1階に移設し、授乳室、救護室、多目的トイレを新設した。常設展示のリニューアルオープンは2013年11月で、解説等の多言語化、音声化、サイン体系の見直しを図った。そして「さわるコンテンツ」を常設展示室と体験学習室で展開している*9。

　また市の総務企画局による「ユニバーサル都市・福岡」の一連の推進事業に参加、協力して、企画展示やワークショップを行っている。

　同館 Web サイト「常設展示リニューアルについて」には「経済観光文化局へ移管され、新しいニーズを意識するようになり」とあるが、この「新しいニーズ」こそが観光客も含む多種多様な不特定多数の人々を指すであろう。同館ではユニバーサルデザインへの取り組みを、「福岡でくらす、福岡をおとずれる、さまざまな個性をもつ人々が、みんな、福岡市博物館で心地よく安心して、それぞれの学びを楽しむことが出来るように」と表明している。観光と博物館が結びつき、またユニバーサルデザインを考慮した都市と博物館が呼応する事例として、今後の展開に期待したい。

イベント「金印ユニバーサル博物館　さわる奴国のおたから」(2015)（写真提供：福岡市博物館）

第 8 章　博物館と法律

（3）法制度の整備

　障害のある人々に対する施設整備施策の動向については、すでに先行研究において整理されており、2006年の「障害者自立支援法」と「バリアフリー新法」まで解説されている（駒見2008）。ここではそれ以降について述べる。

　2006年に国連総会で「障害者の権利に関する条約（障害者権利条約）」が採択され、わが国では同条約締結に向けて国内法の整備が進められた。2011年に「障害者基本法」の改正が行われ、2012年には内閣府に障害者政策委員会を設置し、2013年に「障害者基本計画（第3次）」が策定された。「障害者自立支援法」は一部改正され、「障害者の日常生活及び社会生活を総合的に支援するための法律（障害者総合支援法）」と名称変更して、2013年に施行された。基本理念として「社会参加の機会の確保及び地域社会における共生、社会的障壁の除去」があげられている。また2013年に「障害を理由とする差別の解消の推進に関する法律（障害者差別解消法）」が制定された（2016年施行）。2014年には「障害者権利条約」を批准し締約国となった。

　内閣府「障害者差別解消法リーフレット」には「すべての国民が障害の有無によって分け隔てられることなく、相互に人格と個性を尊重し合いながら共生する社会の実現」を目指すとある。ここでは「不当な差別的取扱い」と「合理的配慮の不提供」が禁止された＊10。障害を理由として正当な理由なくサービスの提供を拒否したり、制限したり、条件を付けたりするような行為を禁じ、障害のある人から何らかの配慮を求める意思の表明があった場合に、負担になりすぎない範囲で、社会的障壁を取り除くために必要で合理的な配慮を行うことが求められている。この法に基づき、2015年に「文部科学省所管事業分野における障害を理由とする差別の解消の推進に関する対応指針」（文部科学省告示第180号）が定められた。博物館もこの指針に従うことになる。

　合理的配慮とは現場でできる障壁除去のための個別的調整や変更である。それに対して環境整備とはあらかじめ準備されている障壁除去のための対応であり、バリアフリー対策がこれにあたる。社会的障壁の除去にはその両方が必要であるが、合理的配慮はしだいに環境整備に組み込まれていくことが期待される。また、差別は重大な権利侵害である。「障害者差別解消法」や「障害者権利条約」をきっかけに、権利という視点から障害者対応が考えられるときにさしかかっているのである（嶺重・広瀬2014）。

4　安心感と信頼感

　本節の結びにかえて、ここで博物館が人々を迎え入れる姿勢と博物館を訪れる人々の気持ちについて、「安心」と「信頼」をキーワードとしてまとめたい。「安心」と「信頼」は区別されて考えられる概念であり、社会的不確実性の存在の無し有りで定義される。すなわち「安心」は社会的不確実性が存在していないと感じることであり、「信頼」は社会的不確実性が存在しているにもかかわらず、相手の人間性のゆえに、相手が自分に対してひどい行動はとらないだろうと考えることである*11。

　これまで見てきたように、「安心」という言葉はしばしば使用されている。「安心して利用できる」ことは大切な指標であって、自治体や博物館はそこが安心できる場であることを明示する。その「安心」を保証するのが設備である。何が用意され、それがどう機能しているか。それを知ることによって安心感が得られ、利用者は「行っていいんだ」と思う。

　それに対して「信頼」を保証するのが個別の対応、すなわち人的対応や合理的配慮であろう。信頼感とは、利用者が「行けばなんとかなる」「あそこに行けば大丈夫」と思えることである。博物館がすべての人を迎え入れるために大切なのは、信頼してもらうことではないか。そして「人が優しい」ことこそが、「信頼するに足る」ということなのではないだろうか。

　「安心」と「信頼」には「期待」が伴い、それは「評価」に結びつく。評価や満足度は個人的な体験に基づくものであり、「やさしい」とは個人の主観による。「多様な来館者のニーズに応える」とは、すなわち個人の安心感と信頼感を保証するということである。迎え入れる側は、「安心して来てください」に加え「信頼して来てください」と言えることが必要である。

　利用者の心にある「行っちゃいけないのかな」を脱し、安心して「行っていいんだ」と思い、「行けばなんとかなる」と信頼して訪れ、そして「行ってよかった」と満足できる、という一連の気持ちの流れを確保することが、バリアフリーとユニバーサルデザインの基本概念の1つであると考える。

　福岡市の事例にみる「みんながやさしい」には、博物館をとりまく市民社会および地域全体で人々を迎え入れようとする視点がこめられている。福岡市博物館が「くらす」「おとずれる」人々に言及したように、たとえ一度限りの観光客であってもやはり「行ってよかった」と満足してもらうことが、人々の普遍的な満足度の向上につながっていくのであり、観光地と博物館の関係においても大きな

第 8 章　博物館と法律

意味を持つものである。

＊1　「障害者基本計画」2002年12月24日閣議決定。
＊2　田口公則・鈴木智明・奥野花代子・濱田隆士（1998）「ユニバーサル・ミュージアムをめざして」神奈川県立生命の星・地球博物館『自然科学のとびら』第4巻第1号。
＊3　国土交通省総合政策局（2008）「観光のユニバーサルデザイン化　手引き集～だれもが旅行を楽しめる環境づくりのために」。
＊4　熊谷香菜子（2015）「展示見学のバリアをはずす―知的障害者向けサポートツール『ウェルカム！ナビ』の開発」日本博物館協会『博物館研究』第50巻第12号。
＊5　端信行（2012）「文化観光（カルチャー・ツーリズム）と展示論」日本展示学会『展示学』第50号。
＊6　宮瀧交二（2015）「観光と博物館」、落合博晃（2015）「美術館と観光―金沢21世紀美術館の挑戦」日本博物館協会『博物館研究』第50巻第9号。
＊7　以下、福岡市総務企画局企画調整部および福岡市博物館より入手した資料とWebサイトを閲覧して得られた情報をもとに論述する。
＊8　福岡市（2012）「平成24年度　経済観光文化局の取組みについて」。
＊9　杉山未菜子（2015）「『もの』と『こと』―何を可触化するのか」『吹田市立博物館報』15。
＊10　ただし民間事業者における合理的配慮の提供は努力義務である。
＊11　山岸俊男（1999）『安心社会から信頼社会へ　日本型システムの行方』中公新書、中央公論新社。

【参考文献】
青木豊編著（2014）『人文系　博物館教育論』雄山閣。
小笠原喜康・並木美砂子・矢島國雄編（2012）『博物館教育論　新しい博物館教育を描きだす』ぎょうせい。
落合知子（2014）『改訂増補　野外博物館の研究』雄山閣。
工藤彰・阿部昭博・狩野徹（2014）「野外博物館におけるITを用いたユニバーサルデザイン対応の在り方」『情報処理学会研究報告人文科学とコンピュータ』Vol.2014-CH-102 No.3.
黒沢浩編著（2014）『博物館展示論』講談社。
黒沢浩編著（2015）『博物館教育論』講談社。
駒見和夫（2008）『だれもが学べる博物館へ―公教育の博物館学』学文社。
駒見和夫（2014）『博物館教育の原理と活動―すべての人の学びのために―』学文社。
五月女賢司編（2015）「これからの博物館のあり方を問う―さわることで何が得られるのか―」『吹田市立博物館報』15。

寺島洋子・大髙幸編著（2012）『博物館教育論』放送大学教育振興会。
中村千恵（2011）「野外博物館のバリアフリーについての一考察」『國學院大學博物館學紀要』第35輯。
日本教育メディア学会編（2013）『博物館情報・メディア論』ぎょうせい。
日本展示学会編（2010）『展示論―博物館の展示をつくる―』雄山閣。
日本博物館協会編（2015）特集「誰にもやさしい博物館のあり方」『博物館研究』第50巻第12号。
平井康之・藤智亮・野林厚志・真鍋徹・川窪伸光・三島美佐子（2014）『知覚を刺激するミュージアム　見て、触って、感じる博物館のつくりかた』学芸出版社。
広瀬浩二郎編著（2007）『だれもが楽しめるユニバーサル・ミュージアム　"つくる"と"ひらく"の現場から』国立民族学博物館監修、読書工房。
広瀬浩二郎（2009）『さわる文化への招待―触覚でみる手学問のすすめ』世界思想社。
広瀬浩二郎編著（2012）『さわって楽しむ博物館　ユニバーサル・ミュージアムの可能性』青弓社。
広瀬浩二郎編著（2014）『世界をさわる―新たな身体知の探究』文理閣。
嶺重慎・広瀬浩二郎編（2014）『知のバリアフリー――「障害」で学びを拡げる』京都大学学生総合支援センター障害学生支援ルーム協力、京都大学学術出版会。
山本哲也（1997）「博物館のバリアフリー計画」『國學院大學博物館學紀要』第21輯。
山本哲也（2007）「みんなの展示」千葉県博物館協会『MUSEUMちば』第38号。
山本哲也（2008）「博物館学におけるバリアフリー研究の現状について」『新潟県立歴史博物館研究紀要』第9号。
山本哲也・姜博久・石田義典・鈴木千春・満長正明・松永真純（2009）特集「博物館／障害者／バリアフリー」『大阪人権博物館紀要』第11号。

第 9 章

学芸員養成の歴史と展望

学芸員養成の歴史と展望

青木　豊

はじめに―博物館の現状

　我が国の博物館の現状は、低迷する日本経済の中で、指定管理者制度の導入や団塊の世代の集団的定年退職に伴う職員の補充問題、更には市町村合併による混乱の渦中に置かれているのが現状である。
　しかし、この博物館の混迷は、社会の変革を原因とするのみではなく、下記の2点が抜本的要因であると考えられる。
　1．博物館法及び関係法規の不整備な点
　2．博物館運営者の博物館学意識が脆弱である点
　まず第1点に関しては、社会教育法の精神に基づく社会教育機関である博物館に、費用対効果の判断基準が採り入れられる原因となっている博物館法第二十三条（入館料等）や、第2点の根幹に関与する問題である無資格者の博物館への配置を可能としている館法第六条の不適切さは周知のとおりである。また、当問題最大の要因としては、昭和48年の文部省告知による「公立博物館の設置及び運営に関する基準」（通称48基準）が廃止され（平成15年6月）、新たな文部省告示である「博物館の設置及び運営上の望ましい基準」（平成15年6月告示）の内容の空洞化に起因するものと看取される。

1　博物館法及び関係法規の不整備な点

（1）「公立博物館の設置及び運営に関する基準」の廃止による博物館の混迷

　当該基準の設置目的については、昭和48年に各都道府県教育委員会教育長宛に通達された文部省社会教育局通達（平成15年6月廃止）による、「別記『公立博物館の設置及び運営に関する基準』の取扱いについて」に於いて、下記の通り記されている。

　　一、第一条関係
　　（一）この基準は、博物館法第八条の規定に基づき、公立博物館（以下「博物館」という。）の健全な発達を図るために博物館の設置及び運営上の望ましい基準として定めたものである。

（二）この基準は、博物館法に定める登録要件に係る審査基準でも、補助金の交付基準でもない。（傍線筆者）

　上記通達文の傍線部でも明確であるように、「公立博物館の設置及び運営に関する基準」は何らの規制を目的としたものではなく、あくまで博物館の健全な発達を図る目的で定められた基準であった。その制定理念にも拘わらず、小泉政権下の世をあげての規制緩和の名のもとに、当該規定が解体されたことは我が国の博物館にとって基本的示準をなくしたものとなった。即ち、ほころびはここから始まったと言っても過言ではなかろう。したがって、当基準の改訂に関与した博物館学関係者の責任は極めて重大である。

　具体的には、博物館の構成要素と一般に称される"モノ・人・場"に関する示準が「規制緩和」の号令のもとに消滅し、結果として博物館界は混迷期に突入したものと看取されるのである。

　かかる状況の中で、更に追い打ちをかけたのは平成21年の秋に「地方分権推進委員会による第3次勧告案」が出され、博物館法第十二条第一項から三項及び第二十一条の廃止または条例委任が勧告されたことは未だ記憶に新しい*1。第二十一条は兎も角として、第十二条の廃止または条例委任に該当する条文は下記の通りである。

1. 第二条第一項に規定する目的を達成するために必要な博物館資料があること。
2. 第二条第一項に規定する目的を達成するために必要な学芸員その他の職員を有すること。
3. 第二条第一項に規定する目的を達成するために必要な建物及び土地があること。

　当該三項は、第十二条の登録博物館の審査要件を明示した条文であり、前述した"モノ・人・場"を法的に明示したものである。当該部分の廃止は、世界に類を見ない我が国の博物館法そのものの浮薄軽重化をもたらすであろうし、先ず博物館の存続に係わる基本的なものであった。全国大学博物館学講座協議会・全日本博物館学会をはじめとする各種の学術団体からの反対により、幸いにも博物館法に関する勧告案は撤廃された。しかし、かかる機運が社会に発生して来た事実を博物館界および博物館学界は真摯に受け取り、社会が求める博物館を構築しなければならない。

（2）無資格学芸員の配置

　先ず、不具合な条文として挙げねばならないのは博物館法第四条第三項であり、当条文には、「博物館に専門的職員として学芸員を置く」と明示されていることは周知の通りである。しかし、学芸員に相当する専門職員として現実に従事している人物が、学芸員資格を持たない無資格者である専門職を多々目にする。

　例えば、県立博物館や自然博物館の年報等の組織表を見る限り、「調査員」「研究員」「主事」と称する学芸員資格無資格者の学芸員に相当する職員が数多く存在しているのは事実である。この原因は、県立博物館に於いてはその採用が学芸員採用ではなく、教員や埋蔵文化財職員として採用した職員の配置転換が常套化している結果と看取される。そして、博物館学芸員相当職へ配置転換された元教育職員の多くは有資格者でない職員であるが故に、当然ながら「学芸員」の職名は使用できず、研究員・主事等々の職名を冠しているのが常である。しかし、その職務内容は正に学芸に関する職務であろうところからも、無資格者の任命と実務への従事ということになる。

　この不法とも表現できる行為は、「博物館法」第四条第五項に記された「博物館に、館長及び学芸員のほか、<u>学芸員補その他の職員を置くことができる。</u>」（傍線筆者）に起因する。学芸員補その他の職員に相当させることにより、合法としているのであろうが、如何なものであろうか。ならば、職名も学芸員補とすべきであるが、組織内での所謂配慮であろうか、学芸員補の職名を使用していないこともまた事実である。

　また、教育職員・埋蔵文化財センターからの配転とは別途に、博物館自体が採用する場合に於いても、その採用条件に要学芸員資格（学芸員資格取得見込み）が加えられていないケースも決して珍しくはないのである。学芸員無資格者を良とする考え方は、是非博物館側にご賢察戴き是正ねがわねばならない点である。抜本的には、県立博物館を始めとする公立博物館の専門職の採用は、学芸員資格有資格者に限定する旨の厳格な指導を文部科学省に切望する次第である。

（3）学芸員有資格者採用の要望に基づく博物館法第六条の改正案

　我が国の成熟した社会では、車の運転は勿論のこと、医師、教師、美容師等々のいずれに於いても無免許、無資格は許されていない。そのような社会情勢下にあって、生涯教育・文化の拠点である博物館に無法が存在すること自体がゆゆしき問題なのである。拠って、法遵守の精神からも有資格者の配置を徹底しなければならないのである。

第9章　学芸員養成の歴史と展望

　それが何故、かかる不具合な事態が出現し得るかを考えると、具体的には下記の博物館法第六条（学芸員補の資格）が無資格者の博物館専門職としての採用を許す法的根拠となっていると見られるのである。
　博物館法　昭和二十六年　法律第二八五号
　第六条（学芸員補の資格）学校教育法（昭和二二年法律第二六号）第五六号
　　一項の規定により大学に入学することのできる者は、学芸員補となる資格を有する。（傍線筆者）

　条文のとおり「大学に入学することのできる者」、換言すれば即ち高等学校を卒業した者は、学芸員補になることが出来るのである。昭和26年の博物館法制定時から昭和40年頃までなら兎も角として、今日の社会では高校卒業者が学芸員補として採用されることは、現実的でないといって良いであろう。博物館法制定初期の学芸員有資格者の少なかった時代とは異なり、年間1万人もの有資格者を養成している現状では、不必要な条文であることは自明の通りであり、本条文の存在が前述した無資格者採用の温床であると指摘できるのである。
　拠って、当該条文の内容は今日の社会情勢に鑑みても、早急に撤廃すべき条文であると考えるものである。更に、短期大学での学芸員養成に意義を持たせる為にも、下記の如くの改正を提案するものである。
　　■現行　　（学芸員補の資格）
　　　第六条　学校教育法（昭和22年法律26号）第56条第一項の規定により大学に入学することのできる者は、学芸員補の資格を有する。
　　■改正案（学芸員補の資格）
　　　第六条　短期大学を卒業し、博物館に関する所定の科目の単位を取得した者は、学芸員補となる資格を有する。
　以上の改正により、無資格者の採用及び配置に歯止めをかけることと、短期大学での学芸員養成の目的が明確化できるものと考える。

2　博物館運営者の博物館学意識が脆弱である点

　一概には言えないだろうが、博物館運営者の博物館学知識と意識の希薄な点は、当該博物館の指定管理者への移管にも大きく作用したものと推定される。専任学芸員を配置し、地域を取り込んだ積極的な博物館経営を実施していると判断できる博物館・資料館は、教育委員会の直営である傾向が認められる。即ち、博物館経営に対し一家言を有する熱心な学芸員の存在が強く感じられる。博物館知識と

これに伴う意識が友の会の運営は勿論のこと、博物館経営に対して専門的知識を持ち合わせない館長・教育長に対して、説得力のある意見の具申が出来る学芸員が必要なのである。現在の我が国の博物館の停滞は、このような熱心で博物館学知識と意識を有する学芸員を養成できなかったことが直接的な原因であろう。その理由としては、下記の2点が挙げられる。
1. 学芸員養成科目の不足
2. 博物館学の体系的教授ではなかった

まず、第一の学芸員の養成科目の不足については、昭和30年から平成8年までの40余年間、博物館学の専門科目としては「博物館学」4単位と「博物館実習」3単位であった。この単位数は余りに少なく、昭和26年の博物館法制定以来、今日までの60余年のうちの42年間にもわたる長期間、この少数単位の講義によって学芸員養成を行っていたという厳然たる事実が、現在博物館の実相となったものと考えられる。平成9年からは従来の「博物館学」4単位を2単位増加させて6単位とし、「博物館経営論」・「博物館資料論」・「博物館情報論」の3科目増となり、全体で従来の5科目10単位から8科目12単位に引き上げられたがまだまだ不充分であり、博物館学の体系的教授には程遠い改正であったことは明白である。

例えば、博物館を特徴づける機能であり、博物館最大の機能である「展示論」ですら、この時点でも欠如していたのであった。展示論が養成科目に含まれていなかったことは、博物館学意識形成の上での大きな問題であった。明治5年に始まる我が国の博物館展示が、何の改良もなく変容してきた社会情勢に呼応することもなく今日まで引き継がれ、博物館の低迷の要因となったものと看取されるのである。つまり、展示は展示業者が行うものであって、学芸員が行うべき職務内容ではないとする考え方が根強く存在しているのは事実であろう。

平成19年6月15日付で、これからの博物館の在り方に関する検討協力者会議より、「新しい時代の博物館制度の在り方について（報告）」が出された。同報告に基づき養成学芸員の資質向上を目指すべく、それまでの8科目12単位から9科目19単位へと科目数と単位数の引き上げが決定された。筆者が別稿*2で提案していた通り、新たに「博物館資料保存論」「博物館展示論」「博物館教育論」の3科目6単位が新たに増設された。このことは、博物館学の体系の上からも不可避であったことは事実であり、当該3科目の新設により養成学芸員の学術的資質向上は大きく推進されるものと期待できるのである。

しかし、残念ながら大局的には博物館学を構成する科目群には至っていない点もさらに考慮せねばならない。国家資格である学芸員資格は、7単位引き上げら

第9章　学芸員養成の歴史と展望

表1　学芸員資格法定科目・単位数の変遷表

〈昭和30年改正科目〉

NO.	科目名	単位数
1	社会教育概論	1単位
2	博物館学	4単位
3	視聴覚教育	1単位
4	教育原理	1単位
5	博物館実習	3単位

（5科目10単位）

〈平成9年改正科目〉

NO.	科目名	単位数
1	生涯学習概論	1単位
2	博物館概論	2単位
3	博物館経営論	1単位
4	博物館資料論	2単位
5	博物館情報論	1単位
6	視聴覚教育メディア論	1単位
7	教育学概論	1単位
8	博物館実習	3単位

（8科目12単位）

〈平成24年4月施行〉

NO.	科目名	単位数
1	生涯学習概論	2単位
2	博物館概論	2単位
3	博物館経営論	2単位
4	博物館資料論	2単位
5	博物館資料保存論	2単位
6	博物館展示論	2単位
7	博物館情報・メディア論	2単位
8	博物館教育論	2単位
9	博物館実習	3単位

（9科目19単位）

れ19単位となったが、表2でも明確であるように図書館司書や、有名無実ともいえる社会教育主事と比較して5単位も少ないのである。博物館経営は、そんなに簡単なものなのであろうか。そんなはずは決して無い。

表2　必須単位比較表

高校教員免許	67単位
社会教育主事	24単位
図書館司書	24単位
学芸員	19単位

3　博物館学の体系に基づく単位数の拡充

学芸員養成の基本理念は、博物館学の体系的教授による理解が目標であることは確認するまでもなく、それは同時に博物館学研究者の育成を第一義とするのである。学芸員は、資料さえ扱えれば良いといった職人的職性に決して留まるものではないことを、再度確認しなければならないのである。それには博物館学知識の涵養が重要なのである。

現行法定課目の9科目19単位を基盤に、さらに必要とする博物館学に関する科目は、「博物館学史」「日本博物館史」「欧米博物館史」「博物館経営実務論」「展示工学論」「地域博物館論」「地域文化保全活用論」が考えられるが、少なくと

も博物館学史・地域博物館論・地域文化活用論の3科目6単位が更に必要であると提起するものである。

まとめ―養成学芸員の資質向上の為の大学養成課程の改革

　この博物館知識の脆弱、意識の希薄な点が今日の社会下での博物館経営に影を落としているものと看取されるところから、博物館学の研究者の養成、学芸員の博物館学知識・意識の向上に直結すべき養成制度と体制が必要で有ると考えねばならない。それには、下記の10点が必要々件と考えられるのである。
　1．大学での養成学芸員の資質向上措置
　　一、博物館学を専門とする専任教員の配置
　　一、大学教員の資質の向上
　　一、博物館学研究者の養成
　　一、法定課目・単位数の拡充に基づくカリキュラムの充実
　　一、大学附属博物館の設置
　2．博物館での向上措置
　　一、博物館知識を有する有資格者の採用と配置
　　一、現職学芸員の博物館知識の向上
　　一、科研費申請認定博物館（機関）の確立
　　一、地域社会との更なる連携
　　一、国内外の他博物館・大学・研究機関との連携
　さらにまた、博物館学芸員に要求される高度な学識は、それぞれの学術分野の専門知識と博物館学知識の二者であることを忘れてはらない。前者の各学術分野に於ける専門知識は、最高学府である大学卒業と同時に確立されているものと見做せる。またそうでなければならないのである。この点は、学芸員の採用にあたっても博物館側が専門性を重視している点からも明白であり、且つまた一般的である。しかし、今日の社会情勢下に置かれた博物館を観た場合、博物館展示や教育諸活動がその重要さを増して居るところからも、博物館経営の上でより必要となるのは、後者の博物館学知識と熱心な博物館意識なのである。

＊1　地方分権改革推進委員会（2009）「地方分権推進委員会による第3次勧告案」。
＊2　青木豊（2007）「博物館法改正に伴う資質向上を目的とする学芸員養成に関する考察」『博物館学雑誌』第33巻第1号。

おわりに

　"観光"は、儒学の古典である『易経』の中の「観国之光　利用賓于王」に基づく漢籍であることは周知の通りで、即ち観光とは「国の光を観る」ことである。因みに、我が国での"観光"の使用は、江戸幕府が幕末にオランダから贈呈された外輪式木造蒸気船に付された艦名が「観光丸」であり、当該事例が用語使用の嚆矢であろうと思われる。

　また、太平洋戦争下では、「観光」は不急不要のものとして用語そのものが禁止され、京都では市内観光を「聖蹟潤巡拝」と呼んだともいうから、戦前にはすでに「観光」は、軽い響きで捉えられていたようである。

　今日、旅は観光とその呼称名を変じたが、旅と同様に観光は生涯学習であると考えられよう。このことは、かつて"かわいい子には旅をさせよ"なる格言においても、旅は人間教育・人生教育を意図したところからも理解出来よう。

　人が旅・観光をする動機と目的は、個々に異なるであろうが、いくつかの共通点はあろう。西行や芭蕉はともかくとして、一般的には、日常空間からの脱出の旅、自己発見の旅、逃避の旅、信仰の旅などであろうが、観光と称する旅には、基本的には日常生活から脱出し、非日常空間での未知との遭遇への欲求が心の根底に必ず存在している。これが学習意欲であるとも把握できよう。

　旅人を受け入れる旅先である非日常空間域では、観光者の欲求に答えることが人口交流による地域の活性化に直結することは確認するまでもない。

　"津々浦々"の語が明示する通り、我が国はその地勢からして植物・動物も極めて多元的である。したがって、自然環境が異なれば、当然の如くそれぞれの異なった環境下に住む人々の営みの結果である歴史や文化も異なる。他所からの視点では、国内のすべてが非日常空間であるとも言えよう。換言すれば、所謂風物・特産を持たぬ地は無いであろう。

　故に、当該地域の自然と歴史と文化を凝縮した"場"としての博物館が必要であり、かかる観点での博物館をこれからは必要とするのである。観光客にとっての当該地域との出会いの場所が、博物館なのであり、旅人にとっての最大の生涯学習の場が博物館なのである。

　たとえば、観光地でのバスの中で、当該地域独特の蝶や鳥、祭りや行事が説明されたりする。あるいは、立ち寄った道の駅で同様の情報に触れたりもするだろう。しかし、蝶や鳥は何時でも遭遇できるものではないし、祭りや年中行事等の

無形の資料も同様であろう。仮に、有形であっても資料によっては常に目にすることは困難な場合も多い。しかし、"百聞は一見にしかず"のとおり、実物を見ることにより、人は旅の原風景を確立し、且つ満足を得るのであるから、これ等の不具合を解決し、資料が内蔵する学術情報を観光の旅人に伝達することが可能な機関は、博物館に限定されるのである。したがって、その責は極めて大きい。

　また、博物館は博物館館内での活動に留まるのではなく博物館法第3条8項が明示するが如く、博物館は所在する地域の文化財を保護すると同時にそれらを旅の原風景の一コマとなるように整備活用することが重要である。さらに、博物館は観光資源となる地域文化資源のさらなる発見・保存・公開・活用を継続することが交流人口の増加と継続に直結することも忘れてはならないのである。結果として得た知識は、博物館を含めた旅による学習となる。

　極限すれば、旅とはであいである。人との出会い、自然との出会い、歴史との出会い、異文化との出会いである。そして、出会いの場は、博物館であり、また出会いの場を紹介するのも博物館であり、博物館は地域社会の社会資源として増殖し続けなければならない観光資源でもある。

　本書を編むにあたり、御多忙のなか玉稿をお寄せくださった執筆者の方々に厚く御礼申し上げます。また、本書の刊行には、芙蓉書房出版の平澤公裕社長から格段のご理解を頂戴いたしましたことを茲に銘記し感謝いたします。

　　2016年1月

　　　　　　　　　　　　　　　　　　　　　　　　　　　　青木　豊

資料編
❖❖❖❖❖
〈観光〉・〈博物館〉
関連法規など

1　観光立国推進基本法
2　博物館法（抄録）
3　博物館法施行令（抄録）
4　博物館法施行規則（抄録）
5　博物館の設置及び運営上の望ましい基準
6　学芸員補の職に相当する職等の指定
7　公立博物館の設置及び運営に関する基準
8　文化財保護法（抄録）
9　生物の多様性に関する条約
10　自然環境保全法（抄録）
11　鳥獣の保護及び管理並びに狩猟の適正化に関する法律（抄録）
12　自然公園法（抄録）
13　絶滅のおそれのある野生動植物の種の保存に関する法律（抄録）
14　絶滅のおそれのある野生動植物の種の国際取引に関する条約（抄録）
15　動物の愛護及び管理に関する法律（抄録）
16　世界の文化遺産及び自然遺産の保護に関する条約（抄録）
17　渡り鳥及び絶滅のおそれのある鳥類並びにその環境の保護に関する日本国政府とアメリカ合衆国政府との間の条約（抄録）
18　特に水鳥の生息地として国際的に重要な湿地に関する条約（抄録）

1　観光立国推進基本法

（平成十八年十二月二十日法律第百十七号）

観光基本法（昭和三十八年法律第百七号）の全部を改正する。

観光は、国際平和と国民生活の安定を象徴するものであって、その持続的な発展は、恒久の平和と国際社会の相互理解の増進を念願し、健康で文化的な生活を享受しようとする我らの理想とするところである。また、観光は、地域経済の活性化、雇用の機会の増大等国民経済のあらゆる領域にわたりその発展に寄与するとともに、健康の増進、潤いのある豊かな生活環境の創造等を通じて国民生活の安定向上に貢献するものであることに加え、国際相互理解を増進するものである。

我らは、このような使命を有する観光が、今後、我が国において世界に例を見ない水準の少子高齢社会の到来と本格的な国際交流の進展が見込まれる中で、地域における創意工夫を生かした主体的な取組を尊重しつつ、地域の住民が誇りと愛着を持つことのできる活力に満ちた地域社会の実現を促進し、我が国固有の文化、歴史等に関する理解を深めるものとしてその意義を一層高めるとともに、豊かな国民生活の実現と国際社会における名誉ある地位の確立に極めて重要な役割を担っていくものと確信する。

しかるに、現状をみるに、観光がその使命を果たすことができる観光立国の実現に向けた環境の整備は、いまだ不十分な状態である。また、国民のゆとりと安らぎを求める志向の高まり等を背景とした観光旅行者の需要の高度化、少人数による観光旅行の増加等観光旅行の形態の多様化、観光分野における国際競争の一層の激化等の近年の観光をめぐる諸情勢の著しい変化への的確な対応は、十分に行われていない。これに加え、我が国を来訪する外国人観光旅客数等の状況も、国際社会において我が国の占める地位にふさわしいものとはなっていない。

これらに適切に処し、地域において国際競争力の高い魅力ある観光地を形成するとともに、観光産業の国際競争力の強化及び観光の振興に寄与する人材の育成、国際観光の振興を図ること等により、観光立国を実現することは、二十一世紀の我が国経済社会の発展のために不可欠な重要課題である。

ここに、観光立国の実現に関する施策を総合的かつ計画的に推進するため、この法律を制定する。

　　　第一章　総則
（目的）
第一条　この法律は、二十一世紀の我が国経済社会の発展のために観光立国を実現することが極めて重要であることにかんがみ、観光立国の実現に関する施策に関し、基本理念を定め、並びに国及び地方公共団体の責務等を明らかにするとともに、観光立国の実現に関する施策の基本となる事項を定めることにより、観光立国の実現に関する施策を総合的かつ計画的に推進し、もって国民経済の発展、国民生活の安定向上及び国際相互理解の増進に寄与することを目的とする。

（施策の基本理念）
第二条　観光立国の実現に関する施策は、地域における創意工夫を生かした主体的な取組を尊重しつつ、地域の住民が誇りと愛着を持つことのできる活力に満ちた地域社会の持続可能な発展を通じて国内外からの観光旅行を促進することが、将来にわたる豊かな国民生活の実現のため特に重要であるという認識の下に講ぜられなければならない。

2　観光立国の実現に関する施策は、観光が健康的でゆとりのある生活を実現する上で果たす役割の重要性にかんがみ、国民の観光旅行の促進が図られるよう講ぜられなければならない。

3　観光立国の実現に関する施策は、観光が国際相互理解の増進とこれを通じた国際平和のために果たす役割の重要性にかんがみ、国際的視点に立って講ぜられなければならない。

4　観光立国の実現に関する施策を講ずるに当たっては、観光産業が、多様な事業の分野における特色ある事業活動から構成され、多様な就業の機会を提供すること等により我が国及び地域の経済社会において重要な役割を担っていることにかんがみ、国、地方公共団体、住民、事業者等による相互の連携が確保されるよう配慮されなければならない。

関連法規など

（国の責務）
第三条　国は、前条の施策の基本理念（次条第一項において「基本理念」という。）にのっとり、観光立国の実現に関する施策を総合的に策定し、及び実施する責務を有する。

（地方公共団体の責務）
第四条　地方公共団体は、基本理念にのっとり、観光立国の実現に関し、国との適切な役割分担を踏まえて、自主的かつ主体的に、その地方公共団体の区域の特性を生かした施策を策定し、及び実施する責務を有する。
2　地方公共団体は、前項の施策を実施するに当たっては、その効果的な実施を図るため地方公共団体相互の広域的な連携協力に努めなければならない。

（住民の役割）
第五条　住民は、観光立国の意義に対する理解を深め、魅力ある観光地の形成に積極的な役割を果たすよう努めるものとする。

（観光事業者の努力）
第六条　観光に関する事業（第十六条において「観光事業」という。）を営む者（以下「観光事業者」という。）は、その事業活動を行うに際しては、住民の福祉に配慮するとともに、観光立国の実現に主体的に取り組むよう努めるものとする。

（法制上の措置等）
第七条　政府は、観光立国の実現に関する施策を実施するため必要な法制上、財政上又は金融上の措置その他の措置を講じなければならない。

（年次報告等）
第八条　政府は、毎年、国会に、観光の状況及び政府が観光立国の実現に関して講じた施策に関する報告を提出しなければならない。
2　政府は、毎年、交通政策審議会の意見を聴いて、前項の報告に係る観光の状況を考慮して講じようとする施策を明らかにした文書を作成し、これを国会に提出しなければならない。

（交通政策審議会への諮問等）
第九条　交通政策審議会は、国土交通大臣又は関係各大臣の諮問に応じ、観光立国の実現に関する重要事項を調査審議する。
2　交通政策審議会は、前項に規定する事項に関し、国土交通大臣又は関係各大臣に意見を述べることができる。
3　交通政策審議会は、前二項に規定する事務を遂行するため必要があると認めるときは、関係行政機関の長に対し、資料の提出、意見の表明、説明その他必要な協力を求めることができる。

第二章　観光立国推進基本計画

（観光立国推進基本計画の策定等）
第十条　政府は、観光立国の実現に関する施策の総合的かつ計画的な推進を図るため、観光立国の実現に関する基本的な計画（以下「観光立国推進基本計画」という。）を定めなければならない。
2　観光立国推進基本計画は、次に掲げる事項について定めるものとする。
一　観光立国の実現に関する施策についての基本的な方針
二　観光立国の実現に関する目標
三　観光立国の実現に関し、政府が総合的かつ計画的に講ずべき施策
四　前三号に掲げるもののほか、観光立国の実現に関する施策を総合的かつ計画的に推進するために必要な事項
3　国土交通大臣は、交通政策審議会の意見を聴いて、観光立国推進基本計画の案を作成し、閣議の決定を求めなければならない。
4　国土交通大臣は、前項の規定による閣議の決定があったときは、遅滞なく、観光立国推進基本計画を国会に報告するとともに、公表しなければならない。
5　前二項の規定は、観光立国推進基本計画の変更について準用する。

（観光立国推進基本計画と国の他の計画との関係）
第十一条　観光立国推進基本計画以外の国の計画は、観光立国の実現に関しては、観光立国推進基本計画を基本とするものとする。

第三章　基本的施策
第一節　国際競争力の高い魅力ある観光地の形成

（国際競争力の高い魅力ある観光地の形成）
第十二条　国は、国際競争力の高い魅力ある観光地の形成を図るため、地方公共団体と観光事業者その他の関係者との連携による観光

地の特性を生かした良質なサービスの提供の確保並びに宿泊施設、食事施設、案内施設その他の旅行に関連する施設（以下「旅行関連施設」という。）及び公共施設の整備等に必要な施策を講ずるものとする。

（観光資源の活用による地域の特性を生かした魅力ある観光地の形成）

第十三条　国は、観光資源の活用による地域の特性を生かした魅力ある観光地の形成を図るため、史跡、名勝、天然記念物等の文化財、歴史的風土、優れた自然の風景地、良好な景観、温泉その他文化、産業等に関する観光資源の保護、育成及び開発に必要な施策を講ずるものとする。

（観光旅行者の来訪の促進に必要な交通施設の総合的な整備）

第十四条　国は、観光旅行者の国際競争力の高い魅力ある観光地への来訪の促進に必要な交通施設の総合的な整備を図るため、国際交通機関及びこれに関連する施設並びに国際競争力の高い魅力ある観光地及びその観光地間を連絡する経路における空港、港湾、鉄道、道路、駐車場、旅客船その他の観光の基盤となる交通施設の整備等に必要な施策を講ずるものとする。

第二節　観光産業の国際競争力の強化及び観光の振興に寄与する人材の育成

（観光産業の国際競争力の強化）

第十五条　国は、観光産業の国際競争力の強化を図るため、観光事業者相互の有機的な連携の推進、観光旅行の需要の高度化及び観光旅行の形態の多様化に対応したサービスの提供の確保等に必要な施策を講ずるものとする。

（観光の振興に寄与する人材の育成）

第十六条　国は、観光の振興に寄与する人材の育成を図るため、観光地及び観光産業の国際競争力の強化に資する高等教育の充実、観光事業に従事する者の知識及び能力の向上、地域の固有の文化、歴史等に関する知識の普及の促進等に必要な施策を講ずるものとする。

第三節　国際観光の振興

（外国人観光旅客の来訪の促進）

第十七条　国は、外国人観光旅客の来訪の促進を図るため、我が国の伝統、文化等を生かした海外における観光宣伝活動の重点的かつ効果的な実施、国内における交通、宿泊その他の観光旅行に要する費用に関する情報の提供、国際会議その他の国際的な規模で開催される行事の誘致の促進、外国人観光旅客の出入国に関する措置の改善、通訳案内のサービスの向上その他の外国人観光旅客の受入れの体制の確保等に必要な施策を講ずるものとする。

（国際相互交流の促進）

第十八条　国は、観光分野における国際相互交流の促進を図るため、外国政府との協力の推進、我が国と外国との間における地域間の交流の促進、青少年による国際交流の促進等に必要な施策を講ずるものとする。

第四節　観光旅行の促進のための環境の整備

（観光旅行の容易化及び円滑化）

第十九条　国は、観光旅行の容易化及び円滑化を図るため、休暇に関する制度の改善その他休暇の取得の促進、観光旅行の需要の特定の時季への集中の緩和、観光事業者の不当な営利行為の防止その他の観光に係る消費者の利益の擁護、観光の意義に対する国民の理解の増進等に必要な施策を講ずるものとする。

（観光旅行者に対する接遇の向上）

第二十条　国は、観光旅行者に対する接遇の向上を図るため、接遇に関する教育の機会の提供、旅行関連施設の整備、我が国の伝統のある優れた食文化その他の生活文化、産業等の紹介の強化、我が国又は地域の特色を生かした魅力ある商品の開発等に必要な施策を講ずるものとする。

（観光旅行者の利便の増進）

第二十一条　国は、観光旅行者の利便の増進を図るため、高齢者、障害者、外国人その他特に配慮を要する観光旅行者が円滑に利用できる旅行関連施設及び公共施設の整備並びにこれらの利便性の向上、情報通信技術を活用した観光に関する情報の提供等に必要な施策を講ずるものとする。

（観光旅行の安全の確保）

第二十二条　国は、観光旅行の安全の確保を図るため、国内外の観光地における事故、災害等の発生の状況に関する情報の提供、観光旅行における事故の発生の防止等に必要な施策を講ずるものとする。

（新たな観光旅行の分野の開拓）

第二十三条　国は、新たな観光旅行の分野の開拓を図るため、自然体験活動、農林漁業に

関連法規など

関する体験活動等を目的とする観光旅行、心身の健康の保持増進のための観光旅行その他の多様な観光旅行の形態の普及等に必要な施策を講ずるものとする。
（観光地における環境及び良好な景観の保全）
第二十四条　国は、観光地における環境及び良好な景観の保全を図るため、観光旅行者による自然体験活動を通じた環境の保全に関する知識の普及及び理解の増進、屋外広告物に関する制限等に必要な施策を講ずるものとする。
（観光に関する統計の整備）
第二十五条　国は、観光立国の実現に関する施策の策定及び実施に資するため、観光旅行に係る消費の状況に関する統計、観光旅行者の宿泊の状況に関する統計その他の観光に関する統計の整備に必要な施策を講ずるものとする。

第四章　国及び地方公共団体の協力等
（国及び地方公共団体の協力等）
第二十六条　国及び地方公共団体は、観光立国の実現に関する施策を講ずるにつき、相協力するとともに、行政組織の整備及び行政運営の改善に努めるものとする。
（団体の整備）
第二十七条　国は、観光立国の実現に関し、民間の活力が十分に発揮されるよう観光立国の実現に関する団体の整備に必要な施策を講ずるものとする。

附　則　抄
（施行期日）
第一条　この法律は、平成十九年一月一日から施行する。

2　博物館法（抄録）

（昭和二十六年十二月一日法律第二百八十五号）
最終改正：平成二十六年六月四日法律第五十一号

第一章　総則
（この法律の目的）
第一条　この法律は、社会教育法（昭和二十四年法律第二百七号）の精神に基き、博物館の設置及び運営に関して必要な事項を定め、その健全な発達を図り、もつて国民の教育、学術及び文化の発展に寄与することを目的とする。
（定義）
第二条　この法律において「博物館」とは、歴史、芸術、民俗、産業、自然科学等に関する資料を収集し、保管（育成を含む。以下同じ。）し、展示して教育的配慮の下に一般公衆の利用に供し、その教養、調査研究、レクリエーション等に資するために必要な事業を行い、あわせてこれらの資料に関する調査研究をすることを目的とする機関（社会教育法による公民館及び図書館法（昭和二十五年法律第百十八号）による図書館を除く。）のうち、地方公共団体、一般社団法人若しくは一般財団法人、宗教法人又は政令で定めるその他の法人（独立行政法人（独立行政法人通則法（平成十一年法律第百三号）第二条第一項に規定する独立行政法人をいう。第二十九条において同じ。）を除く。）が設置するもので次章の規定による登録を受けたものをいう。
2　この法律において、「公立博物館」とは、地方公共団体の設置する博物館をいい、「私立博物館」とは、一般社団法人若しくは一般財団法人、宗教法人又は前項の政令で定める法人の設置する博物館をいう。
3　この法律において「博物館資料」とは、博物館が収集し、保管し、又は展示する資料（電磁的記録（電子的方式、磁気的方式その他人の知覚によつては認識することができない方式で作られた記録をいう。）を含む。）をいう。
（博物館の事業）
第三条　博物館は、前条第一項に規定する目的を達成するため、おおむね次に掲げる事業を行う。
一　実物、標本、模写、模型、文献、図表、写真、フィルム、レコード等の博物館資料を豊富に収集し、保管し、及び展示すること。
二　分館を設置し、又は博物館資料を当該博物館外で展示すること。
三　一般公衆に対して、博物館資料の利用に関し必要な説明、助言、指導等を行い、又は研究室、実験室、工作室、図書室等を設置し

269

てこれを利用させること。
四　博物館資料に関する専門的、技術的な調査研究を行うこと。
五　博物館資料の保管及び展示等に関する技術的研究を行うこと。
六　博物館資料に関する案内書、解説書、目録、図録、年報、調査研究の報告書等を作成し、及び頒布すること。
七　博物館資料に関する講演会、講習会、映写会、研究会等を主催し、及びその開催を援助すること。
八　当該博物館の所在地又はその周辺にある文化財保護法（昭和二十五年法律第二百十四号）の適用を受ける文化財について、解説書又は目録を作成する等一般公衆の当該文化財の利用の便を図ること。
九　社会教育における学習の機会を利用して行つた学習の成果を活用して行う教育活動その他の活動の機会を提供し、及びその提供を奨励すること。
十　他の博物館、博物館と同一の目的を有する国の施設等と緊密に連絡し、協力し、刊行物及び情報の交換、博物館資料の相互貸借等を行うこと。
十一　学校、図書館、研究所、公民館等の教育、学術又は文化に関する諸施設と協力し、その活動を援助すること。
2　博物館は、その事業を行うに当つては、土地の事情を考慮し、国民の実生活の向上に資し、更に学校教育を援助し得るようにも留意しなければならない。
（館長、学芸員その他の職員）
第四条　博物館に、館長を置く。
2　館長は、館務を掌理し、所属職員を監督して、博物館の任務の達成に努める。
3　博物館に、専門的職員として学芸員を置く。
4　学芸員は、博物館資料の収集、保管、展示及び調査研究その他これと関連する事業についての専門的事項をつかさどる。
5　博物館に、館長及び学芸員のほか、学芸員補その他の職員を置くことができる。
6　学芸員補は、学芸員の職務を助ける。
（学芸員の資格）
第五条　次の各号のいずれかに該当する者は、学芸員となる資格を有する。

一　学士の学位を有する者で、大学において文部科学省令で定める博物館に関する科目の単位を修得したもの
二　大学に二年以上在学し、前号の博物館に関する科目の単位を含めて六十二単位以上を修得した者で、三年以上学芸員補の職にあつたもの
三　文部科学大臣が、文部科学省令で定めるところにより、前二号に掲げる者と同等以上の学力及び経験を有する者と認めた者
2　前項第二号の学芸員補の職には、官公署、学校又は社会教育施設（博物館の事業に類する事業を行う施設を含む。）における職で、社会教育主事、司書その他の学芸員補の職と同等以上の職として文部科学大臣が指定するものを含むものとする。
（学芸員補の資格）
第六条　学校教育法（昭和二十二年法律第二十六号）第九十条第一項の規定により大学に入学することのできる者は、学芸員補となる資格を有する。
（学芸員及び学芸員補の研修）
第七条　文部科学大臣及び都道府県の教育委員会は、学芸員及び学芸員補に対し、その資質の向上のために必要な研修を行うよう努めるものとする。
（設置及び運営上望ましい基準）
第八条　文部科学大臣は、博物館の健全な発達を図るために、博物館の設置及び運営上望ましい基準を定め、これを公表するものとする。
（運営の状況に関する評価等）
第九条　博物館は、当該博物館の運営の状況について評価を行うとともに、その結果に基づき博物館の運営の改善を図るため必要な措置を講ずるよう努めなければならない。
（運営の状況に関する情報の提供）
第九条の二　博物館は、当該博物館の事業に関する地域住民その他の関係者の理解を深めるとともに、これらの者との連携及び協力の推進に資するため、当該博物館の運営の状況に関する情報を積極的に提供するよう努めなければならない。

第二章　登録
（登録）
第十条　博物館を設置しようとする者は、当

該博物館について、当該博物館の所在する都道府県の教育委員会に備える博物館登録原簿に登録を受けるものとする。
（登録の申請）
第十一条　前条の規定による登録を受けようとする者は、設置しようとする博物館について、左に掲げる事項を記載した登録申請書を都道府県の教育委員会に提出しなければならない。
一　設置者の名称及び私立博物館にあつては設置者の住所
二　名称
三　所在地
2　前項の登録申請書には、次に掲げる書類を添付しなければならない。
一　公立博物館にあつては、設置条例の写し、館則の写し、直接博物館の用に供する建物及び土地の面積を記載した書面及びその図面、当該年度における事業計画書及び予算の歳出の見積りに関する書類、博物館資料の目録並びに館長及び学芸員の氏名を記載した書面
二　私立博物館にあつては、当該法人の定款の写し又は当該宗教法人の規則の写し、館則の写し、直接博物館の用に供する建物及び土地の面積を記載した書面及びその図面、当該年度における事業計画書及び収支の見積りに関する書類、博物館資料の目録並びに館長及び学芸員の氏名を記載した書面
（登録要件の審査）
第十二条　都道府県の教育委員会は、前条の規定による登録の申請があつた場合においては、当該申請に係る博物館が左に掲げる要件を備えているかどうかを審査し、備えていると認めたときは、同条第一項各号に掲げる事項及び登録の年月日を博物館登録原簿に登録するとともに登録した旨を当該登録申請者に通知し、備えていないと認めたときは、登録しない旨をその理由を附記した書面で当該登録申請者に通知しなければならない。
一　第二条第一項に規定する目的を達成するために必要な博物館資料があること。
二　第二条第一項に規定する目的を達成するために必要な学芸員その他の職員を有すること。
三　第二条第一項に規定する目的を達成するために必要な建物及び土地があること。
四　一年を通じて百五十日以上開館すること。

（登録事項等の変更）
第十三条　博物館の設置者は、第十一条第一項各号に掲げる事項について変更があつたとき、又は同条第二項に規定する添付書類の記載事項について重要な変更があつたときは、その旨を都道府県の教育委員会に届け出なければならない。
2　都道府県の教育委員会は、第十一条第一項各号に掲げる事項に変更があつたことを知つたときは、当該博物館に係る登録事項の変更登録をしなければならない。
（登録の取消）
第十四条　都道府県の教育委員会は、博物館が第十二条各号に掲げる要件を欠くに至つたものと認めたとき、又は虚偽の申請に基いて登録した事実を発見したときは、当該博物館に係る登録を取り消さなければならない。但し、博物館が天災その他やむを得ない事由により要件を欠くに至つた場合においては、その要件を欠くに至つた日から二年間はこの限りでない。
2　都道府県の教育委員会は、前項の規定により登録の取消しをしたときは、当該博物館の設置者に対し、速やかにその旨を通知しなければならない。
（博物館の廃止）
第十五条　博物館の設置者は、博物館を廃止したときは、すみやかにその旨を都道府県の教育委員会に届け出なければならない。
2　都道府県の教育委員会は、博物館の設置者が当該博物館を廃止したときは、当該博物館に係る登録をまつ消しなければならない。
（規則への委任）
第十六条　この章に定めるものを除くほか、博物館の登録に関し必要な事項は、都道府県の教育委員会の規則で定める。
第十七条　削除

第三章　公立博物館
（設置）
第十八条　公立博物館の設置に関する事項は、当該博物館を設置する地方公共団体の条例で定めなければならない。
（所管）
第十九条　公立博物館は、当該博物館を設置する地方公共団体の教育委員会の所管に属する。

（博物館協議会）
第二十条　公立博物館に、博物館協議会を置くことができる。
2　博物館協議会は、博物館の運営に関し館長の諮問に応ずるとともに、館長に対して意見を述べる機関とする。
第二十一条　博物館協議会の委員は、当該博物館を設置する地方公共団体の教育委員会が任命する。
第二十二条　博物館協議会の設置、その委員の定数及び任期その他博物館協議会に関し必要な事項は、当該博物館を設置する地方公共団体の条例で定めなければならない。
（入館料等）
第二十三条　公立博物館は、入館料その他博物館資料の利用に対する対価を徴収してはならない。但し、博物館の維持運営のためにやむを得ない事情のある場合は、必要な対価を徴収することができる。
（博物館の補助）
第二十四条　国は、博物館を設置する地方公共団体に対し、予算の範囲内において、博物館の施設、設備に要する経費その他必要な経費の一部を補助することができる。
2　前項の補助金の交付に関し必要な事項は、政令で定める。
第二十五条　削除
（補助金の交付中止及び補助金の返還）
第二十六条　国は、博物館を設置する地方公共団体に対し第二十四条の規定による補助金の交付をした場合において、左の各号の一に該当するときは、当該年度におけるその後の補助金の交付をやめるとともに、第一号の場合の取消が虚偽の申請に基いて登録した事実の発見に因るものである場合には、既に交付した補助金を、第三号及び第四号に該当する場合には、既に交付した当該年度の補助金を返還させなければならない。
一　当該博物館について、第十四条の規定による登録の取消があつたとき。
二　地方公共団体が当該博物館を廃止したとき。
三　地方公共団体が補助金の交付の条件に違反したとき。
四　地方公共団体が虚偽の方法で補助金の交付を受けたとき。

第四章　私立博物館
（都道府県の教育委員会との関係）
第二十七条　都道府県の教育委員会は、博物館に関する指導資料の作成及び調査研究のために、私立博物館に対し必要な報告を求めることができる。
2　都道府県の教育委員会は、私立博物館に対し、その求めに応じて、私立博物館の設置及び運営に関して、専門的、技術的の指導又は助言を与えることができる。
（国及び地方公共団体との関係）
第二十八条　国及び地方公共団体は、私立博物館に対し、その求めに応じて、必要な物資の確保につき援助を与えることができる。

第五章　雑則
（博物館に相当する施設）
第二十九条　博物館の事業に類する事業を行う施設で、国又は独立行政法人が設置する施設にあつては文部科学大臣が、その他の施設にあつては当該施設の所在する都道府県の教育委員会が、文部科学省令で定めるところにより、博物館に相当する施設として指定したものについては、第二十七条第二項の規定を準用する。
〈附則以下省略〉

3　博物館法施行令（抄録）

（昭和二十七年三月二十日政令第四十七号）
最終改正：昭和三十四年四月三十日政令第百五十七号

（政令で定める法人）
第一条　博物館法（以下「法」という。）第二条第一項の政令で定める法人は、次に掲げるものとする。
一　日本赤十字社
二　日本放送協会
（施設、設備に要する経費の範囲）
第二条　法第二十四条第一項に規定する博物館の施設、設備に要する経費の範囲は、次に掲げるものとする。
一　施設費　施設の建築に要する本工事費、附帯工事費及び事務費

二　設備費　博物館に備え付ける博物館資料及びその利用のための器材器具の購入に要する経費
〈以下省略〉

4　博物館法施行規則（抄録）

（昭和三十年十月四日文部省令第二十四号）
最終改正：平成二十七年十月二日文部科学省令第三十四号

　　　第一章　大学において修得すべき博物館に関する科目の単位
（博物館に関する科目の単位）
第一条　博物館法（昭和二十六年法律第二百八十五号。以下「法」という。）第五条第一項第一号の規定により大学において修得すべき博物館に関する科目の単位は、次の表に掲げるものとする。

科　目	単位数
生涯学習概論	2
博物館概論	2
博物館経営論	2
博物館資料論	2
博物館資料保存論	2
博物館展示論	2
博物館教育論	2
博物館情報・メディア論	2
博物館実習	3

2　博物館に関する科目の単位のうち、すでに大学において修得した科目の単位又は第六条第三項に規定する試験科目について合格点を得ている科目は、これをもつて、前項の規定により修得すべき科目の単位に替えることができる。

（博物館実習）
第二条　前条に掲げる博物館実習は、博物館（法第二条第一項に規定する博物館をいう。以下同じ。）又は法第二十九条の規定に基づき文部科学大臣若しくは都道府県若しくは指定都市（地方自治法（昭和二十二年法律第六十七号）第二百五十二条の十九第一項の指定都市をいう。以下同じ。）の教育委員会の指定した博物館に相当する施設（大学においてこれに準ずると認めた施設を含む。）における実習により修得するものとする。
2　博物館実習には、大学における博物館実習に係る事前及び事後の指導を含むものとする。

　　　第二章　学芸員の資格認定
（資格認定）
第三条　法第五条第一項第三号の規定により学芸員となる資格を有する者と同等以上の学力及び経験を有する者と認められる者は、この章に定める試験認定又は審査認定（以下「資格認定」という。）の合格者とする。
（資格認定の施行期日等）
第四条　資格認定は、毎年少なくとも各一回、文部科学大臣が行う。
2　資格認定の施行期日、場所及び出願の期限等は、あらかじめ、官報で告示する。ただし、特別の事情がある場合には、適宜な方法によつて公示するものとする。
（試験認定の受験資格）
第五条　次の各号のいずれかに該当する者は、試験認定を受けることができる。
　一　学士の学位を有する者
　二　大学に二年以上在学し、六十二単位以上を修得した者で二年以上学芸員補の職（法第五条第二項に規定する職を含む。以下同じ。）にあつた者
　三　教育職員免許法（昭和二十四年法律第百四十七号）第二条第一項に規定する教育職員の普通免許状を有し、二年以上教育職員の職にあつた者
　四　四年以上学芸員補の職にあつた者
　五　その他文部科学大臣が前各号に掲げる者と同等以上の資格を有すると認めた者
（試験認定の方法及び試験科目）
第六条　試験認定は、大学卒業の程度において、筆記の方法により行う。
2　試験認定は、二回以上にわたり、それぞれ一以上の試験科目について受けることができる。
3　試験科目は、次表に定めるとおりとする。

試験科目		試験認定の必要科目
必須科目	生涯学習概論 博物館概論 博物館経営論 博物館資料論 博物館資料保存論 博物館展示論 博物館教育論 博物館情報・メディア論	上記科目の全科目
選択科目	文化史 美術史 考古学 民俗学 自然科学史 物理 化学 生物学 地学	上記科目のうちから受験者の選択する2科目

（試験科目の免除）
第七条　大学において前条に規定する試験科目に相当する科目の単位を修得した者又は文部科学大臣が別に定めるところにより前条に規定する試験科目に相当する学修を修了した者に対しては、その願い出により、当該科目についての試験を免除する。
第八条　削除
（審査認定の受験資格）
第九条　次の各号のいずれかに該当する者は、審査認定を受けることができる。
　一　学位規則（昭和二十八年文部省令第九号）による修士若しくは博士の学位又は専門職学位を有する者であつて、二年以上学芸員補の職にあつた者
　二　大学において博物館に関する科目（生涯学習概論を除く。）に関し二年以上教授、准教授、助教又は講師の職にあつた者であつて、二年以上学芸員補の職にあつた者
　三　次のいずれかに該当する者であつて、都道府県の教育委員会の推薦する者
　　イ　学士の学位を有する者であつて、四年以上学芸員補の職にあつた者
　　ロ　大学に二年以上在学し、六十二単位以上を修得した者であつて、六年以上学芸員補の職にあつた者
　　ハ　学校教育法（昭和二十二年法律第二十六号）第九十条第一項の規定により大学に入学することのできる者であつて、八年以上学芸員補の職にあつた者
　　ニ　その他十一年以上学芸員補の職にあつた者
　四　その他文部科学大臣が前各号に掲げる者と同等以上の資格を有すると認めた者
（審査認定の方法）
第十条　審査認定は、次条の規定により願い出た者について、博物館に関する学識及び業績を審査して行うものとする。
（受験の手続）
第十一条　資格認定を受けようとする者は、受験願書（別記第一号様式により作成したもの）に次に掲げる書類等を添えて、文部科学大臣に願い出なければならない。この場合において、住民基本台帳法（昭和四十二年法律第八十一号）第三十条の九の規定により機構保存本人確認情報（同法第七条第八号の二に規定する個人番号を除く。）の提供を受けて文部科学大臣が資格認定を受けようとする者の氏名、生年月日及び住所を確認することができるときは、第三号に掲げる住民票の写しを添付することを要しない。
　一　受験資格を証明する書類
　二　履歴書（別記第二号様式により作成したもの）
　三　戸籍抄本又は住民票の写し（いずれも出願前六月以内に交付を受けたもの）
　四　写真（出願前六月以内に撮影した無帽かつ正面上半身のもの）
2　前項に掲げる書類は、やむを得ない事由があると文部科学大臣が特に認めた場合においては、他の証明書をもつて代えることができる。
3　第七条の規定に基づき試験認定の試験科目の免除を願い出る者については、その免除を受ける資格を証明する書類を提出しなければならない。
4　審査認定を願い出る者については、第一項各号に掲げるもののほか、次に掲げる資料又は書類を提出しなければならない。

274

関連法規など

一 第九条第一号又は同条第二号により出願する者にあつては、博物館に関する著書、論文、報告等
二 第九条第三号により出願する者にあつては、博物館に関する著書、論文、報告等又は博物館に関する顕著な実績を証明する書類
三 第九条第四号により出願する者にあつては、前二号に準ずる資料又は書類

（試験認定合格者）
第十二条　試験科目（試験科目の免除を受けた者については、その免除を受けた科目を除く。）の全部について合格点を得た者（試験科目の全部について試験の免除を受けた者を含む。以下「筆記試験合格者」という。）であつて、一年間学芸員補の職にあつた後に文部科学大臣が認定した者を試験認定合格者とする。
2　筆記試験合格者が試験認定合格者になるためには、試験認定合格申請書（別記第三号様式によるもの）を文部科学大臣に提出しなければならない。

（審査認定合格者）
第十三条　第十条の規定による審査に合格した者を審査認定合格者とする。

（合格証書の授与等）
第十四条　試験認定合格者及び審査認定合格者に対しては、合格証書（別記第四号様式によるもの）を授与する。
2　筆記試験合格者に対しては、筆記試験合格証書（別記第五号様式によるもの）を授与する。
3　合格証書を有する者が、その氏名を変更し、又は合格証書を破損し、若しくは紛失した場合において、その事由をしるして願い出たときは、合格証書を書き換え又は再交付する。

（合格証明書の交付等）
第十五条　試験認定合格者又は審査認定合格者が、その合格の証明を願い出たときは、合格証明書（別記第六号様式によるもの）を交付する。
2　筆記試験合格者が、その合格の証明を申請したときは、筆記試験合格証明書（別記第七号様式によるもの）を交付する。
3　一以上の試験科目について合格点を得た者（筆記試験合格者を除く。次条及び第十七条において「筆記試験科目合格者」という。）がその科目合格の証明を願い出たときは、筆記試験科目合格証明書（別記第八号様式によるもの）を交付する。

〈中略〉

第三章　博物館協議会の委員の任命の基準を条例で定めるに当たつて参酌すべき基準

第十八条　法第二十二条の文部科学省令で定める基準は、学校教育及び社会教育の関係者、家庭教育の向上に資する活動を行う者並びに学識経験のある者の中から任命することとする。

第四章　博物館に相当する施設の指定

（申請の手続）
第十九条　法第二十九条の規定により博物館に相当する施設として文部科学大臣又は都道府県若しくは指定都市の教育委員会の指定を受けようとする場合は、博物館相当施設指定申請書（別記第九号様式により作成したもの）に次に掲げる書類等を添えて、国立の施設にあつては当該施設の長が、独立行政法人（独立行政法人通則法（平成十一年法律第百三号）第二条第一項に規定する独立行政法人をいう。第二十一条において同じ。）が設置する施設にあつては当該独立行政法人の長が文部科学大臣に、都道府県又は指定都市が設置する施設にあつては当該施設の長（大学に附属する施設にあつては当該大学の長）が、その他の施設にあつては当該施設を設置する者（大学に附属する施設にあつては当該大学の長）が当該施設の所在する都道府県の教育委員会（当該施設（都道府県が設置するものを除く。）が指定都市の区域内に所在する場合にあつては、当該指定都市の教育委員会。第二十一条において同じ。）に、それぞれ提出しなければならない。
一　当該施設の有する資料の目録
二　直接当該施設の用に供する建物及び土地の面積を記載した書面及び図面
三　当該年度における事業計画書及び予算の収支の見積に関する書類
四　当該施設の長及び学芸員に相当する職

275

員の氏名を記載した書類
（指定要件の審査）
第二十条　文部科学大臣又は都道府県若しくは指定都市の教育委員会は、博物館に相当する施設として指定しようとするときは、申請に係る施設が、次の各号に掲げる要件を備えているかどうかを審査するものとする。
　一　博物館の事業に類する事業を達成するために必要な資料を整備していること。
　二　博物館の事業に類する事業を達成するために必要な専用の施設及び設備を有すること。
　三　学芸員に相当する職員がいること。
　四　一般公衆の利用のために当該施設及び設備を公開すること。
　五　一年を通じて百日以上開館すること。
2　前項に規定する指定の審査に当つては、必要に応じて当該施設の実地について審査するものとする。
第二十一条　文部科学大臣又は都道府県若しくは指定都市の教育委員会の指定する博物館に相当する施設（以下「博物館相当施設」という。）が第二十条第一項に規定する要件を欠くに至つたときは、直ちにその旨を、国立の施設にあつては当該施設の長が、独立行政法人が設置する施設にあつては当該独立行政法人の長が文部科学大臣に、都道府県又は指定都市が設置する施設にあつては当該施設の長（大学に附属する施設にあつては当該大学の長）が、その他の施設にあつては当該施設を設置する者（大学に附属する施設にあつては当該大学の長）が当該施設の所在する都道府県の教育委員会に、それぞれ報告しなければならない。
第二十二条　削除
第二十三条　文部科学大臣又は都道府県若しくは指定都市の教育委員会は、その指定した博物館相当施設に対し、第二十条第一項に規定する要件に関し、必要な報告を求めることができる。
（指定の取消）
第二十四条　文部科学大臣又は都道府県若しくは指定都市の教育委員会は、その指定した博物館相当施設が第二十条第一項に規定する要件を欠くに至つたものと認めたとき、又は虚偽の申請に基づいて指定した事実を発見し

たときは、当該指定を取り消すものとする。
〈以下省略〉

　　附　則　（平成二十一年四月三十日文部
　　　　　科学省令第二十二号）
1　この省令は、平成二十四年四月一日から施行する。
2　この省令の施行の日前に、改正前の博物館法施行規則（以下「旧規則」という。）第一条に規定する博物館に関する科目（以下「旧科目」という。）の単位の全部を修得した者は、改正後の博物館法施行規則（以下「新規則」という。）第一条に規定する博物館に関する科目（以下「新科目」という。）の単位の全部を修得したものとみなす。
3　この省令の施行の日前から引き続き大学に在学している者で、当該大学を卒業するまでに旧科目の単位の全部を修得した者は、新科目の単位の全部を修得したものとみなす。
4　この省令の施行の日前から引き続き大学に在学している者で、当該大学を卒業するまでに次の表中新科目の欄に掲げる科目の単位を修得した者は、当該科目に相当する旧科目の欄に掲げる科目の単位を修得したものとみなす。

新科目	単位数	旧科目	単位数
生涯学習概論	2	生涯学習概論	1
博物館概論	2	博物館概論	2
博物館経営論	2	博物館経営論	1
博物館資料論	2	博物館資料論	2
博物館教育論	2	教育学概論	1
博物館情報・メディア論	2	博物館情報論	1
		視聴覚教育メディア論	1
博物館実習	3	博物館実習	3
博物館概論博物館経営論博物館資料論博物館情報・	2 2 2	博物館学視聴覚教育メディア論	6 1

関連法規など

メディア論	2		
博物館経営論	2	博物館学各論	4
博物館資料論	2	視聴覚教育メディア論	1
博物館情報・メディア論	2		

5　この省令の施行の日前に、次の表中旧科目の欄に掲げる科目の単位を修得した者が、新たに学芸員となる資格を得ようとする場合には、既に修得した旧科目の単位は、当該科目に相当する新科目の単位とみなす。

旧科目	単位数	新科目	単位数
生涯学習概論	1	生涯学習概論	2
博物館概論	2	博物館概論	2
博物館経営論	1	博物館経営論	2
博物館資料論	2	博物館資料論	2
博物館情報論	1	博物館情報・メディア論	2
視聴覚教育メディア論	1		
博物館実習	3	博物館実習	3
博物館学	6	博物館概論	2
		博物館経営論	2
		博物館資料論	2
博物館学	6	博物館概論	2
		博物館経営論	2
視聴覚教育メディア論	1	博物館資料論	2
		博物館情報・メディア論	2
博物館学各論	4	博物館経営論	2
		博物館資料論	2
博物館学各論	4	博物館経営論	2
		博物館資料論	2
視聴覚教育メディア論	1	博物館情報・メディア論	2

6　この省令の施行の日前に、旧規則第六条第二項に規定する試験科目（次項において「旧試験科目」という。）の全部に合格した者は、新規則第六条第三項に規定する試験科目（次項において「新試験科目」という。）の全部に合格したものとみなす。

7　この省令の施行の日前に、次の表中旧試験科目の欄に掲げる科目に合格した者は、当該試験科目に相当する新試験科目の欄に掲げる科目に合格したものとみなす。

旧試験科目	新試験科目
生涯学習概論	生涯学習概論
博物館学	博物館概論
	博物館経営論
	博物館資料論
博物館学	博物館概論
視聴覚教育メディア論	博物館経営論
	博物館資料論
	博物館情報・メディア論
文化史	文化史
美術史	美術史
考古学	考古学
民俗学	民俗学
自然科学史	自然科学史
物理	物理
化学	化学
生物学	生物学
地学	地学

附　則（平成二十三年十二月一日文部科学省令第四十四号）抄
（施行期日）
1　この省令は、平成二十四年四月一日から施行する。

5　博物館の設置及び運営上の望ましい基準

（平成二十三年十二月二十日文部科学省告示第百六十五号）

（趣旨）
第一条　この基準は、博物館法（昭和二十六年法律第二百八十五号）第八条の規定に基づく博物館の設置及び運営上の望ましい基準であり、博物館の健全な発達を図ることを目的とする。
2　博物館は、この基準に基づき、博物館の水準の維持及び向上を図り、もって教育、学術及び文化の発展並びに地域の活性化に貢献するよう努めるものとする。

（博物館の設置等）
第二条　都道府県は、博物館を設置し、歴史、芸術、民俗、産業、自然科学等多様な分野にわたる資料（電磁的記録を含む。以下同じ。）を扱うよう努めるものとする。
2　市（特別区を含む。以下同じ。）町村は、その規模及び能力に応じて、単独で又は他の市町村と共同して、博物館を設置するよう努めるものとする。
3　博物館の設置者が、地方自治法（昭和二十二年法律第六十七号）第二百四十四条の二第三項の規定により同項に規定する指定管理者に当該博物館の管理を行わせる場合その他当該博物館の管理を他の者に行わせる場合には、これらの設置者及び管理者は相互の緊密な連携の下に、当該博物館の事業の継続的かつ安定的な実施の確保、事業の水準の維持及び向上を図りながら、この基準に定められた事項の実施に努めるものとする。

（基本的運営方針及び事業計画）
第三条　博物館は、その設置の目的を踏まえ、資料の収集・保管・展示、調査研究、教育普及活動等の実施に関する基本的な運営の方針（以下「基本的運営方針」という。）を策定し、公表するよう努めるものとする。
2　博物館は、基本的運営方針を踏まえ、事業年度ごとに、その事業年度の事業計画を策定し、公表するよう努めるものとする。
3　博物館は、基本的運営方針及び前項の事業計画の策定に当たっては、利用者及び地域住民の要望並びに社会の要請に十分留意するものとする。

（運営の状況に関する点検及び評価等）
第四条　博物館は、基本的運営方針に基づいた運営がなされることを確保し、その事業の水準の向上を図るため、各年度の事業計画の達成状況その他の運営の状況について、自ら点検及び評価を行うよう努めるものとする。
2　博物館は、前項の点検及び評価のほか、当該博物館の運営体制の整備の状況に応じ、博物館協議会の活用その他の方法により、学校教育又は社会教育の関係者、家庭教育の向上に資する活動を行う者、当該博物館の事業に関して学識経験のある者、当該博物館の利用者、地域住民その他の者による評価を行うよう努めるものとする。
3　博物館は、前二項の点検及び評価の結果に基づき、当該博物館の運営の改善を図るため必要な措置を講ずるよう努めるものとする。
4　博物館は、第一項及び第二項の点検及び評価の結果並びに前項の措置の内容について、インターネットその他の高度情報通信ネットワーク（以下「インターネット等」という。）を活用すること等により、積極的に公表するよう努めるものとする。

（資料の収集、保管、展示等）
第五条　博物館は、実物、標本、文献、図表、フィルム、レコード等の資料（以下「実物等資料」という。）について、その所在等の調査研究を行い、当該実物等資料に係る学術研究の状況、地域における当該実物等資料の所在状況及び当該実物等資料の展示上の効果等を考慮して、基本的運営方針に基づき、必要な数を体系的に収集し、保管（育成及び現地保存を含む。以下同じ。）し、及び展示するものとする。
2　博物館は、実物等資料について、その収集若しくは保管が困難な場合、その展示のために教育的配慮が必要な場合又はその館外への貸出し若しくは持出しが困難な場合には、必要に応じて、実物等資料を複製、模造若しくは模写した資料又は実物等資料に係る模型（以下「複製等資料」という。）を収集し、又は製作し、当該博物館の内外で活用するものとする。その際、著作権法（昭和四十五年法律第四十八号）その他の法令に規定する権

利を侵害することのないよう留意するものとする。
3　博物館は、実物等資料及び複製等資料（以下「博物館資料」という。）に関する図書、文献、調査資料その他必要な資料（以下「図書等」という。）の収集、保管及び活用に努めるものとする。
4　博物館は、その所蔵する博物館資料の補修及び更新等に努めるものとする。
5　博物館は、当該博物館の適切な管理及び運営のため、その所蔵する博物館資料及び図書等に関する情報の体系的な整理に努めるものとする。
6　博物館は、当該博物館が休止又は廃止となる場合には、その所蔵する博物館資料及び図書等を他の博物館に譲渡すること等により、当該博物館資料及び図書等が適切に保管、活用されるよう努めるものとする。

（展示方法等）
第六条　博物館は、基本的運営方針に基づき、その所蔵する博物館資料による常設的な展示を行い、又は特定の主題に基づき、その所蔵する博物館資料若しくは臨時に他の博物館等から借り受けた博物館資料による特別の展示を行うものとする。
2　博物館は、博物館資料を展示するに当たっては、当該博物館の実施する事業及び関連する学術研究等に対する利用者の関心を深め、当該博物館資料に関する知識の啓発に資するため、次に掲げる事項に留意するものとする。
一　確実な情報及び研究に基づく正確な資料を用いること。
二　展示の効果を上げるため、博物館資料の特性に応じた展示方法を工夫し、図書等又は音声、映像等を活用すること。
三　前項の常設的な展示について、必要に応じて、計画的な展示の更新を行うこと。

（調査研究）
第七条　博物館は、博物館資料の収集、保管及び展示等の活動を効果的に行うため、単独で又は他の博物館、研究機関等と共同すること等により、基本的運営方針に基づき、博物館資料に関する専門的、技術的な調査研究並びに博物館資料の保管及び展示等の方法に関する技術的研究その他の調査研究を行うよう努めるものとする。

（学習機会の提供等）
第八条　博物館は、利用者の学習活動又は調査研究に資するため、次に掲げる業務を実施するものとする。
一　博物館資料に関する各種の講演会、研究会、説明会等（児童又は生徒を対象として体験活動その他の学習活動を行わせる催しを含む。以下「講演会等」という。）の開催、館外巡回展示の実施等の方法により学習機会を提供すること。
二　学校教育及び社会教育における博物館資料の利用その他博物館の利用に関し、学校の教職員及び社会教育指導者に対して適切な利用方法に関する助言その他の協力を行うこと。
三　利用者からの求めに応じ、博物館資料に係る説明又は助言を行うこと。

（情報の提供等）
第九条　博物館は、当該博物館の利用の便宜若しくは利用機会の拡大又は第七条の調査研究の成果の普及を図るため、次に掲げる業務を実施するものとする。
一　実施する事業の内容又は博物館資料に関する案内書、パンフレット、目録、図録等を作成するとともに、これらを閲覧に供し、頒布すること。
二　博物館資料に関する解説書、年報、調査研究の報告書等を作成するとともに、これらを閲覧に供し、頒布すること。
2　前項の業務を実施するに当たっては、インターネット等を積極的に活用するよう努めるものとする。

（利用者に対応したサービスの提供）
第十条　博物館は、事業を実施するに当たっては、高齢者、障害者、乳幼児の保護者、外国人その他特に配慮を必要とする者が当該事業を円滑に利用できるよう、介助を行う者の配置による支援、館内におけるベビーカーの貸与、外国語による解説資料等の作成及び頒布その他のサービスの提供に努めるものとする。
2　博物館は、当該博物館の特性を踏まえつつ、当該博物館の実施する事業及び関連する学術研究等に対する青少年の関心と理解を深めるため、青少年向けの解説資料等の作成及び頒布その他のサービスの提供に努めるものとする。

（学校、家庭及び地域社会との連携等）

第十一条　博物館は、事業を実施するに当たっては、学校、当該博物館と異なる種類の博物館資料を所蔵する博物館等の他の博物館、公民館、図書館等の社会教育施設その他これらに類する施設、社会教育関係団体、関係行政機関、社会教育に関する事業を行う法人、民間事業者等との緊密な連携、協力に努めるものとする。
2　博物館は、その実施する事業において、利用者及び地域住民等の学習の成果に基づく知識及び技能を生かすことができるよう、これらの者に対し、展示資料の解説、講演会等に係る企画又は実施業務の補助、博物館資料の調査又は整理その他の活動の機会の提供に努めるものとする。
（開館日等）
第十二条　博物館は、開館日及び開館時間の設定に当たっては、利用者の要望、地域の実情、博物館資料の特性、展示の更新に係る所要日数等を勘案し、日曜日その他の一般の休日における開館、夜間における開館その他の方法により、利用者の利用の便宜を図るよう努めるものとする。
（職員）
第十三条　博物館に、館長を置くとともに、基本的運営方針に基づき適切に事業を実施するために必要な数の学芸員を置くものとする。
2　博物館に、前項に規定する職員のほか、事務及び技能的業務に従事する職員を置くものとする。
3　博物館は、基本的運営方針に基づきその事業を効率的かつ効果的に実施するため、博物館資料の収集、保管又は展示に係る業務、調査研究に係る業務、学習機会の提供に係る業務その他の業務を担当する各職員の専門的な能力が適切に培われ又は専門的な能力を有する職員が適切に各業務を担当する者として配置されるよう、各業務の分担の在り方、専任の職員の配置の在り方、効果的な複数の業務の兼務の在り方等について適宜、適切な見直しを行い、その運営体制の整備に努めるものとする。
（職員の研修）
第十四条　都道府県の教育委員会は、当該都道府県内の博物館の館長、学芸員その他職員の能力及び資質の向上を図るために、研修の機会の充実に努めるものとする。
2　博物館は、その職員を、前項の規定に基づき都道府県教育委員会が主催する研修その他必要な研修に参加させるよう努めるものとする。
（施設及び設備）
第十五条　博物館は、次の各号に掲げる施設及び設備その他の当該博物館の目的を達するために必要な施設及び設備を備えるよう努めるものとする。
一　耐火、耐震、防虫害、防水、防塵、防音、温度及び湿度の調節、日光の遮断又は調節、通風の調節並びに汚損、破壊及び盗難の防止その他のその所蔵する博物館資料を適切に保管するために必要な施設及び設備
二　青少年向けの音声による解説を行うことができる機器、傾斜路、点字及び外国語による表示、授乳施設その他の青少年、高齢者、障害者、乳幼児の保護者、外国人等の円滑な利用に資するために必要な施設及び設備
三　休憩施設その他の利用者が快適に観覧できるよう、利用環境を整備するために必要な施設及び設備
（危機管理等）
第十六条　博物館は、事故、災害その他非常の事態（動物の伝染性疾病の発生を含む。）による被害を防止するため、当該博物館の特性を考慮しつつ、想定される事態に係る危機管理に関する手引書の作成、関係機関と連携した危機管理に関する訓練の定期的な実施その他の十分な措置を講じるものとする。
2　博物館は、利用者の安全の確保のため、防災上及び衛生上必要な設備を備えるとともに、事故や災害等が発生した場合等には、必要に応じて、入場制限、立入禁止等の措置をとるものとする。
附則
この告示は、公布の日から施行する。

6　学芸員補の職に相当する職等の指定

（平成八年八月二十八日文部省告示第百五十一号）

博物館法（昭和二十六年法律第二百八十五号）第五条第二項及び博物館法施行規則（昭和三十年文部省令第二十四号）第五条第二号の規定により、学芸員補の職に相当する職又はこれと同等以上の職を次のとおり指定する。
一　博物館法（昭和二十六年法律第二百八十五号）第二十九条の規定により文部科学大臣又は都道府県の教育委員会が指定した博物館に相当する施設において同法第二条第三項に規定する博物館資料（以下「博物館資料」という。）に相当する資料の収集、保管、展示及び調査研究に関する職務に従事する職員の職
二　文部科学省組織令（平成十二年政令第二百五十一号）第百二十四条第二項に規定する国立博物館及び国立文化財研究所において文化財保護法（昭和二十五年法律第二百十四号）第二条第一項に規定する文化財の収集、保管、展示及び調査研究に関する職務に従事する職員の職
三　学校教育法（昭和二十二年法律第二十六号）第一条に規定する学校において博物館資料に相当する資料の収集、保管、展示及び調査研究に関する職務に従事する職員の職
四　地方公共団体の教育委員会（事務局及び教育機関を含む。）において博物館資料に相当する資料の収集、保管、展示及び調査研究に関する職務に従事する職員の職
五　社会教育法（昭和二十四年法律第二百七号）第九条の二に定める社会教育主事の職
六　図書館法（昭和二十五年法律第百十八号）第四条に定める司書の職
七　その他文部科学大臣が前各号に掲げるものに相当する職と認めた職

7　公立博物館の設置及び運営に関する基準

（昭和四十八年十一月三十日文部省告示第百六十四号）
（平成十年十二月七日文部省告示第百六十一号改正）

博物館法（昭和二十六年法律第二百八十五号）第八条の規定に基づき、公立博物館の設置及び運営に関する基準を次のように定める。

（趣旨）
第一条　この基準は、博物館法（昭和二十六年法律第二百八十五号）第二条第二項に規定する公立博物館（以下「博物館」という。）の設置及び運営上の望ましい基準を定め、博物館の健全な発達に資することを目的とする。
（定義）
第二条　この基準において、次の各号に掲げる用語の意義は、当該各号に定めるところによる。
一　「総合博物館」とは、人文科学及び自然科学の両分野にわたる資料（博物館法第二条第三項に規定する博物館資料をいう。以下同じ。）を総合的な立場から扱う博物館をいう。
二　「人文系博物館」とは、考古、歴史、民俗、造形美術等の人間の生活及び文化に関する資料を扱う博物館をいう。
三　「自然系博物館」とは、自然界を構成している事物若しくはその変遷に関する資料又は科学技術の基本原理若しくはその歴史に関する資料若しくは科学技術に関する最新の成果を示す資料を扱う博物館をいう。
（設置）
第三条　都道府県は、総合博物館又は人文系博物館及び自然系博物館を設置するものとする。
2　市町村は、その規模及び能力に応じて、単独で又は他の市町村と共同して、地域社会の生活、文化、自然等と深い関連を有する資料を主として扱う総合博物館、人文系博物館又は自然系博物館を設置するものとする。
（施設及び設備）
第四条　都道府県及び地方自治法（昭和二十二年法律第六十七号）第二百五十二条の十九第一項の指定都市（以下「指定都市」という。）の設置する博物館には、次の表に掲げる事項に必要な施設及び設備を備えるものとする。

事項	施設及び設備
資料の保管	収蔵庫、技術室、作業室、荷解き室、消毒設備、集約収蔵設備等
資料の展示	展示室、準備室、視聴覚機器、展示用機器照明設備等

資料に関する集会その他の教育活動	集会室、教室、図書室、研究室、会議室、視聴覚機器、巡回展示用運搬自動車、教育研究用自動車、資料貸出用設備等
資料に関する調査及び研究	図書室、研究室、実験室、作業室、実験設備等
利用者の休憩及び安全	休憩室、救護室等
事務の管理	事務室、宿直室等

2　市(指定都市を除く。)町村の設置する博物館にあつては、前項の規定に準じて必要な施設及び設備を備えるように努めるものとする。

3　動物園(自然系博物館のうち、生きた動物を扱う博物館で、その飼育する動物が六十五種以上のものをいう。以下同じ。)、植物園(自然系博物館のうち、生きた植物を扱う博物館で、その栽培する植物が千五百種以上のものをいう。以下同じ。)及び水族館(自然系博物館のうち、生きた水族を扱う博物館で、その飼育する水族が百五十種以上のものをいう。以下同じ。)には、第一項の表に掲げる施設及び設備のほか、当該博物館において、資料を常時育成し、必要な展示を行うことができるようにするため、次の表に掲げる施設及び設備を備えるものとする。

博物館の種類	必要な施設及び設備
動物園	動物飼育展示施設、仮収容施設、動物診療施設、検疫施設、調飼用施設、飼料庫、汚物・汚水・塵芥処理施設等
植物園	圃場、育種室、さく葉庫、病理施設、園内特別植物管理施設等
水族館	展示水槽、放養及び飼養池、予備水槽、循環装置、治療施設、調飼用施設等

4　博物館には、資料を保全するため、必要に応じて、耐火、耐震、防虫害、防塵、防音、温度及び湿度の調節、日光の遮断又は調節、通風の調節並びに汚損、破壊及び盗難の防止に必要な設備を備えるように努めるものとする。

(施設の面積)
第五条
博物館(動物園、植物園及び水族館を除く。)の建物の延べ面積は、都道府県及び指定都市の設置する博物館にあつては六千平方メートルを、市(指定都市を除く。)町村の設置する博物館にあつては二千平方メートルをそれぞれ標準とする。

2　動物園、植物園及び水族館の施設の面積は、次の表に掲げる面積を標準とする。

博物館の種類	施設の面積
動物園	建物の延べ面積　二十平方メートルに平均同時利用者数を乗じて得た面積
植物園	敷地の面積　二十万平方メートル
水族館	敷地の面積　四千平方メートル

(備考)　この表中「平均同時利用者数」は、次の算式により算定するものとする。((年間利用者数(又は年間利用者見込数)×1日利用者1人の平均利用時間数)／年間公開時間数)×1.5

(資料)
第六条　博物館(動物園、植物園及び水族館を除く。)は、実物又は現象に関する資料(以下「一次資料」という。)について、当該資料に関する学問分野、地域における当該資料の所在状況及び当該資料の展示上の効果を考慮して、必要な数を収集し、保管し、及び展示するものとする。

2　動物園、植物園及び水族館は、おおむね、次の表に掲げる数の一次資料を収集し、育成

し、及び展示するものとする。

博物館の種類	資料数
動物園	六五種三二五点ないし一六五種八二五点
植物園	一、五〇〇種六、〇〇〇樹木
水族館	一五〇種二、五〇〇点

3　博物館は、実物資料について、その収集若しくは保管(育成を含む。)が困難な場合、その展示のために教育的配慮が必要な場合又はその館外貸出しが困難な場合には、必要に応じて、実物資料に係る模型、模造、模写又は複製の資料を収集又は製作するものとする。

4　博物館は、一次資料のほか、一次資料に関する図書、文献、調査資料その他必要な資料(以下「二次資料」という。)を収集し、保管するものとする。

5　博物館は、一次資料の所在を調査して、その収集及び保管(現地保存を含む。)に努めるとともに、資料の補修及び更新、新しい模型の製作等により所蔵資料の整備及び充実に努めるものとする。

(展示方法等)
第七条　資料の展示に当たつては、利用者の関心を深め、資料に関する知識の啓発に資するため、次に掲げる事項の実施に努めるものとする。
一　確実な情報と研究に基づく正確な資料を用いること。
二　総合展示、課題展示、分類展示、生態展示、動態展示等の展示方法により、その効果を上げること。
三　博物館の所蔵する資料による通常の展示のほか、必要に応じて、特定の主題に基づき、その所蔵する資料又は臨時に収集した資料による特別展示を行うこと。
四　二次資料又は視聴覚手段を活用すること。
五　資料の理解又は鑑賞に資するための説明会、講演会等を行うこと。
六　展示資料の解説並びに資料に係る利用者の調査及び研究についての指導を行うこと。

(教育活動等)
第八条　博物館は、利用者の教育活動に資するため、次に掲げる事項を実施するものとする。
一　資料に関する各種の講座又は諸集会(児童又は生徒を対象とした夏季休業日等における観察その他の学習活動を含む。)を開催すること。
二　資料の貸出し及び館外巡回展示を行うこと。
三　資料の利用その他博物館の利用に関し、学校の教職員及び社会教育指導者に対して助言と援助を与えること。

(目録の作成等)
第九条　博物館は、利用者の便宜のために、資料に関する目録、展示資料に関する解説書又は案内書等を作成するとともに、資料に関する調査研究の成果の公表その他の広報活動を行うものとする。

(開館日等)
第十条　博物館の一年間の開館日数は、二百五十日を標準とし、利用者の要請、地域の実情、資料の特性、展示の更新所要日数等を勘案して、増減するものとする。

2　博物館は、利用者の便宜のために、夜間開館日を設けるように努めるものとする。

(入場制限等)
第十一条　博物館は、利用者の安全を確保するため、防災及び衛生に必要な設備を備えるとともに、必要に応じて、入場制限、立入禁止等の措置をとるものとする。

(職員)
第十二条　博物館には、学芸員を置き、博物館の規模及び活動状況に応じて学芸員の数を増加するように努めるものとする。

2　博物館には、前項に規定する職員のほか、事務又は技術に従事する職員を置くものとする。

(職員の研修)
第十三条　都道府県の教育委員会は、当該都道府県内の博物館の館長、学芸員及び学芸員補の資質の向上を図るために必要な研修の機会を用意するものとする。

2　市町村の教育委員会は、当該市町村の教育委員会の所管に属する博物館の前項に規定する職員を、同項の研修に参加させるように努めなければならない。

8 文化財保護法 (抄録)

(昭和二十五年五月三十日法律第二百十四号)
最終改正：平成二十六年六月十三日法律第六十九号

第一章　総則
(この法律の目的)
第一条　この法律は、文化財を保存し、且つ、その活用を図り、もつて国民の文化的向上に資するとともに、世界文化の進歩に貢献することを目的とする。
(文化財の定義)
第二条　この法律で「文化財」とは、次に掲げるものをいう。
一　建造物、絵画、彫刻、工芸品、書跡、典籍、古文書その他の有形の文化的所産で我が国にとって歴史上又は芸術上価値の高いもの（これらのものと一体をなしてその価値を形成している土地その他の物件を含む。）並びに考古資料及びその他の学術上価値の高い歴史資料（以下「有形文化財」という。）
二　演劇、音楽、工芸技術その他の無形の文化的所産で我が国にとって歴史上又は芸術上価値の高いもの（以下「無形文化財」という。）
三　衣食住、生業、信仰、年中行事等に関する風俗慣習、民俗芸能、民俗技術及びこれらに用いられる衣服、器具、家屋その他の物件で我が国民の生活の推移の理解のため欠くことのできないもの（以下「民俗文化財」という。）
四　貝づか、古墳、都城跡、城跡、旧宅その他の遺跡で我が国にとって歴史上又は学術上価値の高いもの、庭園、橋梁、峡谷、海浜、山岳その他の名勝地で我が国にとって芸術上又は観賞上価値の高いもの並びに動物（生息地、繁殖地及び渡来地を含む。）、植物（自生地を含む。）及び地質鉱物（特異な自然の現象の生じている土地を含む。）で我が国にとって学術上価値の高いもの（以下「記念物」という。）
五　地域における人々の生活又は生業及び当該地域の風土により形成された景観地で我が国民の生活又は生業の理解のため欠くことのできないもの（以下「文化的景観」という。）
六　周囲の環境と一体をなして歴史的風致を形成している伝統的な建造物群で価値の高いもの（以下「伝統的建造物群」という。）
2　この法律の規定（第二十七条から第二十九条まで、第三十七条、第五十五条第一項第四号、第百五十三条第一項第一号、第百六十五条、第百七十一条及び附則第三条の規定を除く。）中「重要文化財」には、国宝を含むものとする。
3　この法律の規定（第百九条、第百十条、第百十二条、第百二十二条、第百三十一条第一項第四号、第百五十三条第一項第七号及び第八号、第百六十五条並びに第百七十一条の規定を除く。）中「史跡名勝天然記念物」には、特別史跡名勝天然記念物を含むものとする。
(政府及び地方公共団体の任務)
第三条　政府及び地方公共団体は、文化財がわが国の歴史、文化等の正しい理解のため欠くことのできないものであり、且つ、将来の文化の向上発展の基礎をなすものであることを認識し、その保存が適切に行われるように、周到の注意をもってこの法律の趣旨の徹底に努めなければならない。
(国民、所有者等の心構)
第四条　一般国民は、政府及び地方公共団体がこの法律の目的を達成するために行う措置に誠実に協力しなければならない。
2　文化財の所有者その他の関係者は、文化財が貴重な国民的財産であることを自覚し、これを公共のために大切に保存するとともに、できるだけこれを公開する等その文化的活用に努めなければならない。
3　政府及び地方公共団体は、この法律の執行に当つて関係者の所有権その他の財産権を尊重しなければならない。

第二章　削除
第五条から第二十六条まで削除

第三章　有形文化財
第一節　重要文化財
第一款　指定
(指定)
第二十七条　文部科学大臣は、有形文化財のうち重要なものを重要文化財に指定することができる。

2　文部科学大臣は、重要文化財のうち世界文化の見地から価値の高いもので、たぐいない国民の宝たるものを国宝に指定することができる。
（告示、通知及び指定書の交付）
第二十八条　前条の規定による指定は、その旨を官報で告示するとともに、当該国宝又は重要文化財の所有者に通知してする。
2　前条の規定による指定は、前項の規定による官報の告示があつた日からその効力を生ずる。但し、当該国宝又は重要文化財の所有者に対しては、同項の規定による通知が当該所有者に到達した時からその効力を生ずる。
3　前条の規定による指定をしたときは、文部科学大臣は、当該国宝又は重要文化財の所有者に指定書を交付しなければならない。
4　指定書に記載すべき事項その他指定書に関し必要な事項は、文部科学省令で定める。
5　第三項の規定により国宝の指定書の交付を受けたときは、所有者は、三十日以内に国宝に指定された重要文化財の指定書を文部科学大臣に返付しなければならない。
（解除）
第二十九条　国宝又は重要文化財が国宝又は重要文化財としての価値を失つた場合その他特殊の事由があるときは、文部科学大臣は、国宝又は重要文化財の指定を解除することができる。
2　前項の規定による指定の解除は、その旨を官報で告示するとともに、当該国宝又は重要文化財の所有者に通知してする。
3　第一項の規定による指定の解除には、前条第二項の規定を準用する。
4　第二項の通知を受けたときは、所有者は、三十日以内に指定書を文部科学大臣に返付しなければならない。
5　第一項の規定により国宝の指定を解除した場合において当該有形文化財につき重要文化財の指定を解除しないときは、文部科学大臣は、直ちに重要文化財の指定書を所有者に交付しなければならない。
第二款　管理
（管理方法の指示）
第三十条　文化庁長官は、重要文化財の所有者に対し、重要文化財の管理に関し必要な指示をすることができる。

（所有者の管理義務及び管理責任者）
第三十一条　重要文化財の所有者は、この法律並びにこれに基いて発する文部科学省令及び文化庁長官の指示に従い、重要文化財を管理しなければならない。
2　重要文化財の所有者は、特別の事情があるときは、適当な者をもつぱら自己に代り当該重要文化財の管理の責に任ずべき者（以下この節及び第十二章において「管理責任者」という。）に選任することができる。
3　前項の規定により管理責任者を選任したときは、重要文化財の所有者は、文部科学省令の定める事項を記載した書面をもつて、当該管理責任者と連署の上二十日以内に文化庁長官に届け出なければならない。管理責任者を解任した場合も同様とする。
4　管理責任者には、前条及び第一項の規定を準用する。
〈中略〉
第三款　保護
（修理）
第三十四条の二　重要文化財の修理は、所有者が行うものとする。但し、管理団体がある場合は、管理団体が行うものとする。
（管理団体による修理）
第三十四条の三　管理団体が修理を行う場合は、管理団体は、あらかじめ、その修理の方法及び時期について当該重要文化財の所有者（所有者が判明しない場合を除く。）及び権原に基く占有者の意見を聞かなければならない。
2　管理団体が修理を行う場合には、第三十二条の二第五項及び第三十二条の四の規定を準用する。
（管理又は修理の補助）
第三十五条　重要文化財の管理又は修理につき多額の経費を要し、重要文化財の所有者又は管理団体がその負担に堪えない場合その他特別の事情がある場合には、政府は、その経費の一部に充てさせるため、重要文化財の所有者又は管理団体に対し補助金を交付することができる。
2　前項の補助金を交付する場合には、文化庁長官は、その補助の条件として管理又は修理に関し必要な事項を指示することができる。
3　文化庁長官は、必要があると認めるときは、第一項の補助金を交付する重要文化財の

管理又は修理について指揮監督することができる。
〈中略〉
（輸出の禁止）
第四十四条　重要文化財は、輸出してはならない。但し、文化庁長官が文化の国際的交流その他の事由により特に必要と認めて許可した場合は、この限りでない。
（環境保全）
第四十五条　文化庁長官は、重要文化財の保存のため必要があると認めるときは、地域を定めて一定の行為を制限し、若しくは禁止し、又は必要な施設をすることを命ずることができる。
2　前項の規定による処分によつて損失を受けた者に対しては、国は、その通常生ずべき損失を補償する。
3　前項の場合には、第四十一条第二項から第四項までの規定を準用する。
（国に対する売渡しの申出）
第四十六条　重要文化財を有償で譲り渡そうとする者は、譲渡の相手方、予定対価の額（予定対価が金銭以外のものであるときは、これを時価を基準として金銭に見積つた額。以下同じ。）その他文部科学省令で定める事項を記載した書面をもつて、まず文化庁長官に国に対する売渡しの申出をしなければならない。
2　前項の書面においては、当該相手方に対して譲り渡したい事情を記載することができる。
3　文化庁長官は、前項の規定により記載された事情を相当と認めるときは、当該申出のあつた後三十日以内に当該重要文化財を買い取らない旨の通知をするものとする。
4　第一項の規定による売渡しの申出のあつた後三十日以内に文化庁長官が当該重要文化財を国において買い取るべき旨の通知をしたときは、第一項の規定による申出書に記載された予定対価の額に相当する代金で、売買が成立したものとみなす。
5　第一項に規定する者は、前項の期間（その期間内に文化庁長官が当該重要文化財を買い取らない旨の通知をしたときは、その時までの期間）内は、当該重要文化財を譲り渡してはならない。
〈中略〉

第四款　公開
（公開）
第四十七条の二　重要文化財の公開は、所有者が行うものとする。但し、管理団体がある場合は、管理団体が行うものとする。
2　前項の規定は、所有者又は管理団体の出品に係る重要文化財を、所有者及び管理団体以外の者が、この法律の規定により行う公開の用に供することを妨げるものではない。
3　管理団体は、その管理する重要文化財を公開する場合には、当該重要文化財につき観覧料を徴収することができる。
（文化庁長官による公開）
第四十八条　文化庁長官は、重要文化財の所有者（管理団体がある場合は、その者）に対し、一年以内の期間を限つて、国立博物館（独立行政法人国立文化財機構が設置する博物館をいう。以下この条において同じ。）その他の施設において文化庁長官の行う公開の用に供するため重要文化財を出品することを勧告することができる。
2　文化庁長官は、国庫が管理又は修理につき、その費用の全部若しくは一部を負担し、又は補助金を交付した重要文化財の所有者（管理団体がある場合は、その者）に対し、一年以内の期間を限つて、国立博物館その他の施設において文化庁長官の行う公開の用に供するため当該重要文化財を出品することを命ずることができる。
3　文化庁長官は、前項の場合において必要があると認めるときは、一年以内の期間を限つて、出品の期間を更新することができる。但し、引き続き五年をこえてはならない。
4　第二項の命令又は前項の更新があつたときは、重要文化財の所有者又は管理団体は、その重要文化財を出品しなければならない。
5　前四項に規定する場合の外、文化庁長官は、重要文化財の所有者（管理団体がある場合、その者）から国立博物館その他の施設において文化庁長官の行う公開の用に供するため重要文化財を出品したい旨の申出があつた場合において適当と認めるときは、その出品を承認することができる。
第四十九条　文化庁長官は、前条の規定により重要文化財が出品されたときは、第百八十五条に規定する場合を除いて、文化庁の職員

のうちから、その重要文化財の管理の責に任ずべき者を定めなければならない。
第五十条　第四十八条の規定による出品のために要する費用は、文部科学省令の定める基準により、国庫の負担とする。
2　政府は、第四十八条の規定により出品した所有者又は管理団体に対し、文部科学省令の定める基準により、給与金を支給する。
（所有者等による公開）
第五十一条　文化庁長官は、重要文化財の所有者又は管理団体に対し、三箇月以内の期間を限つて、重要文化財の公開を勧告することができる。
2　文化庁長官は、国庫が管理、修理又は買取りにつき、その費用の全部若しくは一部を負担し、又は補助金を交付した重要文化財の所有者又は管理団体に対し、三箇月以内の期間を限つて、その公開を命ずることができる。
3　前項の場合には、第四十八条第四項の規定を準用する。
4　文化庁長官は、重要文化財の所有者又は管理団体に対し、前三項の規定による公開及び当該公開に係る重要文化財の管理に関し必要な指示をすることができる。
5　重要文化財の所有者、管理責任者又は管理団体が前項の指示に従わない場合には、文化庁長官は、公開の停止又は中止を命ずることができる。
6　第二項及び第三項の規定による公開のために要する費用は、文部科学省令の定めるところにより、その全部又は一部を国庫の負担とすることができる。
7　前項に規定する場合のほか、重要文化財の所有者又は管理団体がその所有又は管理に係る重要文化財を公開するために要する費用は、文部科学省令で定めるところにより、その全部又は一部を国庫の負担とすることができる。
第五十一条の二　前条の規定による公開の場合を除き、重要文化財の所在の場所を変更してこれを公衆の観覧に供するため第三十四条の規定による届出があつた場合には、前条第四項及び第五項の規定を準用する。
〈中略〉

第二節　登録有形文化財

（有形文化財の登録）
第五十七条　文部科学大臣は、重要文化財以外の有形文化財（第百八十二条第二項に規定する指定を地方公共団体が行つているものを除く。）のうち、その文化財としての価値にかんがみ保存及び活用のための措置が特に必要とされるものを文化財登録原簿に登録することができる。
2　文部科学大臣は、前項の規定による登録をしようとするときは、あらかじめ、関係地方公共団体の意見を聴くものとする。
3　文化財登録原簿に記載すべき事項その他文化財登録原簿に関し必要な事項は、文部科学省令で定める。
（告示、通知及び登録証の交付）
第五十八条　前条第一項の規定による登録をしたときは、速やかに、その旨を官報で告示するとともに、当該登録をされた有形文化財（以下「登録有形文化財」という。）の所有者に通知する。
2　前条第一項の規定による登録は、前項の規定による官報の告示があつた日からその効力を生ずる。ただし、当該登録有形文化財の所有者に対しては、同項の規定による通知が当該所有者に到達した時からその効力を生ずる。
3　前条第一項の規定による登録をしたときは、文部科学大臣は、当該登録有形文化財の所有者に登録証を交付しなければならない。
4　登録証に記載すべき事項その他登録証に関し必要な事項は、文部科学省令で定める。
（登録有形文化財の登録の抹消）
第五十九条　文部科学大臣は、登録有形文化財について、第二十七条第一項の規定により重要文化財に指定したときは、その登録を抹消するものとする。
2　文部科学大臣は、登録有形文化財について、第百八十二条第二項に規定する指定を地方公共団体が行つたときは、その登録を抹消するものとする。ただし、当該登録有形文化財について、その保存及び活用のための措置を講ずる必要があり、かつ、その所有者の同意がある場合は、この限りでない。
3　文部科学大臣は、登録有形文化財についてその保存及び活用のための措置を講ずる必要がなくなつた場合その他特殊の事由があるときは、その登録を抹消することができる。

4　前三項の規定により登録の抹消をしたときは、速やかに、その旨を官報で告示するとともに、当該登録有形文化財の所有者に通知する。
5　第一項から第三項までの規定による登録の抹消には、前条第二項の規定を準用する。
6　第四項の通知を受けたときは、所有者は、三十日以内に登録証を文部科学大臣に返付しなければならない。
〈中略〉
　　　第三節　重要文化財及び登録有形文化財以外の有形文化財
（技術的指導）
第七十条　重要文化財及び登録有形文化財以外の有形文化財の所有者は、文部科学省令の定めるところにより、文化庁長官に有形文化財の管理又は修理に関し技術的指導を求めることができる。

　　　第四章　無形文化財
（重要無形文化財の指定等）
第七十一条　文部科学大臣は、無形文化財のうち重要なものを重要無形文化財に指定することができる。
2　文部科学大臣は、前項の規定による指定をするに当たつては、当該重要無形文化財の保持者又は保持団体（無形文化財を保持する者が主たる構成員となつている団体で代表者の定めのあるものをいう。以下同じ。）を認定しなければならない。
3　第一項の規定による指定は、その旨を官報で告示するとともに、当該重要無形文化財の保持者又は保持団体として認定しようとするもの（保持団体にあつては、その代表者）に通知してする。
4　文部科学大臣は、第一項の規定による指定をした後においても、当該重要無形文化財の保持者又は保持団体として認定するに足りるものがあると認めるときは、そのものを保持者又は保持団体として追加認定することができる。
5　前項の規定による追加認定には、第三項の規定を準用する。
（重要無形文化財の指定等の解除）
第七十二条　重要無形文化財が重要無形文化財としての価値を失つた場合その他特殊の事由があるときは、文部科学大臣は、重要無形文化財の指定を解除することができる。
2　保持者が心身の故障のため保持者として適当でなくなつたと認められる場合、保持団体がその構成員の異動のため保持団体として適当でなくなつたと認められる場合その他特殊の事由があるときは、文部科学大臣は、保持者又は保持団体の認定を解除することができる。
3　第一項の規定による指定の解除又は前項の規定による認定の解除は、その旨を官報で告示するとともに、当該重要無形文化財の保持者又は保持団体の代表者に通知してする。
4　保持者が死亡したとき、又は保持団体が解散したとき（消滅したときを含む。以下この条及び次条において同じ。）は、当該保持者又は保持団体の認定は解除されたものとし、保持者のすべてが死亡したとき、又は保持団体のすべてが解散したときは、重要無形文化財の指定は解除されたものとする。この場合には、文部科学大臣は、その旨を官報で告示しなければならない。
（保持者の氏名変更等）
第七十三条　保持者が氏名若しくは住所を変更し、又は死亡したとき、その他文部科学省令の定める事由があるときは、保持者又はその相続人は、文部科学省令の定める事項を記載した書面をもつて、その事由の生じた日（保持者の死亡に係る場合は、相続人がその事実を知つた日）から二十日以内に文化庁長官に届け出なければならない。保持団体が名称、事務所の所在地若しくは代表者を変更し、構成員に異動を生じ、又は解散したときも、代表者（保持団体が解散した場合にあつては、代表者であつた者）について、同様とする。
（重要無形文化財の保存）
第七十四条　文化庁長官は、重要無形文化財の保存のため必要があると認めるときは、重要無形文化財について自ら記録の作成、伝承者の養成その他その保存のため適当な措置を執ることができるものとし、国は、保持者、保持団体又は地方公共団体その他その保存に当たることを適当と認める者に対し、その保存に要する経費の一部を補助することができる。
2　前項の規定により補助金を交付する場合には、第三十五条第二項及び第三項の規定を

準用する。
　(重要無形文化財の公開)
第七十五条　文化庁長官は、重要無形文化財の保持者又は保持団体に対し重要無形文化財の公開を、重要無形文化財の記録の所有者に対しその記録の公開を勧告することができる。
２　重要無形文化財の保持者又は保持団体が重要無形文化財を公開する場合には、第五十一条第七項の規定を準用する。
３　重要無形文化財の記録の所有者がその記録を公開する場合には、国は、その公開に要する経費の一部を補助することができる。
　(重要無形文化財の保存に関する助言又は勧告)
第七十六条　文化庁長官は、重要無形文化財の保持者若しくは保持団体又は地方公共団体その他その保存に当たることを適当と認める者に対し、重要無形文化財の保存のため必要な助言又は勧告をすることができる。
　(重要無形文化財以外の無形文化財の記録の作成等)
第七十七条　文化庁長官は、重要無形文化財以外の無形文化財のうち特に必要のあるものを選択して、自らその記録を作成し、保存し、又は公開することができるものとし、国は、適当な者に対し、当該無形文化財の公開又はその記録の作成、保存若しくは公開に要する経費の一部を補助することができる。
２　前項の規定により補助金を交付する場合には、第三十五条第二項及び第三項の規定を準用する。

　　　第五章　民俗文化財
　(重要有形民俗文化財及び重要無形民俗文化財の指定)
第七十八条　文部科学大臣は、有形の民俗文化財のうち特に重要なものを重要有形民俗文化財に、無形の民俗文化財のうち特に重要なものを重要無形民俗文化財に指定することができる。
２　前項の規定による重要有形民俗文化財の指定には、第二十八条第一項から第四項までの規定を準用する。
３　第一項の規定による重要無形民俗文化財の指定は、その旨を官報に告示してする。
　(重要有形民俗文化財及び重要無形民俗文化財の指定の解除)

第七十九条　重要有形民俗文化財又は重要無形民俗文化財が重要有形民俗文化財又は重要無形民俗文化財としての価値を失った場合その他特殊の事由があるときは、文部科学大臣は、重要有形民俗文化財又は重要無形民俗文化財の指定を解除することができる。
２　前項の規定による重要有形民俗文化財の指定の解除には、第二十九条第二項から第四項までの規定を準用する。
３　第一項の規定による重要無形民俗文化財の指定の解除は、その旨を官報に告示してする。
〈中略〉
　(登録有形民俗文化財)
第九十条　文部科学大臣は、重要有形民俗文化財以外の有形の民俗文化財(第百八十二条第二項に規定する指定を地方公共団体が行っているものを除く。)のうち、その文化財としての価値にかんがみ保存及び活用のための措置が特に必要とされるものを文化財登録原簿に登録することができる。
２　前項の規定による登録には、第五十七条第二項及び第三項の規定を準用する。
３　前二項の規定により登録された有形の民俗文化財(以下「登録有形民俗文化財」という。)については、第三章第二節(第五十七条の規定を除く。)の規定を準用する。この場合において、第六十四条第一項及び第六十五条第一項中「三十日前」とあるのは「二十日前」と、第六十四条第一項ただし書中「維持の措置若しくは非常災害のために必要な応急措置又は他の法令の規定による現状の変更を内容とする命令に基づく措置を執る場合」とあるのは「文部科学省令で定める場合」と読み替えるものとする。
〈中略〉

　　　第六章　埋蔵文化財
　(調査のための発掘に関する届出、指示及び命令)
第九十二条　土地に埋蔵されている文化財(以下「埋蔵文化財」という。)について、その調査のため土地を発掘しようとする者は、文部科学省令の定める事項を記載した書面をもって、発掘に着手しようとする日の三十日前までに文化庁長官に届け出なければならない。ただし、文部科学省令の定める場合は、

この限りでない。
2　埋蔵文化財の保護上特に必要があると認めるときは、文化庁長官は、前項の届出に係る発掘に関し必要な事項及び報告書の提出を指示し、又はその発掘の禁止、停止若しくは中止を命ずることができる。
（土木工事等のための発掘に関する届出及び指示）
第九十三条　土木工事その他埋蔵文化財の調査以外の目的で、貝づか、古墳その他埋蔵文化財を包蔵する土地として周知されている土地（以下「周知の埋蔵文化財包蔵地」という。）を発掘しようとする場合には、前条第一項の規定を準用する。この場合において、同項中「三十日前」とあるのは、「六十日前」と読み替えるものとする。
2　埋蔵文化財の保護上特に必要があると認めるときは、文化庁長官は、前項で準用する前条第一項の届出に係る発掘に関し、当該発掘前における埋蔵文化財の記録の作成のための発掘調査の実施その他の必要な事項を指示することができる。
（国の機関等が行う発掘に関する特例）
第九十四条　国の機関、地方公共団体又は国若しくは地方公共団体の設立に係る法人で政令の定めるもの（以下この条及び第九十七条において「国の機関等」と総称する。）が、前条第一項に規定する目的で周知の埋蔵文化財包蔵地を発掘しようとする場合においては、同条の規定を適用しないものとし、当該国の機関等は、当該発掘に係る事業計画の策定に当たつて、あらかじめ、文化庁長官にその旨を通知しなければならない。
2　文化庁長官は、前項の通知を受けた場合において、埋蔵文化財の保護上特に必要があると認めるときは、当該国の機関等に対し、当該事業計画の策定及びその実施について協議を求めるべき旨の通知をすることができる。
3　前項の通知を受けた国の機関等は、当該事業計画の策定及びその実施について、文化庁長官に協議しなければならない。
4　文化庁長官は、前二項の場合を除き、第一項の通知があつた場合において、当該通知に係る事業計画の実施に関し、埋蔵文化財の保護上必要な勧告をすることができる。
5　前各項の場合において、当該国の機関等が各省各庁の長（国有財産法（昭和二十三年法律第七十三号）第四条第二項に規定する各省各庁の長をいう。以下同じ。）であるときは、これらの規定に規定する通知、協議又は勧告は、文部科学大臣を通じて行うものとする。
（埋蔵文化財包蔵地の周知）
第九十五条　国及び地方公共団体は、周知の埋蔵文化財包蔵地について、資料の整備その他その周知の徹底を図るために必要な措置の実施に努めなければならない。
2　国は、地方公共団体が行う前項の措置に関し、指導、助言その他の必要と認められる援助をすることができる。
（遺跡の発見に関する届出、停止命令等）
第九十六条　土地の所有者又は占有者が出土品の出土等により貝づか、住居跡、古墳その他遺跡と認められるものを発見したときは、第九十二条第一項の規定による調査に当たつて発見した場合を除き、その現状を変更することなく、遅滞なく、文部科学省令の定める事項を記載した書面をもつて、その旨を文化庁長官に届け出なければならない。ただし、非常災害のために必要な応急措置を執る場合は、その限度において、その現状を変更することを妨げない。
2　文化庁長官は、前項の届出があつた場合において、当該届出に係る遺跡が重要なものであり、かつ、その保護のため調査を行う必要があると認めるときは、その土地の所有者又は占有者に対し、期間及び区域を定めて、その現状を変更することとなるような行為の停止又は禁止を命ずることができる。ただし、その期間は、三月を超えることができない。
3　文化庁長官は、前項の命令をしようとするときは、あらかじめ、関係地方公共団体の意見を聴かなければならない。
4　第二項の命令は、第一項の届出があつた日から起算して一月以内にしなければならない。
5　第二項の場合において、同項の期間内に調査が完了せず、引き続き調査を行う必要があるときは、文化庁長官は、一回に限り、当該命令に係る区域の全部又は一部について、その期間を延長することができる。ただし、当該命令の期間が、同項の期間と通算して六月を超えることとなつてはならない。

6　第二項及び前項の期間を計算する場合においては、第一項の届出があつた日から起算して第二項の命令を発した日までの期間が含まれるものとする。
7　文化庁長官は、第一項の届出がなされなかつた場合においても、第二項及び第五項に規定する措置を執ることができる。
8　文化庁長官は、第二項の措置を執つた場合を除き、第一項の届出がなされた場合には、当該遺跡の保護上必要な指示をすることができる。前項の規定により第二項の措置を執つた場合を除き、第一項の届出がなされなかつたときも、同様とする。
9　第二項の命令によつて損失を受けた者に対しては、国は、その通常生ずべき損失を補償する。
10　前項の場合には、第四十一条第二項から第四項までの規定を準用する。

（国の機関等の遺跡の発見に関する特例）
第九十七条　国の機関等が前条第一項に規定する発見をしたときは、同条の規定を適用しないものとし、第九十二条第一項又は第九十九条第一項の規定による調査に当たつて発見した場合を除き、その現状を変更することなく、遅滞なく、その旨を文化庁長官に通知しなければならない。ただし、非常災害のために必要な応急措置を執る場合は、その限度において、その現状を変更することを妨げない。
2　文化庁長官は、前項の通知を受けた場合において、当該通知に係る遺跡が重要なものであり、かつ、その保護のため調査を行う必要があると認めるときは、当該国の機関等に対し、その調査、保存等について協議を求めるべき旨の通知をすることができる。
3　前項の通知を受けた国の機関等は、文化庁長官に協議しなければならない。
4　文化庁長官は、前二項の場合を除き、第一項の通知があつた場合において、当該遺跡の保護上必要な勧告をすることができる。
5　前各項の場合には、第九十四条第五項の規定を準用する。

（文化庁長官による発掘の施行）
第九十八条　文化庁長官は、歴史上又は学術上の価値が特に高く、かつ、その調査が技術的に困難なため国において調査する必要があると認められる埋蔵文化財については、その調査のため土地の発掘を施行することができる。
2　前項の規定により発掘を施行しようとするときは、文化庁長官は、あらかじめ、当該土地の所有者及び権原に基づく占有者に対し、発掘の目的、方法、着手の時期その他必要と認める事項を記載した令書を交付しなければならない。
3　第一項の場合には、第三十九条（同条第三項において準用する第三十二条の二第五項の規定を含む。）及び第四十一条の規定を準用する。

（地方公共団体による発掘の施行）
第九十九条　地方公共団体は、文化庁長官が前条第一項の規定により発掘を施行するものを除き、埋蔵文化財について調査する必要があると認めるときは、埋蔵文化財を包蔵すると認められる土地の発掘を施行することができる。
2　地方公共団体は、前項の発掘に関し、事業者に対し協力を求めることができる。
3　文化庁長官は、地方公共団体に対し、第一項の発掘に関し必要な指導及び助言をすることができる。
4　国は、地方公共団体に対し、第一項の発掘に要する経費の一部を補助することができる。

（返還又は通知等）
第百条　第九十八条第一項の規定による発掘により文化財を発見した場合において、文化庁長官は、当該文化財の所有者が判明しているときはこれを所有者に返還し、所有者が判明しないときは、遺失物法（平成十八年法律第七十三号）第四条第一項の規定にかかわらず、警察署長にその旨を通知することをもつて足りる。
2　前項の規定は、前条第一項の規定による発掘により都道府県又は地方自治法（昭和二十二年法律第六十七号）第二百五十二条の十九第一項の指定都市若しくは同法第二百五十二条の二十二第一項の中核市（以下「指定都市等」という。）の教育委員会が文化財を発見した場合における当該教育委員会について準用する。
3　第一項（前項において準用する場合を含む。）の通知を受けたときは、警察署長は、直ちに当該文化財につき遺失物法第七条第一項の規定による公告をしなければならない。

（提出）
第百一条　遺失物法第四条第一項の規定により、埋蔵物として提出された物件が文化財と認められるときは、警察署長は、直ちに当該物件を当該物件の発見された土地を管轄する都道府県の教育委員会（当該土地が指定都市等の区域内に存する場合にあつては、当該指定都市等の教育委員会。次条において同じ。）に提出しなければならない。ただし、所有者の判明している場合は、この限りでない。
（鑑査）
第百二条　前条の規定により物件が提出されたときは、都道府県の教育委員会は、当該物件が文化財であるかどうかを鑑査しなければならない。
2　都道府県の教育委員会は、前項の鑑査の結果当該物件を文化財と認めたときは、その旨を警察署長に通知し、文化財でないと認めたときは、当該物件を警察署長に差し戻さなければならない。
（引渡し）
第百三条　第百条第一項に規定する文化財又は同条第二項若しくは前条第二項に規定する文化財の所有者から、警察署長に対し、その文化財の返還の請求があつたときは、文化庁長官又は都道府県若しくは指定都市等の教育委員会は、当該警察署長にこれを引き渡さなければならない。
（国庫帰属及び報償金）
第百四条　第百条第一項に規定する文化財又は第百二条第二項に規定する文化財（国の機関又は独立行政法人国立文化財機構が埋蔵文化財の調査のための土地の発掘により発見したものに限る。）で、その所有者が判明しないものの所有権は、国庫に帰属する。この場合においては、文化庁長官は、当該文化財の発見された土地の所有者にその旨を通知し、かつ、その価格の二分の一に相当する額の報償金を支給する。
2　前項の場合には、第四十一条第二項から第四項までの規定を準用する。
（都道府県帰属及び報償金）
第百五条　第百条第二項に規定する文化財又は第百二条第二項に規定する文化財（前条第一項に規定するものを除く。）で、その所有者が判明しないものの所有権は、当該文化財の発見された土地を管轄する都道府県に帰属する。この場合においては、当該都道府県の教育委員会は、当該文化財の発見者及びその発見された土地の所有者にその旨を通知し、かつ、その価格に相当する額の報償金を支給する。
2　前項に規定する発見者と土地所有者とが異なるときは、前項の報償金は、折半して支給する。
3　第一項の報償金の額は、当該都道府県の教育委員会が決定する。
4　前項の規定による報償金の額については、第四十一条第三項の規定を準用する。
5　前項において準用する第四十一条第三項の規定による訴えにおいては、都道府県を被告とする。
（譲与等）
第百六条　政府は、第百四条第一項の規定により国庫に帰属した文化財の保存のため又はその効用から見て国が保有する必要がある場合を除いて、当該文化財の発見された土地の所有者に、その者が同条の規定により受けるべき報償金の額に相当するものの範囲内でこれを譲与することができる。
2　前項の場合には、その譲与した文化財の価格に相当する金額は、第百四条に規定する報償金の額から控除するものとする。
3　政府は、第百四条第一項の規定により国庫に帰属した文化財の保存のため又はその効用から見て国が保有する必要がある場合を除いて、独立行政法人国立文化財機構又は当該文化財の発見された土地を管轄する地方公共団体に対し、その申請に基づき、当該文化財を譲与し、又は時価よりも低い対価で譲渡することができる。
第百七条　都道府県の教育委員会は、第百五条第一項の規定により当該都道府県に帰属した文化財の保存のため又はその効用から見て当該都道府県が保有する必要がある場合を除いて、当該文化財の発見者又はその発見された土地の所有者に、その者が同条の規定により受けるべき報償金の額に相当するものの範囲内でこれを譲与することができる。
2　前項の場合には、その譲与した文化財の価格に相当する金額は、第百五条に規定する報償金の額から控除するものとする。

関連法規など

（遺失物法の適用）
第百八条　埋蔵文化財に関しては、この法律に特別の定めのある場合のほか、遺失物法の適用があるものとする。

第七章　史跡名勝天然記念物
（指定）
第百九条　文部科学大臣は、記念物のうち重要なものを史跡、名勝又は天然記念物（以下「史跡名勝天然記念物」と総称する。）に指定することができる。
2　文部科学大臣は、前項の規定により指定された史跡名勝天然記念物のうち特に重要なものを特別史跡、特別名勝又は特別天然記念物（以下「特別史跡名勝天然記念物」と総称する。）に指定することができる。
3　前二項の規定による指定は、その旨を官報で告示するとともに、当該特別史跡名勝天然記念物又は史跡名勝天然記念物の所有者及び権原に基づく占有者に通知してする。
4　前項の規定により通知すべき相手方が著しく多数で個別に通知し難い事情がある場合には、文部科学大臣は、同項の規定による通知に代えて、その通知すべき事項を当該特別史跡名勝天然記念物又は史跡名勝天然記念物の所在地の市（特別区を含む。以下同じ。）町村の事務所又はこれに準ずる施設の掲示場に掲示することができる。この場合においては、その掲示を始めた日から二週間を経過した時に前項の規定による通知が相手方に到達したものとみなす。
5　第一項又は第二項の規定による指定は、第三項の規定による官報の告示があつた日からその効力を生ずる。ただし、当該特別史跡名勝天然記念物又は史跡名勝天然記念物の所有者又は権原に基づく占有者に対しては、第三項の規定による通知が到達した時又は前項の規定によりその通知が到達したものとみなされる時からその効力を生ずる。
6　文部科学大臣は、第一項の規定により名勝又は天然記念物の指定をしようとする場合において、その指定に係る記念物が自然環境の保護の見地から価値の高いものであるときは、環境大臣と協議しなければならない。
（仮指定）
第百十条　前条第一項の規定による指定前において緊急の必要があると認めるときは、都道府県の教育委員会は、史跡名勝天然記念物の仮指定を行うことができる。
2　前項の規定により仮指定を行つたときは、都道府県の教育委員会は、直ちにその旨を文部科学大臣に報告しなければならない。
3　第一項の規定による仮指定には、前条第三項から第五項までの規定を準用する。
〈中略〉
（登録記念物）
第百三十二条　文部科学大臣は、史跡名勝天然記念物（第百十条第一項に規定する仮指定を都道府県の教育委員会が行つたものを含む。）以外の記念物（第百八十二条第二項に規定する指定を地方公共団体が行つているものを除く。）のうち、その文化財としての価値にかんがみ保存及び活用のための措置が特に必要とされるものを文化財登録原簿に登録することができる。
2　前項の規定による登録には、第五十七条第二項及び第三項、第百九条第三項から第五項まで並びに第百十一条第一項の規定を準用する。
第百三十三条　前条の規定により登録された記念物（以下「登録記念物」という。）については、第五十九条第一項から第五項まで、第六十四条、第六十八条、第百十一条第二項及び第三項並びに第百十三条から第百二十条までの規定を準用する。この場合において、第五十九条第一項中「第二十七条第一項の規定により重要文化財に指定したとき」とあるのは「第百九条第一項の規定により史跡名勝天然記念物に指定したとき（第百十条第一項に規定する仮指定を都道府県の教育委員会が行つたときを含む。）」と、同条第四項中「所有者に通知する」とあるのは「所有者及び権原に基づく占有者に通知する。ただし、通知すべき相手方が著しく多数で個別に通知し難い事情がある場合には、文部科学大臣は、当該通知に代えて、その通知すべき事項を当該登録記念物の所在地の市町村の事務所又はこれに準ずる施設の掲示場に掲示することができる。この場合においては、その掲示を始めた日から二週間を経過した時に当該通知が相手方に到達したものとみなす」と、同条第五項中「抹消には、前条第二項の規定を準用

する」とあるのは「抹消は、前項の規定による官報の告示があつた日からその効力を生ずる。ただし、当該登録記念物の所有者又は権原に基づく占有者に対しては、前項の規定による通知が到達した時又は同項の規定によりその通知が到達したものとみなされる時からその効力を生ずる」と、第百十三条第一項中「不適当であると明らかに認められる場合には」とあるのは「不適当であることが明らかである旨の関係地方公共団体の申出があつた場合には、関係地方公共団体の意見を聴いて」と、第百十八条及び第百二十条中「第三十条、第三十一条第一項」とあるのは「第三十一条第一項」と、「準用する」とあるのは「準用する。この場合において、第三十一条第一項中「並びにこれに基いて発する文部科学省令及び文化庁長官の指示に従い」とあるのは「及びこれに基づく文部科学省令に従い」と読み替えるものとする」と、第百十八条中「第三十五条及び第四十七条の規定を、管理団体が指定され、又はその指定が解除された場合には、第五十六条第三項」とあるのは「第四十七条第四項」と、第百二十条中「第三十五条及び第四十七条の規定を、所有者が変更した場合の権利義務の承継には、第五十六条第一項」とあるのは「第四十七条第四項」と読み替えるものとする。

第八章　重要文化的景観
（重要文化的景観の選定）
第百三十四条　文部科学大臣は、都道府県又は市町村の申出に基づき、当該都道府県又は市町村が定める景観法（平成十六年法律第百十号）第八条第二項第一号に規定する景観計画区域又は同法第六十一条第一項に規定する景観地区内にある文化的景観であつて、文部科学省令で定める基準に照らして当該都道府県又は市町村がその保存のため必要な措置を講じているもののうち特に重要なものを重要文化的景観として選定することができる。
2　前項の規定による選定には、第百九条第三項から第五項までの規定を準用する。この場合において、同条第三項中「権原に基づく占有者」とあるのは、「権原に基づく占有者並びに第百三十四条第一項に規定する申出を行つた都道府県又は市町村」と読み替えるものとする。

のとする。
（重要文化的景観の選定の解除）
第百三十五条　重要文化的景観がその価値を失つた場合その他特殊の事由があるときは、文部科学大臣は、その選定を解除することができる。
2　前項の場合には、前条第二項の規定を準用する。
（滅失又はき損）
第百三十六条　重要文化的景観の全部又は一部が滅失し、又はき損したときは、所有者又は権原に基づく占有者（以下この章において「所有者等」という。）は、文部科学省令の定める事項を記載した書面をもつて、その事実を知つた日から十日以内に文化庁長官に届け出なければならない。ただし、重要文化的景観の保存に著しい支障を及ぼすおそれがない場合として文部科学省令で定める場合は、この限りでない。
〈中略〉

第九章　伝統的建造物群保存地区
（伝統的建造物群保存地区）
第百四十二条　この章において「伝統的建造物群保存地区」とは、伝統的建造物群及びこれと一体をなしてその価値を形成している環境を保存するため、次条第一項又は第二項の定めるところにより市町村が定める地区をいう。
（伝統的建造物群保存地区の決定及びその保護）
第百四十三条　市町村は、都市計画法（昭和四十三年法律第百号）第五条又は第五条の二の規定により指定された都市計画区域又は準都市計画区域内においては、都市計画に伝統的建造物群保存地区を定めることができる。この場合においては、市町村は、条例で、当該地区の保存のため、政令の定める基準に従い必要な現状変更の規制について定めるほか、その保存のため必要な措置を定めるものとする。
2　市町村は、前項の都市計画区域又は準都市計画区域以外の区域においては、条例の定めるところにより、伝統的建造物群保存地区を定めることができる。この場合においては、前項後段の規定を準用する。
3　都道府県知事は、第一項の伝統的建造物群保存地区に関する都市計画についての都市計画法第十九条第三項の規定による同意に当

たつては、あらかじめ、当該都道府県の教育委員会の意見を聴かなければならない。
4 市町村は、伝統的建造物群保存地区に関し、地区の決定若しくはその取消し又は条例の制定若しくはその改廃を行つた場合は、文化庁長官に対し、その旨を報告しなければならない。
5 文化庁長官又は都道府県の教育委員会は、市町村に対し、伝統的建造物群保存地区の保存に関し、必要な指導又は助言をすることができる。
（重要伝統的建造物群保存地区の選定）
第百四十四条 文部科学大臣は、市町村の申出に基づき、伝統的建造物群保存地区の区域の全部又は一部で我が国にとつてその価値が特に高いものを、重要伝統的建造物群保存地区として選定することができる。
2 前項の規定による選定は、その旨を官報で告示するとともに、当該申出に係る市町村に通知してする。
（選定の解除）
第百四十五条 文部科学大臣は、重要伝統的建造物群保存地区がその価値を失つた場合その他特殊の事由があるときは、その選定を解除することができる。
2 前項の場合には、前条第二項の規定を準用する。
（管理等に関する補助）
第百四十六条 国は、重要伝統的建造物群保存地区の保存のための当該地区内における建造物及び伝統的建造物群と一体をなす環境を保存するため特に必要と認められる物件の管理、修理、修景又は復旧について市町村が行う措置について、その経費の一部を補助することができる。

第十章 文化財の保存技術の保護
（選定保存技術の選定等）
第百四十七条 文部科学大臣は、文化財の保存のために欠くことのできない伝統的な技術又は技能で保存の措置を講ずる必要があるものを選定保存技術として選定することができる。
2 文部科学大臣は、前項の規定による選定をするに当たつては、選定保存技術の保持者又は保存団体（選定保存技術を保存することを主たる目的とする団体（財団を含む。）で

代表者又は管理人の定めのあるものをいう。以下同じ。）を認定しなければならない。
3 一の選定保存技術についての前項の認定は、保持者と保存団体とを併せてすることができる。
4 第一項の規定による選定及び前二項の規定による認定には、第七十一条第三項から第五項までの規定を準用する。
（選定等の解除）
第百四十八条 文部科学大臣は、選定保存技術について保存の措置を講ずる必要がなくなつた場合その他特殊の事由があるときは、その選定を解除することができる。
2 文部科学大臣は、保持者が心身の故障のため保持者として適当でなくなつたと認められる場合、保存団体が保存団体として適当でなくなつたと認められる場合その他特殊の事由があるときは、保持者又は保存団体の認定を解除することができる。
3 前二項の場合には、第七十二条第三項の規定を準用する。
4 前条第二項の認定が保持者のみについてなされた場合にあつてはそのすべてが死亡したとき、同項の認定が保存団体のみについてなされた場合にあつてはそのすべてが解散したとき（消滅したときを含む。以下この項において同じ。）、同項の認定が保持者と保存団体とを併せてなされた場合にあつては保持者のすべてが死亡しかつ保存団体のすべてが解散したときは、選定保存技術の選定は、解除されたものとする。この場合には、文部科学大臣は、その旨を官報で告示しなければならない。
〈以下省略〉

9 生物の多様性に関する条約
（抄録）

（平成五年一十二月二十一日条約第九号）

第一条 目的
　この条約は、生物の多様性の保全、その構成要素の持続可能な利用及び遺伝資源の利用から生ずる利益の公正かつ衡平な配分をこの条約の関係規定に従って実現することを目的

とする。この目的は、特に、遺伝資源の取得の適当な機会の提供及び関連のある技術の適当な移転（これらの提供及び移転は、当該遺伝資源及び当該関連のある技術についてのすべての権利を考慮して行う。）並びに適当な資金供与の方法により達成する。
第二条　用語
　この条約の適用上、「生物の多様性」とは、すべての生物（陸上生態系、海洋その他の水界生態系、これらが複合した生態系その他生息又は生育の場のいかんを問わない。）の間の変異性をいうものとし、種内の多様性、種間の多様性及び生態系の多様性を含む。
　「生物資源」には、現に利用され若しくは将来利用されることがある又は人類にとって現実の若しくは潜在的な価値を有する遺伝資源、生物又はその部分、個体群その他生態系の生物的な構成要素を含む。
　「バイオテクノロジー」とは、物又は方法を特定の用途のために作り出し又は改変するため、生物システム、生物又はその派生物を利用する応用技術をいう。
　「遺伝資源の原産国」とは、生息域内状況において遺伝資源を有する国をいう。
　「遺伝資源の提供国」とは、生息域内の供給源（野生種の個体群であるか飼育種又は栽培種の個体群であるかを問わない。）から採取された遺伝資源又は生息域外の供給源から取り出された遺伝資源（自国が原産国であるかないかを問わない。）を提供する国をいう。
　「飼育種又は栽培種」とは、人がその必要を満たすため進化の過程に影響を与えた種をいう。
　「生態系」とは、植物、動物及び微生物の群集とこれらを取り巻く非生物的な環境とが相互に作用して一の機能的な単位を成す動的な複合体をいう。
　「生息域外保全」とは、生物の多様性の構成要素を自然の生息地の外において保全することをいう。
　「遺伝素材」とは、遺伝の機能的な単位を有する植物、動物、微生物その他に由来する素材をいう。
　「遺伝資源」とは、現実の又は潜在的な価値を有する遺伝素材をいう。
　「生息地」とは、生物の個体若しくは個体群が自然に生息し若しくは生育している場所又はその類型をいう。
　「生息域内状況」とは、遺伝資源が生態系及び自然の生息地において存在している状況をいい、飼育種又は栽培種については、当該飼育種又は栽培種が特有の性質を得た環境において存在している状況をいう。
　「生息域内保全」とは、生態系及び自然の生息地を保全し、並びに存続可能な種の個体群を自然の生息環境において維持し及び回復することをいい、飼育種又は栽培種については、存続可能な種の個体群を当該飼育種又は栽培種が特有の性質を得た環境において維持し及び回復することをいう。
　「保護地域」とは、保全のための特定の目的を達成するために指定され又は規制され及び管理されている地理的に特定された地域をいう。
　「地域的な経済統合のための機関」とは、特定の地域の主権国家によって構成される機関であって、この条約が規律する事項に関しその加盟国から権限の委譲を受け、かつ、その内部手続に従ってこの条約の署名、批准、受諾若しくは承認又はこれへの加入の正当な委任を受けたものをいう。
　「持続可能な利用」とは、生物の多様性の長期的な減少をもたらさない方法及び速度で生物の多様性の構成要素を利用し、もって、現在及び将来の世代の必要及び願望を満たすように生物の多様性の可能性を維持することをいう。
　「技術」には、バイオテクノロジーを含む。
〈中略〉
〈以下省略〉

10　自然環境保全法（抄録）

（昭和四十七年六月二十二日法律第八十五号）
最終改正：平成二十六年六月十三日法律第六十九号

　　第一章　総則
（目的）
第一条　この法律は、自然公園法（昭和三十二年法律第百六十一号）その他の自然環境

の保全を目的とする法律と相まつて、自然環境を保全することが特に必要な区域等の生物の多様性の確保その他の自然環境の適正な保全を総合的に推進することにより、広く国民が自然環境の恵沢を享受するとともに、将来の国民にこれを継承できるようにし、もつて現在及び将来の国民の健康で文化的な生活の確保に寄与することを目的とする。
〈中略〉

第二節　保全
（行為の制限）
第十七条　原生自然環境保全地域内においては、次の各号に掲げる行為をしてはならない。ただし、環境大臣が学術研究その他公益上の事由により特に必要と認めて許可した場合又は非常災害のために必要な応急措置として行う場合は、この限りでない。
一　建築物その他の工作物を新築し、改築し、又は増築すること。
二　宅地を造成し、土地を開墾し、その他土地の形質を変更すること。
三　鉱物を掘採し、又は土石を採取すること。
四　水面を埋め立て、又は干拓すること。
五　河川、湖沼等の水位又は水量に増減を及ぼさせること。
六　木竹を伐採し、又は損傷すること。
七　木竹以外の植物を採取し、若しくは損傷し、又は落葉若しくは落枝を採取すること。
八　木竹を植栽すること。
九　木竹以外の植物を植栽し、又は植物の種子をまくこと。
十　動物を捕獲し、若しくは殺傷し、又は動物の卵を採取し、若しくは損傷すること。
十一　動物を放つこと（家畜の放牧を含む。）。
十二　火入れ又はたき火をすること。
十三　廃棄物を捨て、又は放置すること。
十四　屋外において物を集積し、又は貯蔵すること。
十五　車馬若しくは動力船を使用し、又は航空機を着陸させること。
十六　前各号に掲げるもののほか、原生自然環境保全地域における自然環境の保全に影響を及ぼすおそれがある行為で政令で定めるもの
〈中略〉

第四章　自然環境保全地域
第一節　指定等
（指定）
第二十二条　環境大臣は、原生自然環境保全地域以外の区域で次の各号のいずれかに該当するもののうち、自然的社会的諸条件からみてその区域における自然環境を保全することが特に必要なものを自然環境保全地域として指定することができる。
一　高山性植生又は亜高山性植生が相当部分を占める森林又は草原の区域（これと一体となつて自然環境を形成している土地の区域を含む。）でその面積が政令で定める面積以上のもの（政令で定める地域にあつては、政令で定める標高以上の標高の土地の区域に限る。）
二　優れた天然林が相当部分を占める森林の区域（これと一体となつて自然環境を形成している土地の区域を含む。）でその面積が政令で定める面積以上のもの
三　地形若しくは地質が特異であり、又は特異な自然の現象が生じている土地の区域及びこれと一体となつて自然環境を形成している土地の区域でその面積が政令で定める面積以上のもの
四　その区域内に生存する動植物を含む自然環境が優れた状態を維持している海岸、湖沼、湿原又は河川の区域でその面積が政令で定める面積以上のもの
五　その海域内に生存する熱帯魚、さんご、海藻その他の動植物を含む自然環境が優れた状態を維持している海域でその面積が政令で定める面積以上のもの
六　植物の自生地、野生動物の生息地その他の政令で定める土地の区域でその区域における自然環境が前各号に掲げる区域における自然環境に相当する程度を維持しているもののうち、その面積が政令で定める面積以上のもの
〈中略〉
第二節　保全
（特別地区）
第二十五条　環境大臣は、自然環境保全地域に関する保全計画に基づいて、その区域内に、特別地区を指定することができる。
2　第十四条第四項及び第五項の規定は、特

別地区の指定及び指定の解除並びにその区域の変更について準用する。

3　環境大臣は、特別地区を指定し、又はその区域を拡張するときは、あわせて、当該自然環境保全地域に関する保全計画に基づいて、その区域内において次項の許可を受けないで行なうことができる木竹の伐採（第十項に規定する行為に該当するものを除く。）の方法及びその限度を農林水産大臣と協議して指定するものとする。自然環境保全地域に関する保全計画で当該特別地区に係るものの変更（第二十三条第二項第三号に掲げる事項に係る変更以外の変更を除く。）をするときも、同様とする。

4　特別地区内においては、次に掲げる行為は、環境大臣の許可を受けなければ、してはならない。ただし、非常災害のために必要な応急措置として行う行為、第一号若しくは第六号に掲げる行為で森林法第二十五条第一項若しくは第二項若しくは第二十五条の二第一項若しくは第二項の規定により指定された保安林の区域若しくは同法第四十一条の規定により指定された保安施設地区（第二十八条第一項において「保安林等の区域」という。）内において同法第三十四条第二項（同法第四十四条において準用する場合を含む。）の許可を受けた者が行う当該許可に係るもの、第二号に掲げる行為で前項の規定により環境大臣が指定する方法により当該限度内において行うもの又は第三号に掲げる行為で森林の整備及び保全を図るために行うものについては、この限りでない。

一　第十七条第一項第一号から第五号までに掲げる行為
二　木竹を伐採すること。
三　環境大臣が指定する区域内において木竹を損傷すること。
四　環境大臣が指定する区域内において当該区域が本来の生育地でない植物で、当該区域における自然環境の保全に影響を及ぼすおそれがあるものとして環境大臣が指定するものを植栽し、又は当該植物の種子をまくこと。
五　環境大臣が指定する区域内において当該区域が本来の生息地でない動物で、当該区域における自然環境の保全に影響を及ぼすおそれがあるものとして環境大臣が指定するものを放つこと（当該指定する動物が家畜である場合における当該家畜である動物の放牧を含む。）。
六　環境大臣が指定する湖沼又は湿原及びこれらの周辺一キロメートルの区域内において当該湖沼若しくは湿原又はこれらに流水が流入する水域若しくは水路に汚水又は廃水を排水設備を設けて排出すること。
七　道路、広場、田、畑、牧場及び宅地以外の地域のうち環境大臣が指定する区域内において車馬若しくは動力船を使用し、又は航空機を着陸させること。

〈中略〉

（野生動植物保護地区）
第二十六条　環境大臣は、特別地区内における特定の野生動植物の保護のために特に必要があると認めるときは、自然環境保全地域に関する保全計画に基づいて、その区域内に、当該保護すべき野生動植物の種類ごとに、野生動植物保護地区を指定することができる。

2　第十四条第四項及び第五項の規定は、野生動植物保護地区の指定及び指定の解除並びにその区域の変更について準用する。

3　何人も、野生動植物保護地区内においては、当該野生動植物保護地区に係る野生動植物（動物の卵を含む。）を捕獲し、若しくは殺傷し、又は採取し、若しくは損傷してはならない。ただし、次の各号に掲げる場合は、この限りでない。

一　前条第四項の許可を受けた行為（第三十条において準用する第二十一条第一項後段の規定による協議に係る行為を含む。）を行うためにする場合
二　非常災害のために必要な応急措置を行うためにする場合
三　自然環境保全地域に関する保全事業を執行するためにする場合
四　認定生態系維持回復事業等を行うためにする場合
五　法令に基づいて国又は地方公共団体が行う行為のうち、自然環境保全地域における自然環境の保全に支障を及ぼすおそれがないもので環境省令で定めるものを行うためにする場合
六　通常の管理行為又は軽易な行為のうち、自然環境保全地域における自然環境の保全に

支障を及ぼすおそれがないもので環境省令で定めるものを行うためにする場合
七　前各号に掲げるもののほか、環境大臣が特に必要があると認めて許可した場合
4　第十七条第二項の規定は、前項第七号の許可について準用する。
（海域特別地区）
第二十七条　環境大臣は、自然環境保全地域に関する保全計画に基づいて、その区域内に、海域特別地区を指定することができる。
2　第十四条第四項及び第五項の規定は、海域特別地区の指定及び指定の解除並びにその区域の変更について準用する。
3　海域特別地区内においては、次の各号に掲げる行為は、環境大臣の許可を受けなければ、してはならない。ただし、非常災害のために必要な応急措置として行う行為又は第一号から第三号まで、第六号及び第七号に掲げる行為で漁具の設置その他漁業を行うために必要とされるものについては、この限りでない。
一　工作物を新築し、改築し、又は増築すること。
二　海底の形質を変更すること。
三　鉱物を掘採し、又は土石を採取すること。
四　海面を埋め立て、又は干拓すること。
五　環境大臣が指定する区域内において、熱帯魚、さんご、海藻その他の動植物で、当該区域ごとに環境大臣が農林水産大臣の同意を得て指定するものを捕獲し、若しくは殺傷し、又は採取し、若しくは損傷すること。
六　物を係留すること。
〈以下省略〉

11　鳥獣の保護及び管理並びに狩猟の適正化に関する法律（抄録）

（平成十四年七月十二日法律第八十八号）
最終改正：平成二十六年五月三十日法律第四十六号

第一章　総則
（目的）
第一条　この法律は、鳥獣の保護及び管理を図るための事業を実施するとともに、猟具の使用に係る危険を予防することにより、鳥獣の保護及び管理並びに狩猟の適正化を図り、もって生物の多様性の確保（生態系の保護を含む。以下同じ。）、生活環境の保全及び農林水産業の健全な発展に寄与することを通じて、自然環境の恵沢を享受できる国民生活の確保及び地域社会の健全な発展に資することを目的とする。
（定義）
第二条　この法律において「鳥獣」とは、鳥類又は哺乳類に属する野生動物をいう。
2　この法律において鳥獣について「保護」とは、生物の多様性の確保、生活環境の保全又は農林水産業の健全な発展を図る観点から、その生息数を適正な水準に増加させ、若しくはその生息地を適正な範囲に拡大させること又はその生息数の水準及びその生息地の範囲を維持することをいう。
3　この法律において鳥獣について「管理」とは、生物の多様性の確保、生活環境の保全又は農林水産業の健全な発展を図る観点から、その生息数を適正な水準に減少させ、又はその生息地を適正な範囲に縮小させることをいう。
4　この法律において「希少鳥獣」とは、国際的又は全国的に保護を図る必要があるものとして環境省令で定める鳥獣をいう。
5　この法律において「指定管理鳥獣」とは、希少鳥獣以外の鳥獣であって、集中的かつ広域的に管理を図る必要があるものとして環境省令で定めるものをいう。
6　この法律において「法定猟法」とは、銃器（装薬銃及び空気銃（圧縮ガスを使用するものを含む。以下同じ。）をいう。以下同じ。）、網又はわなであって環境省令で定めるものを使用する猟法その他環境省令で定める猟法をいう。
7　この法律において「狩猟鳥獣」とは、希少鳥獣以外の鳥獣であって、その肉又は毛皮を利用する目的、管理をする目的その他の目的で捕獲等（捕獲又は殺傷をいう。以下同じ。）の対象となる鳥獣（鳥類のひなを除く。）であって、その捕獲等がその生息の状況に著しく影響を及ぼすおそれのないものとして環境省令で定めるものをいう。
8　この法律において「狩猟」とは、法定猟法により、狩猟鳥獣の捕獲等をすることをいう。

9　この法律において「狩猟期間」とは、毎年十月十五日（北海道にあっては、毎年九月十五日）から翌年四月十五日までの期間で狩猟鳥獣の捕獲等をすることができる期間をいう。
10　環境大臣は、第七項の環境省令を定め、又はこれを変更しようとするときは、あらかじめ、公聴会を開いて利害関係人の意見を聴いた上で、農林水産大臣に協議するとともに、中央環境審議会の意見を聴かなければならない。

　　　第二章　基本指針等
　（基本指針）
第三条　環境大臣は、鳥獣の保護及び管理を図るための事業（第三十五条第一項に規定する特定猟具使用禁止区域及び特定猟具使用制限区域並びに第六十八条第一項に規定する猟区に関する事項を含む。以下「鳥獣保護管理事業」という。）を実施するための基本的な指針（以下「基本指針」という。）を定めるものとする。
2　基本指針においては、次に掲げる事項について定めるものとする。
一　鳥獣保護管理事業の実施に関する基本的事項
二　次条第一項に規定する鳥獣保護管理事業計画において同条第二項第一号の鳥獣保護管理事業計画の計画期間を定めるに当たって遵守すべき基準その他当該鳥獣保護管理事業計画の作成に関する事項
三　希少鳥獣の保護に関する事項
四　指定管理鳥獣の管理に関する事項
五　その他鳥獣保護管理事業を実施するために必要な事項
3　環境大臣は、基本指針を定め、又はこれを変更しようとするときは、あらかじめ、農林水産大臣に協議するとともに、中央環境審議会の意見を聴かなければならない。
4　環境大臣は、基本指針を定め、又はこれを変更したときは、遅滞なく、これを公表するとともに、都道府県知事に通知しなければならない。
　（鳥獣保護事業計画）
第四条　都道府県知事は、基本指針に即して、当該都道府県知事が行う鳥獣保護管理事業の実施に関する計画（以下「鳥獣保護管理事業計画」という。）を定めるものとする。

2　鳥獣保護管理事業計画においては、次に掲げる事項を定めるものとする。
一　鳥獣保護管理事業計画の計画期間
二　第二十八条第一項の規定により都道府県知事が指定する鳥獣保護区、第二十九条第一項に規定する特別保護地区及び第三十四条第一項に規定する休猟区に関する事項
三　鳥獣の人工増殖（人工的な方法により鳥獣を増殖させることをいう。以下同じ。）及び放鳥獣（鳥獣の保護のためにその生息地に当該鳥獣を解放することをいう。以下同じ。）に関する事項
四　第九条第一項の許可（鳥獣の管理の目的に係るものに限る。）に関する事項
五　第三十五条第一項に規定する特定猟具使用禁止区域及び特定猟具使用制限区域並びに第六十八条第一項に規定する猟区に関する事項
六　第七条第一項に規定する第一種特定鳥獣保護計画を作成する場合においては、その作成に関する事項
七　第七条の二第一項に規定する第二種特定鳥獣管理計画を作成する場合においては、その作成に関する事項
八　鳥獣の生息の状況の調査に関する事項
九　鳥獣保護管理事業の実施体制に関する事項
3　鳥獣保護管理事業計画においては、前項各号に掲げる事項のほか、鳥獣保護管理事業に関する普及啓発に関する事項その他鳥獣保護管理事業を実施するために必要な事項を定めるよう努めるものとする。
4　都道府県知事は、鳥獣保護管理事業計画を定め、又はこれを変更しようとするときは、あらかじめ、自然環境保全法（昭和四十七年法律第八十五号）第五十一条の規定により置かれる審議会その他の合議制の機関（以下「合議制機関」という。）の意見を聴かなければならない。
5　都道府県知事は、鳥獣保護管理事業計画を定め、又はこれを変更したときは、遅滞なく、これを公表するよう努めるとともに、環境大臣に報告しなければならない。
〈中略〉

　　　第三章　鳥獣保護事業の実施

関連法規など

〈中略〉
第二節　鳥獣の飼養、販売等の規制
〈中略〉
（鳥獣等の輸出の規制）
第二十五条　鳥獣（その加工品であって環境省令で定めるものを含む。以下この条において同じ。）又は鳥類の卵であって環境省令で定めるものは、この法律に違反して捕獲又は採取をしたものではないことを証する証明書（以下「適法捕獲等証明書」という。）を添付してあるものでなければ、輸出してはならない。
2　適法捕獲等証明書の交付を受けようとする者は、環境省令で定めるところにより、環境大臣に申請をしなければならない。
3　環境大臣は、前項の申請に係る鳥獣又は鳥類の卵が違法に捕獲又は採取をされたものではないと認められるときは、環境省令で定めるところにより、適法捕獲等証明書を交付しなければならない。
4　適法捕獲等証明書の交付を受けた者は、その者が適法捕獲等証明書を亡失し、又は適法捕獲等証明書が滅失したときは、環境省令で定めるところにより、環境大臣に申請をして、適法捕獲等証明書の再交付を受けることができる。
5　適法捕獲等証明書の交付を受けた者は、次の各号のいずれかに該当することとなった場合は、環境省令で定めるところにより、その適法捕獲等証明書（第二号の場合にあっては、発見し、又は回復した適法捕獲等証明書）を、環境大臣に返納しなければならない。
一　第七項の規定により適法捕獲等証明書の効力が取り消されたとき。
二　前項の規定により適法捕獲等証明書の再交付を受けた後において亡失した適法捕獲等証明書を発見し、又は回復したとき。
6　環境大臣は、第一項の規定に違反した者に対し、同項に規定する鳥獣の保護を図るため必要があると認めるときは、当該違反に係る鳥獣を解放することその他の必要な措置をとるべきことを命ずることができる。
7　環境大臣は、適法捕獲等証明書の交付を受けた者がこの法律若しくはこの法律に基づく命令の規定又はこの法律に基づく処分に違反した場合において、前項に規定するときは、その適法捕獲等証明書の効力を取り消すことができる。

（鳥獣等の輸入等の規制）
第二十六条　鳥獣（その加工品であって環境省令で定めるものを含む。以下この条において同じ。）又は鳥類の卵であって環境省令で定めるものは、当該鳥獣又は鳥類の卵が適法に捕獲若しくは採取をされたこと又は輸出が許可されたことを証する外国の政府機関その他環境大臣が定める者により発行された証明書を添付してあるものでなければ、輸入してはならない。ただし、当該鳥獣又は鳥類の卵の捕獲若しくは採取又は輸出に関し証明する制度を有しない国又は地域として環境大臣が定める国又は地域から輸入する場合は、この限りでない。
2　前項に規定する鳥獣のうち環境省令で定めるものを輸入した者は、輸入後速やかに、当該鳥獣（以下「特定輸入鳥獣」という。）につき、環境大臣から、当該特定輸入鳥獣が同項の規定に適合して輸入されたものであることを表示する標識（以下この条において単に「標識」という。）の交付を受け、当該特定輸入鳥獣にこれを着けなければならない。
3　標識の交付を受けようとする者は、環境省令で定めるところにより、環境大臣に申請をしなければならない。
4　環境大臣は、前項の申請に係る特定輸入鳥獣が第一項の規定に適合して輸入されたものであると認められるときは、環境省令で定めるところにより、標識を交付しなければならない。
5　標識は、環境省令で定めるやむを得ない場合を除き、その標識に係る特定輸入鳥獣から取り外してはならない。
6　標識が着けられていない特定輸入鳥獣は、譲渡し等をしてはならない。
7　第三項の規定により標識の交付の申請をする者は、実費を勘案して政令で定める額の手数料を国に納めなければならない。

（違法に捕獲又は輸入した鳥獣の飼養、譲渡し等の禁止）
第二十七条　この法律に違反して、捕獲し、若しくは輸入した鳥獣（この法律に違反して、採取し、又は輸入した鳥類の卵からふ化されたもの及びこれらの加工品であって環境省令

で定めるものを含む。）又は採取し、若しくは輸入した鳥類の卵は、飼養、譲渡し若しくは譲受け又は販売、加工若しくは保管のため引渡し若しくは引受けをしてはならない。

第三節　鳥獣保護区
（鳥獣保護区）
第二十八条　環境大臣又は都道府県知事は、鳥獣の種類その他鳥獣の生息の状況を勘案して当該鳥獣の保護を図るため特に必要があると認めるときは、それぞれ次に掲げる区域を鳥獣保護区として指定することができる。
一　環境大臣にあっては、国際的又は全国的な鳥獣の保護のため重要と認める区域
二　都道府県知事にあっては、当該都道府県の区域内の鳥獣の保護のため重要と認める区域であって、前号に掲げる区域以外の区域
2　前項の規定による指定又はその変更は、鳥獣保護区の名称、区域、存続期間及び当該鳥獣保護区の保護に関する指針を定めてするものとする。
3　環境大臣又は都道府県知事は、第一項の規定による指定をし、又はその変更をしようとするとき（変更にあっては、鳥獣保護区の区域を拡張するときに限る。次項から第六項までにおいて同じ。）は、あらかじめ、関係地方公共団体の意見を聴かなければならない。
4　環境大臣又は都道府県知事は、第一項の規定による指定をし、又はその変更をしようとするときは、あらかじめ、環境省令で定めるところにより、その旨を公告し、公告した日から起算して十四日（都道府県知事にあっては、その定めるおおむね十四日の期間）を経過する日までの間、当該鳥獣保護区の名称、区域、存続期間及び当該鳥獣保護区の保護に関する指針の案（次項及び第六項において「指針案」という。）を公衆の縦覧に供しなければならない。
5　前項の規定による公告があったときは、第一項の規定による指定をし、又はその変更をしようとする区域の住民及び利害関係人は、前項に規定する期間が経過する日までの間に、環境大臣又は都道府県知事に指針案についての意見書を提出することができる。
6　環境大臣又は都道府県知事は、指針案について異議がある旨の前項の意見書の提出があったとき、その他鳥獣保護区の指定又は変更に関し広く意見を聴く必要があると認めるときは、環境大臣にあっては公聴会を開催するものとし、都道府県知事にあっては公聴会の開催その他の必要な措置を講ずるものとする。
7　鳥獣保護区の存続期間は、二十年を超えることができない。ただし、二十年以内の期間を定めてこれを更新することができる。
8　環境大臣又は都道府県知事は、鳥獣の生息の状況の変化その他の事情の変化により第一項の規定による指定の必要がなくなったと認めるとき、又はその指定を継続することが適当でないと認めるときは、その指定を解除しなければならない。
9　第二項並びに第十五条第二項、第三項、第十三項及び第十四項の規定は第七項ただし書の規定による更新について、第三条第三項の規定は第一項の規定により環境大臣が行う指定及びその変更（鳥獣保護区の区域を拡張するものに限る。）について、第四条第四項及び第十二条第四項の規定は第一項の規定により都道府県知事が行う指定及びその変更（第四条第四項の場合にあっては、鳥獣保護区の区域を拡張するものに限る。）について、第十五条第二項、第三項、第十三項及び第十四項の規定は第一項の規定による指定及びその変更について準用する。この場合において、同条第二項中「その旨並びにその名称、区域及び存続期間」とあるのは「その旨並びに鳥獣保護区の名称、区域、存続期間及び当該鳥獣保護区の保護に関する指針」と、同条第三項中「前項の規定による公示」とあるのは「第二十八条第九項において読み替えて準用する前項の規定による公示」と読み替えるものとする。
10　第十二条第四項の規定は第八項の規定により都道府県知事が行う鳥獣保護区の指定の解除について、第十五条第二項及び第三項の規定は第八項の規定による指定の解除について準用する。この場合において、同条第二項中「その旨並びにその名称、区域及び存続期間」とあるのは「その旨及び解除に係る区域」と、同条第三項中「前項の規定による公示」とあるのは「第二十八条第十項において読み替えて準用する前項の規定による公示」

11　鳥獣保護区の区域内の土地又は木竹に関し、所有権その他の権利を有する者は、正当な理由がない限り、環境大臣又は都道府県知事が当該土地又は木竹に鳥獣の生息及び繁殖に必要な営巣、給水、給餌等の施設を設けることを拒んではならない。
〈以下省略〉

12　自然公園法（抄録）

（昭和三十二年六月一日法律第百六十一号）
最終改正：平成二十六年六月十三日法律第六十九号

第一章　総則
（目的）
第一条　この法律は、優れた自然の風景地を保護するとともに、その利用の増進を図ることにより、国民の保健、休養及び教化に資するとともに、生物の多様性の確保に寄与することを目的とする。
（定義）
第二条　この法律において、次の各号に掲げる用語の意義は、それぞれ当該各号に定めるところによる。
一　自然公園　国立公園、国定公園及び都道府県立自然公園をいう。
二　国立公園　我が国の風景を代表するに足りる傑出した自然の風景地（海域の景観地を含む。次章第六節及び第七十四条を除き、以下同じ。）であつて、環境大臣が第五条第一項の規定により指定するものをいう。
三　国定公園　国立公園に準ずる優れた自然の風景地であつて、環境大臣が第五条第二項の規定により指定するものをいう。
四　都道府県立自然公園　優れた自然の風景地であつて、都道府県が第七十二条の規定により指定するものをいう。
五　公園計画　国立公園又は国定公園の保護又は利用のための規制又は事業に関する計画をいう。
六　公園事業　公園計画に基づいて執行する事業であつて、国立公園又は国定公園の保護又は利用のための施設で政令で定めるものに関するものをいう。
七　生態系維持回復事業　公園計画に基づいて行う事業であつて、国立公園又は国定公園における生態系の維持又は回復を図るものをいう。
（国等の責務）
第三条　国、地方公共団体、事業者及び自然公園の利用者は、環境基本法（平成五年法律第九十一号）第三条から第五条までに定める環境の保全についての基本理念にのつとり、優れた自然の風景地の保護とその適正な利用が図られるように、それぞれの立場において努めなければならない。
2　国及び地方公共団体は、自然公園に生息し、又は生育する動植物の保護が自然公園の風景の保護に重要であることにかんがみ、自然公園における生態系の多様性の確保その他の生物の多様性の確保を旨として、自然公園の風景の保護に関する施策を講ずるものとする。
（財産権の尊重及び他の公益との調整）
第四条　この法律の適用に当たつては、自然環境保全法（昭和四十七年法律第八十五号）第三条で定めるところによるほか、関係者の所有権、鉱業権その他の財産権を尊重するとともに、国土の開発その他の公益との調整に留意しなければならない。

第二章　国立公園及び国定公園
第一節　指定
（指定）
第五条　国立公園は、環境大臣が、関係都道府県及び中央環境審議会（以下「審議会」という。）の意見を聴き、区域を定めて指定する。
2　国定公園は、環境大臣が、関係都道府県の申出により、審議会の意見を聴き、区域を定めて指定する。
3　環境大臣は、国立公園又は国定公園を指定する場合には、その旨及びその区域を官報で公示しなければならない。
4　国立公園又は国定公園の指定は、前項の公示によつてその効力を生ずる。
〈以下省略〉

13 絶滅のおそれのある野生動植物の種の保存に関する法律（抄録）

（平成四年六月五日法律第七十五号）
最終改正：平成二十六年六月十三日法律第六十九号

　　　第一章　総則
（目的）
第一条　この法律は、野生動植物が、生態系の重要な構成要素であるだけでなく、自然環境の重要な一部として人類の豊かな生活に欠かすことのできないものであることにかんがみ、絶滅のおそれのある野生動植物の種の保存を図ることにより良好な自然環境を保全し、もって現在及び将来の国民の健康で文化的な生活の確保に寄与することを目的とする。
（責務）
第二条　国は、野生動植物の種（亜種又は変種がある種にあっては、その亜種又は変種とする。以下同じ。）が置かれている状況を常に把握するとともに、絶滅のおそれのある野生動植物の種の保存のための総合的な施策を策定し、及び実施するものとする。
2　地方公共団体は、その区域内の自然的社会的諸条件に応じて、絶滅のおそれのある野生動植物の種の保存のための施策を策定し、及び実施するよう努めるものとする。
3　国民は、前二項の国及び地方公共団体が行う施策に協力する等絶滅のおそれのある野生動植物の種の保存に寄与するように努めなければならない。
（財産権の尊重等）
第三条　この法律の適用に当たっては、関係者の所有権その他の財産権を尊重し、住民の生活の安定及び福祉の維持向上に配慮し、並びに国土の保全その他の公益との調整に留意しなければならない。
（定義等）
第四条　この法律において「絶滅のおそれ」とは、野生動植物の種について、種の存続に支障を来す程度にその種の個体の数が著しく少ないこと、その種の個体の数が著しく減少しつつあること、その種の個体の主要な生息地又は生育地が消滅しつつあること、その種の個体の生息又は生育の環境が著しく悪化しつつあることその他のその種の存続に支障を来す事情があることをいう。
2　この法律において「希少野生動植物種」とは、次項の国内希少野生動植物種、第四項の国際希少野生動植物種及び次条第一項の緊急指定種をいう。
3　この法律において「国内希少野生動植物種」とは、その個体が本邦に生息し又は生育する絶滅のおそれのある野生動植物の種であって、政令で定めるものをいう。
4　この法律において「国際希少野生動植物種」とは、国際的に協力して種の保存を図ることとされている絶滅のおそれのある野生動植物の種（国内希少野生動植物種を除く。）であって、政令で定めるものをいう。
5　この法律において「特定国内希少野生動植物種」とは、次に掲げる要件のいずれにも該当する国内希少野生動植物種であって、政令で定めるものをいう。
一　商業的に個体の繁殖をさせることができるものであること。
二　国際的に協力して種の保存を図ることとされているものでないこと。
6　環境大臣は、前三項の政令の制定又は改廃に当たってその立案をするときは、中央環境審議会の意見を聴かなければならない。
（緊急指定種）
第五条　環境大臣は、国内希少野生動植物種及び国際希少野生動植物種以外の野生動植物の種の保存を特に緊急に図る必要があると認めるときは、その種を緊急指定種として指定することができる。
2　環境大臣は、前項の規定による指定（以下この条において「指定」という。）をしようとするときは、あらかじめ関係行政機関の長に協議しなければならない。
3　指定の期間は、三年を超えてはならない。
4　環境大臣は、指定をするときは、その旨及び指定に係る野生動植物の種を官報で公示しなければならない。
5　指定は、前項の規定による公示の日の翌々日からその効力を生ずる。
6　環境大臣は、指定の必要がなくなったと認めるときは、指定を解除しなければならない。
7　第二項、第四項及び第五項の規定は、前項の規定による指定の解除について準用する。

この場合において、第五項中「前項の規定による公示の日の翌々日から」とあるのは、「第七項において準用する前項の規定による公示によって」と読み替えるものとする。
（希少野生動植物種保存基本方針）
第六条　環境大臣は、中央環境審議会の意見を聴いて希少野生動植物種の保存のための基本方針の案を作成し、これについて閣議の決定を求めるものとする。
2　前項の基本方針（以下この条において「希少野生動植物種保存基本方針」という。）は、次に掲げる事項について定めるものとする。
一　絶滅のおそれのある野生動植物の種の保存に関する基本構想
二　希少野生動植物種の選定に関する基本的な事項
三　希少野生動植物種の個体（卵及び種子であって政令で定めるものを含む。以下同じ。）及びその器官（譲渡し等に係る規制等のこの法律に基づく種の保存のための措置を講ずる必要があり、かつ、種を容易に識別することができるものであって、政令で定めるものに限る。以下同じ。）並びにこれらの加工品（種を容易に識別することができるものであって政令で定めるものに限る。以下同じ。）の取扱いに関する基本的な事項
四　国内希少野生動植物種の個体の生息地又は生育地の保護に関する基本的な事項
五　保護増殖事業（国内希少野生動植物種の個体の繁殖の促進、その生息地又は生育地の整備その他の国内希少野生動植物種の保存を図るための事業をいう。第四章において同じ。）に関する基本的な事項
六　前各号に掲げるもののほか、絶滅のおそれのある野生動植物の種の保存に関する重要事項
3　環境大臣は、希少野生動植物種保存基本方針について第一項の閣議の決定があったときは、遅滞なくこれを公表しなければならない。
4　第一項及び前項の規定は、希少野生動植物種保存基本方針の変更について準用する。
5　この法律の規定に基づく処分その他絶滅のおそれのある野生動植物の種の保存のための施策及び事業の内容は、希少野生動植物種保存基本方針と調和するものでなければならない。

第二章　個体等の取扱いに関する規制
〈中略〉
第二節　個体の捕獲及び個体等の譲渡し等の禁止
（捕獲等の禁止）
第九条　国内希少野生動植物種及び緊急指定種（以下この節及び第五十四条第二項において「国内希少野生動植物種等」という。）の生きている個体は、捕獲、採取、殺傷又は損傷（以下「捕獲等」という。）をしてはならない。ただし、次に掲げる場合は、この限りでない。
一　次条第一項の許可を受けてその許可に係る捕獲等をする場合
二　生計の維持のため特に必要があり、かつ、種の保存に支障を及ぼすおそれのない場合として環境省令で定める場合
三　人の生命又は身体の保護その他の環境省令で定めるやむを得ない事由がある場合
〈中略〉
（輸出入の禁止）
第十五条　特定国内希少野生動植物種以外の国内希少野生動植物種の個体等は、輸出し、又は輸入してはならない。ただし、その輸出又は輸入が、国際的に協力して学術研究をする目的でするものその他の特に必要なものであること、国内希少野生動植物種の本邦における保存に支障を及ぼさないものであることその他の政令で定める要件に該当するときは、この限りでない。
2　特定国内希少野生動植物種以外の希少野生動植物種の個体等を輸出し、又は輸入しようとする者は、外国為替及び外国貿易法（昭和二十四年法律第二百二十八号）第四十八条第三項　又は第五十二条　の規定により、輸出又は輸入の承認を受ける義務を課せられるものとする。
〈以下省略〉

14 絶滅のおそれのある野生動植物の種の国際取引に関する条約（抄録）

（昭和五十五年八月二十三日条約二十五号）
平成七年外告百十六改正現在

第一条　定義
この条約の適用上、文脈によって別に解釈される場合を除くほか、
(a)「種」とは、種若しくは亜種又は種若しくは亜種に係る地理的に隔離された個体群をいう。
(b)「標本」とは、次のものをいう。
　(i) 生死の別を問わず動物又は植物の個体
　(ii) 動物にあつては、附属書Ⅰ若しくは附属書Ⅱに掲げる種の個体の部分若しくは派生物であつて容易に識別することができるもの、又は附属書Ⅲに掲げる種の個体の部分若しくは派生物であつて容易に識別することができるもののうちそれぞれの種について附属書Ⅲにより特定されるもの
　(iii) 植物にあつては、附属書Ⅰに掲げる種の個体の部分若しくは派生物であつて容易に識別することができるもの、又は附属書Ⅱ若しくは附属書Ⅲに掲げる種の個体の部分若しくは派生物であつて容易に識別することができるもののうちそれぞれの種について附属書Ⅱ若しくは附属書Ⅲにより特定されるもの
(c)「取引」とは、輸出、再輸出、輸入又は海からの持込みをいう。
(d)「再輸出」とは、既に輸入されている標本を輸出することをいう。
(e)「海からの持込み」とは、いずれの国の管轄の下にもない海洋環境において、捕獲され又は採取された種の標本をいずれかの国へ輸送することをいう。
(f)「科学当局」とは、第九条の規定により指定される国の科学機関をいう。
(g)「管理当局」とは、第九条の規定により指定される国の管理機関をいう。
(h)「締約国」とは、その国についてこの条約が効力を生じている国をいう。
第二条　基本原則
1　附属書Ⅰには、絶滅のおそれのる種であつて取引による影響を受けており又は受けることのあるものを掲げる。これらの種の標本の取引は、これらの種の存続を更に脅かすことのないよう特に厳重に規制するものとし、取引が認められるのは、例外的な場合に限る。
2　附属書Ⅱには、次のものを掲げる。
(a) 現在必ずしも絶滅のおそれのある種ではないが、その存続を脅かすこととなる利用がされないようにするためにその標本の取引を厳重に規制しなければ絶滅のおそれのある種となるおそれのある種
(b) (a)の種以外の種であつて、(a)の種の標本の取引を効果的に取り締まるために規制しなければならない種
3　附属書Ⅲには、いずれかの締約国が、捕獲又は採取を防止し又は制限するための規制を自国の管轄内において行う必要があると認め、かつ、取引の取締りのために他の締約国の協力が必要であると認める種を掲げる。
4　締約国は、この条約に定めるところによる場合を除くほか、附属書Ⅰ、附属書Ⅱ及び附属書Ⅲに掲げる種の標本の取引を認めない。
〈以下省略〉

15 動物の愛護及び管理に関する法律（抄録）

（昭和四十八年十月一日法律第百五号）
最終改正：平成二十三年八月三十日法律第百五号

　　　第一章　総則
（目的）
第一条　この法律は、動物の虐待の防止、動物の適正な取扱いその他動物の愛護に関する事項を定めて国民の間に動物を愛護する気風を招来し、生命尊重、友愛及び平和の情操の涵養に資するとともに、動物の管理に関する事項を定めて動物による人の生命、身体及び財産に対する侵害を防止することを目的とする。
（基本原則）
第二条　動物が命あるものであることにかんがみ、何人も、動物をみだりに殺し、傷つけ、又は苦しめることのないようにするのみでなく、人と動物の共生に配慮しつつ、その習性を考慮して適正に取り扱うようにしなければ

ならない。
（普及啓発）
第三条　国及び地方公共団体は、動物の愛護と適正な飼養に関し、前条の趣旨にのっとり、相互に連携を図りつつ、学校、地域、家庭等における教育活動、広報活動等を通じて普及啓発を図るように努めなければならない。
〈中略〉

　　　第三章　動物の適正な取扱い
　第一節　総則
（動物の所有者又は占有者の責務等）
第七条　動物の所有者又は占有者は、命あるものである動物の所有者又は占有者としての責任を十分に自覚して、その動物をその種類、習性等に応じて適正に飼養し、又は保管することにより、動物の健康及び安全を保持するように努めるとともに、動物が人の生命、身体若しくは財産に害を加え、又は人に迷惑を及ぼすことのないように努めなければならない。
2　動物の所有者又は占有者は、その所有し、又は占有する動物に起因する感染性の疾病について正しい知識を持ち、その予防のために必要な注意を払うように努めなければならない。
3　動物の所有者は、その所有する動物が自己の所有に係るものであることを明らかにするための措置として環境大臣が定めるものを講ずるように努めなければならない。
4　環境大臣は、関係行政機関の長と協議して、動物の飼養及び保管に関しよるべき基準を定めることができる。
〈以下省略〉

16　世界の文化遺産及び自然遺産の保護に関する条約（抄録）

（平成四年九月二十八日条約第七号）

　Ⅰ　文化遺産及び自然遺産の定義
第1条
この条約の適用上、「文化遺産」とは、次のものをいう。
記念工作物　建築物、記念的意義を有する彫刻及び絵画、考古学的な性質の物件及び構造物、金石文、洞穴住居並びにこれらの物件の組合せであって、歴史上、芸術上又は学術上顕著な普遍的価値を有するもの
建造物群　独立し又は連続した建造物の群であって、その建築様式、均質性又は景観内の位置のために、歴史上、芸術上又は学術上顕著な普遍的価値を有するもの
遺跡　人工の所産（自然と結合したものを含む。）及び考古学的遺跡を含む区域であって、歴史上、芸術上、民族学上又は人類学上顕著な普遍的価値を有するもの
第2条
この条約の適用上、「自然遺産」とは、次のものをいう。
無生物又は生物の生成物又は生成物群から成る特徴のある自然の地域であって、観賞上又は学術上顕著な普遍的価値を有するもの
地質学的又は地形学的形成物及び脅威にさらされている動物又は植物の種の生息地又は自生地として区域が明確に定められている地域であって、学術上又は保存上顕著な普遍的価値を有するもの
自然の風景地及び区域が明確に定められている自然の地域であって、学術上、保存上又は景観上顕著な普遍的価値を有するもの
第3条
前2条に規定する種々の物件で自国の領域内に存在するものを認定し及びその区域を定めることは、締約国の役割である。

　Ⅱ　文化遺産及び自然遺産の国内的及び国際的保護
第4条
締約国は、第1条及び第2条に規定する文化遺産及び自然遺産で自国の領域内に存在するものを認定し、保護し、保存し、整備し及び将来の世代へ伝えることを確保することが第一義的には自国に課された義務であることを認識する。このため、締約国は、自国の有するすべての能力を用いて並びに適当な場合には取得し得る国際的な援助及び協力、特に、財政上、芸術上、学術上及び技術上の援助及び協力を得て、最善を尽すものとする。
第5条
締約国は、自国の領域内に存在する文化遺産及び自然遺産の保護、保存及び整備のための効果的かつ積極的な措置がとられることを確

保するため、可能な範囲内で、かつ、自国にとって適当な場合には、次のことを行うよう努める。
文化遺産及び自然遺産に対し社会生活における役割を与え並びにこれらの遺産の保護を総合的な計画の中に組み入れるための一般的な政策をとること。
文化遺産及び自然遺産の保護、保存及び整備のための機関が存在しない場合には、適当な職員を有し、かつ、任務の遂行に必要な手段を有する一又は二以上の機関を自国の領域内に設置すること。
学術的及び技術的な研究及び調査を発展させること並びに自国の文化遺産又は自然遺産を脅かす危険に対処することを可能にする実施方法を開発すること。
文化遺産及び自然遺産の認定、保護、保存、整備及び活用のために必要な立法上、学術上、技術上、行政上及び財政上の適当な措置をとること。
文化遺産及び自然遺産の保護、保存及び整備の分野における全国的又は地域的な研修センターの設置又は発展を促進し、並びにこれらの分野における学術的調査を奨励すること。
〈以下省略〉

17 渡り鳥及び絶滅のおそれのある鳥類並びにその環境の保護に関する日本国政府とアメリカ合衆国政府との間の条約
（抄録）

（昭和四十九年九月十九日条約八）
改正：昭和四十九年外告百八十六

第三条
1　渡り鳥の捕獲及びその卵の採取は、禁止されるものとする。生死の別を問わず、不法に捕獲され若しくは採取された渡り鳥若しくは渡り鳥の卵又はそれらの加工品若しくは一部分の販売、購入及び交換も、また、禁止されるものとする。次の場合における捕獲及び採取については、各締約国の法令により、捕獲及び採取の禁止に対する例外を認めることができる。
(a) 科学、教育若しくは繁殖のため又はこの条約の目的に反しないその他の特定の目的のため
(b) 人命及び財産を保護するため
(c) 2の規定に従って設定される狩猟期間中
(d) 私設の狩猟場に関して
(e) エスキモー、インディアン及び太平洋諸島信託統治地域の原住民がその食糧及び衣料用として捕獲し又は採取する場合
2　渡り鳥の狩猟期間は、各締約国がそれぞれ決定することができる。当該狩猟期間は、主な営巣期間を避け、かつ、生息数を最適の数に維持するように設定する。
3　各締約国は、渡り鳥の保護及び管理のために保護区その他の施設を設けるように努める。
第四条
1　両締約国は、絶滅のおそれのある鳥類の種又は亜種を保存するために特別の保護が望ましいことに同意する。
2　いずれか一方の締約国が絶滅のおそれのある鳥類の種又は亜種を決定し、その捕獲を禁止した場合には、当該一方の締約国は、他方の締約国に対してその決定（その後におけるその決定の取消しを含む。）を通報する。
3　各締約国は、2の規定によって決定された鳥類の種若しくは亜種又はそれらの加工品の輸出又は輸入を規制する。
〈以下省略〉

18 特に水鳥の生息地として国際的に重要な湿地に関する条約
（抄録）

（昭和五十五年九月二十二日条約二十八）
平成六年条約一改正現在

第一条
1　この条約の適用上、湿地とは、天然のものであるか人工のものであるか、永続的なものであるか一時的なものであるかを問わず、更には水が滞っているか流れているか、淡水であるか汽水であるか鹹水であるかを問わず、沼沢地、湿原、泥炭地又は水域をいい、低潮時における水深が六メートルを超えない海域

を含む。
2　この条約の適用上、水鳥とは、生態学上湿地に依存している鳥類をいう。
〈中略〉
第三条
1　締約国は、登録簿に掲げられている湿地の保全を促進し及びその領域内の湿地をできる限り適正に利用することを促進するため、計画を作成し、実施する。
2　各締約国は、その領域内にあり、かつ、登録簿に掲げられている湿地の生態学的特徴が技術の発達、汚染その他の人為的干渉の結果、既に変化しており、変化しつつあり又は変化するおそれがある場合には、これらの変化に関する情報をできる限り早期に入手することができるような措置をとる。これらの変化に関する情報は、遅滞なく、第八条に規定する事務局の任務について責任を有する機関又は政府に通報する。
第四条
1　各締約国は、湿地が登録簿に掲げられているかどうかにかかわらず、湿地に自然保護区を設けることにより湿地及び水鳥の保全を促進し、かつ、その自然保護区の監視を十分に行う。
2　締約国は、登録簿に掲げられている湿地の区域を緊急な国家的利益のために廃止し又は縮小する場合には、できる限り湿地資源の喪失を補うべきであり、特に、同一の又は他の地域において水鳥の従前の生息地に相当する生息地を維持するために、新たな自然保護区を創設すべきである。
3　締約国は、湿地及びその動植物に関する研究並びに湿地及びその動植物に関する資料及び刊行物の交換を奨励する。
4　締約国は、湿地の管理により、適当な湿地における水鳥の数を増加させるよう努める。
5　締約国は、湿地の研究、管理及び監視について能力を有する者の訓練を促進する。
〈以下省略〉

執筆者紹介 （執筆順、所属・職位は初版刊行時点）

中村　浩　　　（なかむら　ひろし）大阪大谷大学名誉教授
青木　豊　　　（あおき　ゆたか）國學院大學文学部教授

丸山憲子　　　（まるやま　のりこ）杉野服飾大学学芸員課程非常勤講師
冨加見泰彦　　（ふかみ　やすひこ）大阪経済大学非常勤講師
藤森寛志　　　（ふじもり　ひろし）和歌山県立紀伊風土記の丘学芸員
渡辺真衣　　　（わたなべ　まい）國學院大學大学院文学研究科大学院生
小川義和　　　（おがわ　よしかず）国立科学博物館事業推進部参与
髙橋亮雄　　　（たかはし　あきお）岡山理科大学理学部准教授
大原一興　　　（おおはら　かずおき）横浜国立大学大学院都市イノベーション研究院教授
黒澤弥悦　　　（くろさわ　やえつ）東京農業大学教職学術情報課程教授
蒲生康重　　　（がもう　やすしげ）一般財団法人進化生物学研究所研究員
高田浩二　　　（たかだ　こうじ）福山大学生命工学部教授
中島金太郎　　（なかじま　きんたろう）國學院大學文学部助手
池田榮史　　　（いけだ　よしふみ）琉球大学法文学部教授
吉田　豊　　　（よしだ　ゆたか）堺市博物館学芸員
竹谷俊夫　　　（たけたに　としお）大阪大谷大学文学部教授
德澤啓一　　　（とくさわ　けいいち）岡山理科大学総合情報学部准教授
阿部正喜　　　（あべ　まさき）東海大学経営学部教授
小林秀司　　　（こばやし　しゅうじ）岡山理科大学理学部准教授
楊　鋭　　　　（やなぎ　えい）東京国立博物館学芸企画部企画課国際交流室専門職
高橋信裕　　　（たかはし　のぶひろ）常磐大学コミュニティ振興学部教授
和泉大樹　　　（いずみ　だいき）阪南大学国際観光学部准教授
落合知子　　　（おちあい　ともこ）長崎国際大学人間社会学部教授
下湯直樹　　　（しもゆ　なおき）長崎国際大学人間社会学部助教
駒見和夫　　　（こまみ　かずお）和洋女子大学人文社会科学系教授
落合広倫　　　（おちあい　ひろみち）京都国立博物館総務課事業推進係兼学芸部企画室
奥田　環　　　（おくだ　たまき）お茶の水女子大学歴史資料館研究協力員

編著者
中村　浩（なかむら　ひろし）
1947年大阪府生まれ。1969年立命館大学文学部史学科日本史学専攻卒業。大阪府教育委員会文化財保護課勤務を経て、大谷女子大学文学部専任講師、助教授、教授となり現在、名誉教授（校名変更で大阪大谷大学）。博士（文学）。主な著書に、『和泉陶邑窯の研究』、『古墳時代須恵器の編年的研究』、『博物館学で何がわかるか』、「ぶらりあるき博物館」シリーズなどがある。

青木　豊（あおき　ゆたか）
1951年和歌山県生まれ。1973年國學院大學文学部史学科考古学専攻卒業。國學院大學考古学資料館（國學院大學博物館）学芸員を経て、國學院大學文学部教授。博士（歴史学）。主な著書に、『博物館技術学』『和鏡の文化史』『博物館映像展示論』『博物館展示の研究』『集客力を高める博物館展示論』がある。編著に、『史跡整備と博物館』『明治期博物館学基本文献集成』『地域を活かす遺跡と博物館—遺跡博物館のいま』他、共著論文多数。

観光資源としての博物館

2016年 3月25日　第1刷発行

編著者
中村　浩・青木　豊

発行所
㈱芙蓉書房出版
（代表　平澤公裕）
〒113-0033東京都文京区本郷3-3-13
TEL 03-3813-4466　FAX 03-3813-4615
http://www.fuyoshobo.co.jp

印刷・製本／モリモト印刷

ISBN978-4-8295-0677-6

【芙蓉書房出版の本】

新時代の博物館学

全国大学博物館学講座協議会西日本部会編　A5判　本体 1,900円

デジタル時代に入って大きく変わりつつある美術館・水族館・動物園魅力、楽しみ方。好評の博物館学テキスト。　【5刷】

博物館実習マニュアル

全国大学博物館学講座協議会西日本部会編　A5判　本体 2,700円

博物館の仕事の実際を写真・イラストを駆使して解説したテキスト。　【7刷】

> ぶらりあるき博物館シリーズ　【既刊】アジア10冊　ヨーロッパ5冊

★ユニークな博物館、ガイドブックにも出ていない博物館を網羅したシリーズ★

ぶらりあるき　沖縄・奄美の博物館　　　中村浩・池田榮史　本体 1,900円
ぶらりあるき　台北の博物館　　　　　　中村 浩　本体 1,900円
ぶらりあるき　香港・マカオの博物館　　中村 浩　本体 1,900円
ぶらりあるき　シンガポールの博物館　　中村 浩　本体 1,900円
ぶらりあるき　マレーシアの博物館　　　中村 浩　本体 1,900円
ぶらりあるき　バンコクの博物館　　　　中村 浩　本体 1,900円
ぶらりあるき　ベトナムの博物館　　　　中村 浩　本体 1,900円
ぶらりあるき　インドネシアの博物館　　中村 浩　本体 2,100円
ぶらりあるき　カンボジアの博物館　　　中村 浩　本体 2,000円
ぶらりあるき　マニラの博物館　　　　　中村 浩　本体 1,900円
ぶらりあるき　パリの博物館　　　　　　中村 浩　本体 1,900円
ぶらりあるき　ウィーンの博物館　　　　中村 浩　本体 1,900円
ぶらりあるき　ロンドンの博物館　　　　中村 浩　本体 1,900円
ぶらりあるき　ミュンヘンの博物館　　　中村 浩　本体 2,200円
ぶらりあるき　オランダの博物館　　　　中村 浩　本体 2,200円